跋涉人生
音乐人生回忆录
BA SHE REN SHENG
LI LING YIN YUE REN SHENG HUI YI LU

中央音乐学院出版社

CENTRAL CONSERVATORY OF MUSIC PRESS

·北京·

图书在版编目(CIP)数据

跋涉人生：李凌音乐人生回忆录/李凌著. —北京：中央音乐学院
出版社，2013.12（2025.3 重印）

ISBN 978-7-81096-593-4

Ⅰ.①跋…　Ⅱ.①李…　Ⅲ.①回忆录—作品集—中国—当代
Ⅳ.①I251

中国版本图书馆 CIP 数据核字（2013）第 266599 号

跋涉人生　——李凌音乐人生回忆录　　　　　　　　　　　　李　凌著

出版发行：中央音乐学院出版社

经　　销：新华书店

开　　本：787×1092 毫米　特 16 开　　印张：25.25

印　　刷：三河市金兆印刷装订有限公司

版　　次：2013 年 12 月第 1 版　　印次：2025 年 3 月第 2 次印刷

书　　号：ISBN 978-7-81096-593-4

定　　价：198.00 元

中央音乐学院出版社　　北京市西城区鲍家街 43 号　　邮编：100031

发行部：(010) 66418248　　66415711（传真）

图1：李凌祖父

图2：1949年10月在天津十一经路新成立的
中央音乐学院门前留影

图3：李凌父亲李道锡

图4：解放前（约1941年）于昆明，李凌采访聂耳
的哥哥聂叙伦，了解聂耳的生平事迹

图5：摄于上海中华音乐院

图6：1949年中央音乐
学院组织工农兵
深入保定农村演
唱时留影

图7：1956年摄于中央乐团

2

图8：1964年访问苏联、罗马尼亚、波兰、蒙古期间与众人的合影

图9：1965年与戴爱莲带领中央歌舞团赴云南慰问解放军指战员时留影

图10：1980年中央乐团独唱、独奏小组赴香港、澳门访问演出时留影

图11：向梅纽因赠礼时留影

图12：1982年11月中国艺术家代表团访问意大利时在米兰卡拉斯大歌剧院的留念

4

图13：中国函授音乐学院北京分院开学典礼上的留影

图14：1986年参加中山市第一届国民音乐教育改革研讨会时合影

图15：上世纪80年代末赴日照片　　图16：中央乐团建团45年团庆时对李凌的介绍

图17：1991年10月在美国马里兰大学与友人合影

图18：香港音乐界欢迎中央乐团时留影

图19：与李玉成叔叔、婶母及驻旧金山总领事郑万珍先生及夫人合影

图20：与哥伦比亚大学中美文化交流中心主任周文中先生合影

图21：重庆新音乐时与老友谭林、夏白、申非伊合影

图22：与行知育才学校当年学生罗昌霞、杜鸣心、陈代辉合影

图23：与洛辛夫妇、张颖、赵启海夫妇合影

图24：与夫人陈云枫合影

图25：与夫人庆生吹蜡烛

图26：1999年10月与中央乐团老指挥家张宁和夫人（1966年
从比利时回来）合影

图27：与张颖（中，重庆时期曾任总理秘书）、音乐家洛辛合影

图28：与红线女合影

图29：与晏明夫妇合影

图30：大年初四，与方成、谢添、晏明合影

图31：与画家冯法祀夫妇合影

图32：庆贺瞿希贤八十大寿时留影

图33：与画家罗工柳合影

图34：与赵启海、冼星海之女冼妮娜合影

图35：与指挥家秋里合影

图36：与1940年创办《新音乐》
月刊的另一位主编人林路
合影

图37：与汤沐海合影

图38：与杨儒怀教授、蔡乔中、李妲娜合影

图39：与舞蹈家贾作光合影

图40：80岁生日时留影

图41：八十华诞庆祝会上的留念

图42：包糖饺

图43：编车筐

图44：炒菜

图45：打石头

图46：拉二胡

图47：缝衣服

图48：小茶几上写稿

图49：逛街

图50：砍柴

图51：骑三轮

图52：酷老头

图53：88岁时拉小提琴

图54：85岁生日时与乐团老同志一起庆生

中国新音乐理论的奠基者

——为《跋涉人生——李凌音乐人生回忆录》写序

李凌先生是我的长辈，我们虽然接触不多，但他的著作和文章我读的很多。尤其是他撰写的《音乐漫谈》和《音乐杂谈》，是我当时在兵团下乡时学习音乐的指南。文革后，我考上了中央音乐学院，在学校时写了一篇关于音乐功能的文章。有人建议这篇不长不短的文章最好能在《中国音乐》发表。《中国音乐》是中国音乐学院的学报，时任该院院长的李凌先生正是该刊的主编。李凌先生当时在中央音乐学院担任音乐学系主课的指导教师，刘新芝是他的学生。我从新芝那里了解到李先生的住址，于是冒昧登门拜访。没想到这位长者非常和蔼可亲，他看了文章后连声说好，并答应尽快安排在《中国音乐》发表。接着李先生又和我说到一些关于新音乐和音乐评论的问题。记得他当时这样对我说："要重视新音乐的研究，无论如何它是中国音乐史上重要的里程碑。音乐评论要关注现实的音乐生活，要为推动时代音乐的发展作出努力。"时隔三十多年，李凌先生也早已故去，当这本《跋涉人生—李凌音乐人生回忆录》的书稿展现在我面前时，不仅往事历历在目，更使我对这位光明磊落、孜孜不倦的音乐前辈敬佩万分！这本文稿展现的不仅是李凌先生学习音乐和从事音乐工作的历史回忆，也分明是中国新音乐史的一个缩影。

姐娜邀我为这本即将出版的文稿写序，我总觉得难以承担。

无论是资历还是学识都不足以为李凌先生的文稿写序。但仔细想想，写序的出发点首先应该是学习，其次又是宣传和推荐。作为晚辈，作为目前在中国音乐界和音乐教育界还担任一定领导职务的后辈，认真学习李先生的文稿并竭力宣传和推荐这本回忆录应该责无旁贷。

李凌先生这本回忆录包括五个部分，分别以五部交响乐来命名。这里既充满了历史感，也充满了戏剧性，更包含了作者对新音乐运动和新中国音乐事业发展所深怀的情感。第一部分命名为《第一交响曲——暗夜星光》。主要写的是李先生的身世和他如何走上新音乐道路的过程。这里有几个环节值得我们重视。第一是李先生在台山中学上学时开始接受共产党先进思想和参与当时进步的文艺活动。第二是李先生参加台山青年救亡工作团并转战台山和上海之间参加进步活动。第三是李先生满怀革命理想奔赴延安和开始新的音乐工作。第四是李先生在重庆从事新音乐工作的情况。尤其是第四个环节，李凌先生用大量的笔触回忆了他在重庆期间，如何在周恩来同志的引导下走上新音乐的理论研究道路，并坚持不懈创办《新音乐》、《音乐艺术》杂志和"新音乐社"的艰难历程。在这部分内容中，李先生还提到了当年他如何参加"中华交响乐团"的工作和如何参与创办上海、香港中华音乐院的情况。可见，李凌先生对新音乐工作的早期贡献，就已体现在音乐表演（乐团建设）、音乐教育（办学）、音乐理论研究（办刊，《新音乐》杂志）和音乐推广活动（创建"新音乐社"）等诸多方面。第一部分的最后，李先生回忆了从1939年到1948年十年间，他在国统区从事新音乐工作的动荡生活，十年间他转住七八个城市，以罕见的坚韧精神坚持新音乐工作的开展。文中末尾李凌先生引用了陈宗群先生的一段评价，我把它全文引用，供大家赏读："老李，你多少年来，招兵买马，敲锣打鼓，搭台唱戏；气候突变，撤退转移；另起炉灶，择吉开张。老李以一个游击的创建者，今天在这里搭台，打锣鼓，唱戏，明天又跑到另一个地方办学校，出刊物，创建的更有起色。这里被压杀，他又到另一个天地立租房舍，建分校，后来连总社都搬到香港，谭林、严良堃、叶素、谢功成，上海的陈良、俞徽、黄伯春等人都去了，他仍然是精神勃勃，不怕累战累败，而以一个累战累败的颠扑不灭的不屈者的精神又站起来战斗。大家都很敬佩。"

第二部分命名为《第二交响曲——红日黑溃》。这部分主要记录了新中国成立后直至文化大革命李凌先生从事音乐工作的情况。在这部分内容中，有几件事我要特别提一下。第一件事是关于李凌先生参与筹建中央音乐学院的经过。这件事虽然在中央音乐学院的院史中也曾提到过，但许多细节并未记录下来。从回忆录中，我们可以看到当时李凌先生为筹建中央音乐学院曾经做过许多工作。从最初和李元庆同志一起到天津联系物色校址，以及和李元庆、张来旺同志共同组建基建组，为新成立的中央音乐学院修建校舍；到后来协助缪天瑞担任教务处的负责工作，直至担任中央音乐学院音乐工作团团长。这期间，李凌先生为中央音乐学院的早期建设做出了许多贡献。第二件事是关于李凌先生参与筹建新中国成立后最早建立的几个音乐院团的经过。1952 年在刘少奇、周恩来的倡导下，新中国成立了中央歌舞团。李凌先生任副团长，协助团长周巍峙为歌舞团的组建作了大量的工作。后来中央歌舞团又分成了中央乐团、中央民族乐团、中央歌舞团和东方歌舞团等团体，李凌先生除保留中央歌舞团副团长职务外，还担任中央乐团的团长工作。特别是在中央乐团的筹建过程中，李先生真可谓呕心沥血。从住房、办公室、排练厅等基本设施的建设，一直到各类人才的物色和乐团建制的确立等等，李凌先生都付出了巨大的辛劳。第三件事是李先生在担任中央歌舞团和中央乐团领导职务的同时，撰写了许多音乐理论文章，特别是在音乐界引领"百家争鸣"、活跃新中国的音乐理论研究方面，李凌先生做了大量工作。从 1961 年开始，李先生受约在人民日报副刊上设立《听乐杂谈》专题栏目。通过栏目，他一方面向广大民众普及音乐，另一方面就音乐界的一些重大问题发表自己的看法，并引导大家进行讨论。其中，关于"音乐的民族风格问题"和关于"轻音乐问题"的讨论，曾经在音乐界引起很大的反响。回顾60 年代李凌先生对"音乐的民族风格问题"所发表的意见，许多观点在当今看来依然有积极的现实意义。关于"轻音乐问题"的讨论，用现在的眼光看来，李凌先生提出的观点也许已习以为常。但从历史的角度来看，在 60 年代初期，李先生就第一次提出关于轻音乐的问题，应该说是难能可贵和十分大胆的。李先生充分肯定轻音乐的社会功能和它的艺术性，并指出："轻音乐问题，是形式和格调的问题，是利用一切易于接近群众的形式问题，也是音乐创作上更为广宽、更符合群众各种喜爱的群众观点问题。"并进一步指出："我们应当把轻音乐放在一个应有的地位，并且从许多方面来发展它。""使轻音乐艺术，得以迅速成长、壮大，使我国音乐艺术的各个领域，同时开出茂盛之花。"李凌先生活跃的理论思考，最终经受的是文化大革命前夕的批判和斗争。

第三部分命名为《第三交响曲——劫后情思》。这部分主要包括三方面内容，第一方面是关于"文革"后拨乱反正，音乐界讨论了有关轻音乐和抒情歌曲的有关情况。李凌先生从文化艺术的繁荣发展和百花齐放的角度对轻音乐和抒情歌曲给与充分的肯定。面对社会上种种左倾思潮的攻击，李先生依然带着一个音乐批评家应有的责任提出自己的看法。他在文中说到："当我遇到我认为必须说，和我应该说的问题，只要多想的深一点，我是从不计较得失，说错了就改！我认为：'我也不是什么傲气不傲气的问题，我之所以写了那些争鸣的文章，这仅仅是一个做音乐评论的工作者的起码的必须具备的责任感和态度而已。'"有朋友劝说李先生要保护好自己，但他始终保持着光明磊落的人生态度。为此，苏夏先生送给他七个字的赠言："文锋未钝老犹争。"李凌先生对中国音乐的发展和建设一直带有开阔而深远的眼光，他认为："只有为人类的光明、幸福而效力而又千仪百态、华丽多姿的艺术，才能经久的开花。"第二方面是写"文革"后李凌先生任中央乐团团长期间，中央乐团的建设情况。文化大革命过后，中国交响乐发展面临大好形势，李先生作为乐团的主要领导，重点抓了四件大事。第一，物色和培养指挥，这是乐团建设的关键。第二，加强国际交流，聘请国外大师指挥乐团；文中记录了小泽征尔指挥中央乐团演出《贝多芬第九交响乐》的情形。第三，培养年轻的交响乐和合唱人才。第四，中央乐团出访美国，实现中国交响乐走出国门的愿望。从50年代初中央乐团成立，到文革后乐团复建，李凌先生为中央乐团和我国交响乐事业的发展做出了杰出的贡献。第三方面写的是文革后李先生在音乐教育领域所做的几项工作。第一项工作是恢复中国音乐学院的办学。中国音乐学院是1964年在周恩来总理的倡导下成立的一所专门从事中国音乐人才培养的高等音乐院校。"文革"期间停办，后来并入中央五七艺术大学音乐学院，"文革"后中央音乐学院恢复办学，中国音乐学院的教师一同留在中央音乐学院。1981年李凌先生积极主张恢复中国音乐学院，得到国务院批复后，他作为院长为该院的建设和发展作出了重要的贡献。从校址的选定到专业设置的确定，从组建管理队伍到师资队伍建设，李凌先生都积极领导和亲自参与。第二项工作是创建中国函授音乐学院。第三项工作是积极推动音乐教育多轨制，竭力推广社会音乐教育。

第四部分和第五部分分别是李先生对现实音乐生活的理论思考和对已故音乐家的缅怀或对在世音乐家的评价。这两部分分别命名为《第四交响曲——潮涌深思》和《第五交响曲——山水知音》。在第四部分中，李先生分别就音乐创作、音乐表演、音乐学研究、社会音乐教育和儿童音乐教育等方面发表自己的理论思考。李先生认为音乐创作应该坚持传统和现代相结合，民族与世界相结合，他提出"一手伸向西洋，一手伸向古代"的创作观念。在音乐创作和音乐表演上，李先生十分强调风格的独特性，他认为："一个作曲家、演员，具有自己的独特风格是十分可贵的，这是标志着一个艺术家或演员艺术的成熟。"他还认为这种个性的培养，还要体现在教师对年轻学生的引导上。在对现代音乐的认识上，李先生不同于一些老一辈的音乐家采取一概否定的态度。他认为对待现代音乐，要从接触、研究开始，再从中发现可取之处。李凌先生在文稿中写道："我们要接触后期的浪漫主义如马勒、理查·斯特劳斯的音乐，也要接触浪漫派以后的德彪西、拉威尔、斯特拉文斯基、巴尔托克、亨特米特、格什温、勋伯格等作曲家的音乐。"他认为十二音体系、无调性音乐、微分音、偶然音乐和电子音乐等等都应该接触。他说："盲目的崇拜、全盘肯定，全搬是不对的，但连亲口尝一尝都没有，只站的远远的望一望就说葡萄是酸的也不好。"作为曾经是新音乐运动的领导者，李凌先生能如此客观地对待西方现代音乐，的确难能可贵。这充分体现出他辩证的理论思维。正如他在这部分的末尾中写道：要"从发展中看问题"，"凡是静止地，不从发展中来论断问题，每每会偏激"。李凌先生是多么值得尊敬！他的音乐理论观点既有历史性，又有现代性，同时又坚定地站在辩证唯物主义的哲学立场之中。在这部分内容中，李先生还对社会音乐教育和儿童音乐教育提出了很有建设性的意见。他认为要"采取多种方法"推动"儿童及成人音乐事业的发展"。最后一部分是记录了李凌先生对一些有成就的音乐家的缅怀和评价。其中包括指挥家黎国荃、杨嘉仁、韩中杰，作曲家冼星海、马思聪、舒模、王酩、钢琴家范继森、歌唱家魏启贤、二胡演奏家周耀锟、音乐理论家沈知白等等，这也是李凌先生晚年生活的重要内容。在这些缅怀和评价中，也记录了许多宝贵的为人鲜知的历史资料。

　　写到这里，我不禁对李凌先生肃然起敬，他那传奇的经历和操劳的一生，还有他那坚定的信念和开阔的胸怀，永远值得我们后人学习！李先生对新音乐运动和新中国音乐事业所做出的杰出贡献必将永远载入史册！深切希望先生的这本《跋涉人生——李凌音乐人生回忆录》能成为年轻人学习音乐、从事音乐、为人处世、思考人生的指路明灯！

　　最后，感谢李凌先生为我们留下这本珍贵的回忆录，能使后人从中学到许多东西！感谢妲娜老师对我的信任，邀我写序，使我能够先睹为快、从中受益！

王次炤

2013 年 8 月 16 日

自　序

　　有一次，画家王琦同志带来了他新出版的《艺海风云——王琦回忆录》给我，还对我说："你的生活也很丰富、经历也很曲折，为什么不写一本呢？"我想我的身体不太好，已到八十多快到九十岁了，很难有精力。关于写我个人人生总结的事情就这样拖下来了。

　　我于1978年发现胃癌，总后勤部原副部长贺彪同志热诚关怀，帮我请了著名外科医生陆维善大夫，在301医院动了大手术。切除了胃脏的五分之四，并清除了心脏、肝脏附近有关的淋巴腺，愈复得比较好。

　　不幸，1992年底又患上脑血栓病，来势凶狠，头痛难忍、牙关张不开、不能说话、右手右脚不能动弹，更谈不上挥笔写字，经常会发作短暂性的病变。稍有劳累，相关症状就会出现，短则一刻多钟，长则一个星期。年年三四次住医院治病，1994年办了离休手续。

　　自1995年直到2000年，生活比较闲逸，短暂性脑病也不发作了，虽然视力猛退，但又耐不住经常提笔写出文章，如：贺绿汀、江定仙、张文纲等。《焕之与我》以后，2000年夏天突发脑溢血，在脑干部位裂开了像大拇指那么长的裂口，医院发出了病危通知要家属签字，大家说我命大，经过一个多月的抢救治疗，又逃出了鬼门关。2001年夏天，又患脑血栓及住院后期的感冒发烧，经过医生、家人的精心治疗和护理，我又奇迹似地平安出院回到家。于是，上级领导，周围亲朋好友，还有我的家人，都异口同声劝我停下笔，学会去过那种悠闲的养老生活。有些记者同志来访，看到我家种有多种盆草花卉，看到我常滞留早市，购得廉价衣衫，自缝自制衣着，就把这些宣扬出去。似乎……但这些闲活哪能锁得住我的"笔瘾"？近十年来，我陆续写了一些文章，也出版了《秋蝉余音》、《乐海晚霞》、《音乐流花新集》、《音乐流花新集——再版增订本》。写得也很艰苦，都是由种种病患伴着我一起"爬格子"，哪怕是在双目失明，只得用左手摸着尺子，右手握着笔，让一个个字顺着心意涂写在纸上，那不成形的大大小小的字体为整稿的老伴带来不少麻烦。写文章时的那种文思潮涌之势是无法遏制的，这才是我生活中最大的欢乐，只要我一坐下来，握起手中笔，好似小河流水沿着弯弯曲曲的山涧流向众河汇流的大海中去！啊！那千人万民汇集的人生海洋，对我的吸引力是太大了。

我常在家中从这房走到那房，口中喃喃地喟叹着："没有生活了！""没有生活了！"那种花植草、缝制衣衫等活动是无法填补我的失落感的，我身上的每一个细胞似乎都在呼唤着"我要工作，我要干！"在我们音乐事业的艺坛上，那些老将的经验，那新苗的崛起，某些乐种的被冷落，该鼓噪的，该商榷的……唯有拿起笔来，才能畅我臆腑，广集众思，老而时习之，或许也能在社会上起一些小小推动前进的波澜。我以此为乐，乐而忘老矣！

九十岁，早就"古来稀"了。但只要生命不息，战斗不止，鲁迅先生的名言，依然点燃着我朝前走，我就下决心写我的跋涉人生——李凌音乐人生回忆录。

2003 年 6 月 30 日

目　　录

第一交响曲　暗夜星光

1. 年幼时为非作歹

据说，我很小的时候比较调皮，好胜，好动，常常带领一批孩子，搞是搞非，妈妈特别担心我闯出祸来。但是台山乡间，男人多半外出去美国、加拿大或小吕宋（菲律宾）谋生，我家里只留下我祖母、母亲。祖母是小脚，母亲刚改为"放脚"，不得已自己包揽一切耕种农活。家里比较穷，只种不到一亩左右的山岗地，却硬改为水田种稻，由于三天两天缺水，我母亲就去车水浇田，她身体特别矮小，车水也特别吃力，不得已也把我喊去当帮手了，水车很重，帮车水是很艰难的。

母亲还管挑井水、煮饭，我很小的时候，就帮母亲背小弟弟，乡下人都是这样。

我六岁多一点，就偷偷跟人去上学，母亲知道我没有先拜孔夫子就上学，没有按规矩上学是念不好的，一定要我补拜圣人。要我带了几根葱（"葱"谐音"聪"字，表示家长期盼孩子能聪明求学的一种愿望），一片黄糖，三支香，叫我跪拜，她还向孔夫子道歉，说我不懂事，请孔夫子保佑我读好书。

我三岁时，爸爸从美国带来一只手表，要好几百美金呢！我看了会转的，好奇怪。于是就动起手来，小小的手居然把表盖掀开，用手指把长长的游丝从里面拉出来。妈妈看了，很心疼地骂我："拆了一个楼，要了一个砖。"童年记忆里，我最喜欢帮祖母

1

穿针引线，老在她身边等啊等，在她身边转来转去，只见她把老花眼镜戴在额头上，眯着眼，用劲地穿针，老穿不进去，我在一旁心急地说："我来，我来！"

我记得读高小五年级时，父亲从加拿大回国，为我祖父李圣法做六十大寿（因为当时广东人平均寿命三十九岁，可能与广东气候有关系，婴孩死亡率很高，五十岁算是不容易，六十岁就大张旗鼓做大寿了）。

在高小读书时，有一次放学回家，看到女校读书的女学生放学回家乡，我就领了一帮孩子去欺负那些女学生，用烂泥截断去路，让穿了鞋或木屐的女子没有去路，她们只好转走别的田基，我又叫他们去把烂泥堆满田基，不让她们走，后来她们去向老师告状，伍郁文老师转告我父亲，我挨了一顿痛打后慢慢不敢那么调皮捣蛋了。

入了中学，我突然完全变为另外一个人，可能当时旧社会把中学当为过去的"中秀才"，毕业等于取得了"功名"，自己也开始知道要规矩一些，于是就不那么生跳乱蹦，开始潜心学习了。

1927年广州革命，台山影响不大。1928年入中学［当时叫十七春（民国年号）乙班］，当年学生闹风潮。一要打倒县长李海云，因为他抽鸦片烟，又专卖官，勒索民财，同时要把台中校长陈八兼也驱逐下台，于是学校停课。后来黄铁铮接任，第一学年就在混乱中度过，下半年，我开始喜阅鲁迅先生的杂文，欣赏他那针砭时事的文章。

第二年学校才安定下来，那时新进校的十八春甲班，受到回来台山的进步青年朱鲁泉（伯廉）的影响，班里的雷石榆、伍铭、陈作梅等人，开始在学校出壁报，主要是宣传怎样和反动派抗争，并对落后社会进行针砭，我很受影响，从此开始走上新路。

2. 我的出身——我家五代华侨

我们的家乡五十区大良乡永庆村是落在大瓶山（现古兜山）的脚下，原来是一片荒芜的岗区，大约百多年前，曾祖父母从城北的东坑，迁到这里，被称为"山尾佬"，是一片穷乡僻壤，迫于生活，就相继往美洲或南洋谋生。

解放后土改时评家庭成份，我家评为贫农华侨。的确我家很贫穷，全家种一亩多田，主要靠祖父在美国旧金山做华工抚养。有工作时还好，一年可以寄回三两百元，他若失业，则全靠租田耕种生活了。台山是一个侨乡，由于地邻大海，山岗连绵，人多地少，加上几百年来受到封建剥削和帝国主义侵略，经济落后，走投无路，迫不得已，只好选择了离乡背井到加拿大、美国和南海一带去谋生的道路。他们抛开了父母妻子，漂洋过海，加上帝国主义和外国佬的欺凌，即使有条生路，因个人在外，又长受外国佬的歧视，没有保障，的确苦不堪言。

我在表弟伍伯良赞助出版的《音乐流花新集》后记中对我出身是这样写的：

> 我家五代华侨，最早约在1885年左右，美国要开发西部，派人在华南招收华工赴美国旧金山（三藩市）的金矿、煤矿及铁路作劳工，我祖父李圣法被招。当时美国招工者订定，凡"被招工人"，每人一次性发给400元作押金，叫"卖猪仔"（即把人卖出去作苦力），出发时一律乘坐大轮船的统舱底层，没有床位，席地而睡，几百人挤在一起，空气污浊令人窒息。当时有生病的，往往不待气绝就被抛入大海中。到美国后必须作劳工十年，期满后放出来自谋职业。据在金矿劳作的祖父说："矿主人根本不把工人当作人，犹如囚犯一样，有美国工头监工

3

　　管着。每天下班，要大家脱光衣服，检查肛门，怕工人把

金子藏在肛门里。工作时动不动就挨骂、挨打……"

　　我祖父刚结婚不久就卖在美国旧金山当苦工，未有孩子。到他做矿工十年期满，离开矿场时，和几位华侨好友，每人出一点钱，合资开了一间洗衣馆，却不幸遭到大火，把洗衣馆烧了，只好改做零工。到四十几岁时，仍然没有钱坐船回国，我祖母只好在家买了我父亲作儿子（家乡不少家庭的孩子都是买来的）。据说我父亲李道锡很孝敬祖母，相处像亲生母子一样。父亲只念了两年私塾就停学了。到十八岁时，凭媒人介绍，和附近顺安村伍鸿远的女儿伍如珠结婚，两年后生下我。因祖父母没有生育过孩子，所以把我取名李永添，就是永远会添丁的意思。

　　父亲最初在家耕田，到 24 岁时，我外祖父在加拿大温哥华市作侨工，就出船费把我父亲接去温哥华作锯木工人。

　　我出生后，家里只有祖母、母亲和我三人。亲戚只有外婆、大舅母（大舅伍祈光也在加拿大），母亲因感念到外祖母家只有两个女人在家，且和我家住得很近，就经常带我去探亲，特别是过年过节，我几乎都在外婆家里过，有时一住二三个月。

　　我九岁时，二舅伍新安从加拿大回国结婚，二舅是妈妈的弟弟，他俩从小一直很亲密，二舅回国后只住了一年多，生了大儿子，叫阿乾，后来二舅又回加拿大了。

　　我上中学后，到外婆家探亲的机会就少了。

　　中学毕业后，正碰上我父亲失业，我只好出来当小学教员，后来加入伍铭（我的表叔，大我两岁）、邝泽民（台师毕业）、文渊（台中）等领导的读书小组，在台山各地开展陶行知先生的"小先生"制活动。主要是宣传抗日，学习进步知识，逐渐得到广州、上海和远在日本留学朋友们的支持和关心，如木刻家黄新波（他是台中十九春丙班同学），他在日本留学时，已加入中国

在日的"左联"。他当时曾回到台山发动台中同学演出《工场夜景》，带进来的外来文化对台山进步青年有很大的鼓舞作用，从那时起就把台山青年革命活动开展了起来。

3. 心惊胆战地进入上海

1936年，我父亲来信说他有工作了，能够资助我继续念书。

我曾在光东书局出版一本《美术字集》，留日的木刻家黄新波找到我说："你应该去日本专修图案画，往后再到法国进修几年，这样有可能成为专才。"我就于1937年春末到上海，先学日文，准备暑假后赴日学习。

在广东时，听有经验的人说："上海十里有洋场，有租界，都是外国人统治，上海市非常乱，小扒手很多，一定要小心，身边的东西一不小心，就被别人抢走。"

我坐轮船到了上海，没见到伍铭叔叔来接我，心里很慌张，把不多的随身行李搬上岸，找了个地方蹲下来，将行李一件一件连结在一条绳子上，两手牵着，不敢走动。

其实当时广东和上海差不多，都有点乱。因为我初到，紧张得有点过分。

没多久，伍铭他们来了，把我接到他办的"进化学校"。他说："这里白天上小学课程，晚上有几班成人夜校，实际上是几个地下党员和进步青年办的学校，夜校的许多学员都是推荐来的进步青年工人或职员，来学校学的主要是革命知识。"

【附录】《台山党组建前的青年革命文化运动》

我曾陆陆续续读到一些台山革命回忆录，很受鼓舞和教育。他们详细地记录了近几十年的台山革命活动，使今后的青少年知道他们的前辈是怎样地为中华民族获得解放并建立一个新中国付

5

出生命和血汗。让青少年知道如何珍惜每个建设的机会，保护这来之不易的革命果实，并使之建设得更快更好。

过去台山有一本木鱼书，叫《金山伯回唐山》，是描写出国受尽磨难、凄楚难当的情景，大家读了不禁热泪满眶。当年我们总是希望祖国能尽快强盛，而在反动政府统治下，这种愿望是难以实现的。因此，许多青年为了改变祖国的落后现状，为了谋求活路和祖国的富强，起而寻求革命真理，进行革命实践。正好，1927年大革命后，从广州影响全国，也冲击了台山。马列主义、共产主义的革命理论，也很快渗入台山。当时台山有些青年学生，如谭秀峰（何贯之）、朱鲁泉（朱伯廉）、朱灼云、伍铭、陈作梅、雷石榆等人，在台山学校读书时就接受和传播这种思想。

停滞与新兴

1928年春，我考入台山中学（即现在的台山一中），那时正是1927年广州起义失败刚过去不久。我村里有一个堂叔叔，他是在广州起义中参加战斗的，失败后他逃到我母亲的小舅舅家里，洗去领上红布带（战斗时适值下雨，红带的颜色印在颈上）水印，躲过了追捕。回到乡间，许多村人都知道他曾参加过暴动，但也不怎么歧视他，也没有人检举。1930年，他却当了村里的东升小学的校董了，可能在老百姓的心里，共产党也不是那么可怕，也不是坏人。

我在台中是分在十七春乙班。到校后，听人说，台山的毕业生朱鲁泉是一个共产党员，省里通缉他，但他已出走了。还说丙班有个同学叫朱宪章，还差一个学期才毕业，但也只是共产党嫌疑而已。他还是敢说敢做，也没有人追究他。

刚进中学，学生还在闹学潮，同情共产党，说要驱逐校长陈八兼，后来换了个校长黄铁铮。黄是比较严谨，但他也并不完全听国民党反动派的摆布，他用了一个训育主任（当时管思想教育

6

的）叫黄仲琦，听说他也有共产党嫌疑。

"乱党分子"是要杀头的。但当时读过一首外国诗："生命诚可贵，爱情价更高；若为自由故，两者皆可抛。"的确，在青年心里，要革命，就不能怕牺牲。而且广大群众看到当时政府的腐败，也希望来一阵暴风雨，把天地翻个样。可见，死是吓不倒青年的。

不过，1928 年，台中的确是曾有一度消沉过，直到十八春入学，由雷石榆、伍铭（伍福胜）、陈作梅……等人，办起了一些班的壁报，登了许多杂感，并提倡读书，介绍了鲁迅等作家的文章。许多学生也开始购买新出版的进步书刊，学生的思想活动才又掀起一个新的高潮。我们十六、十七春秋班的同学，也有不少人跟着对革命思想发生兴趣。

在台中演出话剧《工场夜景》

十七春秋、十八春秋班毕业后，李云杨（十七春甲）夫妇、林维梁、陈因素等人相继留学日本，黄新波也由于遭迫害转赴日本留学，老班同学林焕平、谭秀峰及新青年诗人雷石榆、梅景钿等在日本参加当时在东京建立的文艺界左翼联盟分会，他们和在上海搞革命文艺的陈白曙（即陈作梅）等有联系。他们在 1934年暑假回台，以台中为基地，展开活动。当时台中的老同学伍铭、台师老同学郭泽民等，在台城以岭南书局为联络点，也团结了不少青年，建立了一些读书会的组织，其中仍在台山读书的李元获、马星锋（即马平）、雷振声，在台师读书的叶润韶（即叶林），也分别成立读书小组。这许多进步青年，联合台中同学，在暑假期间排练了工人爱国话剧《工场夜景》，并正式公演。

这一事件，开了台山革命活动公开化的创举，它歌颂了工人阶级对生活的要求、对国家命运的关心。这对台山青年影响不小。可以说是在台山舞台公开宣传共产主义思想的先声。

这一暑假青年学生活动，为台山进步青年运动打下了一个比较广泛而坚实的基础。一方面进步青年互相间取得联系，同时也使台中、台师、任远、育英、敬修等中学教师、校友、学生互相关心，从而展开一个比较宽广的社会活动，也使得分散在各个乡镇从事教育工作和业余艺术爱好的朋友，互相了解，互相促进，共同进步。

台城的岭南书局、民众书局，均从上海购进许多进步书刊，以配合提高青年的思想。

当时，在台城的老一辈的知识分子，如陈觉生（任远中学校长）、伍啸田（台山教育局督学）、朱乃慧（台师教员）、黄福懋等人，对台山青年活动、对学校学生运动，也给以关心，使进步青年连成一片，因而为1937年在台山组建一个进行实际宣传工作的团体播下了种子。

演出田汉剧作《回春之曲》

1935、1936这两年，台山青年运动有了迅速的发展，留日的、香港的、广州的进步朋友，以任远中学为联络点，由在任远中学任教的曾平福为联系人，形成一个有力的活动中心。任远中学校长陈觉生是有进步思想的中年人，他虽然是一个国民党员，但他常常积极支持青年进步活动，在任远中学担任教育主任的马××老师也是一位进步的教师，他们对台山进步青年给以较大的支助，他们还通过在任远中学兼课的美术教师陈语山老师（他是一位话剧爱好者），在校内排演了田汉写的三幕抗日话剧《回春之曲》，由陈语山及学生雷琦露担任主角，我任导演助理兼演医生，为宣传抗日爱国运动发挥了巨大的影响。

台山青年救亡工作团建立

1936年夏，由几个在台山的民主人士创办《民众日报》，该报副刊的主编是陈君博，他约了当时在台的进步朋友李嘉人、黄福懋、雷均祥等同志，拟以该报副刊为阵地。一方面团结一些朋友，同时经常发表主张积极抗日救亡的理论文章。

1937年秋天，上海抗日战争爆发，许多留日、赴沪的青年回到台山，当时在《民众日报》工作的李嘉人、留在育英中教书的朱伯廉等看到那么多的进步朋友回来，如留日的梅景钿、雷石榆，赴沪的黄新波、伍铭和我，还有从南京回来的李英三，广州回来的朱克、谭婉珍，在台山工作的雷均祥、黄福懋、刘彦邦、雷哲如、李鹰航、文渊、叶润韶（即叶林）、甄伯蔚、甄子明、梅龙夫、黄子照、李举然、黄崇礼、黄崇昌、伍颜立、谭庭阴、李元沪、马平、雷振声、叶沛、雷琦霞、雷琦梅，就组成了一个台山青年救亡工作团。这个团体实际上是我党在台山未正式建立党组织以前的一个群众性的党外响应共产主义运动的青年组织，它和文艺界的左翼联盟有些近似。

该组织明确的方针是响应共产党抗日主张的号召，大力宣传抗战到底的决心，求得中华民族的彻底解放，建立一个新民主主义的新中国。

工作团的领导小组，由李嘉人、朱伯廉、李凌、伍铭、雷均祥、陈仲博、黄福懋担任外交，李嘉人担任相当于政委职务，李凌还担任艺术演出，伍铭担任宣传。

工作除文学宣传外，还有戏剧、音乐、戏曲、美术等艺术形式。成立时，除在台城青年会演出几场外，立刻就开赴台山各地进行宣传。曾到过园山仔、瑞芬、白沙、那扶、海宴、广海、温泉、斗山、都解、四九、五十等地乡镇演出和演说，基本上全是用台山话表演，老百姓都听得懂，因之效果非常显著。在海宴演出时，正碰上有一个连队，队长是有共产主义思想的干部，他特别邀请我们到连队去联欢。战士们出的壁报，也报导八路军当时战绩，宣传抗战到底的主张。

这个工作团，由于领导层有一定的政策水平，对台山的现状做了分析，因而在对青年的团结教育上，对统一战线问题，都做了不少工作。比如在对台山知识界、进步人士的争取和团结上，对陈觉生、朱乃慧（台师教员）、伍啸田（台山教育局督学）、陈语山（台中美术教员）……的联系都比较密切，充分发挥了他们的积极性。工作团通过教育、音乐、体育等各种不同的爱好，组织人们来参加抗日工作，如黄业棠当时是钟表店经理，但他喜欢广东音乐，就团结他来参加演出；李立宏是排球运动员，我们也有李鹰航等喜欢排球，就团结在一起。我们后来还开展陶行知先生提倡的小先生制，新编了十六七集抗日民歌集，利用不少从事教育工作的朋友，一时离不开教育岗位，也一起开展抗日宣传，影响非常大。

后来，台山国民党看到我们力量一天天扩大，就想方设法来限制我们的工作，并提出一定要在台山党部统一领导下才能工作，并通知要把工作团名称改变为台山抗敌青年同志会。

我们召开会议，为了合法斗争，同意改名，但工作方针不变，并提出不许干涉内部行政。

1938年春节期间，在台城女师及附城五十农村、水步等地演出后，许多学校已开学，除报纸上宣传外，着重开展小先生制。

大批青年相继奔赴延安学习

1938年4月，我们在报上看到中共在陕北延安创办了陕北公学、延安抗日大学、鲁迅艺术学院，并向全国招生的消息。为了提高自己的政治修养，坚决抗战到底，就由李嘉人通过开平来台山工作的郭小姐介绍，到广州找到八路军联络同志，写信到汉口找到周总理签了字。到八路军办事处办理去延安的手续，我们工作团的朋友，有伍铭、李鹰航、叶林、甄伯蔚、陈因素、甄子明、李雪、雷哲如及我，先后分两次到延安。伍铭、甄子明、李雪入抗日大学，我、李鹰航、叶林、雷哲如，后来还有李元狄入鲁迅艺术学院，陈君博则直接到山西。

这许多同志，有的如雷哲如、梅景钿、李吉洪等在抗日根据地英勇牺牲了，其他的同志，后来在抗日战争、解放战争及新中国的建设中，都发挥了一定的作用。

我认为，由于我县有一些人如何贯之、朱伯廉、李嘉人等较早接触革命思想，不怕艰苦为培养台山青年而努力，有一些如陈觉生、朱乃慧、伍啸田等学长的关心，使当时广大的青年得到学习和锻炼的机会，他们的功绩是不应该忽视的。

以下是1930～1938年参加台山青运工作的部分朋友的基本情况：

何贯之（台一中）马列主义哲学家

李嘉人（广州中学）曾任广东省副省长

黄新波（台一中）中国美术家协会副主席，广东画院院长

刘彦邦（台师）广州省教育局局长

梅尤富（端芬中）东江纵队战斗员

伍铭（台一中）曾任人民出版社副社长

叶林（台师）曾任内蒙党校校长

雷均祥（台师）曾任台山农业局局长

梅景钿（台一中）敌后战斗员

雷哲如（台一中）敌后战斗员，文学家

李元狄（台一中）曾任中央军政校教授

李云杨（台一中）曾任安徽科技大学、暨南大学副校长

林平（台一中）曾任广西文联主席

朱伯廉（台一中）曾任台山一中、台师校长，县政协主席

李凌（台一中）中国音乐家协会副主席，中央乐团团长

李鹰航（台一中）广东音乐家协会主席

甄子明（医生）曾任解放军后勤部财政部副部长

雷石榆（台一中）曾任天津大学教授

11

李雪（女师）曾任解放军后勤部科长

陈白曙（台一中）曾任广西文联副主席

马平（台一中）曾任广州市侨办副主任

李平（女师）曾任广州市机关医院主任

文渊（台一中）曾任肇庆市委书记

甄伯蔚（台一中）曾任广西艺术学院教育系主任

4. 从上海折回台山

1937 年 8 月 13 日，日本帝国主义发动"上海战争"。我、新波、伍铭三人，就仓促地搬到法租界梅景钿（也是留日）叔叔家里。不得已我就和伍铭、新波、梅景钿等于 10 月末回到台山。

其实，在台山老领导朱伯廉、李嘉人、陈君博、雷均祥等正在台山创办一个由民主同盟领导的《民众日报》，他们主张先在台山成立青年救国工作团，伍铭、雷石榆、梅景钿都参加了，伍铭担任宣传组长，我任艺术组长，排练了《放下你的鞭子》、《张家店》、《药》等新话剧，到台山各区镇及四邑几县去做抗日活动。

我演《张家店》的老头子，扮相真像，烂毡帽、白胡子、弯着腰，那穷苦瘦长的样子，一出场，底下就一阵喝彩。我还能扮老头，拿一面锣上台演唱粤曲，广东味十足。还能即景生情，临时新编一些结合当时调查的新事物，现场就唱出来，由李鹰航、甄伯蔚、甄子明等伴奏，把新二流二簧唱得深入人心，鼓掌不停。后来唱出名了，乡间老百姓都知道，每天都放不过我的"临时即景清唱"。

不幸，有一天为台山女师演唱，说女师职员学生都会广州话，改用"省话"（广州话）表演，对我诉苦："日本鬼用枪把打我屁股"时，我说"用枪把打我的'圈'（把台山音念歪一点叫'圈'（唇音）"，台下一阵哈哈大笑，因为广州话把屁股念"老友"，因而好笑起来。从此我才明白我的语言才能根本没有前途，因此在演讲、说话的场合我得负分。加上我在蒋管区是在做地下工作，语言又缺乏才能，只好从此不敢公开说话，应付生活还勉强不至于饿饭，公开发言讲话，必须站起来才有勇气讲几句，到老还是那个台山国语，也幸运地躲过当"右派"的厄运，这是后话。不过这次一传开，我就变为"圈"老头这个"新外号"了。

1938 年春末，伍铭、李鹰航、甄伯蔚、梅景钿、陈因素、叶林等和我很想北上延安去学习，旅途中，车到湖北鸡公山，接到讯息说，日本鬼子已占领许昌，车通不过。我们只好回家乡，但陈因素爱人林维梁在延安，她一个女的，背着背包徒步绕过许昌，在洛阳上车去了延安。

回到家乡，心里很难过。等到日本鬼子因黄河决口大水退出许昌，我们才第二次北上，那时又添了雷哲如、甄子明夫妇，一大群再往延安去。从西安坐八路军办事处的车北去，到边区正好是党的生日七月一日，我们首次看到边区卫兵，真是欢喜得不得了，问长问短，像重逢知心人那样，问个不停。

5. 初抵延安

车达延安城之日，一看这个有名川府，是像一个破旧的广东乡下小市镇，心里特别难过，这样有名的川府就是这样破残，真难受（我在延安记录中有这样的感受）。但看到鲁迅艺术学院在北门的小山，开了一排排窑洞，大家刻苦修习而又生气勃勃的精神面貌，油然生出了一股向往之心。

我在鲁艺报了名，参加美术系的考试，我还向系主任沃渣同志汇报，我曾在广东光东书局出过一本《美术字集》，老师一看说："你的图案字不坏，我们还没有这样的老师。"我说："我只想当学生读书。"就这样我入了美术系当学员。但在美术系上了一个星期的课，感到当时的环境，美术工作主要是木刻、漫画兴旺，而我的人体素描根底很差，图案只能在别人作品上做一些点缀，没有多大作用，因此很不安心。眼看甄伯蔚、李鹰航他们在音乐系学习得很开心，就想转到音乐系，我就去和音乐系主任吕骥商量，我告诉他："我从小喜爱广东戏、二胡、秦琴、吹笛、洋琴都演奏过，和鹰航、伯蔚他们差不多，我很想转到音乐系来。"他听后叫我拉拉二胡，视奏一段他临时写的新曲，是首抗战歌曲，他看到我视奏新谱能力还好，三十二分音符的新谱都能拉得很自如，就同意我转系了。我很感激他的同意，从而在音乐系接受教育。

6. 延安鲁迅艺术学院音乐系
——焕之等和我是同学

我入音乐系，焕之是我们班里音乐修养最好的，他曾在上海音专作曲系学过一段时间，有一定底子，为人诚恳、谦虚，又能说一口标准的广东话，我们广东来的几位同学李鹰航、甄伯蔚、叶林和我，也包括开平县的梁寒光，国语都很不好，听得还不大十分懂，而焕之的国语非常清楚，准确、流利，无形中就成为我们的顾问和向导了。

音乐系第二期的同学中，成绩（基础）较扎实的除了李焕之外，就是李鹰航（他吹小号，是台山中学管乐队的首席），他是经过从广州来的专家郭士钧老师的严格指导，五线谱视奏很快，音调准确，音色优美，他的小提琴拉广东音乐也很出色，拉二胡、弹秦琴（阮），样样都较精通。班里的梁寒光也是多面手，小提琴、二胡、阮琴都精通；王元方会指挥合唱，打打比较简单的拍子，人很稳重，协助指挥同学的课外合唱。常虹是武汉合唱团的团员，有一定的声乐基础，周辛曾在武昌艺专学过两年，能弹一些钢琴曲，金紫光工作很积极能干，也很活跃，海啸同学学得很扎实，人很虚心……大家虽然音乐底子并不高深、结实，但在吕骥同志的《新音乐运动概论》的指导之下，在星海同志的热情鼓舞和影响下，再加上向隅、唐荣枚、杜矢甲（唐、杜二人是我国当时最优秀的女低音和男低音）等老师的辛勤指导下，我们对自己所走的道路，对祖国抗战、建设新民主主义的新中国并最终一定能取得胜利，的确信心十足。星海同志当时曾说过："你们一定要认真地学习，胜利后回到广东建立一个正规的广东音乐院，你们要毫不松懈地下苦功，学得扎实一点，才能应付需要。我自己就很不满足，正像一头颇有意志、颇有想象力、爪牙却很不锋利的猛兽，我一定想法到苏联去深造；你们不能有半点怕苦怕累，一定要鞭策自己。"

虽然在当时还是住窑洞，吃小米、青菜，还要自己开荒、种粮才能填饱肚子不挨饿，但个个同学精神上都好像是一个战士，胜利就在眼前一样胆大、志壮。我和阿梁比焕之大几岁，但焕之是我们学习上的老大哥。二期毕业后，焕之、鹰航、梁寒光、亚选、新来一个已经是在国统区作了音乐评论者的郗天风和我都调到高级研究班继续研究，将来准备作老师，焕之同志已在第三期里教他们乐理了。

不久就搬新宿舍，搬到郊外桥儿沟离城十多里的一个基督教教堂里。这所楼子及附近的住所都不错，校部与教室都设在那里，研究班和助教的学员住在教堂附属的房子，戏剧系、文学系和美术系华君武、古元等人都同在那里，我们音乐研究班、助教室，一共有焕之、郗天风、鹰航、我和亚选、寒光几个人。鹰航、梁寒光和我还需要到中央干部俱乐部星期六晚上的舞会当演奏员。

吕骥同志和向隅、唐荣枚等要调到敌后山西根据地去开辟鲁艺分院。郗天风和我留下专门研究吕骥同志的《新音乐运动概

15

论》并把提纲写成文章，补充扩大成一本书，好为将来组织学员学习及作教书的讲稿。

7. 我安下心来和郐天风研究新音乐理论

我在高研班和助教室并不安心，主要是这两年的学习比之原来演奏技巧并没有前进多少，那种成绩回去在广东算是二流货色也比较勉强，理论作曲只是学了个初步。就是研究班一年多来也有限，还想转到陕北公学高级班去学习。郐天风师兄看到这种情况，细心劝我回心转意，并多次说："我看你多次写的座谈会的发言稿，看问题都比较尖锐，壁报上写的音乐短论，大多比较突出，很有意趣，还有一定水平，我很羡慕你，我比你在社会上多活几年，对音乐问题的看法还不如你，你为什么这样泄气呢？你知道，要做音乐理论的朋友并不多，正需要多几个新生力量才能担起这艰巨的任务，如今吕骥同志他们开了头，他们都很忙，而今又去了敌后，眼看就要人来讲课，我以为有了我和你，也许逐渐补救过来。你的历史短，我会一点点告诉你，我带了一些刊物、理论书来，我可给你阅读、详尽地介绍，在你走的路上，陪同你一路走，有什么困难问题，一同研究解决。我有严重的肺病，吐过血，但我会尽可能帮助你……。"天风师兄的感人劝说，使我安下心来。

我们对吕骥同志《新音乐运动概论》中"以声乐为主"的观点进行过深入的思考，我们认为，声乐、器乐是音乐艺术中不可缺少的左右翼；在西方，管弦乐的教育和演出非常发达，连学校、职工的业余生活都开展得很好，据说苏联的城市管弦乐，包括业余的农村、工厂管弦乐队、管乐团、民间乐队都不少，就是我国广东音乐、民间乐队，到处都设有专业或业余演奏活动，就拿台山来说，县内的广东乐队也不少，学校有不少也有庞大的管乐队。其次戏剧、清唱也离不开乐队。我们心里怀疑，这个口号可能是拉普派（苏联左的文艺派别）提过的，我们担心，这样的提法会导致广东音乐、上海的江南丝竹、福建、汕头的潮州音乐等活动被轻视，我们就没有把"以声乐为主"的提法作出响应。

在延安鲁艺一段日子里，我学了毛主席的理论，也简单地读懂马列主义的世界观和历史观，对社会发展的历史观，社会的阶级斗争的分析，开始初步认识阶级分析法，初步懂得历史进程和世界革命的发展趋向，我还特别着重研究他的《实践论》和《矛盾论》。对于他的《矛盾论》和黑格尔的《辩证法》曾苦苦追求，尽可能把它学深一点。他说："研究问题首先要把事物的本质认清楚，然后着重研究分析矛盾的各个方面。"

对于简单的问题和矛盾，比较易于抓获，解决起来比较方便，但对于复杂的庞大的问题，研究起来就比较吃力，如果问题庞大、矛盾众多，好几方面的矛盾存在时，认识和对待它们常会产生困惑。毛主席指示："这时首先要找出他的主要矛盾是什么，抓住他的主要矛盾，其他的矛盾就会迎刃而解。"他这点提醒，对我日后的工作有重大的影响。

比如，音乐的民族风格问题，就存在许多方面的矛盾。有创作（曲调、和声对位、配器等）问题，有表演上（表现手法、语言风格等）问题，其中有最主要的矛盾，有比较次要或很不重要的矛盾，我认为它的主要矛盾是创作，如果这个创作的中心问题抓对并把它解决了，其他方面的问题就会迎刃而解。

如苏联民族歌唱家纳塞洛娃，她到过中国，演唱我国的《妇女自由歌》，唱的是中国民歌，曲调一换，虽然她仍然以苏联民间唱法唱，而唱出来的歌风却仍然是中国民歌，又如马思聪的小提琴，他演奏舒伯特的《圣母颂》，音乐仍然是德国风味。又如用中国民族乐队演《瑶族舞曲》和交响乐队演奏《瑶族舞曲》在音乐风格上，没有什么大差异。

如果采用民族乐队，或者用西洋管弦乐团同演比才的《斗牛士之歌》，那么它的风格也没有什么大的差别。可见它的主要决定因素是创作，也就得说它的主要矛盾是在曲调上。

在鲁艺高级班及参加助教组学习以后，我和郤天风经常接到在国统区桂林工作的林路同志的来信，还寄了几期他所主编的《每月新歌选》，他希望我们经常将边区的新歌给他。

当时，我们也演唱了他寄来的如舒模写作的《军民合作》等歌。也告诉林路，我们很喜欢这首歌。

后来，我们提出最好在《每月新歌选》上增加音乐理论方面的篇幅；他回信说"最好抓一个人过去共同编辑"。我们把这个意见带去和当时在边区担任工会主席的邓发同志和哲学家艾思奇同志商量，他们很同意我们去一个人，艾思奇同志也很高兴地说："我曾在读书出版社担任过总编辑，我可以介绍你去找该社的经理黄洛峰先生，他一定会大力支持的。"

我办了手续，打算八月底去重庆，星海同志说："我写的《九·一八大合唱》已经在排练，准备在'九·一八'纪念节上首演，你一定要听过演出才走。"我只好搬到城里，等待首演。

这首继《黄河大合唱》、《生产大合唱》两个大合唱之后的新作，新风格非常鲜明，生动活泼，雄伟动人，另外带有一种新的浓厚的民间气派。

演出的第二天，我就动身去了重庆。

一旦将要离开这块令我们无限景仰、大开眼界、真正觉醒、指导我们提高了认识，看到世界的革命前途，明白社会发展趋势，并感受到祖国在按照星火燎原的哲理，按照新民主主义行程进发的圣地，真是从心里难以割舍。在这里我们明白革命要在死里求生将要如何从荆棘丛中、再过冰山、草地，再挨饥受寒，把三座大山推毁，才得见天日。决不是从此就吃黄油、尝西餐、入天堂。我们抱定了决心，去为新中国的伟大事业而努力，才有光明的前程。

　　远景是靠许许多多朋友的流血流汗，经历无数的血雨腥风的折磨，在颠扑不灭的战斗中成长。此去，一切要在所不惜，在非常艰险的地下作战，要在初出茅庐、两手空空、一点一滴、创辟阵地、不断进击、扩大战果。还要准备，做好了一座楼房，被摧毁，又做好一座楼房，又被摧毁，又做……那样不怕屡战屡败，再爬起来，向前走的硬拼精神，才能做出一点微弱的成就的精神。一句话，勇敢前进，才有出路。

　　我带着在路上新买的骡子，满腔心事地离开革命圣地，一步步经历过来时不想见的不幸情景，那些旧社会的嫖、赌、饮、吹的局面，才走进西安，然后坐汽车南下，大约在十月初抵达重庆。

【附录】《星海在延安》

"星海来了"

　　朋友们正专注于一个"曲体解剖"的讲座，这次突如其来的传达，把大家心神整个变了，不管在座的友人中也许在创作技术的钻研上较星海超越，然而星海创作的光和力，星海的创造奋斗的精神，的确慑服所有的人。

　　座谈会几乎是散了，就这样散了，开始询问他住在什么地方，什么时候到，有几个熟人已经一溜烟出去接他了。

　　他到北国来不是一个奇迹，也不是一个秘密，他本人没有来信告诉，但已经有别人写信给他寄到这里，大家都能猜测出他快要来了。

　　太阳将要落入西山的时候，他和几个熟朋友笑着走来了，还有他的太太，是一个美丽出众的太太。

　　我是第一次看到星海。

　　这样说也只不过是他的外貌吧？他的意志，他的性格，他的才气，他的怀抱，一向对我和许多青年，印象中早就不陌生的，甚至他的外貌都能从心血创造中想象一二。

是一个高个子、魁伟而持重，还有一个不十分秀丽的面貌，画家会对他脸上的峰峦感到极大的兴趣的，这平坦不匀的画面如同黄河的突深突浅，记载着他昔日的生活所赐予他多少的不幸和残忍啊！

人的脸容好像已经倍于他的年龄，如果不是那闪烁光芒的两只眼睛，和那固执的嘴唇，会容易把他当做深秋的年纪看待了，特别是当他穿起那双北方的宽棉鞋持重地走路的时候。

朋友热烈鼓掌迎接他，那么放任，那么露骨。

我想，当他在外边所碰到了的是到处攻击、排挤，而这里所遭遇的是温暖，无比的温暖与勉励的时候，他的心是多么愉快呢！

不骄傲吗？人民享有的这样的人才！

从此，我们在一起，他写我们唱，我们说他听。

如一般人所想象的一样，这天地是才能自由发挥的天地，才能在这里驰骋着，只要不是反叛者，他去尽情呼吸，尽情创造，这对于星海是极端适宜的。

星海到北国第一个大创作是歌剧《军民进行曲》。

如果从音乐雕塑上说，这是一个花费相当时光的作品（几乎是他创作历史上花去时间最长的一个，大约两个星期）。这个作品受《农村曲》的刺激极大，他认为《农村曲》比较单薄，音乐在《农村曲》中是一个附属物，没有个性，没有音响，不调和不统一，音乐和剧几乎分了家，即使住在一起，也常常同床异梦。

他在另一方面下功夫，是有了一些进步，然而却太洋味，不大众化。

有人说合唱好像教堂的福音诗，这是反映在一部分音乐教师的意见中。

这两种意见，构成他内心矛盾，他要在这两个意见中找出路。

20

他一面推开旧日西洋音乐所给他的影响和束缚，一面深入人民音乐中寻找他更新的血液。

他要在这新旧交替中寻觅出一个方向，他先要在原野上打一个大滚，把一切不必要的拖累全部丢光，同样他要更费苦心创造一种和陈旧的成规相反的新生命、新技巧。

在前者，他似乎不需要花费极大的力量，他是人民中的一员，他在那里吸饮，在那里长大，人民的音乐劳绩养大了他，他要长肉生血，也是自然而然的。

然而创作技巧上的缺点，却是不能立刻补偿的最深的隐痛，呵！是一件多沉重的负担呵！这对于有才气有作为的新音乐作家是多大的苦痛呵！

星海虽然在巴黎生活七八年，这些日子是可怕的，他要活着才能学习，多少时光为了不饿死而丢掉呢！

他实在学习得并不多，所以能够成为当日的星海，完全是他的才能，和颠扑不破的意志。

可以这样说，那七八年的日子，只把星海带到了个勉强作战的地步，他的笔应该说是他的才能和意志所给他的助力比学习的知识所给他的更大。

显然，星海正像一头没有锋利的爪牙的雄健魁伟的猛兽，贫困连他的毛羽都剥光了，他只能在那里咆哮着他的愤怒，他能迅速敏捷地捉到些什么呢！

他不管那些讥讽是不是出于善意。

他要"拿出点颜色"。

这便是后来所提及的将来的志向。

的确，对于打击，星海是永远也不愿低头，不过那些人想单纯靠打击去征服星海，那是错误了。

星海是一个这样混杂着许多因素的人，浅薄的武断距离星海太远了。

不久，一个自给自足的要求来了，人们致力于一个新的创造，耕耘运动响起了第一声，星海、塞克，他们产生《生产大合唱》。

星海得到了一个创作间（小窑洞）的便利，生着火，他伏在案上记录他的音符，多少朋友一声不响地围绕着他的火炉取暖，这是一种揩油，显然是家里缺乏这种设备的，而几乎多是广东人，他们特别怕冷。

他声明，大家来烤火不会打断他的思路，相反地反而增加了他的"热气"，他是喜欢有朋友的，他多么想把大众的温暖填满自己，也把温暖施给别人。

他说，"将来我们想办法，一定永远不分开。"

这样我们烤火看书，有时还带点好吃的东西来煮煮，四五天，一个新的创作开始练习了。

《生产大合唱》是星海第一个大型歌曲创作，显然，他在外国涉猎的不少，各种形式在他脑子里涌现出来是不困难的，他排完了这个带舞蹈的大合唱。

《生产》演出对北方是一个大刺激，也几乎是全中国歌曲创作的一个大突进。

他指挥乐队，那所谓乐队，实在非常可怜，三把提琴，一架风琴，五六把二胡，一个三弦，这样，他不得不考虑到中国打击乐器的应用，为了增加低音的效果，一个姓梁的朋友用洋油箱创造了一个低音的二胡。

星海可能在有什么就用什么的情形下去创造他的音响，这样，他把中国打击乐器，应用到史无前例的效果上。

我还记得我们一边锄地，一边哼着"二月里来好风光"，满山遍野都被他的歌调所鼓励着。

……

从这时候起，星海才真走进一个更新的阶段。

在创作方向上，他坚定不移于这革命路线，他深深感到，不仅千万人爱唱他的歌，而千百个他自己教育过的朋友，的确深深关心他的进展，这进展是万万人的希望，他融和这种欢腾，他几乎跳起来了，他伸开臂膀，向几个广东人笑着说，"我应该快快进步，我们都可以做许多事，和会做许多事的。"

这时候，更明显的是他的作风的转变。

"如果说，他以往的风趣，对象是知识群的话，现在是全然扭转这路途，他的旋律音响，是人民喜爱的结晶，他真正走入一条新的途径。"（绿永：《星海的创作道路与收成》编者按：绿永为李凌的笔名）

……

大约是初夏，剧宣二队来了，他的老合作朋友光未然带来了《黄河》的念头，还在形式上给他几个要求，星海没有渡过黄河，在洛阳潼关虽然有过片刻的耽搁，而身处惊涛骇浪的场面，他却没有遭遇过，在这一点，词作者描情写景给他说了半天，还给他背出船夫曲和黄河怒吼的基调，加上他自己的想象，他创造了那震撼人间的声音。

……

《黄河》演出，星海进一步被中国和世界所认识了。

这是二十世纪东方一颗非凡的明星的闪现，他和聂耳、贺绿汀等人的光辉汇合成为照耀远东的火光，而其所给以观众的魔力，每每无出其右。

……

《九·一八大合唱》首次公演的那天，我离开北国，也离开了星海，他对于我的新工作寄予不少希望，也提出了意见和关心：

……

去吧，我们相见时，希望大家都进步。

就这样，和星海分手了。

到了重庆，还常常接到他的信，他不大提起他的生活状况，却说他想写点文章给《新音乐》。几个月后，他到西安，文章也从西安寄来，他说："如果以后不接到我的信，大约是我出国了。"其实，他还耽搁了一年才离开祖国。

就这样，一分手便永别了。

8. 雾重庆——从广元坐木船直达重庆

车到广元，这是四川最北的一个县市，大家都在商谈怎样去重庆。最方便还是从广元坐木船走水路顺流而去，昼夜行船，人可以在木船上过夜，不要起来，这样只在合江、北碚停一停，既省钱，又省事。就这样做了决定，一路上山光水色，看看睡睡，我就和在路上结识的从上海来的人，一起坐船南下。很快就接近重庆了。

船员告诉大家，到了重庆，可以在上清寺、张家岩、中山中路上船，有人来接客，最后站是朝天门，去南岸的旅客要到朝天门才能下船。

船到重庆西角的上清寺，大家帮我们把行李接上了小舟，很快就划到了上清寺岸口，上了岸边，就是王琦兄借住的范公馆。那范公馆，要爬许多石阶才能到大门口，寺门人通知王琦兄来接我，他指着我说："我猜想你会很快到的，你就住在我这里，我现在就一个人住在这儿。"

我进去看了一下，这是一住房一客厅的招待室，在靠门的右侧，离大院子（都在山上）很远，我反觉得很好。

坐下不久，王琦兄就带我到附近的小餐馆，说要请我吃一次四川菜。真没有想到，其菜很不便宜，除火锅之外，还有三个菜，恐怕花钱少不了的。辣子炒鸡丁、粉蒸肉……等。无非是辣得上不了口，特别是火锅，一碰就把广东佬吓坏了，因为广东人不怎么吃辣椒，所以最怕红辣酱。那时已是十月，天气转寒，重庆也是微寒，我闻到十几个火锅的辣味已经满头是汗了，王琦兄则埋头欣赏并赞不绝口。

关于重庆的雾，是需要特别提及的；许多都市和重庆大不一样。这里，一年有五、六个月都是浸淫在大雾之中，看不见天日，可能重庆是少有的夹在长江和嘉陵江合流点子上，气温低迷而且潮湿，浓雾总是长久地把白天的天空遮住了，一到深秋和初春，白天、黑夜都是泡在浓雾中，有时连十尺远都看不清楚。我初到达时刚好进入深秋，但日本鬼子一到晴天就派来飞机狂轰滥炸，据说前几个月，正是重庆遭受日本鬼的滥炸，一次死伤三十几万人，把都右街和重要商业区都炸光了。有一次，一个避难的防空洞里还在大轰炸中闷死了几万人。我到时，街道上已经清理完毕，交通虽然拥挤，已经比较好了。假如已入雾季，鬼子来侵扰的少一些。

中国人民真是受尽了苦难，对于接连而至的苦难毫无防范能力，只挨着。但是从1939年进入了相持阶段，反动派已经走入"假抗日，真反共"的开始，"平江事件"已经发生，国民党反动派在敌后及一些地方捕人，有些抗日救亡工作队遭到解散，进步青年遭逮捕。但是重庆市面上仍是熙熙攘攘，纸醉金迷。小特务更是无法无天，对老实的百姓诸多压榨，于是音乐运动中，有人开始叫："新音乐运动已经走入了低潮。"整个社会空气，也是"雾重庆"的季节。

【附录】《我们应该怎样来理解新音乐与新音乐运动》——并答×××先生（原署名绿永）刊载于《新音乐》1940年

中国"新音乐"文化战线是诸艺中最脆弱的一节，这是无可置辩的事实。

因为它的脆弱，所以使得"新音乐"的发展迟缓，造成了许多问题的混乱。

中国"新音乐"文化战线为什么这样脆弱呢?一方面固然是由于"新音乐"发展的历史短促。但是,更重要的还是由于新的队伍的主观努力不够,甚至有疏忽了这个工作的倾向。

由于新的队伍的"怠工"(实际上是如此),对文化教育工作(包括一切音乐理论的介绍、整理、创造与教育)、斗争工作缺少应有的关心,对指导与争取新的力量的任务没有切实地担负起来,使得许多新音乐上的问题还没有正确的解释,使得新的力量还没有团结成为坚强的战线。因之,新兴音乐虽然产生已有八九年,并且获得了若干成就,尤其是在抗战中曾创造了伟大的光辉历史,然而,今天却还有人怀着不可思议的野心,恶意地曲解、攻击、扼杀"新音乐",希图使"新音乐"陷入那荒谬、糊混、不可救药的没落的活动里。比如某先生的《所谓新音乐》,不仅说我们称新兴音乐为"新音乐"是"多事"、"标奇立异",并且说参加实践(尤其是参加音乐文化运动工作)是"贻祸音乐艺术",更从而叫我们"放下工作","不要再啰嗦","回去学习学习",好让中国音乐活动由这些思想错误的人物来摆布。

我们是新中国的音乐工作者,我们是"以新音乐(新兴音乐)为标榜的人",当然。对这问题,不会"无视"地由它糊涂开去,而真正地"贻祸音乐艺术","贻祸"国家民族。

首先,这位先生说,一切事物本来就没有什么新旧,今之所谓旧者,往昔却是新者,今之所谓新者,他日也终变成旧的了。因此他认为在什么音乐上加一"新"字是"一些不是右倾"的青年"标奇立异"的"没有意思"的所为。

音乐本无新旧的分别吗?

是的,永恒的绝对的新音乐是没有的,但是,相对的新与旧是成立的。也就是在划定的时间内的新是有的。

这个道理,凡懂得一点常识的人都不难明白。

举个例吧!比如新武器与旧武器,虽然旧的过去曾做过新的，新的将来终要成旧的，但是，在我们今天来称呼它，那就不能说红缨枪、大刀、木棍为新武器，飞机、机关枪为旧武器。也不能都称它为新武器或旧武器。

同这道理，在音乐上为了容易辨别这种和那种音乐的性质的便利起见，把某几种不同的初生的或古旧的暂时定名为"新"或"旧"（或固有的），这不是很合理的吗？

我想，就是比这位先生更糊涂的人也不会不承认吧。

其实，假如还不至于完全昏愦，他一定会晓得，近十年来，中国音乐是发展着几条不同的支流：第一，固有的音乐，包括民间音乐、雅乐；第二，近十年发展起来的音乐，包括黎派音乐、形式主义的音乐（这名词不恰当，详细内容见后）和新兴音乐（即我们所说的"新音乐"）。

这几种音乐，或多或少地都拥有了一些对象，并且各自形成不同的性质与面貌：

第一、民间音乐

1. 民间音乐虽然是在中国封建社会里产生的艺术，但也有不少带着革命性质的歌调，有些新编的如山东的《东洋兵》、山西的《革命党》，以及反战的《调兵曲》……这是值得珍贵的。此外还有很大的部分是表现人民生活愿望、描写真挚的男女爱情的，而且曲调异常优美，这也是有一定意义的东西。

但是，我们也应该知道，有好些民歌民乐不能满足今天的要求，并且其中还有一些是与封建意识相调和的、宣传听天由命的。

2. 形式比较简单。

3. 它得不到很大的帮助，还需要大力加以丰富和发展。

第二、雅乐

1. 形式与演奏技术较民间音乐高深。

2. 过去虽曾探讨了很艰深复杂的乐理（如南朝钱乐之的三百六十律），但到现在，只成为理论上的述谈而已。

3. 雅乐有不少是皇朝士大夫享乐、点缀、粉饰升平的艺术，其中有毒素的作品也随着所属的阶级的没落而没落了。其中较好的应该保留研究。

4. 雅乐无疑是多多少少地保存着民族音乐的优良要素的。但是由于工作者的抱残守缺、无所变革，使得那一些有优良要素的也无法发扬开来。

以上两种音乐，从常识上来观察，我们是无法把它当作"新音乐"的。从今天的角度上来考察，应当作为遗产来批判地继承而已。这一点，我想这位先生也同意！

其次，一般所谓近十年发展起来的音乐，这是自从外来文化介绍到中国以后所影响产生的。虽然在"五四"以前已经有过，然而大量地介绍并且刺激了自己也开始创作的情形，还是"五四"以后才有。这些音乐的共通特点都是应用西洋音乐理论与部分的技术来处理创作上的一切问题，并且不采用中国工尺记谱方法而采用了外国的五线谱或简谱来记谱。

此外，无论形式、内容、题材选择、表现方法以至整个音乐发展方向的认识，都有差异。

这差异表现于第一种：

1. "十五年来，我们抱着'改创中国新音乐'的志愿……中国的音乐教育，凡为教育行政界所推崇的，对不起，整个儿'奴化'了"（见《新歌集》的引言）。

2. "至于音乐关系于国运之兴衰，与民气有颓废或振作的关系。即便孔子再生，也不免含笑喟然叹曰：'杀鸡焉用牛刀'"（同上）。

3. "不懂得一点社会科学的'老粗'也明白'肚里饥饿，身上冷凄凄，男中音高唱爱群爱国，一旁配着妻儿哭啼。'凭你音乐怎样雄壮，到末了一样饿扁归西"（同上）。

4. "咱们同志，干的是音乐，给大众的是快乐而无痛苦，更无所谓麻醉，并且各色各样的歌曲，应有尽有，喊喊口号，发发牢骚，开开玩笑，抒发现代合理顺情的恋情而唱颂绝对不关风化的歌曲，爱唱便唱，爱骂便骂"（同上）。

5，"只要宇宙不灭，这些种子从萌芽而荣茂，终有使中国新音乐从下层起而出头的一天"（同上）。

6."中国这样大，语言这么复杂，研究中国土风音乐的人，也明白南腔北调，万绪千端，难道其中没有一点价值，取其精华，去其渣滓，用现代嗜好的共同作曲方法，使之内容充实，感情丰富，至少会比原始的土风音乐胜一筹"（同上）。

这种差异表现于第二种：

1."音乐是上界的语言，它超脱于天地间的一切。""它是最自由，最抽象，最难捉摸，最不属于任何东西，最……的艺术。"

2."功利主义的眼光永远不能用以看音乐"（见《战时音乐》）。

3."所谓思想（内容）的新，那是文人的事情。与音乐家没有关系"（见《所谓新音乐》）。

4."只要内容是中华民族的，整个音乐便是新国乐，外形（曲式、节奏旋律、演奏）是不须有什么规定的"（见《新国乐的诞生》）。

5."应该于国乐西乐之中择定一个，要国乐便不要西乐，要西乐便不要国乐，不能够二者均要"（见《谈当作服务的艺术》）。

6."国乐是不限于何种形式的"（见《复兴国乐之我见》）。其意是指国乐不限于民族形式或西洋形式。

这种差异表现于第三种：

1."新音乐不是只作为发抒个人的情感而创作的，更不是凭什么神秘的灵感而唱出的'上界语言'，而是作为反映现实社会生活、激动大众、教育大众、组织大众、属于大众、为大众服务、为大众争取解放的武器"。（霍士奇《论国防音乐》）。

2.“中国新音乐，是反映中国现实，表现中国人民的思想感情与生活要求，积极地鼓励组织中国人民起来建造自己的自由幸福的国家的艺术”（拙文《略论新音乐》）。

3.“它与革命的基本力量结成一气，并且真正地成为工农大众的呼声”（林冰《论初期新音乐》）。

4.“我们决不能以模仿西洋创作技巧为满足，我们应该研究别人的表情技术之后，进一步以创作自己的表情技术”（吕骥《关于技巧与作风》）。

5.“作曲者不应该束缚于旧有技巧和传统的表现法，而应进一步从新的歌词本身去寻求一种新的表现方法”（吕骥《新音乐的展望》）。

6.“新音乐不仅应该在内容上忠实地反映中华民族的现实生活，更应该有亲切地反映这民族生活的民族形式”（拙文《论新音乐的民族形式》）。

7,“要提高大众的音乐水准，不是离开大众去空中提高，而是深入大众中，使大众发生爱护，渐渐引诱他们进步。”（安娥《苏联音乐》）。

从上面几个简单的例述中，我们可以看到，这几种音乐不仅是新的与旧的不同，就是笼统的新音乐里面的每种也有很大的分别，这些分别不仅在于创作方法、创作态度与风格、对遗产与西洋音乐的处理以及对象问题、工作问题的差异，并且从而也影响到它的前途。

这个问题，四年前章枚先生在《音乐教育》中引用的吕骥先生的话中说得很清楚，“自从国产有声影片《大路歌》等曲产生以后，中国音乐界有了一个新的觉悟：他们发现了一条新的道路，如同需要创作大众文学一样，他们也需要创作大众音乐，要把音乐艺术从为个人的享乐的、发泄个人感情的象牙之塔解放出来，散到民间去。这种音乐负着唤起教育和组织大众的使命。”

这种音乐是聂耳和他同时代的一些音乐工作者如星海、吕骥、贺绿汀等人以探险家的精神开发出来的，这种新音乐的性质、内容、前途与以前的音乐完全不同。它是新兴的、前途光明的、朝气蓬勃的。这的确可以说是划时代的"新音乐"。

事实上我们也很容易看到，比如黎派的某些恶劣的音乐，他当时虽然说过，"如今只说三分话，他日功成九仞山。"可是，大时代一到来，便把他的幻梦勾销了。

其次，所谓"纯主观的音乐"，在"九一八"以前虽然统治了整个乐坛，然而因为敌人的刀锋的威迫，使得大部分这种音乐家苏醒过来，参加了民族解放战争，也就是不再"纯主观"了。其未改变了的呢？不用说被有良心的国人所唾弃，只能成为一些失了灵魂、失了爱国心的人的麻醉剂。当然，这些为敌人赞许的艺术在某种场合下（如上海、北平……），是仍有它的苟延残喘的寿命。但是，祖国光复的那一天，也就是它的末日到临的时候。

然而，新兴音乐，即作为民族解放战争的工具的音乐，"思想上是革命"的音乐，"太大胆"了的音乐，"还没有像样"的音乐，自抗战以来，它却成为广大民族的心声，成为士兵日不少的慰借品，成为中华民族解放的号声，它唤醒了无数的人，鼓励与团结了无数的人，成为神圣无比的艺术。

同时，在抗战中，环境给新音乐设置下一条宽大而新长的活动道途，加上这些"太大胆"的年青人的努力，它（新音乐）是骄傲地长出了一些枝叶了。

其次，因为新音乐工作者在实践中除了执行了新音乐革命任务以外，而且还执行了民族形式、大众化的正确方向，深入而广泛地把音乐艺术交予大众，虽然某些人一再呼喝"胆子太大了！"然而，新音乐工作者却以努力来回敬这些侮蔑，三年五年，无数的人能唱很复杂的"不像样"的歌曲，无数"胆子太大"的青年，也学起创作来了，并且欣欣向荣，纵使"俨然以学者自居"的学者们大刀阔斧来砍杀，怕也无法把这"思想新"的东西断根吧！

于是，这种新的向上的前途光明远大的音乐，我们怎敢把它与某些人的音乐混在一起，也就是怎敢沾光某些人那些像样的音乐呢？

于是，把新兴音乐简称为"新音乐"。

某先生又说："也许他们的所谓'新'是思想的新，歌曲里充满革命的词句吧，对不住，这却是文人的事情，我不敢多说。"（原文已失，这是追背出来的，不过大致不会错。）

照他的意思，就是什么"思想新"，内容是不是"革命的"，这便是文人的事情，而我们音乐家的创作，则无须乎那一套。再浅白一点说，就是音乐家只是没有灵魂的家伙，音乐只是一个虚无的东西而已。

这种论点，好象也并不"新"。在《音乐入门》里，另一位先生已经说了一部分："真的音乐的效果，不在于内容，而在于形式。"要是论功行赏，这位先生也只是得领后一半。

那末，音乐是不是与思想内容全然无关呢？

我想，这位先生还不至于连内容与形式的关系都不懂吧！我想，这位先生不会糊涂到把音乐本身视为没有思想内容的东西吧！

形式是什么？形式是用以表现内容的手段。无论歌曲、器乐曲，它的形式都是在于把思想情感传达给他人。歌曲是用音乐和诗词以表现内容，器乐曲是单靠音乐来表现。

这种艺术，在统治者的手里，是麻醉大众的思想的手段，在大众手里，就应该用来争取解放的东西。

几十年来，中国人民在帝国主义与封建暴主的践踏下过活，几至不能生存，使得他们不能再不起来反抗。生活在这种环境中，只要是有眼睛有良心的音乐家，决不会再昏愦地任人屠宰，

32

而是必然地起来反映大众反抗的要求，呼啸出人民的怒吼。

也即是说，新音乐首先必须"思想新"，不再作为没落社会的粉饰升平的东西，不再作为驯服奴隶的东西。更不是作为旧思想的麻醉品，这是近几十年中国新音乐的主要特点。

把握这个特点，不仅是文学家需要，音乐家更应该如此。因为各种艺术与社会的关系都是一样的。

也许这位先生以为，只要词写得新，那末作曲者随便应付都无问题。这种想象多么荒谬啊！

是的，抗战以来，也有不少作家如这位先生一样（我们姑且当作这位先生也如此），"常常赖于一些进步歌词谱出好象是进步的歌曲来。可是这些歌曲的效果的来源是值得讨究的，这些歌曲的词与谱的化合之勉强的地方也是很成问题的"（星海、吴讽：《歌曲创作讲话》）。

假如我们把这些作品当作一件完整的艺术品来看，对这样的音乐与词的思想不协调的情况，将会给一个什么样的评价呢？

玛克辛·仲干说："形式是美的，不错，但必须在根底里有思想的时候。没有脑髓的美的脸是什么呵！"

用这话来答复这位先生，是再好没有了。

并且，当一个新的体系开始创造时，注重思想内容的新异特别重要。

苏联评论家柯根说："当时的（初期的）新诗歌，假使是只注重了形式的一切问题，这一定非常失败。"（《新兴文学论》）

"因此，当时的新兴文学，着力在新的内容和对于大众的有力的艺术影响里面。"（同上）。

今天新兴音乐虽然已从萌芽而至开始开花，但是思想进步、内容正确，依然是创作上最重要的条件。

这位先生还说："以新音乐为标榜的人，到今还没有过什么像样的作品。"因为还"不像样"，所以"还是放下来，不要再啰嗦，回去学习学习"。

关于"像样"与否的问题，我们不想说什么，因为这位先生的东西又"像样"到什么程度呢？这都是人们自己能够看得到的。

不过，我们却也不想使人们对新音乐的成就轻轻地淡忘过去，这个问题在陈原的文章中多少提及了，这里不说。

其次，"放下来，不再啰嗦。"

是的，我们没有一天不是在焦急着新的队伍的能力薄弱，"学习再学习"，但是总无法安心地"放下来"，因为"放"了"下来"让这些没有脑髓的人们去糊混，不仅中国新音乐运动不容许我们如此，就是我们良心也不任由我们这样做。

我们须要更"大胆"，我们从"大胆"工作中去学习，去锻炼自己，创造一切。尤其当着一些妄自尊大的人们，"自己不肯动手，而又打击别人的工作"的时候，我们更应该加倍"大胆"地自己去从困苦中把它建造起来。

鲁迅先生说："……那些了不得的作家，严谨入骨，惜墨如金，……那听随他便。要是多少和社会有些关系的文字，我以为都应该集印的。其中当然夹杂着许多废料，所谓'榛（木苦）弗剪'，然而这才是深山大泽。现在已经不像古代，要手抄，要木刻，只要用铅字一排就够，虽然排印糟蹋纸墨，自然也还是糟蹋纸墨的。不过只要一想，连杨邨人之流的东西还在排印，那就无论什么都可以闭起眼睛发出去了。中国人常说'有一利必有一弊'，也就是'有一弊必有一利'。揭起小无耻之旗，固要引起无耻群，但使谦让者泼辣起来，却是一利。"

这也好象在说："只要一想这些没有脑髓的人尚敢续一连二地俨如学者地写文章骂人，那就虽然还未'像样'，也无妨'大着胆子'写下去，做下去。"

最后，我们音乐工作者，谁都应该明白，要想使得自己所从事的那种音乐前途光明远大，那只有正确地认清楚中国音乐发展的规律，深深地把握每个历史阶段的发展法则去做自己的工作，并有力工具，去创造更适合于新音乐艺术发展的社会，这样才有希望。如果眼睛只对着那招牌发怔，死也不肯进步，那就再骂也是徒然，反而只有变成中国音乐历史上的污点而已，到后来还逃不脱死灭。

9. 聆听周恩来的教导·重庆办《新音乐社》·缅甸逃亡

不久，我和周总理的秘书张颖同志联系上，她来范公馆看我们，她认为我们住在这里比较安全，也可以接见朋友。

后来我找赵启海。在延安时，星海同志说过，只要找到他在武汉时一同合作过的启海，一切都好办。

启海原在北京师大读书，因抗战他就参加北京南下工作团，和张瑞芳、崔巍他们一起工作，后留在文委会转移到重庆。

启海兄为人忠诚、老实，喜跳喜唱，人直肠直肚，也不害羞，很好相处。

我向启海、李广才说了到重庆的目的，要办《新音乐》月刊，把国统区在重庆及分散在其他省市的新音乐工作干部重新联系起来，共同活跃抗日救亡音乐活动，请他们两人和我一起筹措。他们非常高兴，大家一起商量，先和在柳州工作的孙慎、舒模（四队）、力丁（五队）、联抗等人联系，再和在长沙的九队高重实、在广东的七队的徐守廉、在湖北的六队杜巴说好，请他们为编委，然后同盛家伦、沙梅两位同志商量，再结合缪天瑞、李元庆、黎国荃等人的意见。

近来有不少同志追问《新音乐》月刊的创办，究竟是先有月刊，还是先有音乐社。我接到了有些同志的来信，的确一时较难说清楚。王琦在他写的《我要对启海道声歉》中，这样写道：

> 是《新音乐》杂志在先，新音乐社在后。开始是办《新音乐》杂志，后来老李雄心很大，他担任《新音乐》月刊主编还不够，要成立"新音乐社"，这样可以扩大影响，更能广泛地团结民众。当时，新音乐社所在地重庆上清街20号就是新音乐革命者的据点。可以说是在国统区的一个重要的据点。我就是这一历史的见证人。

因为在国统区开辟工作时常常都是在地下工作，不像在建国以后一切都是正常的。当时国统区的天地名义上是国共合作、共同抗战，实际干的是反共降日，到处都是宪兵、特务。我们的工作受到监督，群众没有什么自由、民主。我们做一些进步工作也只能遮遮掩掩，半公开、半地下地做。不能太大张旗鼓。我们虽谈好在重庆组稿，在桂林印刷出版，也只是偷偷出来，再公开。而能公开的编辑委员，一定要在社会上已经有一定的知名度的人。像孙慎、舒模、力丁、联抗及启海、明敏几个人。

地下工作要在他们认为是合法的形式下进行，自由是非常有限的。周总理特别关照，一切都要小心、谨慎，要有战略、策略。不能大意。

我和启海、明敏三人谈好，所谓主社，是有名无实，人分散，通讯处设在"读者生活社"，每星期去出版社等读者、朋友的信稿，每月三人碰头发一次稿，外省编委只好在出版后看刊物了。

至于新音乐社的活动策略，总社地点是在重庆，但没有具体的公开活动，重庆工作由重庆歌咏联谊会组织去做，指挥是临时工作。在外省可以由当地朋友视情况公开工作，如昆明、桂林、柳州，可以有一定的公开，我们当时都是舍近求远。

出版处在桂林，只负责校对、出版、发行。

在重庆协助工作的朋友如刘恒之是在当时的东北青年流亡工作团作音乐组长，夏白是在重庆的一个中学教书，他们初期担任帮助回读者的信。各人分散工作住宿。

我则改名为史凌，在重庆南岸弹子石乡下一个教会办的中学教书，星期六、日到城里去转一转，住在范公馆，接见朋友。

1940 年 1 月在桂林印出《新音乐》月刊，重庆读书出版社经理黄洛峰同志出面邀请在重庆的音乐家缪天瑞、李元庆、张洪岛、黎国荃、张定仙、陈天鹤、刘雪庵、沙梅、盛家伦、赵启海、明敏等朋友宴会，请田汉先生代表新音乐社讲话，大意为：《新音乐》月刊是一个非常稚嫩的音乐刊物，希望在座的朋友多多提出批评，并帮助写稿等。出席的音乐界朋友都表示了诚心支持。

路上，我和刘雪庵先生同车一路回上清寺，他约我到他家中一坐，我们谈得还好。第一次做统战工作，一方面胆怯，一方面也感到愉快。的确，许多党外的音乐家，有许多是能和进步的音乐工作者在一起工作并为此感到高兴。

《新音乐》出刊后，因为刊物适合当时许多群众的需要，提供了许多抗日救亡新歌，读者一时增到两万多人，成为国统区发行最多的刊物。

周总理知道《新音乐》及增刊受到广大的读者的欢迎，就请张颖同志约我到办事处去会见他。

周总理教导我们在国统区工作的方针：改革、精明、有力，它作为我们日后工作的指南。我回来又与启海、明敏三人对他的指示进行了细心研究、讨论，定出章法，一步步实现。

后来在开展工作上，扩大及巩固进步朋友的团结、发展，发展音乐界上层的统战工作，并放手鼓励青年干部借人家办学的机会培育我们的新专家和骨干。尽管我们不少同志都是初出茅庐，但也敢于团结各地的力量，并支持专家们的工作，发挥他们的才智与力量，为抗战音乐运动而奋斗，这也是很不容易的。

1941 年春节，由于皖南事变，国民党反动派在重庆也动手镇压人民，秘密逮捕了我地下党办的《战时青年》的两个编辑。当时，我是该刊的特约音乐编辑，被迫逃亡到缅甸仰光。

路过昆明，正要流亡到缅甸仰光时，我们去会见一个在云南大学的长者。他说："缅甸仰光，不像新加坡，那里正在展开工作，基础薄弱，你们应做好准备，一切工作配合当地进步青年，从头做起，近于白手起家。"

我们到了仰光，这里的确比较荒凉。

我先在进步朋友郑祥鹏兄办的学校教书，云枫则在一华侨学校教体育。我的工作除吃饭外，每月发 15 元补助，较难生活，赵沨则在附近乡下小学教书。

我后来转到由唐弛兄创办的印刷公司，后又接任由华朔望兄介绍的中国石油公司驻缅专员苏先生处任秘书。不久，日军打进了缅甸，我逃到缅中的缅德里筹办华侨青年救国团，5 月 1 日就由缅甸边境返回祖国。

【附录】程湘君《歌声的力量——周恩来与李凌》节选自张颖主编《周恩来与文化名人》，江苏教育出版社 1998 年版。

李凌的名字，或许并不为现今的年轻人所熟悉，但他在自己生命最辉煌的时期里，曾经是中国音乐界的核心人物之一。他是我国著名的音乐评论家、教育家、音乐活动家。

1913 年李凌出生在广东台山，中学毕业后，受了一位朋友的影响，曾经立志去日本学习美术。1937 年 5 月，他为了补习日语，到了上海。当时的上海正处在抗日救亡的热潮中，一到那里，他就被这股热潮激动着。有一天，他参加了人民音乐家聂耳逝世两周年的纪念会，这个纪念会给了他一种从未有过的震撼。

他站在人群中，听见大家高唱《义勇军进行曲》，他觉得自己全身的血液都沸腾了。他第一次感受到了歌咏对民族解放运动的巨大作用，于是他放弃了去日本学习美术的打算，决定以抗日歌咏运动作为自己今后的志向。

1938年7月，李凌到了延安，进了鲁艺音乐系学习。1939年9月，因工作需要，他离开延安到了重庆，在重庆党组织的关怀下，全身心地投入到抗日的群众音乐运动中，在很短的时间里，就组织起音乐社团，并办起了《新音乐》月刊。刊物登的歌曲和音乐文章，绝大部分是抗日的，爱憎分明，并受到广大青年的热烈欢迎。《新音乐》月刊成了国统区销量最大、影响最广的进步刊物。

在重庆八路军办事处工作的张颖把他们的工作情况一一向周恩来同志作了汇报，周恩来十分肯定他们的成绩，并让张颖约李凌去曾家岩50号。

李凌回忆说：

当我得知周恩来同志要接见我时，心情激动极了，我万万没想到他的工作这么忙，还抽出时间单独见我这样一个普普通通的青年！

那是1940年春的一个夜晚，我去了八路军驻重庆办事处，这是我第一次见周恩来同志。那时还不是共产党员，我在重庆是以公开身份搞活动的，所以和党联系必须采取秘密的方式。为了避开国民党特务的盯梢，我提前到了曾家岩50号，那天晚上就住在那里。在马上就要见到周恩来同志的时候，我心情忐忑不安，由激动变成了紧张，我为自己的幼稚感到不安。一想到要面对周恩来同志那样一位伟人，简直不知道自己应怎么去做，该说些什么！

没过多久周恩来同志向我走了过来，他很随和地握住了我的手说："你等了很久了吧？"这样一句亲切的问话，加上满脸和蔼的表情，使我的紧张和拘谨一下子跑了一半。

周恩来同志先是问起我和其他新音乐工作者的一般情况，当我汇报了我们的工作方针和具体做法以后，周恩来同志说："你们这样做很对。重庆的文学、戏剧、美术都已经有了自己定期的刊物，现在音乐方面也有了《新音乐》月刊。你们要把刊物作为推动各地抗日歌咏运动的联络工具，有组织地开展工作，使各地群众性的新音乐运动活跃起来，配合当地的青年运动，起到团结青年、教育青年的作用，把广大青年争取到抗日战线中来。"他一边说，一边挥着手臂，唱起了冼星海作曲的《救国军歌》："枪口对外，齐步前进，不伤老百姓，不打自己人……"周恩来同志问我："这些群众歌曲还在唱吗？"还特别强调了要把边区的新歌介绍给国统区的人民，给歌咏运动注入新的血液。他说："如果你们切实做到这些了，那《新音乐》的意义可是不小！"

在谈到今后工作的时候，周恩来同志首先提醒我要注意斗争策略。他说："重庆和延安不一样，要特别注意斗争策略和工作方式。要大力宣传反对分裂，坚持团结，反对投降，坚持抗战的思想，而且一定要注意合法斗争。"接着，他又向我提出了一项新的要求。他说："群众歌咏活动是开展整个群众活动最有利的方式之一，你们把主要力量放在歌咏运动上，这是对的。但是，今后也要分出一些力量去做音乐界的上层统战工作，许多音乐家也是爱国的、主张团结一致抗日的，你们要关心他们，人手越多越好，不能关门。要有一些知名的专家来关心支持你们的事业才好，在这方面，文学、戏剧和电影都做得不错，美术和音乐方面比较弱一些，你看是不是这样？"

对音乐界上层人士开展统战工作的问题，我以前从来没有很好地考虑过，现在听周恩来同志这样要求，我有些担心自己无法胜任，所以信心不足地说："我是一个初出茅庐的人，而且从来没写过什么曲子，我去做音乐界上层人物的统战工作，会很吃力的。"周恩来同志鼓励我说："你不要那样看问题，我在黄埔军校工作，1927年在南昌参加起义，就是像你现在这样年轻嘛！你不要怕，因为好多音乐家都是爱国的。你们呐，对人不要过于严格要求，这个不好，那个不好，不要这样，千万不要这样。你们要同他们交朋友，谈抗战，争取他们自己写东西，要发表他们的抗战歌曲，有些工作也可以请他们出面去做，比如像学生工作，由他们出面就比你们更方便。你们不要怕自己幼稚，努力干下去，就会长大起来，要有韧性地战斗，要设想会有许多困难。"

李凌感到周恩来同志的那次谈话，对他后来的人生道路产生了决定性的影响，不仅使他对自己的工作有了全新的理解，更重要的是使他在思想上完成了一次飞跃，并且在实践中找到了自己真正的位置。

接下去的工作，他们完全是按照周恩来同志的指示去做的，而且越做越被周恩来同志的见解和主张所折服。

李凌接着回忆道：

我们办《新音乐》月刊，拿出较多的篇幅，及时向国统区的人民介绍解放区的革命歌曲，像冼星海的《黄河大合唱》、向隅的《红缨枪》、马可等人创作的歌剧《白毛女》选曲等等。为了适应国统区的特殊环境，有些歌曲我们是改了歌名以后才刊登出来的，像郑律成的《延安颂》我们就改成了《古城颂)、《八路军进行曲》改成了《军队进行曲》、吕骥写的大合唱《向着马恩列斯的道路前进》改成了《向着抗日救亡的道路前进》。这些作品刊登出来之后，就像风驰电掣，传遍了大江南北。至于国统区进步音乐工作者的革命歌曲，差不多都是首先在这个刊物上发表的，像贺绿汀的《垦春泥》、舒模的《跌倒算什么》、费克的《茶馆小调》、孙慎的《民主是哪样》、董源的《别让它遭灾害》等等。

在传播革命歌曲的同时，我们还不断组织群众性的歌咏团体，并且在重庆公演了《黄河大合唱》。公演的那天，剧场里观众爆满，就连通道上也是人挤人。大合唱由明敏指挥，词作者光未然自己担任朗诵，赵沨演唱《黄河颂》，赵启海、赵保定演唱《黄河对口唱》，瞿希贤用风琴伴奏。演出期间，剧场里群情激昂，国民党的一些特务本想寻衅捣乱，结果硬是被剧场里的气氛震慑住了，什么也没敢干。

遵照周恩来同志的指示，李凌对音乐界上层人士的统战工作也逐渐开展起来了。由于他的真诚和卓越的组织才能，没多久就团结了一大批专家学者，有马思聪、张洪岛、缪天瑞、江定仙、黄友葵、李翠贞、范继森、李抱忱、林声翕、蔡继琨、陈田鹤、洪潘等等。这里有的是倾向国民党的，有的是在教会里工作的，后来都成了他的好朋友。

李凌回忆起这段历史，感触尤深。

像李抱忱这样的著名教授，如果按照我们以前的观点，根本不会主动去和他们交朋友，因为他们虽然也爱国，但在政治上是倾向国民党的。正是周恩来同志找我谈话后，我们才开始试着和他们接触了，并且尽可能在抗日这个基点上发展关系。后来的事实证明，他们在推进抗日歌咏运动方面，的确起了我们所起不到的作用。李抱忱先生不仅是国立音乐院的教授，而且还是教务长，在学校里是很有权威的，后来他出面指导大学生的合唱活动，就像当初周恩来说的那样，自然要比我们有利得多，而且他还编写了一本中国抗日歌曲集，并把它译成英文，传播到了国外。我们的《新音乐》月刊，也连载了他撰写的介绍指挥法的文章。

在这里，我特别想谈到的一个人是马思聪。他在十年动乱期间曾经受到很不公平的对待，终于迫不得已地出走国外。当他晚年希望回国看一看的时候，却尚未成行便客死他乡了。他是很抑郁地死去的，最后没能回到祖国的怀抱，内心一定感到非常遗憾。思聪的一生很曲折，人们对他的功过、得失曾有各种各样的论断，但是如果对他一生的全过程实事求是地考察，我认为他对中华民族倾注了自己宝贵的心血，他的影响是巨大的、可贵的。周恩来同志对他一直很重视、很关心。

我认识思聪的时间是1939年10月，那时候我们都刚到重庆不久。他当时在中苏文化协会创办的中华交响乐团担任指挥及演奏，第一次见面的时候，我就给他带去了冼星海的《生产大合唱》、《黄河大合唱》等作品，思聪看了以后很感动，认为冼星海在延安是可以大显身手的。打那以后，我们之间的来往相当密切，成了感情上很亲近的朋友，我几乎把我们在国统区的一切工作设想都告诉他了。但是在我心里，一直都把思聪仅仅当作一位私人朋友来看待的，直到恩来同志找我谈话以后，我们的关系才发生了本质的变化。更准确地说，是在原有的朋友关系之外，又有了一层革命战友的关系。从那以后，我非常珍视他的工作、生活和思想，在我们的交往中，也越来越多地涉及到音乐艺术工作与人生、与民族命运的关系。后来思聪在为我们《新音乐》写的一篇"创作经验"里十分明确地表露了自己的志趣和意愿，他说："我就写这个浩大的时代，中华民族的希望与奋斗、忍耐与光荣。"

1943年春节期间，我们邀请思聪去柳州，参加大后方新音乐工作者的年会。那一次，他和抗敌演剧队同志一起生活、演出，晚上和大家一道打地铺。他看到大家在一起相互之间那么亲密无间，他们身上有那么无畏的奋斗精神，这使他很感动，他恨不得把心都掏出来让大家得到温暖。这之后，他又带着妻子儿女狼狈不堪地逃难。苦难的经历促使他创作了《抛锚大合唱》和《民主大合唱》，他鲜明的立场，用音乐的形式揭露了国民党政府的腐败，喊出了人民的心声。

1945年秋天，国民党强迫他在所谓"剿共宣言"上签字，他立即从广州来香港找我和乔冠华商量，他说决定拒绝签字，我们都很赞同他的主张。

很快就到了1949年1月，思聪应邀来北京参加新政协的筹备工作，后来又接受了周恩来同志的邀请，担任中央音乐学院的院长。他为新中国音乐事业的发展，作出了不可磨灭的贡献。

我常常想，如果我们能够一直像周恩来同志那样信任和倚重思聪这样的热爱祖国和人民的艺术家，那该多好啊！那该可以免去多少无法弥补的遗憾啊！

抗日战争时的重庆，周恩来同志亲自领导大后方的文艺活动，全国著名的文艺家们，包括郭沫若、老舍、曹禺、金山、白杨、张瑞芳等等都心悦诚服地跟他走，他们干得愉快。与此同时，周恩来还以博大的智慧、巧妙的方法，把解放区的文艺创作和演出活动及时介绍给国统区的文艺工作者。李凌回忆起当年的情景，仿佛昨天发生的事。

周恩来想方设法通过各种渠道，让国统区的文艺工作者及时了解边区文艺活动的实情，特地组织了延安的文艺工作者到红岩嘴和新华日报社，演出了秧歌剧《兄妹开荒》、《牛永贵负伤》、《夫妻识字》等。

记得那次看演出，我们按照延安的习惯，划地为台，大家围了个圆圈，席地而坐。当我亲眼见到延安的战友们闯过国民党的一道道封锁线，来到我们面前演出时，心里高兴极了。解放区的节目简洁、明快、生活气息特别浓，秧歌锣鼓一打，带有陕北味儿的音调一唱，顿时感觉耳目一新。尤其是看了反映军民关系的《牛永贵负伤》这出小戏，不少人都流泪了。这样的演出活动，对国统区的文艺工作者教育很大。

皖南事变前，我们的工作一直比较顺利，皖南事变后，在重庆就呆不下去了。这时候，恩来同志又亲自安排重庆的进步文艺工作者转移到其他地方。我撤退到了缅甸的仰光，直到1942年5月，才又回到了国内。这时恩来同志又有指示，大意是"在当前开展工作处处受到压制的情况下，可以利用这个机会，送些同志到音乐院校去进修。至于离不开工作岗位的同志，也要制定出切实可行的学习计划"。根据周恩来同志的指示精神，我们选送了张文纲、叶素、谢功成、王震亚、苏夏、郭乃安、严良堃、洛辛、张锐等一批同志去音乐学院学习，我就向马思聪学习音乐理论。

1945年，抗日战争胜利了，国统区的文化中心由重庆转移到南京、上海，周恩来同志立即指示我们赶快派人到上海建立据点，大力开展工作，争取新民主主义革命的胜利。年底，我们到上海建立了新音乐总社及上海分社，很快成立了中小学教员和妇女及职工联谊会组织，各地反饥饿、争取民主的歌咏活动风起云涌，大江南北响起了《团结就是力量》的铿锵有力的歌声。1946年7月，国共和谈破裂，国民党一方面大举进攻解放区，一方面血腥镇压国统区的民主运动，在这紧急关头，恩来同志又亲自在上海"周公馆"召集了留沪文艺界代表谈话，要我们作好充分的思想准备和工作准备，要用一切办法揭露美蒋的阴谋，反对内战，反对迫害。同时，要我们迅速安排好一、二、三线的工作，要有信心，最后胜利一定是属于人民的。

从那以后直到新中国成立，这些年里，不论时局多么动荡不安，不论条件多么艰苦，也不论我们走到哪里，都始终把办刊物、办学校、组织群众参加歌咏活动和开展对上层人士的统战工作，作为我们的主要工作方式，这使我们周围聚集了越来越多的文艺家和音乐人才。正因为如此，在全国解放的时候，我们才拥有了比较多的干部和业务骨干，来接收国统区的音乐院校、演奏团体以及其他音乐机构，并且还拥有自己的交响乐指挥，自己的独唱、独奏演员，以及自己的讲师和教授。他们和解放区的音乐工作者一起，成为推动新中国音乐事业发展的栋梁之才。这样一个局面的出现，无疑是和周恩来那些很关键的指示分不开的。

10. 在仰光和聂耳的哥哥谈聂耳

留在缅甸仰光时，碰到比较有意思的一件事，是和聂耳的哥哥聂叙伦兄的会晤。他原是云南昆明第一家银行的经理，当时在仰光做银行的接汇工作，他约我在一个茶馆相见，我们舒畅地谈了将近两小时。

我问到了他弟弟聂耳在少年时候的生活状况，他说：聂耳小的时候就很活泼，读书很用心，很喜欢吹笛子、拉胡琴，父母也没有管他，他自己学到能跟大家在一起拉奏，就自告奋勇地出来和同伴们公开吹拉，而且在昆明还比较活跃，常常不大顾家，东奔西跑，参加各种社会活动。我们也觉得，像他这样的青年，自己刻苦学习，开展工作很不容易。家里人都很羡慕他。大概是初中念完，他就要求去上海。正碰上新文化运动大发展，电影、文艺、戏剧、美术、音乐、舞蹈……都在求新生，各种艺术都打开了新的局面。文艺界的一些领导人，如鲁迅、郭沫若、茅盾、田汉、欧阳予倩、阳翰笙、冯乃超、巴金、胡风等人都在上海，曾和留日文艺青年建立了左翼联盟，非常活跃。在上海的一些戏剧、电影的领导人都在电影界开展工作，编剧，自己再组织片子，如明星、联华，还有其他的电影组织，招兵买马。聂耳正逢其时，开始给田汉的电影写曲，为他们配音，最早的电影可能是《桃李劫》、《风云儿女》，他第一个写的《义勇军进行曲》，这首电影歌曲，正适合广大爱国青年的需要，立刻就唱遍全中国，激起了广泛而伟大的浪潮。

他哥哥说，当时家里人知道他在上海，写作很积极，渐渐成为新音乐界的活跃分子，大家也很高兴。我们家里人在云南在家听到聂耳一个接一个写出了大家非常欢迎的歌曲，大家都喜欢，在云南的歌咏青年都很欢迎这些新作品，其后《大路歌》、《开路先锋》、《扬子江暴风雨》、《新女性》、《铁蹄下的歌女》……都唱遍各地，形成一个抗日救亡歌咏热潮。我们家人听到这些感到快慰，觉得聂耳逐渐长大了，成人了。我们也经常写信去鼓励他、安慰他……

后来家里人得知他遇到困难，可能还受到迫害而去日本，学习小提琴、作曲及其他。还听说他在日本参加了中国留日学生青年组织的"左联"，和当时的留日青年过往很密切，和木刻家黄新波是很好的朋友，有时还一起学习、工作、参加革命活动。他也结交了一些日本友人，都是进步青年。

聂耳这个人爱跳爱笑，生猛得很，一刻都停不下来，拉琴、哼曲，还常常和朋友们去海边游泳。有一次，他和一个日本青年朋友去海边洗澡，不幸就牺牲在日本海洋中。还听说陪他去游泳的日本朋友是一个可靠的青年艺术家，想不至于伤害聂耳。可能他好胜游到了远离海边的深处，而自己的体力又不能适应深海水浪的长久冲击，结果被海水淹死了！

但是他的作品给人们留下了深刻的印象，在电影《桃李劫》中的《义勇军进行曲》；还有电影歌曲《开路先锋》、《大路歌》、《毕业歌》、《码头工人》、《新女性》；歌剧《扬子江暴风雨》、《打夯歌》、《扬子江暴风雨》；话剧《回春之曲》、《梅娘曲》、《再会吧南洋》；还有歌曲《花非花》。他的作品还有《扬子江的暴风雨》、《打砖歌》、《卖报歌》、《广东没有雪》、《铁蹄下的歌女》、《金蛇狂舞》等。

聂耳准确地抓住当时革命青年的勇敢精神和新的生活语言特点，创造出前所未有的新的吼声，以表达濒于被灭亡的民族的呼声，歌唱出民族奋发、新生、雄伟、嘹亮、怒吼、高入云霄的声音。他深深知道，徒然的呻吟找不到出路，再久的叹息也换不来新生。只有拿起镰刀、枪炮，奋勇向前，为民族生存而战斗，战斗到全中华民族得到真正的解放。

我们关于聂耳的情况，就是如此而已！

聂叙伦先生和我谈话将近两个小时。他异常兴奋地沉浸在回忆中，谈论着聂耳在年轻时的记忆。

新中国建立之后，聂耳的《义勇军进行曲》被定为新中国的国歌，"起来，不愿做奴隶的人们，把我们的血肉筑成我们新的长城，……万众一心，向着敌人的炮火，前进！前进！前进进！"中华民族在国歌声中建设祖国，保卫祖国，新中国展示出了她的庄严、伟大。

11. 在重庆加入中华交响乐团

1943 年春末，我回到重庆。3 月，我带了马思聪兄写给林声翕兄的介绍信到中华交响乐团去见他。中华交响乐团原先是由孙科领导的"中苏文协"创办的，经费也全由苏联负担，现由教育部主管。乐团原由孙科的秘书司徒德任团长，她的妹夫马国霖先生（声乐家）任副团长，林声翕任指挥。改由教育部领导后，没有专人负责。实际上是一个半独立的乐团，团址在重庆市郊外四五里路的观音桥小镇的乡下，临时搭了一些棚子作排练室及住区。

我把这个情况告诉张颖同志。她说："很好，我们原来就不希望你回到郭老的文委会去，那里颜色太红了，什么工作也不易开展。这里好，可以做好些事，特别是统战工作，朋友多，对学习上大有好处。"

黎国荃已转到当时中苏文协办的中华交响乐团任专职首席（后改由教育部管辖）。四月间我也到该乐团作编写乐曲解释的工作，我们又在一起了。

于是我就安心在那里工作。林声翕兄要举办"星期音乐会"，打算有计划有系统地开展工作，每星期换一套新节目。曲目大多是西洋古典音乐，有莫扎特、亨德尔、海顿、贝多芬、门德尔松、李斯特、舒伯特、勃拉姆斯和德彪西等人的作品，对苏联的作品如柴科夫斯基、五人团的作品也很重视，对肖斯塔科维奇也很喜爱。我到乐团真正高兴万分。会见许多老朋友如黎国荃、朱崇志等，特别是每天上午的乐队排练，都允许我在旁听。

其次，给我的工作，就是每周要配合演出写些广告，结合演出的主要曲目写一些乐曲解释。广告、剪贴、图案画，我是熟悉的。曲目说明，我手上正有一本在台湾借到的由德文改译的《音乐辞典》，许多名曲分析得很详细。我粗懂一点日文，而且有黎国荃兄在，他的日文很优异，他帮助校正，我很放心。从第四期音乐会起，以我、黎国荃、林路三人的名义办了个演出专刊《音乐导报》，并正式出版了。

过去，新音乐运动工作侧重在救亡歌咏活动上，对于管弦乐方面的活动及团结问题做得比较少。我到了乐团，就和黎国荃商谈在这方面的统战活动。

黎国荃为人诚恳谦逊，他和乐团的朋友相处得很好。我们两人研究后，打算和大提琴家朱崇志、小号专家方连生、小提琴家黎珉等朋友作进一步的联系，还和吴豪业、杨振铎、刘展、孟秋、方扬生、史广汉、白崇俊、梅振权等朋友建立了比较友好的关系。对于指挥林声翕，我们作了分析，林和国民党反动派的乐官没有直接联系，可以作为争取对象。其次，中华交响乐团以外的管弦乐专家如王人艺、章彦等朋友也通过他的介绍建立了关系。这样，我们的团结工作就大大加强了。

五月间，我突然接到了桂林读书出版社刘麐兄的来信。并转来国民党反动派对《新音乐》月刊勒令停刊、停止活动的通知。这对我们整个国统区的音乐运动是一个巨大的打击。我当时写了几句诗"跌倒算什么，我们硬骨头，爬起来，向前走；我们要站着生，死也要站着死。跌倒算什么，爬起来，向前走"。寄给舒模兄，要他配曲。他写了发表了，后在上海学生要民主要自由的运动中，改为《坐牢算什么》，给学生运动很大助力。

如果没有一个公开的刊物作广泛的联系，我们和许多朋友的通信都会引起国民党反动派的追查。我向老黎提出，利用为中华交响乐团的演出编写曲目解释这一方式，出刊《音乐导报》，我们自己出钱出版，我用笔名李敏予，和黎国荃、林声翕三人是主编。第一期以较小的篇幅配合"星期音乐会"发行，如果没有阻力，从第二期起就扩大为正式定期刊物。用音乐导报社的名义出版，不受中华交响乐团的约束，这样就可把《新音乐》上报道各地音乐活动的消息及我们所需要宣传的理论，转到这个刊物上来。由于黎国荃的积极支持，我们的联系工作又得以恢复。

后来，乐团不断在演出，我在工作上也上了轨道，觉得心境很好，既可以天天听排练，又可以交朋友。《音乐导报》正式出版，每月一期，也是在《新音乐》停刊后，和各地联络的第二线，工作依然可以慢慢做。

不久，黎国荃同志提出，北碚乡下古圣寺育才中学音乐组的孩子日渐长大，在钢琴、小提琴等其他音乐学习上，都有充分的教育条件，但所聘请的老师如范继森在青木关，黎国荃、李翠贞先生在重庆城里，胡然、夏之秋先生都离北碚太远，来回路上要两天，去教学很不方便，上课经常中断，非常可惜。

能不能请陶行知先生同意把音乐组搬出来设在观音桥小山边。我们也打听到有一个皮革厂正要停办，打算一千元出让产房及地皮，于是由我去北碚育才向陶行知先生说明情况，请他出一千元买下产房，其他一切由我张罗，包括教员聘请、修建房舍等等。陶先生同意了。我和老婆就忙于把孩子们搬出来，安顿好。

贺绿汀同志走后，由我接任组长，黎国荃兄也搬到山脚下的房舍住了。原来音乐组的庄严同志和一些文化课辅导教师也跟来了。除了范继森、李翠贞、胡然、夏之秋等先生，可以按时上课。中华交响乐团的朱崇志、丁孚祥（大提琴）、黎岷也请去教书，后来育才音乐组的杨秉荪有时也参加中华交响乐团的演出。

12. 在重庆大相国寺为新音乐社
修了一间房子

当我还在中华交响乐团工作时，在重庆上清寺对岸的相国寺小学的孙校长办了一个《儿童日报》，正要找人当《儿童月刊》编辑，我介绍夏白兄去担任。这样，我和孙校长熟起来。他正在山边修建了两套房子，共四间，他说自己有一套就够用了，另外一套问我们要不要，价钱五万元。我就答应他，买来做新音乐社的通讯处，夏白先生在那里住，也在那里办公，主要替《儿童月刊》做主编，我们因为要离开中华交响乐团，《音乐导报》就停办了，就想先在重庆市办的《实事日报》上，办一个《音乐艺术》副刊，每月一期，快要出三期了，我们打算从第四期起，独立起来办成一个月报，也叫《音乐艺术》，从第四期起公开发行，这样也容易混过他们书报检查部门，结果办成了。其后，谭林兄也参加新音乐社的工作，《音乐艺术》由他们两人编辑，用五线谱附简谱排印歌曲，文字部分则由老孙办的印刷厂在附近印刷，合订起来，自己发行，寄去各地读者，也托当地书店公开发行。《音乐艺术》的读者逐渐扩大，出版的经费也由读者及朋友捐助，像昆明就由董源同志（他在重庆歌剧学校读书）写信回去，敬请朋友捐了两万几千元，刊物的发行经费比较充裕。《音乐艺术》的读者扩大以后，整个国统区的音乐也逐渐恢复起来。

1943年底，《音乐导报》对外发行也日渐扩大，乐团外的朋友如宗玮（翻译出版过《安娜·卡列琳娜》下半部）、胡风先生都曾来稿，在这刊物上发表。

1944年初，乐团要到成都去做春节巡回演出。我跟着去了，还为黎国荃兄的独奏会撰写过广告和介绍词。我也请启海、李克蓉、丁孚祥等朋友到空军部演出。其后，回到重庆。仍然继续举办"星期音乐会"，观众也一天天扩大了。

我在乐团默默地开展统战工作，结交的朋友也多起来。1940年，他兼任重庆广播电台管弦乐队的首席。当时，周恩来同志约见我，向我提出，要加强音乐界的统一战线工作，争取一些爱国音乐界的上层朋友，来支持我们的事业。我介绍了黎国荃、范继森等四位朋友和中共驻重庆办事处取得联系。听说后来恩来同志亲自接见过他们，并给他们以极大的鼓励。

1941年春节，由于皖南事变，国民党反动派在重庆也动手镇压人民，秘密逮捕了我地下党办的《战时青年》的两个编辑。当时，我是该刊的特约音乐编辑，被迫逃亡到缅甸仰光，我和老黎只保持了通信联系。

1943年春末，我回到重庆，黎国荃已转到当时中苏文协办的中华交响乐团任专职首席（后改由教育部管辖）。四月间我也到该乐团作编写乐曲解释的工作，我们又在一起了。

除黎国荃、林声翕、朱崇志等外，还和小号方连生，吹笛子的方杨生，小提琴梅振全、黎岷、吴豪业、陈崇元（以上的人都是马思聪兄的学生）以及陈健、陈振铎，山东剧院来参加的丁孚祥、魏乐文，还有曾经介绍我到重庆南岸的西南美专教课的瞿安华兄有密切的交往。瞿当时也在中华交响乐团拉小提琴参加演出，他每周都来乐团工作五六个上午，他知道我在乐团的工作不多，还经常拉广东二胡、拉小提琴，虽然不精，也不肯放弃，就耐心说服我，学拉刘天华的十大曲子，认真按南胡拉法学习。在小提琴方面，他要我从头老老实实学《霍夫曼练习曲》，跟他一步步上课、回课。拉完《霍夫曼》后再拉《小塑拿大》，不准停下来。我只好一板一眼地苦练。

在他的认真要求下，我慢慢成长起来。对小提琴小曲和某些大曲的慢乐章，也不自量力地去摸一摸。积日既多，对有些乐曲也热爱起来，对于学习也有一定的收益。虽然这样一来我是比较辛苦，一方面常常要写乐曲解释，要作广告招贴，又管学习，听排练，交朋友，管孩子，是够吃力的，但我却是愿意苦一点。

我深信，一个人要是肯下定决心，一点一滴学习，认真补充，大胆伸手，时移日换，总会有些收获的。

不幸观音桥地段区有一个特务，不知怎样他摸到山脚下的育才音乐组去了。他看到音乐组书报室里，报架上有《新华日报》，书架上有《大众哲学》和一些进步书刊。他非常恼怒地叫人带他到我在乐团的住所，问我为什么让学生看《新华日报》。我想，育才是陶行知先生办的，音乐组是进步的，陶先生是什么人，他的学生能读和该读什么书报还用说吗？就回答他："好报也看，坏报也看。"他又问："你们为什么让孩子们阅读这些坏书？"我还是回答："这里坏书要看，好书也要看。"

他生气地说："李先生，我是管这个地区的，我告诉你，以后我会常常来麻烦你的。"说完就走了。这个特务出去，就在茶馆对他的同伴说："那个在乐团的姓李的，是个坏人……"

黎国荃兄和一些乐团朋友也在旁边的一个桌子喝茶。他听了非常着急地赶回来看我。我也正在去茶馆路上。路上碰到了，他叫我不要去，我说："我是陶先生的人，我怕什么？"那个人看到我去了，对他的同伴讲了几句话就走了。

我后来把这个情况告诉陶先生。陶先生却批评我一顿。他说："对于特务头头，我们不怕，他要动手，总要等到大局变化。但这些小鬼，他什么都不了解，只知道到处乱嗅、乱挖，他不管你是什么人，他什么手段都做得出来。一旦他们要把你弄死，或者使点什么坏，你一点办法都没有。你真不怕危险。以后一定要小心谨慎。像这种事，你就顺着他的口气，一定收拾好，应付过去才好。"

我听后，的确感到自己是太粗鲁了，一定下决心要改。我感到在观音桥不能住了，要离开中华交响乐团，心里是很难过的。这样好的学习工作环境，一旦中断，搬到别处，真像失去魂魄一样，但也非走不可。于是，我急着把行李搬到南岸西南美专住下了，育才音乐组由黎国荃具体负责任了。

13. 抗日战争结束

1946 年，全世界反法西斯战争取得大胜利，日本也投降了，大家一时欢欣鼓舞，朋友们互相祝贺，但也开始着急，主要是如何找关系早日复员到上海，筹建新音乐社的办公用地，以及租到住的地方；而运输工具、关系等等，一时不易解决。领导通知我，现在由地下党解决，恐怕困难；陶先生也不容易，如果各人能自己有办法，那么先走一些人，到上海先租下办公用地，购置一些必要的乐具，也很必要。

这样，我们和陶行知先生商量，育才学校要搬到上海，但一定要在上海创立一所"成人夜大学"，专门招收一些成年人，以便学校能开展教学及社会活动，进行广大的社会革命工作。

于是我们通过刊物和各地联系，展开广泛的为"上海夜大音乐系"筹备办学基金，这样的倡议一经发动，各地朋友纷纷响应，很快就筹到十几万元捐款，将十万元委托西南美专同事周祖泰（美术教授）先到上海给我们把钢琴买下。他的家在上海，经济比较宽裕，十月中旬新音乐社设法购了船票赶赴上海。

后来知道陈仪先生做了台湾省主席，他的部下蔡继琨打算到那里任台北新办的台北交响乐团团长，已先去台湾接收，他夫人及孩子正设法去台，我可以和他们一起去。但要作他们台北交响乐团的人，才能有船位，我把这问题向陈舜尧同志汇报，她和中共驻渝办事处领导商量后同意我用他们的关系先走。

　　我和夏白、谭林兄商量好，由他们主持重庆工作，我一个人先走。

　　我们在重庆，自己经营的办公室有两处，自修房间有观音桥一处，相国寺一处，但每遇到逃难，经常就是抓起行李就走，所以对房舍及不能移动的东西舍得放弃，这容易处理。但如何继续出版新音乐系列刊物，联络同志们，各地工作的开展等等，还要许多力量才能支撑下来，这是很费心事的。

　　夏白和谭林兄都积极地负担起来，加紧和各地商量，大概如华南的广州、云南昆明的朋友、长沙的易杨、福建的曾雨音、江西的刘天浪、浙江的邹博宗、西安的韩悠韩、贵州的薛良、四川重庆、成都等地的领导朋友。事情是不少的，但大家共商如何开展工作。我大约十二月初办好了手续坐了一个小火轮拖了两三条小木船的交通工具东去了。

　　我们五人叶宝瑜及她的孩子（大女儿六岁，儿子不满一岁），还有一个勤务员上船离渝了。木船上没有铺位，一个挤一个在地板上打地铺，船上拥挤嘈杂，我因为有组织安排的中校身份，拿中校薪水的路费，是比较充裕，叶宝瑜旅费更多，路上在经费上是不缺乏。年底长江水位不高，航行虽慢，还很平稳。

　　船到宜昌，突然大风大雨大浪发作，船被吹到江中搁浅，大风大雨不断袭击，木船被吹得快要倾侧，船上一时嘈杂叫喊起来。船上负责人也着急了，临时分发一些孩子、妇人的救生衣（有气泡的），我们拿了三个，都叫叶宝瑜带着，因为大风大雨倾盆地下，木船也灌满了水，许多人抢着把水倒出去，忙个不得了，一时狂风狂雨，人一走动，快要翻了，真是危险，大家东走西走，加重了船的倾斜。

　　我在临危的时刻，总是还能镇定起来。我是广东人，从小就在海里、河边长大，游泳虽不像一些运动员那样快速，但如划水、仰游、海底潜泳，都比较好，还尝试学过救人。我曾在附城的小学教书时，大水把半个低地村子淹了，村脚的房屋全淹了，要去救人、拉牲口，我也参加了。只要懂水性，不顶逆流，顺着水势走，带人也并不困难。

如今，我们的小轮船，因为天黑又起风雨，看不清航道，误于浅滩上搁浅了。船上一些女人大喊大哭，有些人前后挂了包裹，两手还拉了东西，东跑西走找路跑，一片漆黑，走在一边，船快要倾斜了，还要涌着，船员急于叫，一片乱喊。特别是当船员发救生衣时你抢我夺，的确乱作一团。

我把救生衣三件分了，宝瑜两件，叫他把朋友地址、贵重东西收好，扎在身上，勤务员要救生衣一件兼带小孩，我不要救生衣专带大女儿，我告诉宝瑜，只要不慌乱，就不要怕。如果真有不测，分散了，下水后离开人群，顺水下游，不逆游，也不抢着游上岸，在搁浅的滩里，不会有什么大问题的。

大约两三个钟头，狂风暴雨渐渐消失，人们慌乱中安静下来。天快亮了，小轮船渐渐从浅滩中走动了。大约在元旦到了武汉，我们住了一晚旅馆，就买去上海的大轮船票。到南京时，我们上去转了一下，会见了蔡继琨嘱见的朋友，然后从南京转乘火车直奔上海。

上海那时已经收复了大约四个多月，一切生活逐渐正常化，我找到了老友周祖泰，在他家（大世界附近）找到旅馆住了下来。

台湾是由军管接收，台北交响乐团为台北警备司令部属下，按部队定级别，我是中校级别，旅行待遇不错，所住的旅馆不坏，每顿饭菜都由厨房约定送到房里吃，是很丰富的。

我通过先回上海的老友周祖泰，会见了先到上海的朋友，原在青木关音乐院毕业出来的作曲系学生董兼济、钢琴系毕业生陈宗群，还有一个未毕业提早出来工作的孙丛音。他们已代我租定了在上海南京路上的一个办公室，另外又设法接收一处在地产大楼的套间，孙丛音因为有眷属，先住在那里，他们还在张罗住房。

我想，董兼济他们先住下来，接洽印刷事宜，先把《抗战歌曲》印行出刊，以满足收复区的青年需要，同时筹措副刊《新音乐》月刊及《音乐艺术》。

上海的朋友如陈良、肖英、庄枫、任军等都会见了，我觉得他们力量非常强大，而已生根在大学生、中学生、职员工人中。上海歌联队伍很大，人很多，联系也都非常紧密，这也是地下斗争中形成的，他们提出了成立分社，我们感到他们有一套独立组织，非常有利，最好他们分社能够将上海地区青运、干运、学运的进步青年工作全部负起责任来，因为这是一支很有经验的有生力量。

后来又会见瞿希贤、李德伦、张民权等音专同学，他们也非常团结，由做生意而热心革命工作的曹石俊及钱亦珊联系。

我感到他们专门团结上海音乐界上层人物比较有利，就和曹石俊、瞿希贤他们商量，育才学校六个组都搬来上海，而校长陶行知同志已遵照周总理指示，复员到上海后，用更多的力量来搞上海成人青年的学习，通过广大青年搞社会活动，至于育才孩子们的教育工作、音乐组学生的指导教学，最好由年轻教师来负责，这方面的指导教员除范季继以外，最好由马思宏、马思琚及音专的年轻教师和能教学的高年级学生指点，由曹石俊设法筹备教学主科的最低费用，他们都同意了。

他们等到马思聪来上海后，筹备成立上海音乐家协会，由曹石俊及上海音专的高才生瞿希贤、李德伦、陈民权、李铨、罗忠镕、桑桐等及一些音专教师，加上马思琚、马思宏、董光光、周小燕等参加，我只答应和马思聪商量希望他同意出来担任音协主席，其他一切我因为怕影响工作，都不出来露面。

这期间，蔡继琨亲自来上海接他夫人和孩子，我向他提出，我不去台湾了，我要帮助陶行知先生筹办"上海夜大学"。蔡继琨说："你不去报到不行，你帮助我出刊演奏节目解说，等缪天瑞来台接上你的工作，你才能走。"我只好先去台湾。

我到了台湾，那时日本部队、商人、工人、教员正在整装回日本，日本商店、家庭都在清卖唱片、书籍和其他带不动的东西。我购到了世界音乐全集，文学、美术全集，和其他交响乐、序曲、歌剧、歌曲等乐谱，及其他日文音乐译本，为创办上海夜大音乐系购备了急用的书刊乐谱。

4月底，马思聪来信，说他不想在上海久留，我去信问他肯不肯来台湾交响乐团，他说可以来台。我就向蔡继琨兄提出，等马思聪到台我就回上海。

1946年7月初，马思聪兄夫妇及儿女四人到了台湾，我陪马兄四天，欢叙畅谈，还应约赴了台湾一个老音乐家的宴请。

7月17日我到了上海。

14. 上海中华音乐学院的创建及庄枫被捕

1946年7月18日，我从台湾赶回上海，见到了陶行知先生。

那时，他一方面在安置育才学校的六个组的学生、教职员工的生活外，同时又大力在创办"上海夜大学"，忙上加忙，很为吃力。他见到我回来了，非常高兴，我立刻向他禀报了"上海夜大音乐系"的筹备具体情形。我说："音乐家讲课地点及办公地方已经租下来，在南京路上比较繁华方便的地段。同时，我在台湾也购置了许多音乐书籍、乐谱，其中有日本出版的《音乐百科丛书》二百多本和《世界音乐曲谱全集》，以及一切初步的教学材料，都购得差不多，主要教具钢琴也由周祖泰兄帮我们购了，还可以租一、二台，并不困难。"

关于音乐系的教师，已有董兼济、陈宗群、孙丛音等，另外，还有兼课的马思荪、马思琚、马思芸等，包括马思聪兄的弟弟马思宏，都可以帮忙，此外音专毕业的汤雪耕、李志曙、赖亚群，也是可以全部担任工作。

此外，如瞿希贤、李德伦、张民权等，可以作为育才音乐组的教师，由曹石俊同志担任组长，所有经费由他们负责筹措。曹石俊兄非常愿意出力。

不幸，陶先生因劳累过度，突患脑溢血病去世了。大家碰到这个不幸，非常难过。育才的孩子、教职员工，由于突然失去育才学校的主心骨——陶行知先生，困难一时难以承担。"上海夜大学"要到办起来，一时难以做到。我提出，"夜大学音乐系"独立起来，由我们独立成立中华音乐学院。于是我和孙慎、邹席雪等同志就着手兴办。

上海教育局长是顾毓琇，是比较开明的，也肯听人家的意见。他原是老教育部的次长，相当于副部长。而今任上海市教育局长，地位相当于副部长，或次于副部长。从前在重庆时（曾兼任过国立音乐院院长、国立实验交响乐团团长），我曾几次见过他，那是在蔡继琨兄搞的中华教育社时，他来参加会议，或交响乐演出时他来听演出会过面。我就大胆地亲自到教育局去拜见他，向他提出我们要办中华音乐学院，按照陶行知先生意愿招收成年人进行主科教育，乐理等课则在星期三、星期六晚及星期天全天上课。四年毕业，共分作曲理论、小提琴、钢琴、声乐四个组。希望他在我带去的申请书上签名，不要再发公文，这样会快一些进行。他非常热心地在我写的申请书上签了字。工作还算很顺利，这样我们就在 1946 年 9 月开学。

1946 年 7 月 25 日陶先生不幸去世后，我们就把音乐系独立，成立了上海中华音乐学校。校址设在上海南京路慈淑大楼。由我及孙慎负总责，教员有张文纲（教务主任）、董兼济、陈宗群、郭乃安、王震亚、苏夏、孙从音、欧阳小华、马思聪、马思宏、马思芸、司徒海城、邹析零、明敏、陈培勋等。

学生大都是沦陷时期我们的地下组织办的歌咏队队员，或朋友介绍，只有极少数是公开招考的，像声乐系的郭如英是很好的钢琴手，田沛泽他们也很有工作经验。开学时由田汉先生讲话，大家都非常努力。每人每月收四元学费，作主科教师工资，共同课免费。

上海中华音乐学校是按照陶行知先生拟办的"上海夜大学音乐系"的方针和办法而成立的。专门培训社会上爱好音乐的成人干部，充实革命力量。是经上海党领导人冯乃超同意的，并由他单线领导。

这样办了大约半年，我们组织声乐组练了张文纲和我新写的《两相好》合唱组曲，在上海新文艺界联合会的"新年晚会"上公演，会上还有欧阳晓华的肖邦《革命练习曲》，作为中华音乐学校教师的节目。

我和孙慎都感到中华音乐学校比较进步，还需要有一个二线的色彩比较淡一些的中国音乐学校，为了防备国民党反动统治者的摧残，又设立了一所第二线色彩较淡、不参加社会活动的"中国音乐学校"，由谭林、汤雪耕、李志曙、琴等负责。这两所学校的学员学习非常努力。办在台湾同乡会，由谭林、汤雪耕、赖亚群、李志曙、赵琴等人负责，招生开学。教师还有许文辛、何应昌、薛淑琴。冯乃超同志对我们的说法非常热心支持，并为我在虹口斯高塔路文华别墅找到一个房舍让我住，但这里不让许多人上门访问。

不久，因郭沫若先生在南京路劝工大楼上作反对内战、要求民主的报告，分社庄枫同志担任领导群众唱《民主是那样的》、《变呀变呀变呀变》等歌唱，不幸被捕。我亲自到郭老先生那里请求帮助，他说此等事我没有做过，不知道怎么办，看样子国民党反动派是开始动手了，要我回去向冯乃超谈一谈。

我找到冯乃超同志，他也断定反动派开始动手，他自己已经准备流亡到香港，他说："我快要动身了，我走后，你的关系由孙慎联系，我已告诉他了。"这时我才想到，孙慎入党比我早。

我和孙慎细细研究后，如何安排一、二、三线工作，谁在乡间隐藏下来，谁去二线，谁去一线顶着，并要我立刻到陈良等人的家里通知他们撤离上海，我到陈家，他哥哥说他们早已出走，叫我不要再去找别的朋友了。

后来中华音乐学校由张文纲出面，孙慎领导，中国音乐学校作为二线，不要扯在一起以免牵连，我则立刻流亡香港。

1946 年 7 月，云南发生杀害李公朴、闻一多事件，赵沨被迫逃离昆明，转到香港。和陈新生等人，把移到香港出版的《新音乐》港粤版加以充实，向南洋、菲律宾、印尼等地发行。并以这个刊物作为推动海外新音乐运动，使整个南方的新音乐运动，连成一片。

1946 年底，赵沨被广东艺专聘请，到广州教书去了，他写信来上海新音乐总社要求调人支援。那时，内地正处在激烈斗争的时候，上海中华音乐学校正在创办之始，全国学生运动蓬勃发展，到处急需音乐干部支持，一时难以分出人力支持港九。

我当时是在上海的新音乐总社负责工作。组织上怕发生事故，决定让我立刻离开上海去香港，

1947 年 2 月的一天，我早上到了中华音乐学校讲课，到 10 点钟立刻赶到码头，周祖泰兄和陈芸枫已把我的小行李带来，我带了东西上船不到五分钟，船就开行了，的确是非常急迫。

15. 香港新音乐运动杂忆

我在香港时，正值国内反动政府撕毁了政治协议，发动内战。在蒋管区，到处迫害文化人及学生运动，许多文艺界的朋友流亡到香港，并以此为基地，展开南洋、港澳的革命活动，响应国内斗争。

1997 年是香港回归的大喜之年。当时在港九的许多领导同志，如郭沫若、夏衍、冯乃超、邵荃麟、欧阳予倩、胡风，和众多共同工作的朋友，如马思聪、黎国荃、力杨、沙鸥、罗荣（声乐家）、章彦、叶鲁、张民权（指挥家，上海音乐院教授）、曾理中（武汉音乐院教授）、宋军（儿童歌曲作家）等已相继辞世，留下来的朋友、同学，也大多七老八十了。

许多在当时为祖国的解放奋斗的朋友，都希望在香港回归祖国之日能重睹当时流过汗水的香港和同胞。香港中华音乐院粤港校友会已发出邀请内地校友共同赴港参加大庆活动，我也很快整理了这篇回忆录，分段刊出，以资忆念，也是很有意思的。

港九新音乐生活的兴起

香港的群众歌咏活动，早在抗日战争时期，就曾有过一些开展。较早（1939 年）有设在九龙的"虹虹歌咏队"，团结不少爱国的音乐青年，推广抗日歌曲。他们大多来自小学音乐教师、职工歌咏爱好者，大力宣传抗战，和广州抗战音乐连成一线。香港沦陷后，暂时中断。抗日胜利后，他们又恢复活动。同时，港九工会领导的一些工会的爱好音乐的职工，如港九海关工会、电车群爱会等，相继成立合唱团，逐渐成为一股较大的革命力量。

1946 年 6 月底，国民党撕毁了政治协议，发动内战，一时一些大城市的新音乐运动的孙慎、吉联抗、黄力丁等领导干部，受到迫害。当时在广州新音乐华南分社的领导同志不得不转移到香港，华南分社出版的《新音乐》（华南版）也转移到香港，由陈新生同志负责继续出版。

到港的其他领导人，胡均、郭杰、草田、蔡余文等，则和"虹虹歌咏队"的同志杨功恒、麦梅等联系，迅速建立了香岛合唱团、培侨、巴士工会、电灯工会、海员工会和台山青年合唱团。

原在广州、桂林的剧宣七队（专演歌剧的）、五队，新成立为中国歌舞剧艺社，开赴到新加坡。

港九新成立的合唱团都有专业的指挥者辅导，如香岛中学的郭杰，培侨中学的胡均，中国中学的蔡余文，此外还有一些学校的合唱团，如领海中学的严良堃，新侨中学的叶鲁等。黎章民还组织了一个百多个孩子的香港儿童合唱团。

胡均、郭杰、草田、蔡余文等人在内地有过推动青年歌咏运动的经验，很快就把港九的青年歌咏生活活跃起来了。他们亲自深入到各个合唱团进行辅导，介绍解放区及蒋管区的进步歌曲，如《保卫黄河》、《插秧谣》、《变呵变》、《唱出一个春天来》、《太阳出来了》等新歌，很快就传遍了港九的青年中去。

港九的歌咏力量是庞大的，学生、工人、店员都很喜欢唱歌，如"香岛"、"虹虹"、"培侨"，都能唱多声部的合唱，也经常参加一些文娱晚会的演出，大力介绍革命歌曲。

郭杰、胡均、曹田等人还创写许多粤语方言曲，如《香港地皮本来细》等，曲调很富南国风味，群众特别喜欢听唱。

港九青年非常积极自己培养干部，像叶鲁、简绿文等人，也担负起指挥工作。他们发展很快，队伍一天天扩大，如码头工人歌咏队等相继成立，"港九歌联"的团体会员达36个。年底举行了11个歌团联合演唱《黄河大合唱》的纪念星海音乐会，并准备在1948年举办一次"中学生的音乐舞蹈会演"。

同时，港粤新音乐分社也和菲律宾、印尼、马来亚、泰国、越南等地的新音乐工作者取得联系。一时海外华侨的青年音乐团体都活跃起来，互相鼓舞，互相支持，形成一个蓬勃发展的新局面。

香港中华音乐院的创建

我于1947年3月8日到达香港。到后，见到胡均、陈新生等人，了解到港九爱好音乐的青年不少，许多人都希望能有机会补习音乐知识、技能。我就与他们商量，想在香港也成立一所像上海中华音乐学校那样的学校，立刻得到许多朋友的赞助。陈新生东奔西走，租到了教室，自己购买了六十多人用的桌椅，租了钢琴，香港中华音乐院就这样简陋地开办起来了。

香港中华音乐院是新音乐社办的第三所社会学院，是在党的南方局文委会直接领导下成立的。学制和办学方针和上海中华相同，设作曲、声乐、器乐三个组，4 年毕业。4 月初租了陆治的民治新闻学院的教室开办，学员是由各歌咏团介绍前来入学的。因学生突然增多，改租高士打道 11 号四楼一层。我们有了自己的校舍，独立挂牌，并正式向港英政府备案。

7 月以后，新的一班学生入学，又增设了 6 个月一期的普通班，学生一时增加到一百多人。教师也陆续增多，原来的校舍教室已装不下了。经大家努力，并由学生自发组织的爱校委员会发动筹募基金，使学院有了两个教室、一个小办公室和两架钢琴。同时，由联青和海员工会合唱团的帮助，借到他们附近的地点作教室及教师的住房。

学院院长请马思聪先生担任，我和赵沨任副院长，开办时由叶素担任教务（后改任院务，教务由严良堃担任，以后又由谢功成、张民权继任），陈新生担任校务（后由俞薇担任），教员先后有严良堃、谢功成、俞薇、叶素、黄伯春、陈良、胡均、郭杰、谭林、许文辛、谭庆逢、张式敏、熊克炎、蔡余文、张民权、黄定时、廖一明、舒琛珍、曾理中、李淑芬、李惠莲、黎国荃、屠月仙、陈培勋、苏克、黄锦培、吴慧常、区晓、黄容赞、叶鲁、肖英等。

马思聪先生开了一个小提琴班，有 9 个学员。他每月从广州来港上课一次，菲律宾的小提琴家褚耀武也每月驾飞机（他又是飞机师）来港上课。马先生作风非常质朴，每次来港上课，晚上也和大家一样，把书桌拼起来，睡在上面，和朋友们一起过着同甘共苦的生活，对大家影响很大。

学生每月收费 10 元港币（下同）。教师基本上是供给制，而当时一般的中学教师每月薪金为 200 元左右，因此生活比较艰苦，一些人（特别是有了家庭的）不得不另找工作，以资补助。

香港中华音乐院很快就成为港九及南洋的新音乐运动中心。香港几十个歌咏团联合起来，在 1947 年底举办了一次规模宏大的星海纪念音乐会。1948 年春节又举办了一次规模更大的千人大合唱。

中华音乐院的作曲系学生，写出了第一个大合唱《天乌地里》，以声乐系学生为主的合唱团演唱了马思聪的《祖国大合唱》和迎接祖国解放的《春天大合唱》。学院的教师乐队、学生合唱团与中原剧社联合演出了黄洪、胡均（作曲）、梁伦（编舞）等根据苏联童话改编的儿童歌舞剧《幸运鱼》，还为胡均作曲的电影音乐《野火春风》及陈歌辛写的电影音乐配音。

中华音乐院除了自己办的《新音乐》月刊外，还在《华商报》、《文汇报》、《星岛日报》和《华侨日报》创设了音乐副刊，阐述了自己对音乐艺术的观点和主张，对海外读者起了很大的作用。

为了进一步开展南洋一带的新音乐活动，1947 年底，赵沨同志前往新加坡，和丁波、力丁、林韵等创办了中华艺术专科学校，陈良则到越南办了一个培训班，褚耀武则在菲律宾。至于泰国，因进步力量较强，自己能自力更生。这样，南洋一带的新音乐运动就连成一片，影响也日渐扩大。

1948 年秋，国内的革命形势已发生根本的变化，解放军全面大反攻，广东的东江、潮汕、粤西、粤中和福建闽南的游击根据地不断扩大，组织上将谭庆逢、许文辛调回闽南参加解放战争之后，又把胡均、李德玉、谭林、黄宁等调回粤中游击区。

1949 年春，天津、北京解放，我和黎国荃、严良堃、陈云枫、张式敏等随同冯乃超、阳翰笙同志调到北京，接着赵沨、陈良、黄伯春、肖英等也陆续调到北京、上海，而俞薇、谢功成、叶素、曾理中、苏克、冯夫、孟文涛、徐谭、区晓、关慧棠等在广州解放前后，经游击区回到广州，分配到军管会文艺处担任文教接管任务。香港中华音乐院则由叶鲁接办，改名香港音乐院。不久，叶鲁也回到广州，香港中华音乐院就停办了。

香港中华音乐院和新加坡中华艺校、越南的音干班，从1947年春到1950年的解放战争时期的三四年间，的确做了不少工作，起了一定的作用：

一、培养了大批青年音乐骨干，在解放后回到内地，为建设新中国做出贡献。像作曲系同学黎章民担任了人民音乐出版社社长，关子光担任广东文化厅艺术处长，曾刚担任佛山市文化局长、文联主席，马明任省民族音乐研究所所长，潘举修任梅州军分区宣传部长，吴潮任汕头木偶剧团团长。其他像杨功恒、李森、简录文、张虹、许仪耀、陈荻波、麦梅、曾圣婉、罗辉、杨铁柳、赵秉德、劳翠云等都在各个具体工作中做出一定的贡献。

二、团结了大批音乐教师和朋友，提高了他们的政治素质和艺术修养。

香港中华音乐院有自己的校舍和宿舍，教员绝大部分住在学校。学院还建立了党小组（由南方局文委派遣作家麦青负责联系，俞薇任党小组长）。经常讨论国内外形势，加深大家对政治的关心。

其次，鉴于我们的新音乐队伍在文化和艺术技巧上的欠缺，当时提出"不要放慢脚步"，明确地要求从音乐院校毕业出来的朋友，要一面教学一面进修，继续不断地提高自己的思想修养和业务能力，才能适应全国解放后的建设新要求。同时还要帮助一些在成长中的朋友，不断地加深和充实自己的能力，才能满足新的工作所需要，否则就会被淘汰。

　　如严良堃，他是学作曲及指挥的，因为有了中华音乐院的学生合唱团作为实践基地，他认真地排练了一些西欧的古典合唱曲，如《哈里路亚》等，并刻苦琢磨了《黄河大合唱》、马思聪新写的《祖国大合唱》和《春天大合唱》，演出水平不断地提高，他自己在艺术表现上也得到了锻炼。谢功成、曾理中、熊克炎、郭杰、胡均等人，均能兢兢业业对待自己的功课，勤奋地实习，其他同志也不断进修。这些同志后来回到内地参加新中国的音乐建设工作，都起到了一定的作用，做出可喜的贡献。如马思聪在解放后担任中央音乐院院长，赵沨也分别担任过中央音乐学院院长兼中央歌剧舞剧院院长、中国音乐学院院长。严良堃担任中央乐团团长及指挥，谢功成和叶素分别担任湖北音乐院院长、星海音乐学院副院长。陈良担任上海音乐学院副院长，俞薇担任星海音乐学院副院长，谭林担任广东省音协副主席，黎国荃担任中央歌剧院副院长及指挥，胡均担任东方歌舞团党委副书记，其他黄伯春、熊克炎、黄锦培、苏克、张民权、区晓、关慧棠、曾理中、孟文涛、黄容赞、张式敏、廖一明、蔡余文、叶鲁等均在各地音乐学院、乐团等单位担任教授、副教授以及创作、编辑等工作。

　　三、香港中华音乐院的教师和学员，后来绝大部分都回到内地参加了新中国的建设工作，学院因而停办了，但留港的部分学员，其中不少仍然继承和发扬中华音乐院当年艰苦奋斗的开拓精神，辛勤地创办音乐院校、管弦乐团，或当家庭音乐教师、办培训班，团结着广大的音乐教师、专家，培养成千上万的青少年音乐学生，提高了香港青少年的音乐文化素质。许多留港同学，如王光正同学创办了香港联合音乐院，经几十年的努力，学校较具规模，为大家所称赞。陈以炳同学成立了香港 AMA 管弦乐团，经常演出，丰富了香港市民的音乐生活，并曾回到广东公演，深受观众的欢迎。谭少文、范汉秋、梁兆安等同学分别担任教学和指挥合唱团的工作。叶纯之同学写了许多音乐论文，后任上海音乐院教授，在国内外影响不小，现在又担任香港音乐专科学校校长；马思聪先生的学生褚耀武同学也贡献很大，曾任中央音乐学院附中管弦教研室主任、教授。

许多中华音乐院的留港校友，对国内外的同学非常关怀，并和内地的师生成立了一个中华音乐院校友会，经常举办港粤校友联欢。

《新音乐》月刊移港复刊

1946年夏，国民党反动派对国统区的一切民主活动进行残酷的迫害，特别是对各地学生的反内战、反饥饿、反迫害的运动，公开施行镇压，到处逮捕学生。严良堃等人被迫逃亡香港，在上海新音乐总社出版的《新音乐》月刊也遭受摧残，编辑谭林不得不出走香港。《新音乐》昆明版被迫停刊，平津新音乐工作者也受迫害，因此总社和各地联系工作受到影响。为了转移总社对国内各地及海外的联系，决定把《新音乐》月刊从七卷第三期起，改在香港出版，并与《新音乐》华南版合并。总社的一部分通讯工作也由香港分社负责。《新音乐》在港复刊后，对内地及海外新音乐运动的推动起了很大的作用。

同时，《新音乐》月刊编辑部还组织了在港的诗人、作曲家如力扬、沙鸥、芦荻、胡明树、金帆、谢功成、符公望、黄宁婴、严良堃、胡均、陈良、曹田、熊克炎、郭杰、蔡余文、宋军、苏克等人，成立了一个"诗歌音乐联谊会"，并出版了《新歌》刊物（共出过13期），刊登了许多反映人民斗争的歌曲。每期出刊时，还由中华音乐院同学举行"新歌试唱会"，对繁荣新歌创作以很大的鼓舞。还组织座谈会，对这些新作进行讨论，其中较有效果的就选登在《新音乐》月刊上。

香港中华音乐院作曲组同学也开始实习创作。他们集体创作了一个组《天乌地黑》（共五首），表现蒋管区人民在黑暗的统治下的痛苦生活和不屈的意志。也通过《新歌》介绍到内地了。

《新音乐》月刊不仅是个刊物，而且发挥了组织联系的作用。由于它的复刊并及时对全国新音乐运动提出评论，提供新的歌唱材料，报导国内及海外的新音乐运动的情况，经常和内地的音乐运动的领导同志如昆明分社的李仁荪、徐守廉，上海中华音乐学校，中国音乐学校，汉口的林路、舒模，福州的曾雨音，江西的刘浪，长沙的易扬子，贵阳的薛良，广西的甄伯蔚，无锡的高重实，南京的山歌社朋友和王闻奇等同志取得联系，很快使内地的新音乐运动又重新联系成一个整体，并采用各种各样的方式（包括《新音乐》月刊名义发出告音乐界宣言）进行斗争，一直坚持到全国解放。

香港春季音乐会及海滩欢歌

1947 年底，香港的音乐活动进入新的高潮，港九歌联领导下的学生、职工、店员的歌咏团已增到四十多个。他们为了加强联系，提高合唱水平，扩大影响，决定在 1948 年的春节期间举行一次"春季联合音乐会"。参加演出的除了各自的表演节目外，还由中华音乐院、虹虹、码头、电车、海员等工人合唱团及各学生合唱团组成了"千人大合唱"。由郭杰担任指挥，分区排练，最后统一合练。

演出会场是租用香港的一个大戏院，只能容一千多人，后台很小，演员根本无法进去，大家只好在街上候台。临到千人大合唱时，舞台装不下，就排到台下来，指挥则在观众席中间临时搭个桌子来进行。观众大部分都喜欢唱歌，在节目未开始前，就此起彼落地轮流歌唱《唱出一个春天来》、《民主是那样的》、《变啊变》等歌曲，场面热烈而动人。音乐会是非常活跃的，所有的曲目都是国内流行或新写的歌曲，其中还有一组方言歌，如《香港地皮本来细》等。观众非常欢迎这次演出，实际上是一次革命音乐力量的大检阅。音乐会开完后，各个歌咏队排着整齐的队伍，从各条大街上高声唱着歌，昂首阔步，浩浩荡荡向四面八方走回去。革命歌声连绵不断，给市民以极大的鼓舞。

1948年是内地解放战争大转折的一年，这次千人大合唱也预示革命力量的迅速壮大。这消息给内地的音乐工作者以很大的慰藉和鼓励。春季联合音乐会后，又新成立了一些歌咏团，并增添新生力量。

港九歌联为了迎接内地解放战争的大胜利，1948年夏天又发起了一次人数众多的"海滩歌唱大会"。港九几十个职工、市民及学校合唱团的团员几千人，汇合在海滩，欢唱春天的到来。这一活动引起了香港当局的忌恨，很快就把主持活动的郭杰、蔡余文逮捕入狱。但反动派的压迫没有吓退革命青年的斗志，他们依然勇气百倍地坚持活动，迎接全国解放。

三个团体演出歌剧《白毛女》

1948年春港九的新文艺力量更为充实。当时内地形势已好转，大家就想到，如果新歌剧《白毛女》能在香港演出必很有意义。郭沫若在《悲剧的解放——为〈白毛女〉演出而作》一文中这样写道：

> 《白毛女》的故事，是在解放区中传播得很广的一件抗日战争中的事实。本身是封建社会里的典型悲剧，结局则转化成了喜剧。但这喜剧的转化并不是如旧式的孟丽君，女扮男装中状元名扬天下，得到一个虚构的满足，而是封建主义本身遭了扬弃，由于封建主义所产生的典型悲剧也就遭了扬弃。因此《白毛女》这个剧本的产生和演出也就毫无疑问，是标志着悲剧的解放。这是

人民解放胜利的凯歌，或凯歌的前奏曲。

　　……但我们要从这动人的故事中看出时代的象征。旋律固然是动人，但我们要从这动人的旋律中听取革命的步伐。

　　他们从《华商报》找到剧本，由夏衍建议邀请中原剧社、建国剧艺社、中华音乐院三个团体来联合演出。演出这样一个大歌剧，在当时来说困难不少，特别是排练场不易找到，他们就利用中华音乐院、中原剧社（那时两家租了石塘嘴的一座三楼的楼房）的天台在晚上排练。

　　《白毛女》的总导演是王逸，音乐指导是我，舞蹈是倪路，指挥是郭杰。舞台监督是李门，协助歌剧排练指导的有聂绀弩、秦牧、力扬、沙鸥等。李露玲饰喜儿，方苃饰杨白劳，斯蒙饰大春，黎英生饰赵大叔，欧英芳饰赵大婶，蓝谷饰黄世仁，蒋锐饰穆仁智，周伟饰黄母，张稚辉饰二婶，乐队由严良堃、蔡余文、俞薇、张申、李凌、胡均、熊克炎、谭林、丁聪等担任，合唱队由中华音乐院学生合唱队担任，共排了二个多月，5－6月正式公演。演员们大多都是有职业的，每天排戏到半夜，第二天为了糊口还要去上班，但没有一个叫苦，大家只有一个决心，就是用一切力量把《白毛女》演好，让港九观众受到解放区新歌剧的鼓舞。演出的地点在九龙的普庆大戏院。演出受到了广大群众的欢迎，5天的门票一下就卖光了。演出时观众很受感动，看到了八路军的出场，心里有说不出的高兴，许多观众一面看一面落泪，说明港九观众对喜儿的命运的关心。

　　40多年前，能够这样比较认真、完整地在香港演出《白毛女》是很不容易的。李露玲、方苃的声音很好，唱得也很有感情，蒋锐的表演也维妙维肖。可惜这几个人后来都没有再度从事歌剧实践了。

71

16. 关于党直接领导香港新音乐社
（华南香港历史资料，2001 年）

香港新音乐社和中华音乐院（1947 年 3 月筹建，至 1949 年 10 月结束）是当时中共中央南京局香港分局属下的文委直接领导的地下革命音乐工作团体。

"新音乐社"是早在 1939 年李凌同志获准从延安回到重庆工作后，在周恩来同志的关怀和他的秘书张颖同志的直接联系下建立起来的。当时以编辑出版《新音乐》月刊为阵地，联系各地革命音乐工作者和组织领导国统区的革命音乐活动。以后桂林、昆明、武汉、上海、广州、香港等地陆续成立分社。1945 年抗战结束后，新音乐社（总社）由重庆迁往上海（重庆改为分社），与上海分社的同志们汇合，除继续出版《新音乐》月刊和《音乐艺术》外，为适应当时民主运动的需要和广大音乐青年的学习要求，在陶行知先生的倡议下，还办起了夜大学性质的"中华星期音乐院"和"中国音乐学校"。1947 年南京中共代表团撤退后，李凌等新音乐社领导人和骨干被迫先后南下香港，总社也随之迁港，与新音乐社粤港分社的同志汇合。一方面复刊《新音乐》月刊，负起以香港为中心，联系南洋海外和推动整个国统区的革命音乐运动，并开展音乐界的民主统一战线工作，另一方面，组织成立了港九歌咏协会，联系全港九个工会和青年社团成立的业余歌咏团体，举行多次大规模的纪念聂耳、星海演出，排演歌剧《白毛女》等活动，领导和推动着港九地区的革命音乐运动。同时，创办了"中华音乐院"，建立了以合法形式为掩护的活动基地。"中华音乐院"在短短两年多时间培养过几百人次。通过传授音乐知识技能和各种灵活方式方法进行革命思想教育，一方面为游击区、解放区培养和输送音乐干部，一方面为港九歌咏运动培养骨干。同时通过香港"新音乐社"和"中华音乐院",掌握和指导国统区地下音乐工作,也成为这些地下音乐工作者一个休整、摆脱敌特的基地。

当时大家在这个革命机构中生活是相当艰苦的,过的基本上是军事共产主义性质的经济生活,中华音乐院收一点学生的学费,但远未够开支,大部分同志白天教中小学,收入归公,还要共同编辑几个报纸的音乐副刊(包括党领导的《华商报》、进步报纸《文汇报》和右翼报纸《星岛日报》、《华侨日报》,采取公开或隐蔽式宣传进步音乐思想),全部稿酬、编辑费(最高时达每月八、九百元港币收入)一律归公。大部分工作人员晚上睡课桌,除集体供伙食外,直到后期才每人每月领 10 元港币作零用。

因此,香港新音乐社、中华音乐院实际上就是当时地下党文委直接领导下的革命机构。以新音乐社(半公开的只在进步人士范围出面)和中华音乐院(经过向港英当局注册,以合法形式为掩护)两个名称举行活动,联系和推动整个港九地区、南洋一带以至整个国统区的地下革命音乐工作。

当时,主要的领导者和负责人始终是李凌和赵沨主要的党员骨干,先后包括陈新生(石麟)、胡均、郭杰、叶素、许文辛、严良堃、谭林、陈良、俞薇、黄伯春、谢功成、肖英、舒琛珍等人,开始时都是只有自己的系统(青委、工委、学联和文委)单线联系的。1948 年底以后,经文委(前任书记是冯乃超、邵荃麟,后任是林林)批准在文艺支部下单独成立音乐方面的党小组,由俞薇担任小组长,并派出麦青为联系人(1949 年初,麦青北上后由林林直接联系),参加组织生活,指导工作。当时的党小组实际上是起基层党支部的战斗保垒作用,当时有关地下音乐工作的主要事项,都经过这个党小组讨论,重大工作都经报上级党组织批准后执行的。包括:新音乐社、中华音乐院的审批吸收人员;调查研究国统区音乐界各项材料报给上级党组织准备迎接解放接管工作；按上级党委要求，提供一批批前往游击区、解放区的干部名单；研究确定掩护和护送受港英当局迫害的地下音乐工作者等等。这些工作经党小组决定后都是交由新音乐社、中华音乐院这个革命机构执行的。大军渡江后，文委号召创作迎接解放的革命歌曲，也是由党小组以新音乐社名义组织进步人士写成大批作品并出版了《江南进行曲》、《华南进行曲》等六册《解放歌选》。发挥武器作用，因而受到文委的表扬嘉奖。

当时在国统区工作的音乐工作者，不少人不远千里前来香港中华音乐院投奔革命怀抱（例如：从台湾来的孟文涛、徐潭，从南京、上海来的黎国荃、曾理中、熊克炎、黄定时等等，都是党外人士要求前来参加革命的）。当时参加新音乐社、中华音乐院的工作同志，都是完全服从党的调动和安排的。情况如下：

随着解放战争的迅速发展，特别是天津、北平的相继解放，文委根据工作需要决定，香港新音乐社和中华音乐院的正式成员（包括党和非党的干部），从1948年冬到1949年10月先后分批调回北京、上海和广东各地工作。调回北京的有：李凌、赵沨、严良堃、陈云枫、张式敏、黎国荃、黎章民、肖英、黄伯春、熊克炎。调回上海的有：陈良、张民权、黄定时、廖一鸣。由于上海解放后海运又遭封锁，除少数改道北上外，不少原准备调到京沪的同志如俞薇、谢功成等暂留香港，到七月份，上级党委通知决定：凡未赴沪的原则上都留在华南地区工作，并作出如下安排：一部分先后调回游击区及参加入城干部学习，包括：胡均、郭杰、蔡余文、谭林、何漂民、黄容赞、陈新生、陈荻波、杨功恒、吴潮、谭建、劳翠云、梁慧、何雪飘。另一部分留港待命，作好准备坚持至广州接近解放时才进入游击区，转赴广州直接参加接管工作的有：俞薇、谢功成、叶素、苏克、曾理中、舒琛珍、徐潭、冯夫、孟文涛、关子光、曾胜婉、关慧棠、区晓、黄宁、黄锦培。

　　这些同志绝大部份9月上旬即已完全作好行装准备辞去掩护性或维持生活所需的社会职业，待命出发。但由于形势发展急剧，使出发日期拖延，到十月中旬广州解放前后几天才出发，个别拖至广州解放后陆续出发，先后全部分配到广州军管会文教接管委员会文艺处音乐组参加入城接管工作。至此，香港新音乐社、中华音乐院就结束。遗留下来有关机构及工作均交由香港分局属下青委系统的叶鲁等同志接管成立香港音乐院，继续坚持港九地下音乐工作。

　　上面的情况足以充分说明，参加地下党直接领导的香港新音乐社中华音乐院的同志是正式参加革命队伍，参加时经过党小组个别批准的，调动和工作安排是完全服从党小组执行上级党组织决定的；执行工作全部是革命地下音乐活动，甚至经济生活过的也是军事共产主义性质的，兼教中小学编辑报纸副刊等社会职业掩护的收入也归公的。我们以为，它是完全符合中组部组通字〔83〕34号《关于确定党的秘密外围组织、进步团体及三联书店成员参加革命工作时间的通知》中第一项所称的"这些组织受党的直接领导，有较严密的组织系统和较严格的纪律，吸收成员是个别履行手续。参加后必须接受组织交给的任务，服从组织的安排，这些组织斗争时间较长，在一省或数省有较大影响，起到了党的助手和联系群众的纽带作用的性质。"

　　因此，我们认为香港新音乐社、中华音乐院应属于党直接领导的革命组织。

17. 在国统区这十年转住七八个城市

　　我在国统区这十年，的确是东奔西走，到处流亡，没有一个地方工作超过三年。真像陈宗群所说的："到处都是搭戏台子，敲锣打鼓，这地方打两枪，又换一个地方打两枪，不肯死心。"

从 1939 年 10 月到重庆，到 1941 年春节前一天，因地下办的青年出版社编辑被捕，到春节下午就逃离重庆，转到缅甸仰光。在仰光安定下来，又因日本帝国主义占领缅甸，1942 年 5 月 1 日，从密支那逃回昆明，

1942 年 6 月，组织上分配我到桂林继续主编《新音乐》月刊。我在桂林一面恢复和各地联系，同时继续调派人入音乐院学习，并举办了"音乐通讯学校"培养大批歌咏干部，举办"聂耳节"。但反动派已经准备拿《新音乐》开刀，当我们知道桂林三青团有人去重庆举报，我很快就撤回重庆。前后不到一年。

1943 年 3 月，我入中华交响乐团，参加了林声翕兄创办的"星期音乐会"，每星期换一套新曲目，大力培育听众，1944 年春节，随团到成都巡回演出，帮助黎国荃举办"小提琴独奏会"。同时把育才音乐组从北碚乡间古圣寺搬在重庆观音桥乡下附近，容易找到众多的老师。但不幸又被当地一个特务知道，找我麻烦，我又不能不搬走到南岸西南美专。从 1943 年 3 月到 1945 年 8 月抗日战争结束，前后共两年半，又转到上海去了。

1946 年到上海，租下驻沪办公室，3 月转到台湾办理手续，到 7 月 15 日马思聪同志到后四天，我又转回上海帮陶行知先生筹办上海夜大学，不几天陶先生突患脑溢血去世，我筹办上海中华音乐院，到第二年（1947 年）3 月又因上海分社庄枫同志被捕，1947 年 3 月逃亡到香港。

香港也不安宁，1948 年初，郭杰、蔡余文等在海滩上举办了香港、九龙的歌咏联欢，郭、蔡二人被捕，我不得已搬离香港中华音乐院，在隔海的九龙的广东街租下新地方，躲避特务的骚扰，直到 1949 年才北上北京。

陈宗群老友说："老李！你多少年来，招兵买马，敲锣打鼓，搭台唱戏；气候突变，撤退转移；另起炉灶，择吉开张。老李以

一个游击队的创建者，今天在这里搭台，打锣鼓、唱戏，明天又逃到别一个地方办学校、出刊物，创建得更有起色。这里被压杀，他又到另一个天地里租房舍，建分校，后来连总社都搬到香港，谭林、严良堃、叶素、谢功成、上海的陈良、俞徵、黄伯春等人都去了，他仍然是精神勃勃，不怕累战累败，而以一个颠扑不灭的不屈者的精神又站起来战斗。大家都很敬佩。"

第二交响曲　红日黑渍

1. 新中国建立

解放军占领了锦州，围困天津、北平，香港华侨配合北方的西柏坡的中央邀请，马思聪先生去北国的山东，从烟台上岸，北行准备参加新政协筹备会。当时，香港方面还叫我和黎国荃、严良堃等人去北方，预备接管天津、北平的音乐工作。二月底，我们上了租赁的荷兰轮船去山东。上船后接到电报，说天津、北京已解放，我们可以直接去天津登陆。

从我们经天津到北京，参加华北文工团，后来调出来筹备第一届文代会，创建中国音协、在天津筹建中央音乐学院，均简单写于《焕之和我》中，刊在《音乐周报》上。

2. 我和焕之再相见（2000 年）

我和焕之于 1939 年 9 月 19 日听到了星海同志的《九·一八大合唱》首演，就分别了，直到 1949 年 4 月才在北京聚首。当时焕之从外地搬来到华北大学音乐系工作，他担任系主任，元庆任副主任。

焕之、元庆都是非常诚挚的人，我们相处很融洽。我当时在北京创刊《新音乐》月刊（香港七卷），从八卷一期复刊约请焕之和元庆同志任编委，他们高兴地支持。同时要我在华大音乐系作了《国统区新音乐运动概况的报告》，我那广东国语，大家听起来非常吃力，但也热情地鼓掌。6 月我从华北文工团调了出来，参加筹备第一届全国文代会，兼协助吕骥同志筹组中国音乐家协会。

我的成长，一方面在延安受到毛主席及党的教育，我对毛主席的《矛盾论》、《实践论》下过苦功夫，特别是《矛盾论》的辨证的探索。在中学及当教师期间，对鲁迅先生的文章特别热爱，有时写文章的笔风都受他的影响。很早就在重庆时，对陶行知先生的教育实践非常醉心。

在重庆工作时，又得到周总理的关心，他的思想品德，待人处事，关心同志，特别使我敬佩。他自己对待党的事业，鞠躬尽瘁，任劳任怨，从不计较个人的得失。我按照他的嘱托，大胆做国统区的上层音乐家的统战工作，按照他的教导，首先是尊重别人，尊重别人的专长，尽力发挥他的才干，尽管当时自己的经验能力比较幼嫩，只要诚恳、肯干，人家也会尊重你。同时，关心把别人的能力给予发挥，使党的事业得到发展，也等于自己尽了一点细微的力量，自己也在其中得到安慰。

拿马思聪、缪天瑞、黎国荃等朋友当时的能力、经验和我相比，我只是一个小学生，但为人忠诚，关心人才，尊重别人，特别关心发挥他人的才干；反过来，他们也尊重你，愿为党的事业效劳。

因此，在筹备第一届全国音代会时我尽力把自己置之度外，着重把有能力的、爱护党的事业的同志推举安排在重要的位置上，多说一些互教、互让、互助的意见，比如在主席、副主席的安排上，重要位置的分工上，如秘书长一职最好向隅同志担任，他是我的老师，对上海的音乐家比较熟悉；编辑组组长最好缪天瑞同志担任，他很有经验，也很得人心，虽然他家乡未解放，没有赶上大会，把位置留着，我当副组长就行等等。我想可能吕骥同志以为我嫌秘书长、编辑组地位太小，问我是不是增加一个副主席，我说："三个主席、副主席及有功劳的党外同志关心安排好就行，千万不要猜测。"这样一来，工作也容易做好。这种作风，我一直保持到如今。

　　原来，我和黎国荃、文纲等人谈到，中央音乐学院是正规的高等学府，它有它的制度和做法。想到我们有众多的在工作中成长或学习得少一些的作曲家、表演家是在很艰苦的条件下走过来的，如刘炽、李群、蔡余文，也包括马可、张鲁、孟于等同志，他们很有才华，也很努力，而我们在蒋管区，按照周总理的指示，大批搞学运的青年如张文纲、陈宗群、严良堃、苏夏、王震亚、谢功成等人已在学院毕业出来，而且在外办过学校，他们对所有进步的解放区音乐工作干部非常尊重，自己的成长也经受许多曲折，对解放区的专业人才怎样提高，较有经验，也肯细心探索。如果把华大音乐系留下来，成立一个干部培训学校，由焕之牵头，我帮着张罗教师，他们认真学习四、五年，将来的创作表演会经受起更多考验，适应新的审美需要，也易于应付。这一念头许多朋友都同意。但领导上说"先集中人才，把中央音乐院办好，别的问题以后再解决。"这样就先把大批年轻的人才调来，作为办学的基干。

　　在安排中央音乐学院教学的领导班子上，也按上述互教、互谅、互让、互助原则进行，请缪天瑞同志担任教务主任，我和刘恒之当助手。学院按照周总理的意见，是要在北京成立中央戏剧学院、美术学院、音乐学院。关于中央音乐学院，是把南京国立音乐学院搬到北京，同时把北平艺专音乐系、华大音乐系、上海中华音乐院、东北鲁艺音工团合并在一起。但在北京，校舍一时难解决，最好先在天津找到房舍办起来，以后再搬来北京，于是派我和元庆先去天津，找到黄镇市长帮忙，他非常热心地帮助，在天津河东区找到一所日本人办的中学接收下来修建。

焕之同志留守华大音乐系，我和李元庆及东北来的张来旺同志三人先到天津成立一个基建组。我的确没有想到元庆一介书生气十足的研究人员，却对创造修建材料那么热心，东奔西走，常到旧书摊、书店，站在那里翻看、选购书籍。同时也到建筑器材厂及旧货店购水泥、材料、桌椅、板凳，不辞辛劳。

3. 各路文化志士大会合

1949年10月，华大、北平艺专、上海中华音乐学院教师先到，东北鲁艺音工团也来了，学院按照吕骥同志意见，把学院机构分三部分的骨架建立起来：①学习部；②研究部；③工作部。

工作部，将来的音工团设在城里，便于经常能向市民演出及搞群众音乐活动。由焕之任团长，张鲁任副团长，香港来的严良堃、张式敏、上海小提琴家赖亚群和东北的小提琴手陈子信、孟超林（小号）留在音工团。研究部在河东买了一座小楼，由杨荫浏、李元庆负责，办公人员都住在一处。新来的教学人员及学生则留在大院，先成立学习部由我及朱世民（原北平艺院音乐系副主任）先开起课来。马思聪夫妇则在市内买了一座小屋。到了11月底南京国立音乐院大路人马（二百多人）浩浩荡荡地来了，在国外进修的专家如张洪岛、洪士铚及声乐家喻宜萱教授，也相继来校。

大家搞了一次规模盛大的欢迎会，就商量决定了教学部及院一级的领导安排。首先把天津新建的中央音乐学院做为院本部，上海的音专合并在一起作为中央音乐学院上海分院，总院由马思聪同志担任院长，吕骥、贺绿汀两位任副院长（同时决定上海分院由贺绿汀任院长），缪天瑞任教务主任（带教务长性质）协助院长领导，作曲系主任由江定仙同志担任，钢琴系主任易开基，管弦系主任张洪岛，把原来民族音乐组改为民族器乐系，主任查阜西，少年班主任黄源澧。

　　吕骥、焕之、元庆和我对于党外专家的生活比较关心，教授和有家的教师都安排在大院，因为大楼有暖气设备，南边有一排二层楼的小房，建筑比较简单，屋顶通风而且要生煤球炉，比较冷，在分配住房时有少数同志不肯去。挤在大楼占了许多教室，当时已是寒冬结冰，一时又不易修建，看到这种情况我和焕之同志商量，如果我们两人搬去，许多年轻有家的同志都会搬过去，他很爽快地同意了，果然我俩一搬去，几十位年轻的教师都搬到南边小楼。

　　焕之同志很能刻苦、照顾大局的精神是可敬的，焕之和我住南房二楼的楼上，中间隔一座楼梯及卫生小房，楼下住的是诗人管华和方平等。焕之每天去城里音工团工作，晚上回家，我是好动手停不下来，下班回来就拉二胡、小提琴，自拉自乐，又不高明，而两房之间音响流向共鸣等于隔一层纸，杂音纷扰，他也从不计较。

　　我在教务处工作，心很不安，帮不上老缪什么忙，很想回到北京搞音乐活动，就和老领导徐迈进同志（他在广播局当副局长）说让我来北京帮他忙，把广播乐团建立起来。我向吕骥和焕之谈起这事，焕之搞了一年音工团，对音工团行政工作也不感兴趣，他同意我帮他搞音工团，搬到北京去，团舍由我向徐迈进同志交涉。就这样，在北京买下几处房舍，由我担任了音工团团长。但焕之同志提议，他不要什么职务，就在音工团专心搞创作，叫我放心。我也认为他专心搞创作比任行政领导工作要好。他也搬到北京，和几个搞创作的同志住在一个小院子里。他那《社会主义好》可能就是在那里写的。

　　1952年底，刘少奇同志、周总理提出要成立一个中央级歌舞团，由周巍峙同志任团长，我及戴爱莲、吴晓邦任副团长。焕之提出他仍在创作组搞作曲，什么长也不要当。

交响乐式的管弦乐队（三管）、一百人的合唱队、规模较大的舞蹈队、一个具有较高水平的民乐队，新建一个民歌合唱队、一个较好的独唱独奏小组、一个创作组。管弦乐队接收了刚刚出国参加青年联欢节，并在东欧巡回演出的以中央音乐学院少年班为基干的优秀青少年为底子。决定花大力量来培养这个新乐队。请德国的指挥家卡斯林来任指挥。我们的弦乐比较结实，因而特别聘请了德国的小号专家、圆号专家霍夫曼、单簧管专家维赤西、黑管专家等来专门训练乐队管队队员，还借此成立四个全国性的单项培训班招考学员发现人才。同时还挑选杨秉荪、盛明耀（大提琴）、盛明亮（小提琴）、张仁福（黑管）、司徒志文（大提琴）等独奏及声部长，送到苏联等国学习，使他们学业提高、眼界拓宽。

合唱队则聘请苏联专家杜玛舍夫来指挥两年，也向全国招收合唱指挥学员学习两年，张莉娟送到保加利亚学习。严良堃同志在合唱指挥上比较结实，但想到趁还年轻时，也送去向苏联专家学习对将来发展有好处。花这么大的人力、物力来为这个管弦乐队及合唱队的学业，提高他们的演出水平，在国内只有这一个。这完全是周总理、周巍峙和文化部的领导有长远的眼光、热心的支持，的确非常值得感谢的。

至于民间合唱队，则由王方亮、张树楠、孟于等同志到陕北农村去一个个地选拔一些青少年，专由唐泳枚同志作艺术指导，并补习文化课。歌舞队也很花力量。团里成立了一个艺委会，由焕之同志担任主任，委员有张宁和（乐队指挥）、韩中杰（乐队队长兼指挥）、严良堃（合唱指挥）等，戴爱莲、吴晓邦担任艺术指导。创作组由张文纲负责，作家有郑律成、瞿希贤、罗忠镕、盛礼洪、李序、金帆、方平、谷建芬、吴豪业、田丰等。马思聪同志看到这样的规模，他很感动，提出要搬来北京住在乐队附近。我们为他在王府仓胡同找了一个小院子，他非常高兴。当歌舞团管弦乐队在北京举行第一次有交响音乐的音乐会取得成功时，他非常欢快，说基础还好，路走得正。焕之在这个有管弦乐、合唱、民乐、独唱独奏、民歌合唱、舞蹈等广阔天地里，他可以自由地发挥他的才智，大概是在这段时间里他写了《春节序曲》，编了一些民乐曲……。

4. 成立中央乐团·分道·各奔前程
(1956～1979 年)

1956 年，中央歌舞团分成了中央乐团、中央民族乐团、中央歌舞团和东方歌舞团等几个兄弟音乐歌舞团，在后来都为中国的音乐舞蹈事业作出了贡献。

中央歌舞团分团了，文化部副部长刘芝明同志来主持。我对这个共同奋斗、相依为命的几个团的战友从此各奔前程，一则是喜，不知为什么，同时又感到这几年的合作情谊难舍难离，在讲话时竟然流下热泪，泣不成声。刘部长说："李凌是个艺术家的性格。"我自己从没有过什么艺术家的念头和情思，只是希望大家友好相处、共同努力，把工作做好而已。如今分手了，一时悲从中来。也只好停下讲稿不说。

回想当年和焕之同志从 1949 年 4 月就在华北大学音乐系会面后，合编《新音乐》、共创中央音乐学院、调到音工团等。几年来我们很少共同吃过对方专设的一杯茶、一顿饭，互相之间没有说过一句"密话"，可以说是"相交淡如水"。但是，各自对对方又是非常信任、非常默契。互相没有什么额外的要求，却都坦率地互敬、互爱、互谅、互助。

分团后，我埋头张罗中央乐团的事业：住房、办公室、排练厅，而更着急的是乐队及合唱、独唱独奏人才、创作的提高和一个能实现演出的音乐厅，以便实现"星期音乐会"，提高演出质量和不断培养更多的音乐爱好者。而焕之任中央民族乐团团长及指挥、写作，为新成立的民族青年合唱团打下基础，出国演出也受到欢迎。

他一面写作一面排练，李群也为这新合唱队写出了歌颂苏联空军援华抗日而牺牲的英雄的大合唱《科里申库》，受到同道的赞许。

5. 陈毅同志和几个人谈团结问题

1956 年 3 月 10 日我参加过一次陈毅同志在北京召开的关于音乐界高层的团结问题座谈会，我记得当时参加的人有马思聪、吕骥、贺绿汀。那是陈毅同志调来北京以后，常常主持音乐、戏剧界出国演出的审批工作，了解到音乐界上层的不团结情况，感触很深。他和周扬同志邀请音乐界的头头，我也被邀请去参加座谈会。大家都谈了，总是谈不到点子上，很久也谈不拢。陈毅同志就语重心长地说："我真想不到我们之间有些什么不能坐在一条板凳上的理由，你们之间扯来扯去，不敢放弃的争执，还不是原来的一些油盐酱醋的屁事？谁有时又蹭了谁一下，谁有时又说了些什么？！算起来没有完，但真的称起来，也没有多少斤两。有什么值得我们这么长久不舍得放手呢？我很不喜欢你们这样不团结，不互相尊敬、互相爱护。你们要互谅互让，我也许年纪大了，这次我真诚希望你们团结合作，互相帮助。我看，真有点效果。"

我后来，碰到这种事，采取的是另一种不好的办法，就说："能容我就容，不能容我，惹不起，但躲得起，走开了。"后来又感到这样不对，还是很好的支持帮助，心里总是不安。经过许多次，甚至是无故被整，才说，以后少在一道，硬着头皮做，年纪也老了，疾病也多起来了。这也是一种逃避，不值得提倡的。

我的工作和有些同志不大一样。我一方面担任中央歌舞团的副团长、团长，后又在新成立的中央乐团担任团长工作，每天从早上九点到十一点五十分，下午的三点到六点，我都负责行政任务。而早上五点到九点及晚上，如果不是在看团的演出，我都用来作为我写文章的时间。我起早贪黑地抢时间写作，辛苦是当然的，但我内心反而觉得非常称心愉快。

自 1961 年初，在《人民日报》副刊担任编辑的朱树兰同志邀约我在副刊上设立一个《听乐杂谈》，每两周一篇，如能每星期有文章就更好。我很快答应了。从此我每两周或一周给他一篇稿子，结合演唱演奏的青年、中老年音乐演出写些《听乐杂谈》，同时也结合音乐界的变化，写了"百家争鸣"的文章，如《音乐的民族风格问题》、《轻音乐问题》和其他关于《民族音乐创作表演实践》问题……我的确写过不少文章，发表过许多评论。有些问题谈过不少次。我想关于其中比较重要的问题，分别逐个进行回忆，理出个头绪来。采用这样的方法，也许方便于研究。另外就自己的行政责任上，如有大问题，亦可以做检讨。

我的"音乐的民族问题杂谈"文章都在《人民日报》副刊上刊出。出版后，就收到一些读者和批评家的不同评论。这也是"百家争鸣"的好现象。我现在一字不改的，让它白纸黑字详细地印出来，以便更多的读者同志了解当时的具体情况，知道真实的真相。这都是有意义的。

6. 关于音乐的民族风格的讨论

关于"民族风格问题"。原来是一般性的音乐界的百家争鸣问题，由于有些同志因观察问题的角度不同，或者急于把问题性质和这些问题的主要矛盾是什么闹清楚，尤其急于弄清矛盾各个方面的关系，结果把一些次要矛盾放在主要矛盾地位看问题。因此，各自出现了关于多种多样纷乱的意见和争论。

北京就有人说：发展西方管弦乐，就是违背音乐民族化，应该把有些省份的钢管、木管乐器统统收起来，把各省的歌舞团的管弦乐队撤销，只留下民族管弦乐队，除中央、上海、广州可以留下三个交响乐团外，其他一律要停办。学院以后也不要设管弦乐教育。教师学生只留民族管弦乐班。文化部也下通知，像武汉音乐学院的管弦乐教学办得那么好，以后也不办了。林路说：这种把次要矛盾问题当做主要矛盾看待的做法其根源在于1961年"音乐舞蹈会议"之后的某些决定，影响很不好。

关于音乐创作，有人认为聂耳的歌曲《义勇军进行曲》也不是民族作品，又说星海的许多东西有洋味，特别是他的《青年进行曲》、《太行山上》，贺绿汀的《游击队歌》也是洋腔洋调，应该反对。事实上，当时的青年工人、学生的语言，就和聂耳、星海、贺绿汀的音调语言很吻合。我们试按他们几人的诗词朗诵一下，他们曲调的音乐节奏朗诵下，人们会感到非常适切的。

应该看到一个国家、一个大的民族的音乐，总是不断地在交流着的。一个国家内的各民族也在不断地交流，汉族和蒙、回、藏等交流，新疆、西藏、蒙古又与其他兄弟民族音乐交流，中国和越南、朝鲜音乐交流，也常和西欧及俄国交流，这是很正常的。而管弦乐只是一种音乐工具，本来不是音乐民族化的主要矛盾，就更没有什么妨碍。

再次，那时如陕西省，有人提出要把除陕西以外的如河南、甘肃的音乐成分等等都摒弃，以纯洁陕西音乐。这样的做法就更是荒谬了。

另外，在广西省，广西的梧州和广东相连，所用的语言都是广东话，它的粤剧团和最好的广东粤剧团平起平坐，唱得很有水平，这里的人演"广东音乐"，拉广东小曲有的也很优美，而梧州竟有人指出："梧州广播电台广播粤剧、广东小曲，就应该反对。"弄得一些人不知如何是好。

总之，当时整个剧团，一片混乱。有的同志，如上海的贺绿汀、武汉的程云、北京的我和任虹、金紫光及其他同志，先后发表了一些言论，提出不同的意见。

我在报刊上接连写了几篇文章，来阐述我个人的看法。第一篇，《音乐的民族风格杂谈》，这篇文章首先就把音乐的本质问题讲清楚，我认为我们的作曲家写出了反映中华民族的战斗歌曲如《义勇军进行曲》、《青年进行曲》、《救国军歌》、《太行山上》、《游击队歌》，是反映了抗日救亡这个民族求生的本质。其次，这些新的民族语言、音乐曲调也是符合我们新的生活节奏和时代特点。第三，这些音调是符合民族音乐发展，我们应发扬光大，使这些新因素在我们音乐中逐步升华。

（1）音乐民族风格杂谈（1956年）

音乐的民族形式，包括风格、体裁、演奏方法等很多方面。音乐民族形式的中心问题是风格问题。音乐的民族风格，主要还是乐曲的创作问题。

乐器对于增强民族风格的音色，是有意义的。但是，这不是最有决定性的因素。

把近代的管弦乐看作不能表现音乐的民族风格，认为"要求电影音乐的民族风格是不体谅电影艺术的特点，是不合乎时宜的"[①] 的论断是非常错误的。正如把民族乐器等同于音乐的民族风格，或者认为使用民族乐器就基本上解决了民族风格问题，或者以为乐队加进多少民族乐器就能获得多少民族风格，同样是不对的。

我们不能够说，中央歌舞团民族管弦乐队演奏的阿尔巴尼亚

---

① 引自王晋作的《电影音乐不能有民族风格吗？》（《文艺报》1956年第8号），王文内容基本上还好，但是和标题连起来，容易使人误会，以为加进民族乐器就解决了民族风格问题。

的《含苞欲放的花》和《罗马尼亚民间舞曲》是中国音乐的民族风格，虽然由于乐器的使用，多少影响到这两首乐曲原来的民族风味，但是究竟不能够拿乐器来断定它的根本风格；纳赛罗娃曾用她传统的民间唱法歌唱中国民歌《妇女自由歌》和《翻身道情》，我们总不能因此说她的歌唱是乌兹别克风格。构成音乐创作的民族风格的主要要素，是音乐语言。

乐汇和旋法（包括调式、音调的组织、节奏、旋律的发展方法）是音乐语音的基础，是民族风格本质的东西。音乐语言的特征，特别在声乐部分，和民族语言有着密切的关系。外来音乐一旦和本民族的语言结合，为了很好地表达语音，音调也常常在变动的。这些音乐语言经过世世代代的保留、改进和发展，成为一个民族带有独特性格的传统的东西。强调民族形式，不仅为了准确地表现民族的生活风貌，也为了密切音乐和人民的关系，不仅为了很好地发挥音乐的社会效果，也为了丰富世界音乐艺术的宝藏。

音乐语言和语言有相近的地方，也有不同的地方。音乐语言较少受地域的限制，也就是说它比语言更容易被人理解。同是汉民族地区，北方人听广东话不容易听懂，但是北方人听广东小曲就不用翻泽。维吾尔族的音乐已经成为汉族音乐家经常演出的节目，它比较容易被理解，但是他们的语言却不是这样容易被理解的。外国群众歌曲和民歌只要歌词译成中文，我们的感受也是很深的。只能说它还不能像我们自己的歌曲和民歌那么亲切，却不能说它是不可理解的。由此，有一部分"胡乐"后来渐渐成为我们的音乐，也不是不能解释的。说它是移植也可以，但这的确是历史上有过的事情。

移植到自己的土壤里的东西，不会没有变化的。像粤剧音乐"梵音"（《情天血泪》中的《戒定真香》），决不会是原来的印度音乐。我听过缅甸文化代表团的器乐合奏，那首《开场曲》的第三段，和广东小曲《卖杂货》只差几个衬音。究竟是谁移植谁的暂且不去管它，但是，它同样为两个民族所喜爱却是事实。以上这一些实例，不外乎说明这样一个问题：一个民族的音乐，往往是不断地吸收外族音乐壮大起来的。我们反对生吞活剥，但大胆地吸收和消化，创造出新的东西，并不可怕。要是永远把自己禁锢在一个窄小的圈子里，也是值得焦虑的。我们强调音乐的民族风格是很有意义的。但是，把人类认为比较近于共通的语言，要求它隔绝联系是不应该的。

民族乐器对于表现民族风格，有它重要的意义。二胡和小提琴、唢呐和双簧管、低音喉管和大管等，虽然音色上有些近似，它们的效果究竟有些不同。尽管这些不同非常细微，却常常是我们所迷醉的。这就是所谓"够味"，"够味"每每产生很大的艺术魅力。"够味"不全是来自乐器的音色，它是乐器和演奏方法的结合。如果把二胡的换把方法和某些特有的弓法等去掉，而按西方拉小提琴的传统指法、弓法等去演奏，结果就会减色不少。相反的，广东人用小提琴等西方乐器表演广东小曲时，因为他们都是按照广东的传统演奏方法进行，广东音乐的特色依然异常鲜明。也许广东只是中国一隅之地，未便一概而论，但也值得我们参考。

那就是说，如果这条经验带有普遍意义，那么管弦乐队和大合唱队在创造民族风格的问题上，在作曲家创作的基础上，应该创造性地改进演奏风格也是非常重要的。对于民族风格，可以有许多不同的尝试。《妇女自由歌》、《小磨房》很受欢迎，《生产忙》、管弦乐和民乐《瑶族舞曲》也令人喜爱。《春江花月夜》、《良宵》能够引起人们甜美的追忆，而《春节组曲》（李焕之曲）、《红军根据地大合唱》（瞿希贤曲）也给人无限的激励，《游击队》、《保家乡》曾给过人们多么大的鼓舞。土生土长，馥沃芬芳；移花接木，另有新趣。在民族民间的基础上，输入了新血液，参考中外古今，孕育出来的新生命如《黄河大合唱》，不正是我们人民引以为荣的珍品吗？百花中有菊花，菊花中又有不同种类的菊花，同一种菊花中还有白、黄、红、紫……等不同的颜色。难道音乐中就不能有百种千样的风格。何况总的民族风格中还应该有个人风格，每个人的作品，还应该个个不同。

有的批评家对音乐风格的"不中不西"表示深恶痛绝。"不中不西"就是不全像中国，也不全像西方。换句话说，就是"又中又西"。这也是创造新的民族音乐形式难以避免的情形。盛况空前的隋唐音乐，从"胡戎之乐"入中原，"杂以秦声"，"斟酌缮修、戎华兼采"。（《隋书音乐志》）以至"创新声"，我想也会经过类似的阶段。如果说，当时"定令置七部乐"①对后来的中国音乐毫无影响，这是很难令人置信的。

我们能不能这样来要求：最理想的，当然是深刻地表现了生活，而且又富有强烈的民族色彩，或者说，很好地表现了民族精神和风貌。此外，掌握了新的生活实质，而形式上融汇了中西特点，成为一种新的声音，也可说是优秀作品。要不然，反映了人民新的要求，表现了新的节奏、音响，而风格上和传统多少有些距离，就像星海的《青年进行曲》，也不失为有益的东西。退而像《远航归来》，音乐语言极近似俄罗斯音乐，不算被列做"下乘之作"，是不是一定要遭到排斥呢？我认为可以对这样的曲子进行批评，但也不必因此不准人唱它。有句俗话"百货中百客"，只要对人民有益，是不是也可以让人民自己去选择。如果还有群众欢迎，也应容许它存在。

新的音乐民族风格的创造，必须经过非常复杂、艰巨和长期

---

①《隋书·音乐》："始开皇初，定令置七部乐，一曰国伎（西凉伎），二曰清商伎，三曰高丽伎，四曰天竺伎，五曰安国伎，六曰龟兹伎，七曰交康伎，又杂有勒疏、扶南、康国、百济、突厥、新罗、倭国等伎。"其中除清商、文康以外都是外来音乐。

的努力。它需要解决一连串的问题，音乐语言、和声、对位、表演方法……，这些问题又必须通过无数次失败的和成功的经验，才能够获得解决。

人们常常提到，聂耳和星海的创作是民族形式（风格）的典范，的确，聂耳和星海对音乐的民族风格比较重视，特别是星海，他一生都努力于这方面的探求，也创作出不少带有民族特色的作品。

聂耳曾经写出过充满新的生活音响、节奏新颖、富有强烈的民族风格的优秀作品，如《打长江》、《大路歌》等。但是，也有不少歌曲，如《义勇军进行曲》（代国歌）、《毕业歌》、《再会吧！南洋》、《新女性》、《前进歌》等在风格和手法上，仍然受到东洋和西洋音乐的影响。就是星海的《黄河大合唱》中的《黄河颂》、《黄河怨》、《怒吼吧！黄河》也没有排斥对西洋音乐风格和方法的参考。

这些"新声"，曾经鼓舞了千千万万人的斗志。

新的音乐民族风格的成长，必须经过长期的孕育。简单或粗暴地对待它不会有什么好处。从目前的整个状况来说，我们对民族音乐、民族风格的重视是不够的，今后应该动员一切力量向这方面努力。

（2）音乐的民族风格续谈

前"杂谈"的补充

补充之一：在《人民日报》8 月 2 日刊出的《音乐的民族风格杂谈》前面，原有一段文章，谈及近年来强调了重视音乐的民族风格问题，有很大的成绩，但也存在着一些混乱和不正确的看法：

一、把乐器或唱法当成民族风格最基本的要素，认为采用民族乐器或民间唱法，就基本上解决了民族风格问题。

二、把体裁（曲体）当为创作上的风格"中"或"西"的准则。

三、把五声音阶当为民族音乐的唯一特征，认为 fa、si 两音不是民族的产物，从而排斥这些音的采用。有人甚至提出"为纯洁民族音乐语言而斗争"的口号。

四、把民族风格作为抹煞作品的标尺，例如戏剧《桃花扇》的音乐，只因为是用管弦乐写的，就被否定。电影《宋景诗》的音乐被认为"反民族风格的典型范例"，至今未解决。在某些团体甚至连十多年前的《游击队歌》都因民族色彩不浓而没有让演出。

如果这段文章能发表出来，也容易明白，《杂谈》主要是为了批判这些看法而写的。

补充之二：前《杂谈》的第三段关于音乐语言的可解性中有这样一段：

"那些'为纯洁民族音乐语言而斗争'的提法，很显然地是把民族音乐语言和民族语言等同起来。按照这种立论（斗争口号）去实践，只能使音乐民族风格的发展受到束缚，只能使民族音乐的壮大受到损失。"

《人民日报》编辑部对这段文字的处理是很慎重的，从我在编辑部取回的原稿中，知道他们在排版时，这段文字还保存着，是后来在刊出时才抽出的。

篇前的举例既没有刊登，而这段文字又没有发表。同时《杂谈》原文"音乐语言的地域和民族的限制没有语言那么严重，也就是说它的可解性较大"改成"音乐语言较少受地域的限制，也就是说它比语言容易被人理解"。这样一来也就容易使人发生误解。

原先，我以为被删了也就算了，现在读到李焕之同志的《音乐民族化的理论与实践》中的"值得焦虑的是什么？"倒觉得补充补充也有必要。

并且也顺便在这里提一提，前《杂谈》中的"从目前的整个状况来说，我们对民族音乐、民族风格的重视是不够的，今后应该动员一切力量向这方面努力"之后，有一大段文章谈到目前的学习情况，和应怎样认识，可能由于报纸的篇幅所限也被删了，而今也补在后文。

这里，我只想提出，我们提倡重视民族音乐，在大力克服轻视民族民间偏向的同时，也应注意防止上述那些不正确的观点和做法。轻视民族民间值得大大地焦虑，但另一极端为什么不值得注意呢？事实上风一来就"只看一头""只顾一面"的痛苦经验我们不是没有过。

关于音乐语言与语言表现在地域和民族的限制性上有不同特征，我在《杂谈》中已谈到，而今既然引起争论，这里，我想进一步再作些说明。在语言问题上，一是语言由于语系的不同，它的地区与民族的隔阂性较大，关于这点《杂谈》已说得很清楚。其次是相互的影响，也和音乐语言有所差异。比如，地方语与地方语之间互相吸收，在自己的语音体系上，逐渐增加语汇和改变音调。表现在拥有广大群众的汉语（北京语）与地方语之间的关系，是北京语不断扩大，逐渐规范化，地方语不断收缩。这也是因为语言的主要目的是作为人们的思想交流工具，它的实际价值大，因此，它所需要的色彩特点就变为很不重要，或不需要了。

至于表现在民族与民族之间的关系，则是逐渐吸收某些外来的语汇，在自己的语法基础上逐渐融化。而在音乐上的情形就不大一样。

首先说说它的可解性。比如广东音乐中的戏曲（粤剧），因为它和语言的关系特别密切，除了其中的昆曲、小调、西皮外，多是"追字求腔"有词歌唱时，北方人较难理解，只能对音乐情调有所感染。学习起来也困难得多。而广东小曲，因为没有词和唱腔的制约，它的普遍性就大得多了。在解放前，广东小曲流行特别广，有一时期，大部分电影都是用广东唱片来配音。

别的民族和别的国家的音乐，情况也有些相同。译词的歌曲比原词歌曲要易解些，而纯音乐曲的可解性就更大。歌剧中的朗诵调不易译配，也不大好懂，而曲调性较强的歌剧选曲，就比较容易欣赏一些（复杂的乐曲其中还有欣赏水平问题）。我们介绍外国的音乐到我国来的历史不短。像《从军乐》、《爱国歌》等（见《中国音乐指南》，沈寄人编，世界书局版）是在举办"洋学堂"（即新教育）时就介绍进来的。1927 年大革命时期的《打倒列强》、《少年先锋队歌》等，红军时期的《共产主义进行曲》、《杀敌歌》、《保卫根据地战斗曲》等，抗日战争时期的《救中国》和很多苏联歌曲，在群众中流行着。解放战争和解放后，苏联歌曲和人民民主国家的歌曲就唱得更普遍。这些歌曲对革命起不小的作用，并且为不少群众所喜爱。其中有一部分原因是由于歌词翻译过来，或另配了新词。但音乐语言的可解性，和它对群众情感的激发力，引起了共鸣，并且对我们的新创作产生不小的影响。这一点是不能抹煞的。

同时，在我们群众中除了流行一些外国歌曲外，也流行一些没有词的乐曲，如红军时期的《苏联海军舞》、《农人舞》等。解放以来，外国群众舞曲在人民中流行得更广泛，连农民跳集体舞，有时也采用外国民间舞曲。

在我们的音乐会上，也常常出现一些外国的音乐节目，别的不去说它，单看中央歌舞团民族乐队的《罗马尼亚民间舞》、阿尔巴尼亚的《含苞欲放的花》和某些舞曲的一再被观众要求重演，就可以知道，这里是存在着不少可解性因素的。

在音乐语言的交流问题上，有两种现象。一种是大致保存原来的音乐语言（包括调式、旋法等）的体系，加以改编，而成为各民族共同喜爱的东西，如《瑶族舞曲》、《新疆舞曲》、《新疆好》、撒尼族的《远方客人请你留下来》、《阿细跳月》舞曲等，其中有的有歌词，有的则是纯音乐。

另一种是带有更大的创作性（一般说，作曲家大都是汉族的），如《桂花开幸福来》、《西藏音诗》、《晚会》等。前者基本上是在原民族的音乐语言的体系上加以发展，后者则取其有特性的主题，加以创造。

音乐语言的交流情况是非常复杂的，单就广东音乐来看，有土生土长的"龙州"、"粤讴"、"民谣"，有融化外来较多的"南音"（导源于"变文"），有变革较大的"二黄"（主要是在改用粤语演唱以后），有保留外来痕迹极深的"西皮"（即四平调），梆子"昆曲"其中有些昆曲的牌子，几乎没有变动），也有来自外族的"梵音"以及受外国音乐影响而大异其趣的"乙凡"（即以 si、fa 音为中心的音乐语音）的各种板式。这些音乐，有的远在 1840 年（只就一部分有史可考的）之前，就逐渐由北南移，或自海外传来。太平天国革命之前，皮黄、湖南花鼓、桂戏介绍进来，当时还用北方"官腔"演唱，直至"五四"以后，才大致改用粤语演唱（现仍有某些旧本子或少数"官场"场面仍用"官腔"演唱）。至于一些纯音乐的过场曲，更是来路众多，它的特点可以说是"兼容并包"，百多年来，逐渐变化，而形成一格，但其语系（音乐语言的调式、音调的组织等）依然明晰可寻。这也可见艺术上总的风格（广东音乐风格在国内来说是非常突出的）中并不排斥其他有益的因素。

我们再来看看京剧。它的语言大致是比较纯的（北京音），但其音乐的状况并不一样。"二黄""西皮"的音调，出处不同，亦各异其趣；其后又兼收昆曲和《小放牛》等民间曲调。它的吸收，多半是把整个唱腔吞进去，逐渐变化，至今我们还能看到这两大体系（"皮黄"与"昆曲"）各自分立，演奏时用的乐器不尽相同，唱法也不完全一样。也并不是在一个指定的基础上去融化哪一个。它们的统一，是在语音上，是在整体的大致协调的原则上。

像这种特征，大体上是由于音乐语言不像语言那样具有具体的实际价值，而是比较抽象地来表现思想感情，因此外省或外国的优美的音乐，并不完全妨碍人们的理解和喜爱。这也可见，艺术的特点一方面贵纯，一方面又贵多样多彩。而在发展过程中，存在的矛盾是很难避免的，我们也不应排斥外来好的影响。

研究这些细的现象是有意义的。知道这些，就不至于提出"为纯粹音乐语言而斗争"这样的口号了，也就不至于"见人有一相肖者，则指为野狐外道"，也就不至于连《歌唱祖国》、《全世界人民心一条》这些获得广大人民爱好的东西都要把它"纯洁"（两年前有人提出过）掉。

我这样把现象提出来分析，并不像庄映同志所说的是什么"移植论"。我的"论"很清楚"土生土长，馥郁芬芳，移花接木，另有新趣"，而更重要的是"在民族民间的基础上，呼吸了新空气，参考中外、古今，孕育出来的新生命如《黄河大合唱》，不正是我们人民引以为荣的珍品吗?"

紧接这段，有那带总结性的"最理想的……""此外，……""要不然……""退而像……列为下乘之作……"等几段。这是摆得再明白没有了，庄映同志不去说我是"土生土长论""新生命论"或者"最理想论……此外论……不然论……下乘论……"，而独派我是"移植论"，这是很有意思的。是的，我不反对"移植"，虽然有人说过移植的不是人民，而是达官贵族。我更不反对"移花接木"，百花中也有移花接木的花。

我不同意那种反对应用 fa、si 音的论调，不同意那些"为纯洁民族音乐语言而斗争"的提法（也包括庄映同志的某些相同的论点）。但并不就只是"移植论"，这和一个人主张中国新音乐应有自己民族的特色并不违背。一个热爱广东音乐的人，并不一定要痛骂或排斥北方音乐或外国音乐。

我们努力的目标是创造具有特殊的民族风格的音乐艺术，但在缔造的过程中，对不中不西感到不够满足是应该的，但我不同意那种对不中不西抱深恶痛绝的态度。是的，我说过"音乐语言是人类认为比较近于共通的语言"。我想反问一句，从目前来说除了音乐语言之外，还有什么是"人类比较近于共通的语言呢?"

庄映同志为了使事物适合他的公式而说的那段话，"不过盛况空前的隋唐时代移植'胡戎之乐'入中原的不是人民，而是当时的宫廷与达官贵族们。"事实是否如此，现在存下来的史料虽有，但庄映同志并不重视这些史实。不过就隋万宝常（他只是中外合成派而已）的建议被当时的"宫廷"与"达官贵族"（如苏威之流说："四夷之乐，非中国所宜也有"）所排斥，妻子窃物逃走，自己终于竟饿而死的情形看来，好象并不完全像庄映同志所武断的那种情形。

是的，远古的官司很难打。那我们来看看"五四"以来的移植吧。"五四"运动不是当时的达官所主持是很清楚的。对于外国的好东西也要批判地接受，这是对的。但我们不好代人民说不要贝多芬、柴科夫斯基和一切善良的音乐家的东西，而硬说只有当时的"达官贵族"才要它。退而即使真的是"达官贵族"移来，只要有益，我认为也不必以它为仇。庄映同志说，历史上介绍进来的东西，"后来并没有变成我们的音乐，而是失传与消灭"了。究竟真实情况怎样，可惜我们的乐谱书籍太少，而大多又都是佚名的。史籍上说《霓裳羽衣》原是"波罗门"舞曲也不见得"尽可靠"。不过从广东"梵音"的歌词有些还用外语译音和"乙凡"调越来越繁荣的情况看来，不能说，这已失传或消灭了。

也许《粤乐精华》、《梵音》（丘鹤畴、沈允升等编）等书找寻困难。四川成都音协新近出版的《寺院音乐》是较易获得的。其中"五台山"的乐曲《普庵咒》、《明王真言》、《护魔洒净》

等，全曲都是外文原词译音，如果歌词都保留着原来的样子，那末曲调的来源还是可以追寻的。这些乐曲的音乐语言和我们普通的音调很相近。这倒是很值得研究的。

我认为，我们如何大力地发展民族音乐是一回事。但对于各种错综复杂的问题，仍需要细细地考察分析。像庄映同志那样，比较随便就下了这样的论断，这也未免太性急了。

（3）不要伤害任何方面的积极性（1956年）

目前音乐事业中，大体上存在着两种实践：民族古典、民间的和"五四"以来借鉴于西方的，这是客观事实。对于这两种事业的要求，不是完全一样。民族古典、民间的是"百花齐放，推陈出新"的问题，"五四"以来的是更中国化、更民族化的问题。"要求加强音乐的民族风格"，既然主要是对学习西洋和受西洋音乐影响的人提出的，是对"五四"以来的新音乐而发的，那末在这里我就想谈谈"五四"以来的新音乐。这种音乐形式是从外国介绍进来的，初时影响很大，"拿来"而未很好"消化"，如1958年北京音乐周中所听到的黄自的《怀旧》民族特色就很缺乏，但是后来的创作渐渐注意到这一点了。这些作曲家大概是从下面几方面来接触民族风格这一问题的：一种是受民族乐派思潮（主要是爱国主义思想，认为自己应该有民族的新音乐，如捷克的德沃夏克、罗马尼亚的爱涅斯库、波兰的莫纽什科等影响），风格上开始找寻民族特色，如最初的《佛曲》、《锄头歌》等民歌的改编，黄自的《玫瑰三愿》、《长恨歌》、《目莲救母》等。一种是偏重于从语言学的观点来解决特色问题，如《卖布谣》、《劳动歌》、《上山》等，内容多是资产阶级的、反封建的、赞美个性解放的，曲调要求与中国语言密切结合，因而风格上也带有新的民族因素。一种是从群众习惯的形式（即所谓"时调"，其中有些是将就向下的趣味的）出发，如黎锦晖的一些作品（他的某些作品的内容是另外一个问题）。还有一种，如刘天华，学习西洋乐理和小提琴，从而创作出新的二胡曲。

　　而特别重要的，也可以说是主流的是一些革命音乐工作者，他们投身于反帝反封建的实践中，首先注意到当时人民的现实斗争生活的音响，以这些音调为基础，创作不少新的歌声（见我写的《发扬聂耳、星海的战斗传统》），如聂耳的《义勇军进行曲》、《开路先锋》、《毕业歌》、《新女性》、《伤兵歌》。星海的《救国军歌》、《青年进行曲》、《黄河之恋》、《热血》、《新时代的歌手》、《夜半歌声》、《祖国的孩子们》、《到敌人后方去》、《反攻》，贺绿汀的《心头恨》、《游击队歌》，吕骥的《民族解放进行曲》。这些歌曲的音调和节奏，和新的朗诵的音调和音节很相近。

　　这些人的实践，由于革命的需要，由于一天天接近广大的人民，他们的作品在风格上也同时要求和民间音乐传统接近，也开始采用民歌填词演唱及试作新曲。当时的新作如聂耳的《雪花飞》、《打长江》、《大路歌》、《春日谣》、《打砖歌》、《打桩歌》，星海的《顶硬上》、《拉犁歌》、《起重匠》、《打倒汪精卫》，贺绿汀的《保家乡》，吕骥的《中华民族不会亡》、《大丹河》、歌剧《农村曲》，张曙的《丈夫去当兵》、《日落西山》、《赶豺狼》、《洪波曲》等，其中有些已逐渐蜕变成带有强烈的民族特色的新声了。

　　从解放以前整个状况来看，如星海从《风》、《运动会歌》到《生产》、《黄河》、《九一八》、《民族解放交响曲》，马可从《吕梁山》到《白毛女》，郑律成从《延安颂》到《延水谣》，这一系列的劳作，都说明了从洋音乐教育出身的或受洋影响的音乐作家，是在一步步向创造新的民族风格的音乐前进。这些人中，有的走得快些，有的走得慢些，有的停了下来，有的越走越健壮。就如李焕之同志，他从《冲锋歌》到《大渡河大合唱》（曾公演过未刊印)，《生产忙》的改编到《春节组曲》，这中间的变迁就很大。

我曾粗浅地研究过贺绿汀同志的一些作品。他是从前上海音专出身的，他写过不少带有民族风格的新东西如《保家乡》、《心头恨》、《牧童短笛》、《垦春泥》、《阿依曲》、《干一场》、《我的爸爸》、《晚会》、《森吉德玛》、《不到黄河心不休》以及《东方红》的改编，在曲调上有浓厚的民族特色。有些曲作如《牧童短笛》、《保家乡》、《垦春泥》，在和声及对位的使用上也有某些新的创造，说他抹煞民族的音乐（主要是乐曲）的遗产实在是冤枉的，一个仇视自己的音乐传统的人决不会写出这样的东西来。

但是他的《胜利进行曲》、《青年进行曲》、《游击队歌》等，在音乐语言（音调和节奏上）的使用上，还有不少外来的影响。我曾想，可能是由于我们没有经过很长的民主革命的历史生活，或者可能是由于我国传统生活的"习尚"，每多偏于"鼓励""老成持重""温文尔雅"（当然是被压抑的，见鲁迅的《从孩子的照像说起》)，"洋气之中有不少优点，也是本国人性质中所本有的，但因为历朝的压抑，已经枯萎了下去现在就连自己也莫名其妙，统统送给洋人了""即使是非中国所固有的，只要是优点，我们也应该学习""会模仿决不是劣点，我们正应该学习'会模仿'，'会模仿'又加以有创造，不是更好吗？否则只不过是一个'恨恨而死'而已。"

音乐也常被认为是"怡情养性"，即使在这点上也有非常可贵的因素，如柔和、甘美等远非别国可比的珍品，因此好些古典及民间音乐，在音调和节奏上缺少这种适合于表现新时代的青年集体生活的情感和要求的音乐语言（当然，我们民间也仍然有一些比较泼辣、壮健的如《盼女婿》、《将军令》、《十面埋伏》、《用齐力》，广东戏曲的"左撇"、"急板"等类似进行曲风的音乐，但某些音调节奏和现实生活的要求有着一定的距离），因此好些作家在写到这类进行曲的作品时，基根于生活内容的需要就不免伸手去参考外国歌曲的特点，以创造自己的新东西，久而久之，也就形成所谓抗战歌曲风，像《歌唱祖国》、《全世界人民心一条》、《中国人民志愿军战歌》等都是沿着这一传统发展的。

又如马可同志，从《吕梁山》、《纪念碑》、《白毛女》到《小二黑结婚》，他的创作在民族风格上可以说是越来越强烈了，也是许多人所尊敬的。但他的《民主青年进行曲》和不少青年歌曲也有这种情形。再如刘天华先生，他是复兴和发展古音乐最突出的一人，而他的《光明行》也有一些外来的因素。

我想这是有原因的，其中有作曲家的学习经历和接触中国古典、民间音乐的条件问题，也有民族遗产本身的问题。这些人的创作经历也说明了这种苦衷。但这些作品也正是新音乐艺术中值得珍贵的部分，这不是"代替"，却是"增益"。

回顾"五四"以来到"音乐周"为止的创作变迁是很有意思的。

第一、广大的作曲家是声乐、器乐工作者，应用新的方法、工具，为民主、为民族解放、为社会主义建设、为和平而贡献出他们的力量。远的如前面提及的一些创造，近的如音乐周中新出现的《长白山之歌》、《长征》、《红军根据地》、《幸福的农庄》、《淮河》、《春节组曲》、《欢庆胜利》、《黄鹤的故事》、《我的快骏马》……

第二、这些作品（歌曲或某些器乐曲），大都是紧紧和民族的现实生活节拍作有机的结合，它们生根于现实生活及语言中。

第三、这些作品，大致是采用西洋的乐队、合唱及独奏、独唱的形式来表现的，在技巧上也有一定的成就，这是很有意义的。有许多群众歌曲（如抗战时期的及解放后的《歌唱祖国》、《全世界人民心一条》等）在广大的群众中已有一定的基础，也取得一些群众的"同情"。

第四、这些作品，在民族风格的创造下，有深浅之分，而总的是表现出一种倾向，就是不断地捉摸如何更加民族化。有些如《长白山之歌》、《貔貅舞曲》等还达到相当的高度。这些新的音乐，以革命的创造性丰富了民族音乐的传统，壮大了我们的民族音乐的长河。

以上这些特点，一直很少被我们所强调，从而不断地诱导我们的作家、演奏家加深这方面的实践，使之发挥这些作家、演奏家更高的积极性。而往往是简单地给以"洋教条"、"世界主义"、"虚无主义"、"打摆子"、"拉板鸭"（指小提琴）的指摘。

对于这些从思想上和音乐形式上都吸收了不少外来因素的、经过长期蜕变的而且为革命尽了不少力量的新形式，是不是用一句"口是心非"、"洋教条"、"世界主义"、"以西代中"、"以西洋之刀，解中国之体"、"结果消灭民族的音乐文化"就可以解释得清楚呢？

是的，"五四"以来采用西洋乐器或声乐方法与形式来表现的作曲家，对于我国民族古典、民间音乐的研究是大大不够，有些人还轻视民族、民间，甚至成为西洋音乐的奴隶（盲目崇拜）。同时在我们的音乐事业的措施上，和对民族、民间音乐工作的安排处理上，不够重视，不够公平，这也是事实。这点，我在《杂谈》的末段"今后应动员一切力量向这方面努力"之后，有一大段文字提到这个问题，文中谈到许多不好的现状，也提出必须立刻正视这一问题，但"治本之法"还应该从中、小音乐学校及音乐院教学做起，否则训练出来，才去补救，又走老一代的痛苦的道路等等，可惜也没有刊出来，

我想，这里仍然有必要来谈谈这个问题。"五四"新文艺运动，主要是反封建，反国粹主义，提倡新思想、白话文，在音乐上也是崇尚新思想、新形式，大力学习西洋及日本。在当时来说，这也是必要的，但也因此把我国音乐传统放在非常不重要的

位置上，甚至连同旧思想一齐打倒。这从我们当时的音乐专门学校没有关于中国音乐的课程就可以明显地看出来。

我国的资产阶级的民族文化，可以说是非常薄弱的。它不像西方的一些资本主义国家，有很长的时间来整理本国的音乐传统，虽然当时也有个别的民族音乐家，如刘天华、丘鹤畴、沈允升等人自动起来做了一些保存整理工作，其力量究竟有限，又得不到当时统治者的赞助。因之，祖国有着悠久历史、丰富多彩的音乐遗产，仍然放闲置散。直到抗战时期，特别是解放以后，党和政府大力帮助和音乐工作者的努力，才逐渐采集集中，这也使得一些人对祖国的音乐有片面的看法。这是造成对民族音乐遗产不够重视甚至轻视的历史原因，这也是"五四"所带来的阴暗面（消极性）和缺点。

而今，我们看到这些历史偏向和弱点，我们就有责任来正视这一问题，一方面采取措施，大力支持和发展民族、民间音乐，同时也要创造条件，给"五四"以来采用新形式的音乐工作者以研究民族、民间音乐的便利，要求和诱导这些同志热爱民族音乐，认真为创造新的民族音乐而努力，并急起直赶。要是青白不分把许多过失都推到学洋音乐人的身上，这是不公平的。简单地以为把他们"纯洁"掉就万事大吉，这是非常坏的。只有了解他们，支持他们，要求和诱导他们来加强实践（创造富有民族特色的作品）；有缺点，帮助他们改进，这才是正当之途。

要拿来，要研究，要批判，要发展。

处在这个伟大的时代，继承和发扬民族、民间音乐传统是我们的历史任务；学习西洋创作经验，以创作民族新声和介绍人家的优秀曲作、乐器及唱法以丰富我们的音乐生活，同样也是我们的历史任务。

对外国的要"拿来"，要研究，要批判地吸收；对我们祖宗的更要"拿来"，也要研究。"没有拿来，人不能自成为新人，没有拿来，文艺不能自成为新文艺"（鲁迅《拿来主义》）。新的音乐必须具有自己的民族特色，新的音乐必须建立在民族艺术科学的基础上，这也是很明确的，但许多具体的原则和做法，也必须弄清楚，才能更好地贯彻这个方针。

现在提出的关于音乐演奏做法和事业安排上的"中西并存"，在创作上的"百花齐放"，风格上的"兼容并包"、"民族化"，同为建设社会主义服务，同向创造新的民族音乐艺术奋斗，已经进一步把这些重要的问题澄清了。但在具体的实践中，还有许多问题有待于细致地研究，这就需要我们热爱民族音乐艺术，同时要头脑冷静，眼光放远一点，放宽一点，要"沉着、勇猛、有辨别、不自私"，并且要付出无数心血来进行认真的研究、批判、吸取、创造，才能使事业一天天更趋完美。有了"拿来"（包括中、外、古、今的遗产），并不就是有了一切，还"需要活人，做出点事"。

（4）音乐艺术民族化问题中的思想内容与形式风格的关系

音乐民族化问题的提出，是为了发挥音乐的更大的战斗作用，使音乐更好地为社会主义服务，为广大人民所喜闻乐见。

有人说，"音乐民族化，主要是个内容问题，是个思想感情问题"。这种看法是片面的。我认为，民族化要"化"的主要是形式、风格。

有人认为，"只要内容是表现中国人民的思想感情，就会有民族风格。"还有人认为，"乐器演奏法和唱法只是工具，因此西洋作曲法、表演法和风格不必有什么改造，只要有了群众的思想感情，就会自然而然民族化。"这也是把内容与形式混为一谈了。

中国作曲家的创作，主要是表现中国人民的斗争生活，其思想、内容必须是民族的，这是没有问题的。问题是他所表现出来的风貌。同一首歌词、同一个歌剧台本，各个作曲家谱出来的东西，风格就不会相同，甚至完全两样。这种不同或完全两样，当然主要的不是内容和思想感情的不同，而是风格的不同。

是的，风格、色彩、作风、气派虽然和内容不是一个东西，它们之间却是息息相关的，完全离开思想、感情、内容来谈论风格问题，也是错误的。社会主义内容和民族形式、民族风格，不是两个生硬地扯在一起的东西，它要求形式和风格能够完美地深刻地来体现社会主义的思想内容，否则社会主义内容就会受到损害。

有人说，"民族化的目的是为社会主义服务，因此不要纠缠于形式问题。"有些搞西洋音乐的人也说，"不管西洋音乐工具和唱法或民族乐队，都是为社会主义服务，那末，民族化不民族化就无关紧要了"。

前面谈过，民族化是为了使革命的内容在广大群众中发挥更大的作用，是一个带有原则性、方向性的问题。如果以为既然外来形式或民族传统形式都要为社会主义服务，那末，"民族不民族化就无关紧要了"。前面讲，民族化是为了使革命的内容在广大群众中发挥更大的作用。是一个带有原则性、方向性的问题。如果以为既然外来形式或民族传统形式都要为社会主义服务，因而放弃或放慢了对民族化的努力，这就大错特错了。

注：《音乐的民族风格问题杂谈》和续谈发表之后，引起广泛的讨论，《人民日报》编者认为这个问题已引起大家的关心，问题应该一步步深入。但《人民日报副刊》篇幅有限，不如分段单个把问题引深，篇幅较为缩小，放在副刊上连续讨论比较方便，我就以短文分题的形式，继续深入探讨。

（5）必须研究音乐民族风格的各种构成要素（1956年）

有人说，音乐民族化问题，主要是化思想，化感情。有人想把它降低到是个"形式问题"，是创作上的音乐语言、旋法……的探索研究和应用问题，这会是走向死胡同的。

音乐民族化问题，最主要是指移植过来的西洋音乐形式的民族化。经过这个"化"，创造出新的民族形式，以创作新的带有强烈的民族风格的音乐。这里包括民族思想、感情，没有深厚的民族思想、感情和不了解民族的形式和思想情感的关系，是根本完不成这个任务的。但音乐的民族形式的构成包括很多种要素。因此，音乐的民族化问题，有内容问题，也有形式问题，思想内容的问题解决了，就要进一步来解决形式问题，不然，就会回到了所谓洋腔洋调的老路去了。

所以我说，要解决民族化问题，在解决思想内容问题之后，一定要解决形式问题，在这个要求下，形式和构成形式的一切要素（特别是构成民族风格的要素），就变为特别需要。

比如，同一个《文成公主》剧本，内容大致上没有什么变动，要改为藏剧演出，这里主要关键问题是语言。又如同一个剧本改编为京剧或评剧，在思想内容上没有什么不同（其中情节上可能有细微的变化），但两个剧种的音乐风格完全两样。有些演员既能演京戏，又能演评剧，如果他一人在评戏和京戏中都演同一个人物，在他理解和掌握这个人物的思想感情的程度上，是没有多少差异的，但他必须掌握好两个剧种中所表现出来的不同音乐风格，这是大家所能想象到的。

同一个歌词或歌剧台本，可以谱成两个或更多的歌曲或歌剧。这些歌曲与歌剧首先要很好地表现这同一的主题内容，但它们又必然具有不同的音乐风格，构成它们不同的音乐风格的主要因素是音乐语言、旋法、曲体结构、和声……等等。所以我说，有些作曲者掌握了乐曲的思想内容，进而研究表现音乐民族风格的各种构成要素和手法，这是应该的，也是非常必要的。

我们反对那种不顾思想内容，离开思想内容只在形式上钻牛角尖的观点和做法。但不应反对为了寻求用民族化的方法来表现内容，而对一些创作手法、技术、音调特征等进行研究（把民族化中有关思想内容问题和形式风格对立起来，并把它绝对化，实际上是取消了民族化）。我们一定要珍视这些研究。如果没有这方面的研究，创作起来，最多也是只能像某些作者所做的那样，为了使作品有点民族风格，就借个民歌主题来编一编。这种作法是民族化所必经的阶段，是应该鼓励的，但这还是非常初步的实践。只有能够深入地掌握我国音乐创作的特点和它独有的特殊规律，从而根据内容需要创新声，才能创造出真正适合体现我国人民的精神面貌的新东西。

我国音乐艺术有其创作方法和特征，这些创作方法和特征，有些是和世界音乐艺术共通的，有些是带有自己民族的特殊性，有我们民族人民自己的对音乐的审美观。这些特殊经验过去没有整理出来，没有一套系统的理论。过去的作曲者，艺人，大半都是采取"熟读唐诗三百首，不会作诗也会吟"的办法来翻新腔，创新曲（广东音乐创作就是这样）。如果真能有这样的人，既能做到立场、观点正确，而又能注意到作品的内容及这些乐曲和各个时代的关系，和人民的关系，以批判的态度来研究、整理民族音乐，找出它的特殊规律来指导创作，让新的作曲青年，知所取法，这样做对创作的民族化是有很大好处的。有人说过："共同规律是必须注意的，但最能解决问题，常常是靠自己独有的特殊规律。"我认为这句话是很有道理的。

（6）民族化与地方色彩问题（1956年）

有人说，"没有地方色彩，就没有民族风格"；或说，"没有地方色彩，民族风格也是空的"。音乐的民族风格、民族色彩的形成，是由地方音乐的高度发展而来的，任何一种民族艺术，都不是架空的。

但是，音乐艺术的民族风格的形成和发展是比较复杂的，构成音乐民族风格的因素和它的具体发展状况也是比较曲折、复杂的：它一方面归根于国内各民族、各地区的音乐的高度发展和汇合，但又不是国内各民族、各地区的音乐风格的总和，并且，一个民族（特别像中华民族这么大、历史这样久的民族）有了比较悠久的音乐艺术历史，就会自然而然地形成一种在全国比较流行的音乐风格，如我国的古典音乐（过去所谓"国乐"、"雅乐"……）从其主要来源来看，最初也是从某一地方的音乐所演变而来的。但发展既久，它的地方特色也渐渐薄弱，由于它在发展的过程中不断吸收其他地方的特色，加上它自身的变革，已经形成一种另外的东西，因而形成一种"国音"之类的带有代表这个民族的音乐特点的东西。

其次，这个民族历史既然那么久，民族范围的历史变革（特别近百多年）又那么多，就必然会不断产生一些在新的基础上发展起来的带有全民族性的新东西。比如抗战歌曲中的《义勇军进行曲》、《怒吼吧！黄河》以及后来的《全世界人民心一条》、《歌唱祖国》、《全世界无产者联合起来》……这些新作，它们具有新的民族精神风貌，却不一定是某一个地方的音乐色彩。这种情形是存在的，而当革命生活普遍地发展起来时，这种状况更为多见。

有人对我在《音乐的民族风格、地方色彩问题杂谈》一文中谈到的"把地方色彩作为选取作品的主要标尺，或把地方色彩放到创作或评论的首要地位来考虑，这是值得研究的"，表示不同的意见。我细细看看，觉得这段文章，基本上还是正确的。

我对当时有人提出音乐"地方化"和"地方色彩"问题的看法是：1.提"地方化"不大适合，提"地方色彩"较好一些；2."一个地方的音乐，应该带有地方色彩"；3."目前的音乐创作．'时调风'（即流行音调、一般化）比较普遍，强调地方色彩，对于突破音乐作品的音调的接近性是有帮助的。像《洪湖赤卫队》、《刘三姐》等好作品，可能都是在这种精神的要求下产生出来的，这些作品都带有那个地区音乐的浓厚色彩，总的说来是增添了民族音乐语言的多样性，这是应该充分肯定的"；4、"我们的作曲工作者，虽然目前比之过去任何时候，对民族、民间音乐的接触较为深入、广泛一些，但严格说起来，也还是非常不够的。我们还找不出众多的能精通国内几个主要的曲种的戏曲音乐或民间音乐艺术的专家。提倡地方色彩，对于促使一部分过去轻视民族民间音乐，或者不够刻苦深入学习民间音乐的人来说，是有意义的，抹杀了这些好处是不对的"。

前面这段文章，主要是针对"把地方色彩作为选取作品的主要标尺，或把地方色彩放到创作或评论的首要地位来考虑"的思想和现象而言的。我的文章写得非常明白，我不是不赞成写作要有地方色彩，更不是反对地方色彩，我所不同意的是把地方色彩当作选取作品的"主要"标尺，或把地方色彩放到创作或评论的"首要地位"来考虑。

我写这篇文章的时候，是针对当时有些人对这个问题狭隘理解而发的。当时有人连《洪湖赤卫队》的音乐都认为不能代表湖北的地方色彩。他们说：湖北东临安徽，西近四川，北邻河南，南接湖南。这些地方的音乐风格，都会受到邻省的影响，只有大别山附近的某几个乡，才是湖北音乐的纯种。

这些人为什么这样做呢？他们为什么有这样的看法呢？主要原因就是把地方色彩当作选取作品的"主要"标尺，有这个地区色彩的就用，没有就不用，有这个地区特色的就是好的，缺少或不够浓厚的就是不好的。有的人甚至用这个框框毫无理由地排斥其他（特别是新创作的革命歌曲）的东西。

如果把地方色彩当作一种要求，有地方色彩就更好；如果地方色彩不够浓厚，但它的内容很有意义，写得也还深刻、完整，效果也好，总的也还有民族性格，也受到群众欢迎。对这样的东西，也应该受到尊重，这才是正确态度。

音乐的地方色彩问题牵涉很宽，有民族色彩问题，有地方与地方之间的文化交流问题（地方音乐与地方音乐的交流，远比民族与民族之间的文化交流更为复杂，有时是难解难分的），有作曲者本身的问题，有作品的主题、对象的问题，也有群众的多种多样的喜好问题……随便提出一个口号或者随便定个标准，很容易会弄得不恰当的。

（7）民族形式、风格是不断发展的（1956年）

构成音乐民族风格的因素，它包括了思想内容、语言、音乐语言、节奏、体裁、曲式、发展的方法、和声、对位手法以及审美习惯……等问题，它关系到传统的观念，也关系到新的生活观念问题。因之音乐的民族风格不是静止的、一成不变的，而是发展的。那末民族化问题，也是随着客观实践的不断发展而变化着的。传统的民族民间音乐，有浓厚的民族色彩。用来自民间音乐的音调，加以发展、创造而写出的音调是民族化的一种；采用地方戏曲音乐素材，加以发展创造，也是民族化一种；而生根于新的生活中，从中吸取新的现实生活音响，加以升华而创造出来的新音调，也是民族化的一种。有人说："聂耳是我们的旗手，这是应该肯定的，但也要对聂耳进行批判才能继承，像聂耳的创作有许多是有洋味的，只有《雪花飞》、《塞外村女》的民族风格比较强一些。"

对任何历史上的作曲家的作品，不管他多么伟大，都应该批判地继承，都不能当作偶像来崇拜。但聂耳值得我们批判地继承的是不是只有《雪花飞》和《塞外村女》呢？他的真正的精神是不是只有这一些呢？

聂耳写了三十二首歌曲，他写了《雪花飞》和《塞外村女》是可贵的，但聂耳之所以伟大，是在于他除写了这两首歌曲之外，同时写了其他许多革命歌曲。如果像我们的论者所设

111

想的那样，聂耳只有这两首歌曲值得我们尊重、值得我们学习和继承，这样来理解聂耳，是不是真正掌握了聂耳的"真正精神"呢？

聂耳的伟大，是在于他首先用音乐来反映革命斗争，开辟了一条新的音乐道路。他把无产阶级的战士、广大劳动人民的形象，搬到音乐舞台，传播到千千万万人的心里、嘴里。其次就在于他投身到群众火热的斗争生活洪流中，以当时人民斗争生活中的革命音响、呼声作为音调的骨干，用这些新的因素创造性地树立了新的革命的音乐形象。聂耳不是离开了我国的音乐传统来设计他的音乐，而是把这些传统音调加以改造，使之与新的音响结合，与新的血液有机地融化，以深刻地、生动地表达当时的革命精神，鼓舞人民起来斗争。他的作品中有些还带有当时的学生腔（还有点洋味），对有些民间音调，也还"出新"得不够，这是很难避免的。但有不少作品，如《开路先锋》、《义勇军进行曲》、《大路歌》、《码头工人》、《自卫歌》，《毕业歌》、《打长江》等歌曲的音调，都是当时革命斗争生活中的新的语言化身，这些音响、节奏、情调、气质……都是活生生的人民语言（非常口语化的）和呼声。像"把我们的血肉，筑成我们新的长城，中华民族到了最危险的时候，……我们万众一心，冒着敌人的炮火，前进……"，像"我们是开路的先锋""是谁，障碍了我们的进路，障碍重重？""让我们结成一座铁的长城，把强盗们都赶尽……向着自由的路前进！""向前线去、大伙在一起……今天是被压迫的民族，明天一切属自己！"等歌词上的旋律的音型、节奏、神情、气息，简直就是当时青年的义愤的喊声，也是民族的怒吼。聂耳把当时亿万人的心声聚合在一起，化为激动人心、震撼全世界的声音，这才是他的"真正的精华"。关于这方面的问题，我们的理论工作者阐述得太少了（最近朱践耳同志在《人民音乐》上发表的《就几首革命歌曲谈时代音调问题》，我认为是很有意义的）。

有些同志脑子里有一个民族化的框框，就是传统民间音乐中有过的、和戏曲音调相近的，才算是民族化，而对于从生活源泉中提炼出来的音乐语言，不管它怎样贴切地反映了当时人民的斗争感情、风貌，曾怎样振奋人心，总认为它不是民族音乐。如最近还有人说《社会主义好》有群众性，但革命化、民族化不足，《全世界无产者联合起来》有革命性，但不是民族化群众化的，就是这种观点造成的。这些人认为如果说它们基本上也是民族化的一种，就担心这样会"容易使所追求的方向模糊起来"。这种意见，虽然常常是好意的，但的确使人越来越糊涂了。难道只肯定聂耳的《雪花飞》、《塞外村女》才真的使人所追求的方向清楚吗？

我国的音乐艺术传统是非常优秀，我们传统的音乐语言的感染力，特别是戏曲音乐的感染力是非常强烈的，掌握这些可贵的因素，就掌握了我们新的音乐艺术的最宝贵的材料库的钥匙。这方面的发掘、整理、研究、发扬的工作，才开始做，还做得非常不够，轻视这伟大的传统是非常错误的。但同时，我们也应看到，过去的民族、民间音乐，它是在旧社会形成和发展起来的。这些音乐，有绝大部分是劳动人民所创造的。但是，当时的劳动人民，一方面受到历史的局限，他们的思想觉悟和革命要求还不可能有现在的工农群众这样高，因之，这些音乐的内容多半只是反映他们对封建社会的不满，反映他们的痛苦、不自由……这种反映，每每也是曲曲折折的；另一方面，由于过去的劳动人民，在文化上也是被压迫，被剥夺的，因而在民族民间音乐传统中，像聂耳开辟了新音乐的道路以后所出现的那种音调新鲜、活泼、气势雄浑、富有鼓舞力量，而艺术的概括力又比较集中，完整的音乐作品不算很多，也就是说，旧的民间音乐、戏曲音乐，没有经过比较充分的民主革命阶段的发扬和改造，更没有经过比较充分的社会主义革命阶段的发扬和改造，原封不动用以表现新的飞跃发展的时代感情，不是没有距离的。这是不能不承认的。据我所知，有些曲艺演员，在表演新的段子时，就感到原有的曲腔不够慷慨、激昂，不够有新的生命力，而要求创新，也自己尝试创新。我想，我国的各种戏曲，在大力发展现代曲目的实践中，一定也会提出这样的问题的。

我们有许多搞西洋音乐形式的作曲家或业余创作者，为了民族化，大力向民间音乐、曲艺、戏曲音乐唱腔和古乐学习，有时甚至整段地借用戏曲唱腔，来表现新的事物。从他们要走民族化的角度来说，是前进了一步，他们肯冲破那盲目崇拜西洋的障碍，对民族的东西开始有了情感，这是可喜的，用什么"卡戏"来贬低这种探索实验的意义是值得研究的。但应该指出，这仅仅是走了一步，要达到"以创新声"的阶段，距离还很大。如何使已寻觅到的传统音乐特性、素材和现实生活的音响结合，使之深化，从而创造出一些新鲜活泼的中国作风、中国气派的时代音调，还要做很多很多的艰苦工作，经过很长成功与失败的实践，才能臻于善境。

有人认为，音乐民族化的问题解决了，群众化的问题也从而获得解决。这是有道理的。拥有"喜闻乐见"的因素，就能打开那个"格格不入"之门。然而，民族的东西，也有《阳春白雪》与《下里巴人》之分，还得从音乐本身去解决。比如交响乐、合唱艺术，这几十年在民族化的探索上有很大的发展，但是广大的群众（包括干部）还是站在门外。

无疑，人们的喜好各有不同，势必有人不喜欢交响乐或合唱等新形式，这是不能勉强的。但有许多人喜欢比较浅显的独唱、独奏，而对比较复杂的交响乐、合唱，就束手无策。有人说，提高的东西是为了干部。是的，为干部，也完全是为群众。但问题在于能欣赏的干部也是非常少数。

　　我国的文学艺术的历史，有些经历有助于我们看清这个问题。最早的文学范围，是局限在少数贵族的圈子里，唐以后，特别是"安史之乱"以后，社会的情况有所变化，所谓门第的界限开始有些转变，"土"与"民"的等级界限，没有从前那么森严，老百姓（当然是一些有钱读得起书的）中有才干的人，参加公开考试，也偶然挤上士之列。到了宋、明以后，不是皇亲国戚的人也有塾馆，可以认几个字，来自"民间"的士人和未被考选"书家"、落难秀才，吸收民间文艺，参考民间文学，他们的作品也容易懂一些，唐以后出现了《语录》、《笔记》、《小说》，大致就是这样发展而来的。其实，文字中的艰涩难懂与力求通达这两派的斗争，很早就隐伏着。唐韩愈的门下，就有"好难"与"好易"派之分。孤芳自赏一派，延至明谭元春，还提出只要有"一二赏心之人，独为之咨嗟傍徨者，此诗品也"的主张，而通俗化一派，从唐白居易、王充、顾炎武、王船山，到罗贯中、施耐庵、曹雪芹……一直连绵到"五四"以前。李东阳说过："作诗必使老妪听解固不可"的话，但是，他也反对晦涩难懂："然必使士人读而不能解，亦何故耶？""五四"以后这个斗争，基本上结束了几千年来以文言文占统治地位的历史，而以白话文为主流。

　　有人说，音乐的群众化的对象，不是对交响乐、合唱艺术而言，这些艺术根本用不到解释、打字幕、做讲座。我想，这是值得研究的。我认为艺术群众化的对象，主要不是指那些已经为广大的观众所能理解的小说、戏曲、相声、杂技……而是指那些群众一时无法领会，甚至经过相当时间还无法领会的艺术形式而言。

　　交响乐、合唱艺术，在音乐艺术中，的确是比较复杂的艺术形式。要群众化还需要有许多条件，需要群众的文化水平有整个的提高，要有起码的音乐常识和较多的接触机会。应该看到，就是到了相当阶段，也不能所有的人都能理解。不过，要提高人民群众的欣赏水平，毕竟还有音乐创作和演出本身的群众化的问题。

提高人民群众的音乐水平，一方面加强教育，逐步扩大影响，而另一方面也要使音乐接近他们的喜好和欣赏程度，要从"地面上提高"，而不是从"空中提"。只有把"在普及的基础上提高"，与"在提高的指导下普及"很好地结合起来，才能获得很好的解决。列宁说过："我们的工人和农民，理应享受比马戏更好的东西，他们有权利享受真正伟大的艺术。"（蔡特金：《回忆列宁》）。这里对交响乐、合唱之类的艺术，提出了一个伟大的要求，也是给我们提出了一个无限艰巨的任务。提高广大人民的音乐水平这一要求，是过去任何时代所不可能提出的，也是做不到的任务。只有无产阶级取得政权后，才有可能让广大劳动人民获得知识，享受到最好的艺术的熏陶和慰励。

这里所说的提高，本身就包括了群众化，包括了从"地面上提高"的问题。从专业的角度来看，就要使作品的表演能够为广大的群众所乐于接受，能听得懂。这是一个特别艰巨的工作。也是个比较长期的工作。对我国群众而言，今天的交响乐、合唱艺术，还正处在启蒙的阶段。忽略了这一点，是容易把门径越搞越窄，发展路子越来越小的。

（8）音乐风格的地方性、地方色彩（1956）

音乐具有地方性、地方色彩，这是客观事实。中国地方大、语言复杂，加上曾长期停留在封建社会中，经济落后，交通不便等等，就使我国各地区的音乐风格产生了较大的差异。

中国是一个多民族的国家，不仅是汉族、藏族、蒙族、维吾尔族、朝鲜族、苗族等各不同民族的音乐及音乐风格有所不同，就是在汉族内，也有许多不同的地方音乐。鲁迅曾说到，"中国的语言，各处很不同，单给一个粗枝大叶的区别，就有北方话，江浙话，两湖、川、贵话，福建话，广东话五种"。

音乐呢，恐怕还要复杂得多。各大区之间有不同的音乐，而各省也有自己的音乐特色。从戏曲音乐这个比较成熟，有系统，有特点的音乐来看，较著名的就有：京剧、昆曲、评剧、河北梆子、山东梆子、鲁戏、河南梆子、山西梆子、秦腔、鄘鄂调、碗碗腔、汉剧、沪剧、越剧、福州戏、闽南戏（南曲）、粤剧、潮剧、琼剧、桂戏、滇剧、黔剧、四川戏……此外还有扬剧、锡剧、黄梅戏……等等。这些戏曲音乐，大都带有浓厚的地方色彩。

至于民歌呢，则更是一省一个样，有的甚至一县有一县的民歌。要抹杀音乐的地方特点是不行的，不注意音乐的地方特点，特别是语言系统不同的地区（如广东）及音乐的风格、特色，有时是行不通的。因为这样就会减弱了音乐对这地方人民的感染力。

向一些在地方上工作的作曲家、歌唱者提出要注意音乐的地方色彩，这是对的。

但在前一个时期，有人看到这些因素，就把它绝对化，把地方风格和民族风格对立起来，把它和其它省的音乐色彩对立起来，提出什么"为纯洁陕西的音乐风格而斗争"，"要消除一切非湖北音乐因素的侵蚀"，"要到湖北省最中心的山区找寻湖北音乐的纯种，重新创造湖北音乐"，甚至连讲广东话的梧州也不准广播广东音乐，这显然是不对的。尽管国内各地区的音乐文化交流是很复杂的，以广东来说，由于地理位置、语言特点的关系，广东音乐的地方特点是很浓厚的，但是，四十年前未改用粤语演唱的粤剧和今天的桂戏音乐，几乎是一模一样。

如果广东音乐工作者也要"为纯洁广东音乐语言而斗争"，把二黄、梆子送回湖北，把西皮赶到安徽，把二流遣返陕西，把南音驱至江浙，把恋坛、滚花统统逐出境外……那末，粤剧音乐

117

岂不是太煞风景了吗？以如此单调的粤剧音乐来反映多彩的社会主义建设，丰富广东人民的文化生活，能胜任愉快吗？

我听说过，西安过去是以"百戏杂陈"闻名。西安是古都，也是古代文化策源地，可能是盛极一时的。当然，所谓"百戏"，可能有些夸张，但当时西安戏曲种类很多，这是可以肯定的。1961年我到西安时，就看到有京剧、河南梆子、秦腔、越剧、评剧、鄘鄂调、碗碗腔、秧歌戏……。也就是说，各种不同风格的戏曲音乐是同时流传着的。中国各省音乐发展不平衡，省与省之间的音乐文化互相交流、吸收，这是必然的，也是正常的。

鲁迅说："我们要运用脑髓，放出眼光，自己拿来……没有拿来，文艺就不能自成新文艺。"

毛泽东同志说过，我们应当学习鲁迅的精神，精通中外，吸收中外艺术的长处，加以融化，创造出新的具有独特民族形式和民族风格的艺术。这是指向外国学习，那末国内省与省之间，应该互相吸收是不用说了。那末，是不是只有音乐水平差的省份和剧种才需要吸收，而音乐水平比较高的就不要吸收呢？也不尽然，也还要学习、吸收。大家知道，京剧的形成过程是非常复杂的，它是起于皮黄，吸收昆曲、梆子等等而成今天的样子。我看不会有一种"老大哥"式的音乐或剧种，只能人家向它学习，它却不要向别的剧种学习。昆曲有过一个时期就走过这样的路，结果它的一些优点被京剧吸收过去了，而自己却枯萎下去了。

国内音乐的发展，有这种情况：在一个省内的几个不同的剧种音乐中，有一个或两个剧种的音乐较成熟一些，流传的范围比较广些，因而成为这个省的有代表性的音乐。像广东省有粤剧、汉剧、琼剧、潮剧，而粤剧音乐就比其它的优异一些，成为广东有代表性的剧种。全国范围内也有这个情况，像昆曲，最初是昆山地区的一种地方戏，因为它的音乐、戏剧的成就超过了当时同时代其他省的一些剧种，后来就逐渐成为统治全国舞台的一个全国性的剧种。京剧最初也是地方戏，后来逐渐发展成为全国性的戏剧，取代了昆曲的地位。

中国是多民族统一的国家，并且有几千年的历史，她的各民族、各地区的音乐是无比丰富的。但在发展的过程中，总会逐渐形成自己比较统一的民族音乐。其中有的原是某个民族或地区的比较优秀的音乐，后来逐渐成为全国有代表性的东西，从而转化为全民族的音乐；有的是吸收各民族和各地方的特点，在新的基础上创造出新的民族音乐。器乐音乐中的雅乐，就是这样创造和发展起来的。

有人说："没有地方风格，就不会有民族风格。地方色彩是基础，没有地方色彩，民族风格是架空的。"

这种看法有一些道理，但也有片面性。前面说过，中华民族有几千年历史，在这漫长的岁月里，逐渐形成了比较能代表整个民族特色的音乐，雅乐的存在就是事实。这种有代表性的民族音乐不但存在，而且反过来经常影响地方音乐，促进地方音乐的变革和发展。它们之间的关系是辩证的，互相促进的。广东音乐（广东小曲）就是在民族（全国性）音乐《汉宫秋月》、《小桃红》、《平沙落雁》这些古曲和小曲的基础上加以创造而成的。像上面所说的古典民族音乐（也叫作雅乐），它是哪一个省的地方音乐呢？具有哪个省的地方色彩呢？我看很难说。

近百年来的中国遭受帝国主义的侵略，因而整个民族的解放运动此伏彼起。特别是日本帝国主义入侵我国以后，民族危亡受到极大的威胁，中国共产党领导各民族奋斗进行民族解放战争，这就必然要求爱国的音乐工作者从整个民族的利益出发来创作出一些抗战音乐。聂耳、星海他们所创作的音乐，就是这样社会变革的反映。他们的音乐最初受外国音乐影响较深，后来逐渐民族化。像《生产大合唱》、《黄河大合唱》、《九一八大合唱》等，你说它们具有哪一个省的地方色彩呢？很难说，它们是作者根据现实的生活音响，参考民族、民间音乐，经过融化而创造出来的具有民族形式和民族风格的音乐。

又如解放后，作曲家们创作的《歌唱祖国》、《学习雷锋好榜样》等歌曲，都不是具有某一个地方的风格，而是带全民族的特色，并具有新的时代音调。

我认为，在研究音乐的民族性和地方色彩问题时，我们的思想必须防止带主观、片面性，防止仅从表面看问题，这样才可能把问题搞清楚。

（9）要"百花齐放，百家争鸣"

一个音乐评论家量气要宽一些，看问题要慎重一些，要尊重"百花齐放，百家争鸣"。

自己爱好西洋音乐，就把一切民族音乐的创作和演出看低一等；自己热爱民间音乐，就把一切受外来影响的创作或演出指为野狐歪道；自己爱用戏曲音乐作为素材，就把别的创作方法认为没有前途；自己不喜欢"卡戏"，就把它看得一钱不值，这都是不对的。

"卖花赞花香"，这是难免的。一个喜歌剧作家或演员，或喜歌剧、轻音乐评论家，如果自己首先就把这项事业看得毫无意义，不感兴趣，甚至厌恶它，就很难搞得好。可是，有时有些评论（特别是一些艺术流派的评论家，为了提倡、维护某一派别的艺术实践）着重对某种形式、品种、体裁和创作方法多所宣扬，也是许可的。

有人喜爱交响乐、"重"歌剧并专门为之效力、推广，这本身没有什么错。只要他在对待其他的音乐形式、风格，也能看到它的好处，并本着"百花齐放，百家争鸣"的方针来立论就行。"无私"、"不偏"并不简单，实践起来，有时是很不容易的。有不少很有修养的音乐家，有时昧于一时的爱憎，常常不能冷静地

120

考察事物。柴科夫斯基谈到，当他第一次把他那首《降 B 小调钢琴协奏曲》的第一乐章弹给鲁宾斯坦听的时候，鲁宾斯坦忍不住就说："我的朋友，这整个作品使我作呕，我怎能说个仔细呢？"待到弹完全曲之后，他用像雷公丘比特一样的声音，说柴科夫斯基的协奏曲"毫无价值，不可能演奏，主题是先前用过的，啰嗦、晦涩，简直无从改"，"只有两三页是可以救药的，其余的大可以扔去。从头改过"！① 柴科夫斯基认为鲁宾斯坦是一位"伟大的、有才能"的音乐家，但他的艺术趣味和自己不对头。当然，柴科夫斯基没有听他的意见。但是客观情况怎样呢？这却是一首不朽的杰作，也是世界著名的几首钢琴协奏曲之一。

一个新的音乐作品，特别是大型作品的出现，每每需要一再的考察，才能看得准确。因为音乐艺术作品的体现和诗歌、图画不一样（其实诗歌、美术也不是一下就能领会的，像唐代画家阎立本评张僧繇的画，初看认为"虚得名耳"，再看就变了"犹是近代佳作"，第三次去看，竟叹为"名下无虚士。甚至'坐卧观看，留宿十余日不能去'"）。一首乐曲写成总谱，它还不是艺术创作的全过程，它要通过演奏才能表现出来，而演奏的好坏，对作品的影响是很大的。

有些人对这方面的情形看得非常简单，有时只听过一次半次，或者连录音也没有听个全，总谱也不翻一翻，就轻易下了否定的断语，这不免过于轻率了。

舒曼是一个比较有修养的音乐家，他也认为匆促的印象常常是不太可靠的。他谈到最初看了华格纳的歌剧《汤豪塞》的总谱，对这部作品完全是否定的，后来去看了一次作者自己指挥的演出，印象就完全改变了，他立刻写信去向门德尔松更正："关

---

① 见柴科夫斯基《我的音乐生活》，陈原译，上海：群益出版社 1948 年版，第 25 页。

于《汤豪塞》,当我看了总谱之后的大部分意见,我必须收回,这部歌剧在舞台上演出的效果和总谱上迥然不同,许多地方使我整个儿被它吸引住了。"

对于一些比较复杂、艰深的器乐作品,不仅需要批评者有各方面的修养(政治思想修养、音乐修养、文学修养),还需要有敏锐的眼光和高度的鉴别力。相传伯牙弹琴异常精湛,却不大被人理解,只有钟子期了解他的心思,后来子期死了,伯牙就把琴敲碎了,"终生不复鼓琴"。这当然是少有的例子,但也说明有时找到一个知音并不那么容易。"操千曲而后晓声,观千剑而后识器",就是说,要精通过一千首曲子才能辨别音乐的好坏,要观察过上千把名剑才能懂得剑戈的利钝、真伪。

不过,有了学问,有时还是不够冷静、谦虚,研究得不够周详,也就不容易恰当地品评一首新的东西,像柴科夫斯基对拉罗的小提琴协奏曲,他的批评就很不公正。当时有人不同意他的意见,他甚至说出这样的话:"在我身上,和声学教授的资格依旧坚强地屹立着,这个教授(指他自己)曾每天改错,改了二十年,因此我对这些错处非常敏感。"在后文他还嘀咕了一大段,而事实上那时和声的探索已经向前发展了一些。

为什么在一个专家身上也会出现这种状况呢?据他自己后来说的,"我其实也不是完全相信所谓音乐专家的意见绝对不会错,他们往往是单方面的;他的知识使他们的感觉麻痹了,当他们追踪着一首曲子的技巧时,往往会忽略了音乐的本质。"① 这就是说看不到事物的发展和变化。

舒曼对音乐批评曾提出这样的意见,批评一首作品,不仅要看总谱、听演出,要结合起来研究,还应该联系到各个方面的资

---

① 见柴科夫斯基《我的音乐生活》,陈原译,上海:群益出版社 1948 年版,218 页。

料来考察，才能获得比较全面的印象。他说："批评家没有权利把一首作品和其他事物割裂开来单独进行判断，为了使自己的判断完美无疵、不偏不倚，光是靠直接印象是不够的，应当知道一首乐曲在生活中的前因后果。"有时我谈到那些不明其历史渊源的作品，我就有些胆怯，我很想知道我所研究的作者是属于哪个流派，他的青年时代所持的观点，他的生活情况……，很想知道他的全部经历和艺术造诣，他在创作我要讨论的那首乐曲前是怎样的一个人……。谁若是没有这样一个完整的概念，便贸然讨论乐曲的细节，就容易流于枯燥、狭隘了。"①

柴科夫斯基在每一个新作问世时，总希望听到对他自己的创作、生活、个性比较了解的挚友音乐批评家塔涅耶夫的意见，他觉得塔涅耶夫不像鲁宾斯坦那样"专横"和"偏爱"，每每以老师对学生的态度来对待他的作品，也不像"五人团"的音乐家那样对他有"隔阂"。

但是，即使是塔涅耶夫，有时对他的作品的断语，也不是每次都是精确的。比如塔涅耶夫对他的《第四交响乐》第一乐章（这是作者自己认为写作交响乐以来最称心的、最优美的"命运"主题得到高度发展的乐章，后人也觉得它是异常优越的），所下的结论却是："总之我不十分喜欢第一乐章，这样的节奏反复得太多，变成令人讨厌了。"② 有人提出多学少评，要认真学习，切不可冒冒失失、评长论短，以致发生错误而闹了一些笑话。从我前面所引述的例子看来，音乐批评要做到精确周详、不偏不倚，也的确很不容易。

多学是很需要的，特别是当批评活动出现了不少比较简单轻

① 〔苏〕德·瑞托米尔斯基《罗柏特·舒曼的音乐批评遗产》，见〔德〕古·扬森《舒曼论音乐与音乐家》，人民音乐出版社1978年版，第284页。

② 见柴科夫斯基《我的音乐生活》，陈原译，上海：群益出版社1948年版，163页。

率的情形时，提出这样的要求是很有意义的。但是，音乐批评，要"少"到什么程度才好呢？是不是"少"了就能精确呢？这些问题是值得研究的。

我想，音乐评论，包括新作评介、演出述评、音乐研究、讨论……，它是活跃音乐艺术生活、帮助读者了解音乐的主要方法之一，也是音乐艺术战线上的斗争方法之一。我们反对冒冒失失地乱批评，所引以为憾的是精湛的批评不多，而并不是一般地厌恶批评，也不是主张批评越少就能解决音乐繁荣的问题，克服批评上的简单、粗暴的现象。有时恰恰相反，好的批评、敢于坚持真理的评论多一些，对大家更深刻更正确地认识音乐和演出是有很大帮助的，对确保音乐艺术的健康发展和不走得太窄，也是有益的。

其次，我们要求音乐批评提高水平，不乱不滥，要多多研究，要实事求是，要慎重，要避免偏激，要关心作家和演出者的辛劳和疾苦，并且，对音乐评论比之对音乐创作、演出的要求更要严格，这也是对的。但是，我们也要同时看到，音乐评论战线也有自己的实际，队伍不大，而且都是业余性质，它的成长也有一定的过程。而且，要使音乐评论逐渐提高，解决音乐评论中的简单、粗暴、贫乏、偏激的问题，一方面要多读，一方面要活跃争鸣，要敢于对不够准确的批评提出意见，甚至先要有便于使人能提出不同的意见的气候、度量，同时能推心置腹、相互探讨、充实，才能便于发扬真理，减少简单、粗暴。

我们翻看音乐历史也可以看到这一真理，如欧洲浪漫主义音乐的发展过程中，出现了像舒曼、李斯特这些音乐评论者，展开对芬克、莫捷维乌斯等人的论争。俄罗斯音乐的兴起，出现了以巴拉基列夫为首的"五人团"的音乐评论，回击了当时宫廷音乐家的诽谤，才使音乐向更宽阔的道路上发展。

在表面上可以减少一些简单、混乱的现象。多读书，可能获得一些比较周全的看法，但是不通过"百花齐放，百家争鸣"，大力扶植一些敢于坚持真理的评论生长，也很难使得音乐批评能健康地发展。

对于音乐的民族风格问题，我们的评论家也应该从多方面去考虑，怎样才会有益于音乐创作和演出的发展。虚心谨慎是非常重要的，如果大家能以"百花齐放，百家争鸣"，大家平心静气来研究问题，平等地对待论争的友人，细致地尊重真理，重视历史，重视现实，特别是考虑到怎样才有益于历史发展，那看问题的真理，一定会通过讨论研究而后取得一致，如果一时还不能一致，不妨以求同存异来求得团结合作，这才有利于音乐艺术的发展。

7. 第一次讨论轻音乐问题

编者注：50 年代中期，当时围绕《九九艳阳天》曾有关于轻音乐的争论，李凌为此发表了几篇文章，同时组织中央乐团到基层演出一些通俗音乐会，介绍健康的轻音乐。以下四篇分别写于 1958 年、1960 年。1961 年，后收入 1979 年再版的《音乐杂谈》。

(1)《轻音乐杂谈》(1958 年)
一位作曲家和我谈起，说有一个音乐团体邀请她多写一些适合于青年歌唱的轻音乐性质的歌曲。她最初感到很别扭，后来还是勉强写了一首，自然成绩不算好，因为她对写作这类歌曲一点经验也没有。

其次，"轻音乐"这个名词，在不少人的心目中会有过一个不好的印象。因为过去所谓"时代歌曲"、"流行歌曲"、"摩登歌曲"就是属于轻音乐，这些所谓"流行"、"时代"、"摩登"歌曲，大部分都是不健康的黄色歌曲，是坏的轻音乐。因而使得有些人，一谈到轻音乐，就容易联想到这些庸俗的、低级的、不严肃的东西。

轻音乐就其政治内容来说，是有好有坏，有进步也有反动的。黄色音乐就是坏的、反动的轻音乐。就其形式来说，是小巧、通俗、平易近人；就其风格来说，轻快、活泼，富有风趣。轻音乐的范围是很宽广的，其中包括了民间歌曲、舞曲、夜曲、群众歌曲（广大的）和浅显的抒情曲。轻音乐的题材，比较偏重于描写爱情、生活小景，也可以用来表现很有意义的题材，这是一种普及的音乐。"圆舞曲"、《晚会》等属于轻音乐，《手挽手》等也可以说是轻音乐。

轻音乐的对象是非常广泛的。一般群众的音乐水平，每每是有限度的，欣赏交响乐、大合唱、室内乐的人，即使在音乐最普及的国家仍然是少数的。我们大力推广提高听众的欣赏水平，使之能逐渐欣赏一些比较艰深的作品，这是很必要的。但是，如何使得广大的人民从接近他们的兴趣、水平入手，逐步提高，这是具有更迫切、更重要的意义。

群众的音乐生活应该是多方面的，他们喜爱形式庞大、格调严肃的很有意义的《黄河大合唱》、《红军根据地》、《刘胡兰》（歌剧）和短小的《社会主义好》、《革命人》等，也喜欢《手挽手》、《真是乐死人》、《小拜年》这些相近于轻音乐的东西。工作之余哼哼《妈妈我要下乡》、《青春圆舞曲》等对丰富生活也是有意义的。群众自己的音乐生活的比重，轻音乐恐怕要占百分之七十以上。

我国的健康的轻音乐传统，虽然过去也有一些，但是非常薄弱的，前些年只有少数作家如马可、黎国荃等同志初步注意到这方面的创作，这是很不够的。

有意义的题材可以采用严肃的形式来表现，如果不是八股的

126

话，也可以通过轻巧、活泼、富有风趣的风格来描写，像《向北京致敬》、《饲养员》、《妈妈我要下乡》不仅很有意义，而且流传更为广宽，它很快就成为群众自己的东西了。

轻音乐问题是形式和格调的问题，是利用一切易于接近群众的形式问题，也是音乐创作上更为广宽、更符合群众各种喜爱的群众观点问题。

（2）谈轻音乐艺术（1960 年）

（一）

轻音乐是音乐艺术中的一个部门。解放以来，在毛泽东文艺思想的光辉照耀下，经过许多专业、业余作曲家以及演出工作者的努力，我们的社会主义轻音乐艺术开出了许多美丽的花朵，配合着其他音乐形式，为政治斗争、为社会主义建设、为丰富人民群众的文化生活，发挥了很大的作用。

这些年来，关于轻音乐的理论探索工作是比较活泼的。论争中的有些问题已经取得明确的结论，有些还没有取得一致的意见，有些还刚刚开始。这里，我想就轻音乐的几个问题提出个人的一些看法。

有人认为，轻音乐艺术不应、不能或者"一般不反映"重大的题材。有人甚至提出，"除了娱乐性之外，不应向轻音乐提出任何要求"。我们认为"轻音乐不应或不能反映重大题材"，或者说"除了娱乐性之外，不应向轻音乐提出任何要求"这种观点是错误的，就是"轻音乐一般不反映重大题材"这种提法也是不恰当的。

轻音乐艺术就其特点来说，有它和其他音乐形式不同之处。按其形式特点来说，它比较轻巧、灵活、通俗、易懂，便于为群众所掌握。按其风格特点来说，它多种多样，有些是诙谐的，有些是辛辣、尖刻的，有些是富有生活风趣的，有些是抒情性较强的，有些是优美、欢快的……

不管它的风貌带有多少种不同的特性，或者所采取的手法是直接或间接，正面或侧面，而其同为反映人民斗争生活这一点是一致的。描写人民斗争生活，可以是摄取现实生活中的小题材，也可以是歌颂重大的题材。

像"大跃进"中创作的轻歌曲《新人新事出在新国家》，是通过诙谐的口气表现出"大跃进"中的新人新事。《保守派服输记》是描写"农业大跃进"中同保守思想作斗争的重要主题。此外如《真是乐死人》、《新货郎》等，都较好地表现了劳动人民、党的领导和"大跃进"中出现的新鲜事物和新作风。也许这些歌曲不如一首交响乐长，不如一首大合唱复杂，或者反映角度和手法不像革命进行曲那样开门见山，但它们都是反映了一个不小的题材。

其次，我们来看一下轻音乐中的讽刺歌曲，像《美国小月亮》和最近出现的《被告席上》（袁水拍词、孙永武曲），这些歌曲和乐曲都是针对美帝国主义强盗行为给以狠狠的打击，它们都在群众中起了很大的作用。而它们反映的题材，都不是"一般小题材"。

特别是轻音乐的喜歌剧，像最近的《春风杨柳》是反映农村合作化运动中的两条道路的斗争，这难道是"小题材"吗？难道都是除了娱乐性之外，就什么都没有吗？

我们的轻音乐历史，从来就不避讳有意义的和重大的题材，像早期洗星海的《打倒汪精卫》就采取讽刺歌曲形式写的。抗日战争时期，当国民党阴谋对日投降，对内策动疯狂的反共反人民时，他们一方面镇压人民，禁止革命歌曲流行，另一方面到处传播黄色音乐来毒害青年群众。当时，我们针对这种进攻，创作出《你是坏东西》、《茶馆小调》、《五块钱》……等讽刺歌曲来揭露、回击他们的阴谋和诡计。解放战争中出现了像反对反民主的《古怪歌》、《唱出一个春天来》等讽刺敌人、鼓舞自己的轻歌曲。资产阶级的编者，或带有严重的资产阶级思想的人（应该说，这种人和目前提出"轻音乐一般不反映重大的题材"的同志不一定相同的），他们反对轻音乐谈革命，反对描写有意义的题材。他们认为不应该通过轻音乐来谈这些事情。

事实是不是像资产阶级的编者所描绘的那样呢？我认为是彻头彻尾的说谎。资产阶级从来就不是这么"天真"，不管他怎样巧妙地装扮成"爱情歌曲只谈爱情，余外无别物"、"轻歌曲只唱身边琐事，余外无大事"，但像《阳春小唱》、《满州姑娘》、《支那之夜》……等，不管他们怎样狡猾，也没有办法掩盖得住他们的重要政治阴谋，这是必须揭穿的。

由此可见，轻音乐的责任不仅仅是在于充实人民日常的娱乐生活，同时也应该是鼓舞广大的人民群众，进行社会主义建设、共产主义的教育和揭露敌人、打击敌人有力的战斗武器。

（二）

有人认为："爱情歌曲就是爱情歌曲，不必有什么倾向性的要求。"

这是爱情歌曲、抒情歌曲要不要有政治上的倾向性的问题。

我们知道，爱情歌曲、抒情歌曲只是所有表现的内容、对象、曲调情趣以及表现手法等和其他的歌曲体裁有所不同，而在提高青年的共产主义思想和道德品质、增进青年的身心健康这些方面，和其他歌曲体裁并无二致。

许多黄色歌曲，像《满洲姑娘》、《夜上海》、《处处吻》等，不管它是明目张胆或是曲折隐晦，都带有资产阶级的反动的政治思想和腐败、堕落的道德倾向。

民间爱情歌曲如《蓝花花》，就带有强烈的反封建的倾向，《盼女婿》也带有争取婚姻自由的要求。

　　民间歌曲中，有些看来好像只唱爱情，但是在封建社会爱情是没有自由的，敢于歌唱爱情本身就带有对旧礼教的对抗性质。

　　事实上，一般的爱情歌曲或抒情歌曲，不管它是直接、间接、正面、侧面、明显或是隐晦，总是或多或少反映出作者一定的倾向性。

　　排除爱情歌曲、抒情歌曲的倾向性，实质上就是排除革命政治的倾向性，而代之以反革命的倾向性；排除爱情歌曲、抒情歌曲的无产阶级性，而代之以资产阶级性。

　　我们来看看像《菩提树》（我国四川新作）这样的一首爱情歌曲，表面看起来，也好像只谈爱情，但是，它谈什么爱、抒什么情呢？它是轰轰烈烈的社会主义建设中，宣扬孤独生活的可爱，是值得研究的。

　　有人认为爱情歌曲、抒情歌曲"只要优美、健康就好了，不必有什么明确的要求"，这个看法实质上和前面提到的看法相近，不过提法不一样而已。

　　如果真是"健康"、"优美"，那倒是值得我们喜爱的，但是"健康"、"优美"这些名词是很抽象的，由于立场不同、思想情感不同，对它有各种各样的解释。

　　我们认为《何日君再来》是一首宣扬资产阶级的醉生梦死、及时行乐的黄色歌曲，在抗日战争低潮时出现了。这首歌曲是非常坏的。而有个叫"我也鸣"的人却认为"听了这首'好歌'比看场好电影和听一次动人的交响乐有过之无不及"。我们反对它，他却认为是"对这首好歌曲不陶醉、不利用是左倾幼稚病"。我们认为《夜上海》、《卖货郎》、《睡的赞美》这些是黄色歌曲，而有个叫"蓝大鸣"的人则认为是"被压抑的积极因素"，我们认为不少新的进步的爱情歌曲、抒情歌曲是健康优美的，他们却认为是"工农产物"、"生硬拗口"。

　　我们看看，这里有多大距离呢？他们所喜爱的"健康"、"优美"，和我们所需要的健康、优美是不是一回事呢？

　　因之，一切问题必须要越过一些抽象的概念，具体来分析、考察，我们所提倡的健康、优美是有我们的标准看法。当然，这种分析应是有根据、有理的，并经过思考的，而不是简单欠促的断论。

　　有人认为："爱情歌曲、抒情歌曲和革命生活劳动建设扯在一起，就会破坏爱情歌曲、抒情歌曲的意境和美感。"这是站不住脚的意见。

　　爱情、抒情性和革命生活不是对立的。青年人的爱情生活是革命生活的一部分。他们关心社会建设、关心革命生活，正是他们爱情的共同基础。我们知道，有名的爱情歌曲《一道道水来一道道山》、《清粼粼的水来蓝蓝的天》都是关切到两人的革命生活、劳动生活，而它们并没有破坏什么意境和美感。相反，增强了它的意义，升华了他们两人的爱情品格，加深了这些爱情歌曲的感染力。"大跃进"以后，出现了不少工农创作的爱情诗歌，既写了革命生活又写了劳动建设，大都是很有意义而又优美的。

　　爱情歌曲、抒情歌曲不一定都要写革命、劳动，但是爱情歌曲、抒情歌曲和革命生活、劳动建设结合在一起，如果说它破坏意境和美感的话，那也只是破坏了一些资产阶级的意境和美感，却增强了一些另外的意境和美感。它增加了爱情歌曲、抒情歌曲的战斗性、现实性和浪漫性，它的可贵的地方就在这里。从聂耳以来，就创造了像《再会吧南洋》、《春回来了》、《梅娘曲》等爱国的爱情曲和揭露黑暗压迫的《铁蹄下的歌女》，星海也写过反封建的《夜半歌声》和反帝的《满洲囚徒》抒情曲。这些作品的光辉不单单是在于抒发爱情，还在于它写的是革命的爱情，抒的是革命生活之情。

有人感到写作讽刺歌曲非常棘手，特别是讽刺人民内部的讽刺歌曲。有人甚至怀疑，要不要讽刺歌曲。

关于要不要讽刺问题，毛主席早就指示："我们是否废除讽刺？不是的，讽刺是永远需要的。但是有几种讽刺：有对付敌人的，有对付同盟者的，有对付自己队伍的，态度各有不同。我们并不一般地反对讽刺，但是必须废除讽刺的乱用。"（《在延安文艺座谈会上的讲话》）

这里最主要的是态度问题、是乱用问题，态度是否正确则取决于立场。对敌人，我们要揭露他的黑暗、残暴，拆穿他的愚蠢、懦怯、虚伪、奸诈，粉碎他的阴谋、诡计，提高我们的警惕，增强我们的斗志；对自己队伍的缺点和弱点，也应该批评和讽刺。对这几种对象，态度各有不同，作用也不一样。对敌人要狠；对自己队伍，要用"保护人民、教育人民的满腔热情来说话"；对敌人，讽刺是战士手中的匕首；对同志，讽刺则是医生手中的手术刀。

检查一下发生问题的讽刺自己队伍的一些歌曲，也多半是立场、态度或者分寸上（如"攻其一点，尽量夸大，不及其余"）不适当的缘故；而一些较好的讽刺歌曲，像《保守派服输记》、《篮球赛》等，是站在人民的立场，从团结愿望出发，经过批判、讽刺达到新的团结，热情地对缺点提出忠告而取得较佳的效果。

（三）

轻音乐艺术，有着极大的发展和成就，这是肯定的。但是，它还未能满足人们日益增长的文化要求。轻音乐中的某些行当发展得还不够好，不够茂盛。我们新的、较好的讽刺歌曲不多，爱情歌曲、抒情歌曲也不算多，就是较多的一些新的诙谐歌曲也是供不应求。

此外，活跃青年娱乐生活的舞曲，或者描写风景、花、木，一般生活风趣的歌曲也很缺乏。我们要发展诙谐歌曲、爱情歌曲、抒情歌曲，舞会用的各种舞曲、生活风景等歌曲，也是人民音乐生活中的一部分，也需要注意。这几年间，不少作曲家已经开始注意到这方面的创作，写出了《圆舞曲》、《晚会圆舞曲》《花儿与少年》、《马兰花开》、《采茶舞曲》、《钓鱼》、《小毛驴》……等较好的曲子，这是非常可喜的。像《小毛驴》等看来并没有很大的意义，但很风趣，间接地起了一种健康的丰富生活乐趣的作用，像这种政治上无害而生活上有益的东西也应该保留，让它发展，使得整个轻音乐的花园百花齐放、万紫千红。

从整个音乐领域看来，轻音乐还处在年轻、幼弱的阶段，还需要大力提倡和扶持。轻音乐的作曲家特别是专业作曲家不多，专业的演奏队伍不多也不够健全，有个别作曲家对轻音乐还存在一些不够正确的看法，认为轻音乐的意思不大，甚至有轻视轻音乐的偏向。

我认为轻音乐的问题是群众音乐生活中的一个重要问题。我们应当把轻音乐放在一个应有的地位，并且从许多方面来发展它。希望作曲家、演唱演奏团体多方提倡、多方推广，从创作、演出、出版，灌片、广播、辅导，评价……各方面（近几十年来这些方面做了不少工作，但还远远不够）给以帮助、扶持，使轻音乐艺术得以迅速成长，壮大，使我国音乐艺术的各个领域同时开出茂盛之花。

（3）再谈轻音乐艺术（1961 年）

读到《文汇报》登载的由于我的《谈轻音乐艺术》一文所引起讨论的文章，我觉得问题已逐步展开，有些问题，如轻音乐的特点等已逐步清楚了，这是很有意义的。

我的那篇文章原是准备在音协会议时报告用的，《文汇报》

刊登时，因为篇幅的限制删节了不少，这是经过我同意的。而今，其中有些问题引起了争论，再稍作补充是有必要的。

轻音乐的特点诸方面

轻音乐问题，是群众文化生活中的一个重大问题。

广大群众的音乐生活一是欣赏，一是自己弹奏、歌唱，不管是欣赏也好，自己弹奏、歌唱也好，它的对象主要还是轻音乐。

轻音乐的"轻"，是"重"的反面，主要是指一些风格比较轻巧的、明快的、抒情的、富有生活风趣的、形式比较易于理解的音乐。这里包括了一般的生活歌曲、轻巧的抒情歌曲、表演歌曲、诙谐歌曲、讽刺歌曲、轻歌剧、舞曲小型序曲、管弦乐小品、部分的电影歌曲和一般的舞蹈音乐，而不是指大合唱、大歌剧、交响乐等大型作品。

轻音乐的内容和题材多半是较具体的、轻小的，但也兼及许多有意义的重大的内容和题材，像一些讽刺歌曲和诙谐歌曲，不过它的表现方法和大合唱等有所不同，每每是"以小见大"。

轻音乐的特色也是多方面的，有优美、委婉的抒情歌，有节奏鲜明、音调悠扬的舞曲，有引人发笑、给人以欢快、愉悦感染的诙谐歌，也有辛辣、犀利的讽刺歌曲。

轻音乐和一般群众革命歌曲和进行曲有近似的地方，也有不同的地方。和一般群众歌曲相比，在通俗性这一点上是相近的，但在风格上就不同。像《开路先锋》、《全世界人民心一条》、《志愿军战歌》、《社会主义好》等，这些歌曲的风格庄严、雄伟，节奏鲜明、果断，歌调明亮、有力。而轻音乐的着重点是轻巧、风趣，反映重大、严肃的题材时，多从侧面去描画。

有些歌曲带有两方面的特色，把它归在两类中的哪一类也无不可，在这点上，我想不必过分讲究。

轻音乐在形式、体裁、风格上有它自己的特点，但其政治任务、对社会的意义，即轻音乐作为阶级斗争的工具，作为"团结人民、教育人民、打击敌人、消灭敌人"以及丰富人民的文化娱乐生活的工具这一点，和其他音乐形式是一致的。

轻音乐好比文学上的小品文、笑活、抒情诗、打油诗，它是音乐中的轻武器，轻便、通俗、小巧、玲珑，欣赏起来并不费力。它配合群众革命歌曲以及其他音乐形式，更宽广、更多样性地来完成音乐的政治任务。

由于它平易近人以及普遍需要，无处不有，对广大人民的思想情感、生活的影响，对充实千千万万人的文化娱乐生活，促进人们的身心健康，提高人们的生活情趣以至品格，是有广泛的意义和作用的。

人们需要交响乐、合唱、室内乐、歌剧，也需要明快、爽朗、轻松、活泼、亲切、有趣的音乐作品，因此把轻音乐放在应有的政治地位、艺术地位，使之享有和其他音乐艺术同等的艺术权利，这是应该的，而且是必要的。

轻音乐的新品种

轻音乐艺术，特别是轻歌曲，由于认真贯彻党的"百花齐放、百家争鸣"的方针，有了很大的变化和发展，出现了一些新的品种。第一类型新的轻歌曲，是富有风趣的诙谐歌曲，这是"大跃进"以来发展很快、成绩最大的轻歌曲。像《新人新事出在新国家》，这是一首以诙谐、富有风趣的格调来表现"大跃进"新气象的歌曲。

这首歌曲不论内容、描写的方法、音乐情调，都带着创作新的因素，它充满对新生活的热爱，对新事物的喜悦，音调新鲜、活泼，而又带浓厚的泥土味。曲调的音韵充实而富弹力，婉转、鲜艳、明快、爽朗，音乐的动情力很强，转折委婉，节奏的变化别致而多彩。它是广大群众不忍释口的新作，也是独唱家的保留节目。

接近于这一类的轻歌曲还有《新货郎》、《街道服务站》、《真是乐死人》、《我是一个饲养员》、《羞月亮》、《快乐的理发师》、《古怪歌》、《这是头一遭》等。这些歌曲都是以热烈、欢快、轻松、有趣的歌调来赞美现实生活中新出现的新鲜事物和英雄，使人透过俏皮、逗趣的歌调领会到新人物的品德而受到教育。

其次，轻音乐中除了继承过去的讽刺歌曲传统发展而来的讽刺敌人的歌曲，如《美国小月亮》、《被告席上》、《东风吹》等之外，出现了一些较新型的讽刺歌和诙谐歌，如《扫盲运动到了乡》、《蓝球赛》、《保守派服输记》等。这些歌曲虽然也带有讽刺、诙谐的意味，却是热心热肠，来帮助别人克服缺点和弱点。

再次，轻音乐中也出现不少别有情趣的小曲，像《四季调》、《小毛驴》等情绪健康、音调优美的东西。这些乐曲一变旧日舞场音乐那种忧悒、颓丧的气氛，给人以一种意气风发、轻松愉快的美感。

此外，像《清粼粼的水来蓝莹莹的天》、《一道道水来一道道山》等歌剧选曲，都是比较出色的抒情歌，都是以往最好的抒情歌所不及的。

这些新的品种和新的创造给轻音乐带来新的生命力，这是非常令人鼓舞的。我们对这方面的创造和成就，还末作过较有系统的研究和推广，使之更好地发扬开来。

轻音乐的题材

轻音乐的题材问题由于前文删节，是从"轻音乐所起的社会作用问题"开始的。这段文章是对"轻音乐艺术不应、不能或者一般不反映重大的题材"等不正确或不恰当的意见而发的，自然在论列中申述这方面的意见较多。这样也容易引起误会，故而关于轻音乐的题材问题再作补充说明。

有人认为，广东音乐传统只写花、鸟、风景，"不应该使它担当表现革命现实的题材"，这种提法是值得研究的。是的，广东音乐（主要是"广东小曲"）传统中有很大的部分是描写花、鸟、生活景色，这个传统是值得珍贵和保护的。这样的作品，用之以丰富人民的文娱生活是有意义的，但有两个问题还必须搞清楚：

一、广东音乐中从来也没有排斥一些较有意义的题材，像《华胄英雄》、《走马英雄》、《风云会》、《凯旋》、《齐破阵》、《胜利》、《慰劳》……都不是只写花鸟风景的。

二、广东音乐的传统中描写花、鸟较多，有些也写得不坏，我们需要爱护和发展这方面的传统。但应看到，这只是旧的传统的一方面。广东音乐的发展要很好贯彻党的文艺方针，就不能只是局限于这一方面的传统，它应创造和发展一些新的传统。"推陈出新"，就不是顽固守旧。最近广东音乐创作中出现了一些描写新的现实生活的题材，是可喜的。纵使目前还没有达到非常完整的地步，他们会在不断地探索中取得更好的经验。

总的说来，我不想把轻音乐说成是描写重大题材的最适当的形式。群众的革命进行歌曲更适于表现战斗性较强的东西，大合唱、交响乐反映重大事物的深度和广度有其便利之处。但是，我们不应把轻音乐和重大题材、有意义的题材对立起来。

读过这样的打油诗："大家去谒陵，强盗装正经，静默十分钟，各自想拳经。"（鲁迅《南京民谣》）这是"轻文学"，三言两语就把蒋介石反动集团表面假装正经，骨子里互相勾心斗角的丑相勾画净尽。以衡题材，恐怕不算不重大吧。

因此，当我们来总结轻音乐的经验时，一方面看到轻音乐中大量存在的轻小题材，同时也必须充分地看到轻音乐中的诙谐歌曲、讽刺歌曲在生活中所能起的作用。轻音乐的功能不仅在于充实人民日常的娱乐生活，也应该是鼓舞广大人民群众进行社会主义建设、进行共产主义思想教育，并向敌人作斗争的锋利武器。

轻音乐的政治地位和艺术地位

我的原文曾把这个问题一再提出，是有我的感触。轻音乐到如今，发展得较弱较慢，许多作家和演奏、演唱家以至理论家仍然徘徊在这艺术天地之外，不能说和这个问题没有一点关系。

登出来的文章，前面这样的字句删了，而后面"我们应把轻音乐放在应有的政治地位和艺术地位"则只留下"放在应有的地位"。

当然，这样的删节意思也还明确。不过，当我读了《文汇报》的报道中："有的同志不同意李凌文章中把轻音乐范围包括得太广，认为把某些群众歌曲、抗日歌曲如《打倒汪精卫》、《铁蹄下的歌女》也列为轻音乐，是针对那时黄色音乐而产生的，把它放在轻音乐范围内，就贬低了它的意义。"（一段时间，据说有些同志对把《茶馆小调》、《你这个坏东西》放在轻音乐中也有这样的意见。）我就想到这个问题有进一步讨论的必要。

有些人看到过去旧的轻音乐，曾经被一些黄色音乐作家所腐蚀，乌烟瘴气几乎弥漫着整个轻音乐部门。因而一提到轻音乐心里就感到别扭，这是可以理解的。

有些同志主张现在应该把轻音乐这个名词的概念作出分析，认为"轻音乐可以看作是一个历史性的概念，过去的轻音乐和今天的轻音乐并不相同"，说"把《茶馆小调》、《你这个坏东西》列入轻音乐是不妥当的"。这种意见大抵是从这个角度来谈的。

还有，座谈会中认为把某些在"对敌作战中起了很大的作用"的歌曲，放在轻音乐中"就会贬低它的意义"，也是为了保卫这些歌曲的纯洁性而提的。

这些同志提出这样的意见是好意的，有些意见是可取的。但是，从这些意见的另一面，就看到有意无意地仍然没有把轻音乐的政治意义认识得很清楚。也就是说，没有把它放在应有的政治地位。

为了便于说明我的意见，且分几点来谈：

关于轻音乐这个名词的概念和范围。轻音乐是广泛的音乐艺术中的一个品种，这个品种里面的东西，过去有好有坏，现在也有好有坏。古代的民歌《竹枝词》、《子夜歌》中有许多极富革命意义的东西，而今的轻音乐中也难免不会有错误的毒草出现。抗战时期，轻音乐中有大量黄色音乐（流行歌曲中大多是这样的货色），但也有革命的轻音乐。这和当时的交响乐一样，一方面有《东渡圣战》（敌伪时代日本人写的交响乐），也有星海的《民族解放交响乐》。我们对于某一艺术品种在历史上某一时期的倾向，或者其中作品大量的偏向作出正确的分析是应该的。对过去的作品进行具体的分析，给以适当的评价是必需的，但和这些艺术作品属不属于小说、戏曲或者轻音乐，可以说并没有多大的关系。历史上革命的或反动的小说，并不因为它是革命的或反动的而妨碍它称为小说。轻音乐这个名词是借用日本的译名，也是各国通用的。它只是说明某种体裁、风格的作品，这和交响乐、歌剧的名词一样，本身并不说明它在政治上的好坏，这是一。

其次，某一歌曲应不应该划入轻音乐，对其歌曲本身的价值并无影响。我在前文已经谈过，的确有些东西划在哪一类也无不可。鲁迅先生最初曾把"小品文"称为"随感录"、"杂感"、"随笔"、"短评"、"论文"……，最后，他把这类东西统统称之为"杂文"（见《且介亭杂文序》）。可见一些作品并不见得划入某一文体就会贬低它的价值。我们把《打倒汪精卫》、《铁蹄下的歌女》、《你这个坏东西》、《茶馆小调》划入轻音乐，不会贬低它的价值，正如同把《阳春小唱》、《满场飞》、《爱情与黄金》等黄色音乐列入交响乐（如果可以的话），也不会增高它多少身份一样。这里，我不想多谈了。

轻音乐的政治地位

一个艺术品种的政治价值、社会意义是属于这个品种的作品本身的问题，是这些作品思想、内容的好坏和艺术结合的程度问题。思想内容正确、艺术形式又完美，它的价值就高一些。内容错误，政治价值就坏。

1933年左右，国难当头，人民生活在水深火热之中，有人却把某些"风雅"的"小品文"捧上天，大量翻印《袁中郎》等文集，出《人间世》、《论语》。鲁迅先生在《小品文的危机》中就提出：要小品文新生。他说："必然是匕首，是投枪，能和读者一同杀出一条生存的血路的东西；但自然，它也能给人愉快和休息，然而这并不是'小摆设'，更不是抚慰和麻痹，它给人的愉快和休养是劳作和战斗之前的准备。"他自己就一直用他的杂文配合其他文体来捍卫革命的道路，做出极其伟大的工作。

我们有些同志，由于看到过去有不少轻音乐的黄色音乐，因而就连这种形式、这类品种也看低一等，这是不对的。我们应该看到，过去的轻音乐中有过大量的、腐烂的黄色音乐，应当给以严肃的批判，告诉大家去识别这些坏东西，不要再上当。但也应该看到，自古以来，也有过一些比较健康的轻音乐，虽然从现在的要求来看已有很大的不足。更应看到，过去有些轻音乐是针对当时的黄色音乐而作的带有革命意义的轻音乐，这些"轻音乐"在战斗中发挥了很大的效果。今后的轻音乐也一定能够起很大的作用。应该说，凡是有积极意义的"轻音乐"都不应另眼相看，都应该得到和其他品种的好作品一样的地位和评价。这便是我特别提出"应给轻音乐以应有的政治地位"的原因。

关于轻音乐的艺术地位，牵涉的问题就更复杂了。有的看法是因为过去有不少轻音乐是黄色音乐而产生的，有的看法是受学院派中的片面性影响而产生的，也有些看法是由于对某一品种的偏爱而产生的。

我想，轻音乐比起交响乐、大合唱来是比较轻巧、通俗，但这项艺术也是一项严肃的工作。关于这一点，我想介绍一下鲁迅先生解释有些人关于"讽刺作品"的误解和回答学府里也有些人认为它是卑不足道，不应把它列入"艺术的宫殿"。那时，有些反动的文人对他的"杂文"则更极尽其诬蔑之能事。鲁迅先生当时狠狠的驳斥了这些谰言："不错，比起高大的天文台来，'杂文'有时的确很象一种小小的显微镜，也照秽水，也看脓汁，有时研究淋菌，有时解剖苍蝇。从高超的学者看来是渺小的，污秽甚而是可恶的，但在劳动者自己，却也是一种'严肃的工作'，它和人生有关，并且也不十分容易做。"

他还在另一篇文章里谈到，应给"杂文"以艺术上的崇高地位，并对"杂文"的发展寄以无穷的希望："《文学概论》诗歌门里的所谓'诗'……哪里能够及得这些杂文的和现在的切贴，而且生动、泼辣、有益，而且也能移人情。""因为它'言之有物'。我还更乐观于杂文的开展，日见其斑斓，第一是使中国的著作界热闹、活泼，第二使不是东西之流缩头，第三是使所谓'为艺术而艺术'的作品在相形之下立刻显出不死不活相。"鲁迅先生对"小品文"、"讽刺"、"杂文"的艺术地位的看法，拿来对照我们轻音乐的问题也未尝不可。

的确，音乐工作者中有对轻音乐艺术的不够正确的看法，有些产生于作曲家之中，这方面的问题我已在《让新的音乐生活活跃起来》一书中简略地谈过。由于某些作曲家对轻音乐存在一些模糊的看法，思想跟不上实际需要，是形成轻音乐薄弱现象的主要原因。这点我不想再谈了。

其次，演唱、演奏工作者对它的看法也有值得研究的地方。去年，曾经有过一段时间，有人对轻音乐中的诙谐歌曲进行过不应有的攻击，认为这些东西是"小儿科"，要把它从演出的节目中排除出去。当然，"小儿科"也不坏，因它也是医学中的严肃学问，但是他们不是这个意思，他们把诙谐歌曲看作"一钱不值"。

我不是不知道，我们创作的诙谐歌曲、讽刺歌曲有些意境深一些，有些浅一些，音调有些美一些，有些差一些，就有流传广、狭、久、暂之分，这也是难免的。如果意深而音调丰润，能够更好地突出内容，而情调又富典型性，格调就高一点；如流于浅薄、一般，价值就差一些，这主要还是从这个行业内作品的思想性和艺术性两方面下工夫，多作要求，而不是一脚踢开，贬为不值一顾。

我不知道这种思想怎么来的，他们宁可把《巴格达序曲》、无伴奏的《回声》供奉得五体投地，但对于好的诙谐歌曲就如此不可忍受，这究竟是"先入之见"，还是别有原因，的确不得而知。

我也不是说《巴格达序曲》、《回声》不好，我只认为把自己新生的东西、群众广泛喜爱的东西看得一钱不值，甚至恨之入骨就不好了。其实诙谐歌曲，也不是始于今时，也不只是我国才有。何以对我们的诙谐歌曲就如此痛心疾首呢？

以论狂谑，恐怕很难找到像《费加罗的婚礼》。以论不正经、"小儿科"莫若《多瑙河彼岸的萨波罗什人》中的《粤达尔卡与卡拉斯》的二重唱。就是大家认为严肃的交响乐吧，差不多都有那么一章"谐谑曲"。贝多芬的《第九交响乐》是人们所崇拜的了，而其中第二章不也是"谐谑曲"吗？那里面的几声突出的鼓音、音调都不是那么雍容、优雅吧。自然，外国有些谐谑曲是写得深刻一些，我们要向它学习有益的东西，以发展我们的新作。不过，我们的谐谑曲也不都是浅薄之作，为什么要打鸡连笼？这种批评是不公平的。

需要解放思想，需要大力扶持

轻音乐艺术还是我们音乐艺术中年轻的、幼弱的一环，我们还需要解放思想，解除某些思想障碍，首先给它以应有的政治地位和艺术地位。轻音乐名誉不好是事实，这不是这个品种和体裁本身的罪过，而是我们的工作做得不够、创作不够、理论探讨不够、演奏推广不够。

世界上许多大音乐家，像贝多芬、韦伯、柴科夫斯基、约翰·施特劳斯等人，都曾写过一些优美的舞曲或抒情歌曲，当代的作曲家也有不少人写了轻歌剧、歌曲或舞曲。他们之所以这样做，也正因为他们对广大的人民群众的音乐生活不是采取冷漠态度，不是站在这之外，而是热心地关切的缘故。

日丹诺夫曾经对格林卡的《卡玛林斯卡雅》（相近于婚礼舞曲）作过极高的评价，认为它是俄罗斯古典作曲家作的一个光辉的作品。他说："任何一种体裁，只要有助于向人民推广音乐艺术，那种体裁就不会被古典作曲家所回避。这部作品是具有深刻的民主性的作品。"日丹诺夫这里所说的这些意见是值得我们作曲家思考的。

其次，音乐理论工作方面亦应对轻音乐艺术中各类品种、各类花朵，如诙谐歌、讽刺歌、爱情歌、生活歌曲、抒情歌、牧歌、夜曲、各类舞曲，以至山水、风景、花鸟草木……等多方面的题材和体裁作进一步的研究，一方面大力鼓励和发展现有的、有意义的、优秀的品种，介绍出来，使之传播，同时也应对过去留传下来的遗产（包括中外）作深入的、恰当的分析使许多对今天生活仍有好的影响的作品传播开来，以丰富人民多方面的精神生活，并从中吸取有益的经验（在某种意义来说，我们这方面的经验的确不多），作为我们创造新的品种的参考。

再次，对于演唱、演奏工作者，也希望他们勇敢地参加进

143

来，共同推广，这是非常重要的。直到目前为止，我们作曲家写过的"轻歌曲"虽然不算特别多，但好的还是有的，外国的健康的轻音乐也不少。可是，群众对好些优美的轻音乐还不大知道，或者知道一些歌名，不了解怎样唱才把味道唱出来。

1958 至 1959 年间，当我和中央乐团的独唱独奏小组到北京三十多个机关、工厂进行反对黄色音乐讲座表演时，许多听众听了独唱者演唱的许多优美的健康的中外轻歌曲，非常喜爱，有些向我们表示："你们唱的歌曲，有些乐曲的歌谱我们也有，但不知道它的好处，经你们这样一唱，我们心里就有数了。"

应该说，近几年来，有些演唱家和演奏家对介绍轻音乐还是热心的，经常在音乐会的节目中加入这类歌曲和乐曲，也取得相当效果。不过，从整个演奏界看起来，这种工作还不是被更多的歌唱者、演奏者所重视。我们还没有这方面的专才，专门搞轻音乐的乐队全国数不到两三个（外国常常是成千成百的），更谈不到演唱轻歌曲的权威了。

我们希望通过讨论引起大家的注意，从而大力扶持这项为广大群众所喜爱、所能欣赏、所能直接娱乐的轻音乐事业得到迅速的发展，使音乐艺术的花园万紫千红，交相辉映。

（4）轻音乐艺术的词、曲和题材（1961 年）

歌词是歌曲创作的依据。歌词的正确、深刻与否，对歌曲本身常常起着决定的作用。

《刘三姐》的歌曲是写得很成功的，但全剧的取胜主要还是词作的思想深刻和艺术手法非常高明。因而翻来复去，即使都是用那几首大同小异的民歌音调，也能深深地扣住人们的心弦。

古代有许多民歌、抒情曲词写得好，风格也很有特性。常常曲子失传了，而词还流传到如今，为大家所喜爱。像汉魏六朝词的《子夜歌》（大多是民间情歌）：

自从别郎来，何日不咨嗟？
黄蘗郁成林，当奈苦心多。
夜长不得眠，明月何灼灼，
想闻欢唤声，虚应空中诺。

对少女的心理状态，是写得很到家的。

又如《上邪》："上邪（天呀）！我欲与君相知，长命无绝衰。山无陵，江水为竭，冬雷震震，夏雨雪，天地合，乃敢与君绝"。这和大诗人白居易的《浪淘沙》（当时是有曲谱的）"借问江湖与海水，何似君情与妾心。相恨不如潮有信，相思始觉海非深"相较也没有逊色。

解放以来，我们自己创作的，或从苏联及其他国家介绍过来的较好的轻音乐歌词是非常多彩的：有歌唱幸福生活、情调欢快的《快乐的人们》、《伟大的毛泽东》；有颂扬新人新事、词情诙谐的《新人新事出在新国家》、《快乐的理发师》、《真是乐死人》；有情调缠绵的爱情歌词《卡秋莎》、《鸽子》；有委婉、纤细的《含苞欲放的花》、《在泉边》；有俏皮、清纯的《森林中的少女》、《玛依拉》；有情调豪迈、音节鲜明的《卡秋莎大炮》；有精深、丰美的《小芹独唱》、《一道道流水》；有滑稽、形象的《秀才过沟》；有泼辣、风趣的《奥达尔卡与卡拉斯》二重唱；有嘻笑的《瓦夏之歌》；有简短、逗趣的《小毛驴》、《爱》；有情意深长的《西波涅》等等。看看这些比较受人欢迎的歌词，从中吸取一些好的经验，以改进、创作我们的歌词是有益的。

有人说，写歌词越概括越集中越好。这有其道理，因为歌词不宜太长，拖泥带水就不好。不过怎样概括，这个问题很值得研究，特别是轻歌曲的歌词。

概括、集中好，还是反复展开好，就看作者的妙用。像描写爱情的诗《寄夫》：

> 夫戍边关妾在吴，西风吹妾妾忧夫，
> 一行书信千行泪，寒到君边衣到无。

这是比较概括、比较集中的例子。再看下面的一首《圈儿词》

> 相思欲寄从何寄，画个圈儿替。
> 话在圈儿外，心在圈儿里。
> 我密密加圈，你须密密知侬意。
> 单圈儿是我，双圈儿是你，
> 整圈儿是团圆，破圈儿是别离。
> 还有那说不尽的相思，
> 把路圈儿圈到底。

看来，铺开也有它的境界。

轻歌曲长于描情，拙于论理（当然也有论理论得好的）。恐怕一般歌曲或歌剧都有这种局限。所谓"唱情说理"，道理要"说"才易于明白，情需要唱才更富魅力。因为唱要有音调，不大容易一下听清楚，我曾听过《春风杨柳》（轻歌剧）的有些歌词就犯了这个小毛病，舞台上争论道理的地方太多，曲调不免零零星星，而结果也不大能领会。我们的戏曲就懂得这个奥妙，逢到讲理的地方用道白来担负，一到用情就铺开来，反复唱尽。有时唱事，怕观众听不清，唱一段又用几句说白，把它重复"概括"一下。

"说情不如唱情"，大概是由于有些情深意厚的东西，用简朴的语言来描画，不如通过有音调的歌声来歌唱更为感人。人们每每感到语言不足以表达他内心的痛苦就放声大哭，甚至沉痛高

146

歌。我们有几首很好的抒情歌，如《一道道流水》、《小二黑结婚》选曲等，词本身已很动人，加上音乐就更加动人。

轻音乐的歌词很讲究意境、讲究手法。有人曾经介绍过，《红旗歌谣》有一首《我的表哥》，前面说了半天他怎样上高山、下深谷、进工厂，后段还说，"我的表哥哟，单不留恋故乡，单和表妹的情意不长，分别时一句话也不讲"。最后才"提起我的表哥哟，三次恨在心上，听到别人夸他好，又九次把他想"，留下一个很宽的天地给人去回味。

写词用什么样的手法、采取什么样的角度来面题着意，或浓或淡，或斜或正，或集中或铺开，不必拘于一格，只要作者能深深体察生活，认真地琢磨，力求独创性格，就会开出好的花朵的。艺术手法切忌千篇一律。据说古代曾有人为好些画家出了一个题：《深山藏古寺》，来比一比高下。许多画家都从不同的角度去表现山与寺，有的把寺宇安排在山腰或山巅，有的处理成隐约地只见古寺飞檐的一角。只有一个画家别出心裁，在云雾飘渺的山树间画一个老僧在溪边汲水，结果中了上选。有僧自有寺，令人发生联想。见僧不见寺，也颇见《深山藏古寺》的这一个"藏"字的意趣。这也是艺术构思中出奇制胜的一个例子。

我们有好些新词是写得比较好的，有些写得清新可爱，有些写得意境深刻。但也有些是比较概念、笨拙的。像大家非常喜爱的广东南音《歌唱农村新面貌》音调轻清优美，但词中就有"一大二公"、"卫生诊所、汽车交通"等过于率直的词句，每每听到这里总感到它和音调的清新、亲切的情调不大相称。我觉得，我们的词作者，一方面应该很好提高思想，加强生活实践，同时对词作的探讨、学习和着笔，用字多多讲究也是很必要的。

轻歌曲的曲调是这个艺术的最主要因素。词不管写得多么好，要是曲调不好，那首歌曲就较难站得住脚。有时，歌词写得并不见得很理想（当然也是缺点），因为曲调很有特色，群众也很喜欢它。像前面提到的《歌唱农村新面貌》，细细研究起来，歌词的艺术性不能说是很好，但这首曲的曲调选择安排得适当，非常优美，过门一响，大家就爱上它了。还有《纪念碑》（单弦）词的语汇有些比较陈旧，但曲调选取较好，层次安排适当，结尾处采用昆曲有力的牌子，极为感人。如果说《刘三姐》是以词取胜的话，那末这两首可以说是以曲见长了。不管以词取胜，或者以曲见长，从整个艺术的完整性的要求来说，还是这个缺点。

有些轻歌曲两方面结合得理想一些，那么这首歌曲艺术价值就高一些，经得起时间的考验。像《快乐的人们》、《新人新事出在新国家》、《兰花花》、《小二黑结婚》选曲、《一道道流水》、《红霞》选曲、《鸽子》等，词意真切，用语讲究，曲调优美、动人，不但能长久地流传下来，而且广泛获得群众的喜爱。

轻音乐的曲调特色首先应该有它的本色，有"轻"味，写得过于沉重（虽然有时也必要）、呆板（一本正经）就失去它的特性。我常听到有些轻音乐作品，虽然是拿一些优美的爱情民歌作素材或基调，但却编配得过于庄重、刻板，缺乏轻音乐那种潇洒、轻清之味。

轻音乐的各种类型有各自的特点。恋歌有恋歌的情调，牧歌有牧歌的风味，诙谐曲有诙谐曲的情趣，舞曲有舞曲的特色，即使有时相互渗透，而其可贵的地方还是自己特殊的风貌。玫瑰虽有红、黄、橙、白和中外之分，但究竟要像玫瑰，有玫瑰的芬香，也要有玫瑰那种艳丽、端庄的姿容。有时诙谐歌曲也抒情，像《新人新事出在新国家》抒两老之情，而其可贵处是在于它是采用了诙谐风格来抒情，如果把诙谐歌曲的抒情和恋歌的抒情黑白不分，就混淆了这些品类之间的差别了。

一种类型中要有大致的风格，但每一首歌曲或乐曲必须有各自的个性，这是每一首歌曲或乐曲生存的很重要的依据。同是情歌，就有《在那遥远的地方》、《槐花几时开》、《马车夫之歌》、

《小河淌水》、《三十里铺》、《青涟涟的流水》、《九九艳阳天》等等。梅花有它大致的形态，但红梅、白梅、骨里梅、玉蝶梅、送春梅等几十个品种，色、香、花状、体态又各有不同。菊花这个类属里，品种更是成百上千。而人的创作可以说是"巧夺天工"，生活千变万化，人的思想感情不断发展、提高，人们的需求也不断增长，当然也应该不断地创造更多不同个性、不同特点的轻音乐作品，才能体现出客观的丰富多彩，才能满足人们的需要。

艺术作品的可贵首先在于它为了革命。但是它的成功被人所承认，不仅仅是在于它描写革命斗争，表现了人们的生活现实，刻划出人们新的精神风貌，同时也因为它有个性，有独创性格。因为它有自己的性格、特点，因而各自在各个品种中占有一个位置，增高了它的价值。要是缺乏个性，那么人们就只要其中的一个就够了。

一首轻音乐作品能否成立、能否被人喜爱，和独创性很有关系。目前不是没有轻音乐的新作，在一些歌曲刊物上这类作品不少，好的也不少，但是人云亦云的"时调"化的东西也有。人们称之为"时调"，就是说这些东西缺乏鲜明的独创性，尽管歌曲的名字不同，词也不一样，而曲调翻来复去还是那个差不多的调调，唱下去就有"似曾相识"之感。有时别人哼了第一句，旁边的人就顺口替他接下去，大致和那个新调也差不多。

歌曲的表演也有这种情形。我们不能把群众要求看得太容易满足，把群众的胃口看得很狭窄，应该在握笔运思之际力求从各个角度、各种手法、各样风格中来创造出足以表现人民生活丰富多彩、日新月异的新面貌、新情思，来寻求缔造一首乐曲的最完美的表现形式、最富独创性的风貌。

单纯的"猎奇"是不好的，而出奇制胜、标新立异、大放异彩、独树一格在艺术上是需要的。轻音乐艺术是不能以量来计算它的成败，而要求在质和独创性上有占优势的东西。

轻音乐的题材，无限宽广，可以说，举凡生活的各个方面，以至自然风景、花、草、虫、鱼都可以作为轻音乐的题材。近年来的轻音乐题材描写"大跃进"方面的较多，这是时代的需要。多一些用有风趣的音调来歌颂"大跃进"中出现的新气象，如《新人新事出在新国家》、《卖货郎》是很必要的。这类题材在一定时期成为轻音乐中的主流，或者说所占的分量最大，这是很应该的。这类思想鲜明、意气风发的内容和题材好比轻音乐中的太阳，缺少它是不行的，认为"不应提倡"或"排斥"它是错误的。但同时，我们也应看到，轻音乐的题材除了太阳之外，也应有星星和月亮。

原来轻音乐中有很大部分是爱情歌曲，解放以后，也出现了一些像《小二黑结婚》等比较优秀的爱情歌曲。但近年来好像少了一些，我们要大力发展其他有意义的题材，而对这方面也不应回避或忽略。当我读到《搭瓜架》：

> 瓜秧叶，碗口大。
> 一对情人搭瓜架。
> 一个捆，一个扎，
> 不让小伙踩了瓜儿花。
> 瓜秧呵，快长大吧，
> 蔓儿长，叶子大，
> 顺着黍秸爬，搭满整个架。
> 好让瓜儿藏在瓜架下，
> 脸挨脸儿说说心里话。

以及《锄麦草》：

> 喜鹊高叫尾巴翘，全社社员锄麦草，
> 我俩锄在最前头，情哥连连把我瞧。

低低叫声好哥哥，谢谢你呀不要瞧，

莫为瞧妹失了手，漏了杂草伤了苗。

这些新的描写爱情的民歌就让人感到很可爱，他们把爱情生活描写得很有意思，也提高了爱情歌曲的品格。

古代好些描写山水风景的诗文，有些是带有严重的士大夫隐退的消极思想和色彩，但有些也使人精神振奋，心胸开阔。像李太白的《游泰山》就有这种感受：

千明登日观，举手开云关；

精神四飞扬，如出天地间。

又如杜甫《望岳》，念到"会当凌绝顶，一览众山小"，读到这里，心地自高。

歌山、咏水并不是什么要不得的事，问题是歌它什么？怎样歌？我读过李白和王维某些好的山水诗，他们对祖国河山那种奇伟、峥嵘、秀丽、壮观的生动的描绘，的确使人增深对祖国的热爱。今人有一些很好的山水诗，因山水而动情思，其意义不低于其他的重大题材。

我们借山以叙志，借水以述怀，自然很好，有时素描风景，写得好也有意义。我读过两首不同的风景诗，一首是描写密云水库的建设画面，最后有两句"密云景色盖燕州，何必烟云花柳"，的确给人强烈的鼓舞。但当我念了另一首《北海桥头》：

是谁荡起扁舟，轻轻地绕过楼台。

木桨儿一不小心，划破水上云彩。

啊，这是云，是水？是天，是海？

站在北海桥头，看北京十月风光，

水天成一色，一片和谐。

151

心里有另外一种愉悦，它会给人从这里牵引出许多遐思。

至于虫、鱼、草、木，以至风、花、雪、月的题材，近几年来除了器乐曲，如广东音乐等有些发展之外，也是特别缺乏的。我们反对一些封建阶级、资产阶级作为享乐的、无病呻吟的"吟风弄月"之作，但不反对一些好的风、花、雪、月的诗文。郭沫若同志出过一本《百花齐放》诗集，为一百多种花吟了诗，把这些花给以新的意境，读起来是很有趣味的。

有时念到"山舞银蛇，原驰蜡象，欲与天公试比高。须晴日，看红装素裹，分外妖娆"，"江山如此多娇，引无数英雄竟折腰"，"数风流人物，还看今朝"，白雪皑皑，气魄雄伟，情调豪迈，能给人多少力量！当然，这还不是轻音乐，但是咏雪、歌月的轻音乐也能够写得很有意思。

有时浅描风月，如果写得好也能间接、直接给人力量。如"采莲去，月没春江曙。翠细红袖水中央，青荷莲子杂衣香。云起风生归路长。归路长，那得久？各回船，两摇手"。（李康成《采莲曲》）它写出了少女们在劳动时的天真愉快。还有《红旗歌谣》中的《小篷船》，也有一番清新的意境。

轻音乐的题材、内容应该是多种多样的，有的是山珍、海味，有的是青菜、萝卜，也要有葱花、辣酱，它们所发生的功效各不一样，有些滋养一些，有些则间接促进身心和谐。人们于工作之余，听一些优美的牧歌、小夜曲，或者秀丽的舞曲，也能解除精神疲劳，调节身心的张弛。

轻音乐艺术是音乐艺术中的轻武器，是医药中的普及剂，它是配合交响乐、大合唱、革命歌曲等构成一个整体。这类品种中，有很大的部分是相近于美术中的山水、花鸟、装饰图案之类的东西。这些东西，论其作用有点相近于医药中的仁丹、清凉油；论其功能、特点，它不像交响乐那样，多半是"一本正经"来命题设色，也不像大合唱、歌剧那样更长于体现庞大曲折的内容。有绝大部分的轻音乐，如舞曲、小夜曲以及某些逗趣小曲，是作为充实和丰富人们生活中的多方面要求而存在的。我们反对那种认为"轻音乐不应和不能反映重大题材"的论调，而同时，我们也应很好利用轻音乐的各种特点，把它善长于表现的多方面题材加以分析、研究，并给以支持，使之茂盛起来。

8. 我是"修正主义分子"?

1963 年初，我被调去参加中央歌舞团担任艺术指导访问苏联、罗马尼亚、波兰、蒙古等国回国后，正当周巍峙同志将调任文化部副部长并监管艺术局、群众艺术司等工作，要我担任艺术局局长。我提出"艺术局工作，特别是抓各院团的创作，我可以担负，但最好不要公开我的职务——什么艺术局局长，我是专写'音乐评论'的，做了官不好说话，不便写作，而述评则是我的命根子，最好不要公开!"周巍峙同志同意了还调了东方歌舞团团长戴碧湘当副局长，说："行政事务，一切有他管"；这样从三月到九月大约六七个月。

当时文艺界讨论阳翰笙同志的《北国江南》问题已开始见报。

10 月初，吕骥同志找我说："你的文章，有许多问题，现在通知你，要在中国音协批判检讨。"我一听，的确感到大祸临头，走投无路! 我说："我的文章有什么大问题呢? 如果真有什么大错误，我可以在文化部进行。"我在音协什么工作都没有，连常务委员都和李元庆、张文纲三人一同早被音协解除了我什么都不是，只是一个普通的会员，而我的工作关系一直在文化部，今年还担任艺术局局长。如果我有什么大问题，应该在文化部处理。

吕骥同志一直再三坚持："必须在音协进行批判、检讨。"我争执了很久，推不开了，只好十分痛苦的参加音协会议，接受批判。开会时，领导开会的主席说："这个会是批判李凌的修正主义言论，一定要把李凌批透、搞臭，李凌要好好受批判，不准诡辩。"我一听，问题严重了，又是收集材料、定性、定罪、批判那一套，和黑五类在一起了。精神上压力很大。

会上主要是说我写过关于乐团演出贝多芬的《第九交响乐》的问题，说贝多芬是什么阶级的音乐家，他的《第九交响乐》表现的是什么，李凌居然把它说成是"我们梦想了几十年，才得以实现"，我们是无产阶级的战士，肯答应吗？

就这样开头，后来还把我写的《南洋杂忆》中要上海市恢复从前的社会教学，个人请教师上门辅导的社会音乐多轨制进行批判，说什么"人家早把资产阶级尾巴割掉了，李凌又提倡把尾巴安回去"。

其他如"音乐的民族风格"、"轻音乐"、"广东音乐"、"民族音乐遗产"……等，分别指定由专人发言，关于"民族音乐"、"轻音乐"、"流行曲"……等问题都不提我的看法和分析，大多是笼统地说："他的实际是想混淆是非，卖他的'修正主义'货色"。

一个个批判后，我始终默默地听批判做记录，心情非常沉重。最后，我说："我没有彻底转变立场，认真把自己改造好，还一脑子资产阶级思想，我要好好接受同志们的批判，认真考虑，真的脱胎换骨，重新做人，以求新生。"会上定了我为"修正主义分子"。《人民音乐》、《光明日报》、《文艺报》、上海《文汇报》……等报刊发表了四五十篇文章批判我的错误。有的文章还写明"反革命修正主义分子"。

后来，李元庆同志来向我说："我很抱歉，我是被分配发言的，人家说我李元庆发言'雷声大、雨点小'，我能说什么呢？

我和你的观点一模一样，我们常在一起，谈得很细致，在哪一点大不相同呢？"我说："我会理解，算了，不多谈了。"张非同志也提出："是臭的你把他搞香了，它慢慢也会臭起来，是香的你把搞臭了，日后他一定会恢复他的香味，硬搞会有什么后果呢。"

1964 年 10 月，音协批判我的"资产阶级修正主义思想"时，那些执行批判的人都不是针对我的文章里所具有的问题来逐个揭露，硬是把我的罪名定为"以轻代黄"，就是说"以提倡轻音乐为名，而私底下是偷偷贩卖黄色音乐"。

我接受了批判，被锻了奇罪，不久就被指派去江苏参加"四清"了。在江苏句容县的北山小队一个贫农的家里住着，心情很不好，常常做恶梦，但我对工作还是任劳任怨地去做的。

我和陈子信、黄奎弟、杨秉荪、王酩、魏启贤、陈儒等工作的很好，但也感到有些社员对某些生产队有些不够实际。陈子信同志提出，像北山一队 20 户人家，耕地面积不到 200 亩，有许多田还是山岗，只能种红薯，去年大家够吃，还有余粮，哪里还有上万斤给小队长私分呢？我们应该注意。

1965 年 5 月，江苏省的领导江渭清同志，也知道四清中有些地区普遍搞过了头，有些逼、供、信的案子做不下去，就在四月底把大家调上来。

1965 年 6 月，我从江苏句容搞"四清"运动后回北京，在北京东安市场见到了周扬同志，他见了我就说："我正到处找你，见到你，很高兴，我看过了音协送上来的关于你的问题的材料，我觉得没有什么大问题。你回去结合'四清'写一篇二三百字的短文寄给我，我给你在《人民日报》刊出。"果然，不多久，《人民日报》上刊出了我的短文，还在署名前添上了"中央乐团党委书记"等字，就是说李凌还没有被打倒，还任乐团党委书记。

不久，"文化大革命"开始，整整十年都在被管制，监督劳动改造。1976 年 8 月，音乐研究所要我去那里报到，几天都没有什么工作。我就写信给领导说："闲着不好过，我可不可以研究广东音乐。"信去了如石沉大海。

　　过了一段时间，唐荣枚同志到我家告诉我："你还提出要研究广东音乐，我孩子说，研究所的领导人要他监视你。说'李凌是管制使用，以后有什么情况要及时汇报。'你要小心，不要太天真了。"我很感谢他关心我的命运。

第三交响曲　劫后情思

1. 拨乱反正的问题

十年动乱，失去了许多可敬的朋友……之后，在第四届文代会上，新友旧交见了面，大家都非常高兴，有的还相互拥抱，大家并没有因我戴过"修正主义"帽子而有所见外。焕之同志和我又相见了，大家相对微笑，庆幸彼此都还活着。我不由想起两句古诗："唯有庭前镜湖水，春来犹发旧时波。"

1979 年，新音协改选，焕之和我被选为音协副主席，相见机会多了一些。不久，有人告诉我，焕之同志在《人民音乐》刊物上为我被打成修正主义分子写了文章作了平反。

一个人，有时最不好过，不是自己突然被无辜被打成"修正主义分子"，随着岁月的磨炼这事已经过去十多年。当时在会上主持会议要把我打成"修正主义分子"，并高声说"要把李凌搞臭"的人并不是焕之。如今不是主事人的他居然出来为我平反，为我说公道话，使我深埋在心底里几十年的委屈、苦楚，一下子竟无法承受这沉甸的情谊，使我想起来就忍不住要落泪。我不敢请人去找焕之的这篇文章看看，我深信他一定会真诚的、实事求是的为我翻案。当我把这些经过和我的老伴汪里汶说起时，她说："最好能把焕之同志这篇文章拿来看，可以进一步知道真情。"我也觉得有道理，就由她和中国艺术研究院音乐研究所文彦同志联系，请她设法代我去找这篇文章。时隔不久，文彦同志辛苦地查到了焕之同志于 1979 年 12 月 15 日写的《"修正主义"辨》一文，并把复印件寄来了。文章是这样写的：

辨者，明辨是非也。

最近翻阅一九六四年至一九六五年的《人民音乐》，使我回顾了当时讨论音乐革命化、群众化、民族化的时候，接触到社会主义音乐文化建设中的各种各样的问题，有不少很好的意见和比较透彻的论述，但也有一些观点和问题的提法是有所偏颇，值得进一步探讨的。

其中，对李凌同志的一些音乐论述，展开了全面的批判，最后归结为"修正主义思想"，"成为了资产阶级的代言人"，甚至"兴风作浪地助长着资产阶级思想的发展"。真是"上纲"够高的了！今天看来，这些批判不但过火，而且是错误的。

譬如，关于创作上如何贯彻党的"二百"方针问题，李凌同志认为："……对各种各样的题材（重大的和一般的）和各种各样的形式（轻音乐或'重'音乐），只要是有益于人们的身心健康，有助于满足人们的生活需要，都应该得到支持，把它放在应有的位置上。"这不是说得很好吗，有什么不对呢？只不过没有写上"社会主义革命与建设"字样罢了。是的，这一来可就被"无限上纲"为什么"忘记了阶级斗争"、"忘记了有香花和毒草之分"等等。我不理解：既然"丰富人民群众的文化生活"、"有助于满足人们的生活需要"，又怎么能说它是为资产阶级服务而不是为无产阶级服务呢？难道李凌同志所说的"人民群众"是属于资产阶级范畴的吗？

这就是在"左"的倾向成为指导思想的时候，许多有见解的正确观点都被带上"修正主义"的大帽子，不少优秀的抒情歌曲也被打成"歪曲社会主义社会"的毒草了。像《马儿啊，你慢些走》、《送别》（电影《怒潮》插曲）和《九九艳阳天》……等等，都是当年受批判的对象。

李凌同志在一篇文章中，推荐了一首山水诗《北海桥头》，诗云：

> 是谁荡起那扁舟，轻轻地绕过楼台，
> 木桨儿一不小心，划破水上云彩。
> 啊，这是云，是水？是天，是海？
> 站在北海桥头，看北京十月风光，
> 水天成一色，一片和谐。

这样一首优美的抒情诗都被指责为缺乏"时代精神"、"引导人们脱离现实"。到底什么是"时代精神"，什么是生活的"现实"呢？难道站在北海桥头看风景，赞赏一下美好的北京十月风光，就都"没有一点革命者的气味"，而只有在词句里填满了"沸腾"呀、"激动"呀、"昂扬"呀、"战斗"呀，才是社会主义，而"一片和谐"的美反倒成了"资本主义"了？那么，试问：社会主义的风光就不应该有"一片和谐"吗？社会主义时代的人就没有权利去欣赏美的、去享受美的风光吗？

艺术创作题材和形式的丰富多样是艺术创作的普遍规律，这个规律的形式也是艺术的社会功能的体现。任何时代、任何社会制度下产生的文学艺术作品，都同无限广阔的社会生活有着多方面的、紧密的联系。我们党所制定的百花齐放、百家争鸣的方针，正是符合艺术发展的客观规律的。列宁同志说过："绝对必须保证有个人创造性和个人爱好的广阔天地，有思想和幻想、形式和内容的广阔天地。"邓小平同志在第四次文代会上的祝词中说："围绕着实现四个现代化的共同目标，文艺的路子要越走越宽，文艺创作思想、文艺题材和表现手法要日益丰富多彩，敢于创新。"

很明显，李凌同志在六十年代初期发表的一些音乐论著中所表明的艺术观点，其基本精神是符合党的"二百"方针的：除了提倡文艺创作题材的多样化，提倡写些爱情的、山水花鸟的题材，提倡写些轻音乐之外，还就表演艺术方面提倡"情真意深"，就音乐教育方面提倡大力培养尖端人材，提倡向群众普及世界各国优秀的音乐艺术，并反对音乐评论上的简单、粗暴、贫乏、偏激等。这些问题，在音乐为四个现代化服务的今天，仍然是要继续深入探讨并急待解决的课题。至于什么是音乐美学上的修正主义思想和资产阶级思想，很有必要进一步弄清楚，要澄清受"左"的倾向所搞乱了的是非界线，以利于发扬音乐评论上的科学与民主精神。

果然不出我所料，当老伴大声地一句一句地为我这个半聋半瞎的老人念完这篇文章后，真使我感动不已。焕之同志是经过认真阅读了从 1964 年～1965 年大量的有关所谓批判、"讨伐"我的文章，细心地摘出他们论断我的种种"罪行"的要点，合情合理地逐一为我辨护，并得出了这样的结论。"今天看来，这些批判不但过火，而且是错误。"他以真挚、质朴的笔锋，呢喃细语地把各个问题，实事求是地为我辨解、为我呼冤、为我平反。我听后内心久久不能平静，深感有这样的朋友是很幸福的，我深深感谢他。

2. 关于轻音乐问题

1980 年前后，港台舞厅的流行歌曲在大陆的歌坛流进来，无孔不钻。有些人不分好坏，大力传唱，推波助澜，狠命介绍推广说："要是我们不向港台的流行歌曲学习，很难解决我们和群众接近的问题。"（东北沈阳音乐座谈会上发言，还写文章在报刊上发表。）我看到这个问题需要深入研究一下，就写了下边七篇论文：

1.《音乐艺术的社会功能问题杂谈》；2.《音乐和群众》；3.《音乐论坛漫笔》；4.《轻音乐杂谈》；5.《再谈轻音乐》；6.《轻音乐的词和曲》；7.《抒情歌曲随谈》。

十年动乱，乐坛比较混乱。"文革"后有一批青年作曲家如施光南、王酩、谷建芬等写了一些新创作，比较有新意，艺术性也较高，曲调上活泼新异，敢于推开一些束缚和禁忌，开阔向前。广播电视部根据社会上对这些歌曲的反映，出了15首群众喜爱的歌曲向全国推广，大受欢迎。但当时有些人硬是看不惯，起来反对，认为他们"不要党的领导"，就另外选了12首推广，而群众并不欢迎。广播电视部也出来说："我们广播电视部是由中宣部领导，怎么说我们不要党的领导呢?"

其次，港台方面的流行歌曲也大量在群众中流行。许多人对这些流行歌曲中的黄色歌曲非常反感，但也无法阻止它泛滥。在这时刻，上海朱逢博出现了。她敢于迎接这种革新风气，要把有些适合于现实生活需要的、柔美的、行腔委婉的歌曲，唱得有情趣一些。她除了一般群众爱唱得老歌之外，新的如《祝酒歌》等也拿来广泛地演唱，连刘淑芳唱的印尼民歌《宝贝》都敢于使用另一种意趣来演唱，而且让人感到也还合适。

但当时也有一部分同志认为她的歌风有问题，于是在报刊上提出意见。后来我特别听了朱逢博举办的独唱会，那次她唱了28首歌曲，对中外民歌作了介绍。因为是独唱会，节目不少，她的才能的各个方面得以尽情表露。我听后还同乐团的一些表演家商谈过，大家也觉得她很能用情，演唱比较认真，肯分析各个歌曲的特性，肯于琢磨，能够抓住并很有力地表现出歌曲的特点。尽管她还有某些不足，但不是未经过广泛研究最好不要轻易就把一个歌唱家全部否定。可以提出要求，帮助她更好地走向成熟。我就写一篇辩解的文章《一个有争议的歌唱家——谈谈关于朱逢博的歌唱》的文章。后来贺老碰到我也提出了这个问题。我作了一些辩解，我说："我知道你有意见。你说她唱歌是否认真，是否肯于琢磨，大胆设想。如果她有什么不足，或者不适当甚至过火的地方，我们可以提出批评……。"他没有再提，这个问题不了了之。

经过十年动乱后，1980年在沈阳召开的东北音乐汇演，又有人在大会上提出"最好不要提什么社会功能问题"。后来还有同志在大会上发言说："你们不向港台流行歌曲学习，就无法改变你们和群众的关系。"还提出一定要"模仿"，"认真学一学"。我们同去的北京同志都希望出来发言，我又写了《要取法乎上》等几篇文章。

现在，我把我第一次对于轻音乐的问题的文章，听了朱逢博同志演唱的评论刊印出来让同志们看看，究竟应如何定论，由同志们作出冷静、合适的断语。

（1）抒情歌曲随谈（1979年）

1979年2月《歌曲》编辑部最近在北京、天津等地召开了几次工人音乐爱好者座谈会。文化部及音协也举行了在京歌曲作者座谈会。大家对于目前缺乏较好的抒情歌曲意见较多，工人音乐爱好者强烈要求，希望今年多介绍一些优美的抒情歌曲。他们说："现在群众的音乐生活很贫乏，是一个低潮，不是群众不爱唱歌，而是大家想唱歌而好歌太少，只好不唱了。"他们认为，"许多歌曲，一是旋律不优美，二是内容太枯燥、单调"，"群众要求歌曲曲调优美。只要歌曲的曲调优美，歌词又生动，就会不翼而飞了。"工人们还说："工人的兴趣是多方面的，雄壮有力、抒情的，宁静优美的等等都需要。民族危亡的时候需要唱《大刀进行曲》，现在不是那种情形了，下了班唱歌还像上班那样紧张，恐怕不行了。"

歌曲作者（包括诗词和音乐作者）也有他们的苦衷。造成目前这种状况原因是多方面的，而主要是江青一伙对抒情歌曲的扼杀。江青在"文化大革命"刚开始时，就把《宝贝》等歌曲指为"十大软歌"，是毒草。1969 年，张春桥下命令通知中央广播电台，除了他们指定的八首歌曲外，其他歌曲一律禁止广播。其后还说什么"从国际歌到样板戏，中间是空白"，更是把一切歌曲都一网打尽了。

这种流毒至今还没有肃清，我们的一些同志，不知不觉还在传播。因此，进一步把抒情歌曲的问题加以讨论，是有必要的。广大群众的音乐生活，包括两个方面：一是欣赏音乐，一是自己演奏或歌唱。无论是欣赏（包括去听音乐会）也好，自己弹奏、歌唱也好，除了有时集体演唱一些进行曲风格的东西外，主要还是抒情优美的音乐（包括轻音乐），其中特别主要的是抒情歌曲。

抒情歌曲的范围是很广泛的。从内容来看，有抒革命之情的，如《延安颂》、《纪念碑》；有抒新生活之情的，如《克拉玛依之歌》、《马儿啊，你慢些走》；有表现青年爱情的，如《九九艳阳天》、《花儿为什么这样红》等。从歌词和曲调来说，要生动、活泼、深情、优美、耐人回味。

我国的抒情歌曲有悠久的历史，也有高度的艺术水平，像最早《诗经》中的：

> 关关雎鸠，在河之洲。
> 窈窕淑女，君子好逑。

这首简朴的爱情歌曲，在古代流传很广。汉魏六朝的《子夜歌》也是很有名的，多是南朝时在长江下游民间中流的歌曲，词有许多段，都是写得优美，极富有想象力的。

> 自从别郎来，何日不咨嗟？
> 黄蘗郁成林，当奈苦心多！

> 夜长不得眠，明月何灼灼！
> 夜闻欢唤声，虚应空中诺。

　　唐代诗人写了不少优秀的抒情曲，如王维的《阳关三叠》：

> 渭城朝雨邑轻尘，客舍青青柳色新，
> 劝君更尽一杯酒，西出阳关无故人。

　　这首歌曲的词意和音调（曲调可能是后人改写的）都异常情深意切、依依恋念，每每使听者为之泪下。又如他的《秋夜曲》：

> 桂魄初生秋露微，轻罗已薄未加衣。
> 银筝夜久殷勤弄，心怯空房不忍归。

　　这首抒情曲象是描写宫女的委屈、心境凄凉之情，刻画入微。蘅塘退士认为，"非深于涉世者不知"。李商隐的《无题》也是脍炙人口之作：

> 相见时难别亦难，东风无力百花残。
> 春蚕到死丝方尽，蜡炬成灰泪始干。
> 晓镜但愁云鬓改，夜吟应觉月光寒。
> 蓬山此去无多路，青鸟殷勤为探看。

　　这首诗词，大概是描写封建社会里恋爱不自由，也有认为是隐喻作者的处境。

　　此外如金昌绪的《春怨》："打起黄莺儿，莫教枝上啼。啼时惊妾梦，不得到辽西。"描写闺中人望夫的心情。李益的《江南曲》："嫁得瞿塘贾，朝朝误妾期。早知潮有信，嫁与弄潮儿。"表现商妇的怨情。王昌龄的《闺怨》："闺中少妇不知愁，春日凝妆上翠楼。忽见陌头杨柳色，悔教夫婿觅封候。"抒述闺中人悔恨自已把丈夫送去远方做官而虚度青春的幽怨。这些诗词有些是直书，有些是隐喻，有的是正面描绘，有的则侧写横述，手法多样，用词也异常讲究，吟唱起来委婉曲折，极堪回味。

唐诗中有许多是歌曲的歌词，其中有些注明是《乐府》诗，如高适的《燕歌行》，王维的《洛陌女儿行》、《渭城曲》、《秋夜曲》，李白的《清平调》、《行路难》、《将进酒》，杜甫的《丽人行》、《长江头》，王昌龄的《出塞》、《长信怨》，杜秋娘的《金缕衣》等都是入乐歌唱的。后来才把专为乐的叫词（或叫"诗录"），词可以说是《乐府》的发展。词在唐代就兴起，最初大多是描写男女爱情的，如刘禹锡的《竹枝词》：

> 杨柳青青江水平，闻郎江上踏歌声。
> 东边日出西边雨，道是无晴却有晴。

这是一首为船家姑娘而作的情歌，其中"晴"字是双关语，隐喻爱情的"情"。据说，这种《竹枝词》是南国民歌，作者当时被贬到郎州做官，吸取当地题材和曲词加以改写的。白居易的《浪淘沙》词：

> 借问江潮与海水，何似君心与妾心。
> 相情不如潮有信，相思始觉海非深。

像这样优美的抒情曲是太多了。唐诗除着重写爱情（特别是温筠庭写的最多）外，也有抒爱国之情的，如王昌龄的《出塞》（《乐府》）：

> 秦时明月汉时关，万里长征人未还。
> 但使龙城飞将在，不教胡马度阴山。

这首《出塞》曲是马上调，也写得很深沉。而王之涣的《出塞》：

> 黄河远上白云间，一片孤城万仞山。
> 羌笛何须怨杨柳，春风不度玉门关。

则表达了当时士兵对朝廷不关心边塞的艰苦生活的怨恨。

词人宋以后，经苏轼的提倡，题材扩大了，接触到了社会生活的各方面，风格也起了变化。原来唐诗是偏于柔美、委婉，而苏轼的词多刚健毫放、气象宏阔，如他的《念奴娇》。陆游的《诉衷情》："当年万里觅封候，匹马戍梁州。"；辛弃疾的《水龙吟》："渡江天马南来，儿大真是经纶手？"等都是气概轩昂而又抒情性极强的作品。这些词牌在当时可能都是有曲调的，但而今，只有姜白石的词曲并且比较可靠之外，岳飞的《满江红》曲调是否是当时原作还未经考证。

姜白石是词作者，也是作曲家。他善吹箫，"曲多咏孤山梅"，他比较讲究格律，略嫌拘谨，但他的《过垂虹》还是比较清新活泼的：

> 自作新词韵最娇，小红低唱我吹箫，
> 曲终过尽松陵路，回首烟波十四桥。

抒情歌曲的题材是很广泛的，有些是生活剪影，有些歌山、颂水，也别有情趣。例如李康成的《采莲曲》：

> 采莲去，月没春江曙，
> 翠钿红袖水中央，
> 青荷莲子杂衣香。
> 云起风生归路长，
> 归路长，那得久？
> 各回头，两摇手。

它巧妙地描画出少女们在劳动时的天真愉悦的心情，归路虽长，但总要分别的，只好互相招手表示依依不舍之情了。

古代诗词曲作者描写风、花、雪、月之作不少，有许多是没有多大意思的，但有不少也是很有意义的。这点我在《词、曲、表演》一文中已有详细介绍，这里只想提一提陆游的《卜算子》(《咏梅》)：

> 驿外断桥边，寂寞开无主。
>
> 已是黄昏独自愁，更著风和雨。
>
> 无意苦争春，一任群芳妒。
>
> 零落成泥碾作尘，只有香如故。

这首《咏梅》是他遭受迫害后不能为救国效劳的怨闷之作，虽然有些消极郁悒、孤芳自赏的心情，比起他的《金错刀行》："呜呼，楚虽三户能亡秦，岂有堂堂中国空无人？"；《关山月》："遗民忍死望恢复，几处今霄垂泪痕"；《示儿》中的："南师北定中原日，家祭无忘告乃翁。"等那种慷慨激昂、深沉痛惜的诗词要逊色一些，但是《咏梅》写得还是别致的。民间歌曲中优秀的抒情歌曲不少，如最早的《有所思》中的：

> 闻君有他心，拉什摧烧之。
>
> 摧烧之，当风扬其灰。
>
> 从今以往，勿复相思。

描写一个姑娘对不忠实的爱人的痛恨，写得直率、痛快。又如《上邪》：

> 上邪！我欲与君相知，
>
> 长命无绝衰。
>
> 山无陵，江水为竭，

冬雷震震，夏雨雪，
天地合，乃敢与君绝！

　　这首歌歌颂爱情的忠贞，除非一切自然规律都变了，连天地都合在一道，否则爱情永不磨灭。近几十年来，音乐工作者收集了大量的民歌，像《玛依拉》、《马车夫之歌》等曲调新鲜、泼辣；像《半个月亮爬上来》、《阿拉木汗》等清新、活泼；像《三十里铺》、《兰花花》、《五哥放羊》等委婉、深情；像《槐花几时开》、《赶牲灵》等温柔、优美。

　　其他如《流浪之歌》、《茶子花儿黄》、《姑苏风光》、《凤阳花鼓》、《老天爷》、《苏武牧羊》、《小白菜》、《顶硬上》、《平沙落雁》等，有的表现人民生活的苦难，有的控诉社会的不公，有的歌颂民族的气节，有的描写祖国山河风景的秀丽，有的倾诉人民的哀怨等等。这些歌词内容丰富多彩，笔调写得平易近人，不一般化。曲调新颖、别致，各有各的风趣，可以说是世界上少有的。

　　我国近几十年来的音乐作品，也有不少比较优异的抒情曲，如早期的《湘累》、《悲秋》；后来的《教我如何不想他》、《玫瑰三愿》、《海韵》；抗日战争前后的《梅娘曲》、《再会吧，南洋》、《铁蹄下的歌女》、《夜半歌声》、《流亡曲》、《赶豺狼》、《日落西山》、《丈夫去当兵》、《黄河颂》、《黄河谣》、《大丹河》、《延水颂》、《嘉陵江上》、《纪念碑》；歌剧《白毛女》中选曲、《淡淡江南月》、《凭良心》、《五块钱》、《茶馆小调》、《跌倒算什么》等等。

　　解放后也出现不少好的抒情歌曲，如《一道道水来一道道山》、《盼天下劳苦人民都解放》、《没有眼泪没有悲伤》、《洪湖水，浪打浪》、歌剧《红霞》中的选曲《红梅赞》、歌剧《红珊瑚》中的选曲、《小二黑结婚》中的选曲、《苦菜花》中娟子的独唱曲、曲剧《柳树井》选曲、《赛里木湖畔起风浪》、《远航归来》、《九九艳阳天》、《花儿为什么这样红》、《克拉玛依之歌》、

《马儿啊，你慢些走》等等。

这许多内容多种多样、曲调五彩缤纷的抒情歌曲，光耀瞩目，深情动人，说明我国的抒情歌曲创作是很有成绩的。

解放以来，我们在"二百"方针指导下也介绍了许多外国的比较优秀的抒情歌曲，以丰富人民的音乐生活并作为我们音乐创作借鉴。像《安东尼达罗曼斯》、《伊凡苏萨宁》中的咏叹调，《月亮颂》、《为艺术，为爱情》、《二勇士》、《晴朗的一天》以及亚、非、拉和各国较好的民歌等。这些实践是应该充分肯定的。

近百年来，中华民族处在大动乱之中，处于半殖民地半封建社会的苦难之中，我们出现了众多的像聂耳、星海以及许多作曲家创作的战斗歌曲，这是非常可贵的，这是我国革命时代的"一代歌风"。聂耳、星海都死得很早，连他们自己也感到学得不够。因此还要我们继续努力，使这"一代歌风"发展得更充分、完美才行。"一代歌风"是中华民族近百年的战斗生活的客观反映。我们的进行曲、大合唱、抒情歌曲，充溢着革命豪情，新鲜，活泼，是值得我们珍视的。我们应该继续发扬这一优秀的艺术传统，在四个现代化的进程中发挥它的作用。

同时，对于我们过去所创作的比较抒情、优美、风格多样的艺术也要加以发展，要以更新更美的手法来描绘今天人民新的精神面貌，要写得"动情"、"动心"，曲调要悠扬、优美、引人入胜。听众对于《祝酒歌》、《花儿为什么这样红》、《送上我心头的思念》等等非常喜爱，不是没有原因的。

其次，新的社会主义的抒情歌曲也应该有我们的特点，它不同于旧的，也不同于目前国外某些流行歌曲。无论在思想内容上、风格特色上，都应有我们自己的特点。学习古代、学习西洋，以至学习"流行歌曲"，都应该用马列主义、毛泽东思想的观点来进行分析研究，批判地选择，其目的主要是用以丰富我们新的抒情歌曲，使之更为多姿多彩，带有更高的艺术性。

抒情歌曲目前不能满足人民日益增长的需要，好的抒情歌曲不多，这是事实，造成这一事实的原因很多。其中主要是江青一伙对社会主义文艺的破坏所造成的。在这方面，我们还要深入批判，不批判就不能解放思想，冲破阻碍。是非不清，一定会束手束脚。比如最近有人问："我们是否都是洋死人统治舞台呢？"还有人把《铁蹄下的歌女》和"软歌"混为一谈。这些同志是好同志，但他们没有看清"洋死人"的音乐也是有好有坏，好的如鲍狄埃的《国际歌》、苏联的《快乐的人们》、俄罗斯的《囚徒之歌》、《伊凡苏萨宁》的咏叹调、《安东尼达罗曼斯》等等。让《国际歌》等好的歌曲在我们的舞台演出有什么不对呢？

其次"软歌"和"硬歌"只是歌曲的一种特点，本身并没有政治上的好坏之分。"硬歌"中有好有坏，"软歌"中也有好有坏。像前面所提及的抒情歌曲，绝大部分都是好的"软歌"，有些只表现爱情也是比较健康的，而《支那之夜》、《满场飞》、《到处吻》是坏的"软歌"。江青一伙所炮制的许多"硬歌"，却恰好是反动的极坏的"硬歌"。

关于抒情歌曲是否要加上"革命的抒情歌曲"的标题呢？我个人没有多大意见。我认为凡抒健康之情，抒对人民有益之情，包括抒要求恋爱自由和爱情忠贞之情，以至对山、水、花、鸟之情，从广义来说都对革命者是有意义的。其次，人民群众要工作，也要休息，也要娱乐。有些抒情歌曲，特别是一些优美、健康的轻音乐，说这些东西是革命的比较牵强，但它们对恢复疲劳、增进人们的身心健康是有意义的。列宁说过，无产阶级的文艺"绝对必须保证有个人创造性和个人爱好的广阔天地"。我们提倡抒革命之情，同时也允许抒一切健康的无害之情。把抒情歌曲的题材、形式扩大，也就是更广泛地发挥抒情歌曲对革命生活的作用。

要改进抒情歌曲的现状，在总结抒情歌曲的得失之外，还须从以下几个方面努力：

1. 深入生活。人民的生活是丰富多彩、不断变化的。公式化、概念化音乐作品的产生，根本原因是作曲者对广大人民的生活观察不深、不细，没有掌握生活的脉搏，也不了解当前人民对音乐的要求。

2. 认真学习民族民间音乐。我国的民族民间音乐也是非常丰富的，其中有不少抒情优美的东西可以作为参考。不少音乐工作者记录了许多民族民间音乐，但研究工作跟不上，这就需要我们的诗人、作曲家真正深入挖掘。这个工作是很艰苦的，常常是沙里淘金。没有民族民间音乐这可贵的乳汁的滋养，要想写出有民族特色的被广大人民所喜闻乐听的抒情歌曲是很困难的。只有经过辛苦的研究，选取其精华，经过自己的消化、酝酿，才能孕育出带有民族特色的新作。没有这个"拿来"是不行的。

3. 向外国的抒情歌曲学习。要扩大眼界，要广收博取，没有这个"拿来"也是不行的。鲁迅说过，"没有拿来，文艺不能自成新文艺"。不广不博，就难提高，竹竿式的高是有限的，只有拥有广宽深厚的艺术基础，才能克服创作上的贫乏化和简单化。对于国外的流行曲也要学习研究。大家对于新近在国外流行的轻音乐、轻歌曲是有争论的，的确，这些东西中有不少醉生梦死、颓废、堕落的内容，这是无法否认的。

但是，"流行歌曲"中也有一些是比较健康的。对于一些有问题的，也不要害怕，只要我们头脑清醒，加以分析就行。要慎重地研究和了解它们哪些是坏的，哪些是问题不大的，哪些大致还是健康的；研究这些歌曲中有哪些因素是让人爱唱的，群众为什么喜好这些曲调，这些因素有哪些对我们是有用的，哪些是不足取的，等等。

外国的轻音乐也在发展，有许多手法，比如曲调的多样化、伴奏的轻巧等方面，不能视而不见，更不要害怕。而是应以敢于入虎穴的态度去分析研究，慎重地吸取其中可用的东西，加以改造。

对于向"流行歌曲学习"，我们有过几次经验。在抗日战争前，黎锦晖的"流行歌曲"在一部分青年中流传很广。当时有人主张把他写的《桃花江》改为《黄浦江》，填上"黄浦江是敌人窝，敌人千万个，可比不上我们多"的词，也刊印传唱了。但因其旧曲的思想内容和曲调情趣是轻佻、淫荡的，配上抗战歌词，唱起来令人感到啼笑皆非。这些"流行歌曲"的产生、写作有其社会根源和思想根源，它是代表在日本法西斯侵略中国的民族危机面前不敢反抗、只求醉生梦死的一部分人的思想情调，是和我们当时要争取民族生存的广大人民的思想相违背的。但它采用了一些民间音乐曲调，旋律比较流畅、顺口，因而易于传唱。后来一些音乐工作者抓住这一特点，采用民歌配新词，如《王家庄》、《凤阳花鼓》等，或利用民间音调创作新歌，如《保家乡》等，很快就代替了这些不好的"流行歌曲"。这也说明了有些不好的"流行歌曲"，其所以能引诱一部分青年，除了坏的思想内容以外，还有某些吸引人的因素。如果我们对这些东西加以分析研究，慎重地选择其可取的特点加以改造，作为我们创新曲的借鉴，这还是可以的。

4. 要发展抒情歌曲。除了解决上述几个问题以外，要提倡个人创作的独创性，要敢于标个人创作之新，立个人创作之异，要大力改变歌刊上那种"千音同形，万声同形"的现象。在确保个人的独创性之下，还要提倡个人创作上的"曲曲自别"，每个曲作要有各自的特点，提倡创作上的动情、动心，要提高抒情歌曲的艺术性。

我们提倡演唱家要努力推广一些好的抒情歌曲，但首先要作品本身有情可抒，演唱家才乐意介绍。当前，演唱家在细心地发现一些较好的抒情歌曲，广大的演员是抢着唱的。为什么呢？用一句"抢热门货"能说清这个问题吗？在正常情况下，凡是优秀的抒情歌曲都会受到听众的热爱，甚至"不翼而飞，不胫而走"，这不能不引起我们词曲作家的深思。

抒情歌曲问题的提出是及时的，我希望通过讨论一步步深入，从思想、内容、题材、体裁、风格、技巧、手法等各方面问题入手作详尽的探讨是很有意思的。目前，这个问题还只是开了个头，最好能本着"二百"方针的精神，解放思想，展开广泛的争鸣，并认真学习一切有益的经验，通过实践，通过演出，征求广大群众的意见，才能从根本上解决这一问题。有些青年在一个时期里传唱一些不够健康的"流行歌曲"，这一方面须有引导，而更重要的是用好的抒情曲来代替它。不破不立。但只破而不立，也是破不了的。只有边破边立，创造大量好的抒情歌曲来满足青年对音乐的迫切要求，才能使青年音乐生活走上健康之路。

这几篇文章刊出之后，许多人对于我关于轻音乐艺术问题的看法表示赞同，但有不少人有意见，后来有人要我检讨，我除了1964年被迫在音协检讨，作了违反自己意愿的发言外，再也没有做过检查。我认为我写这一系列的文章时，是肯于思考、分析、研究的，我自己觉得比较大的错误是没有的，基本上是符合"唯物辩证法"的。我比较重视毛泽东同志在《矛盾论》中所提出的："凡在一个具有几个以上的矛盾的事物，首先应该找出这许多矛盾中的主要矛盾，抓住这个主要矛盾后解决了，其他矛盾就可以迎刃而解"的指示，从事物的的本质上去解决问题。用这种观点观察、分析事物，一般都能抓住这问题的本质。当我反复思考这些方面解决的问题，我一般都不随意反复改变。特别像那些四面迎合、八面玲珑的事，我是不大干的。我不希望做鲁迅先生所指责过的偷梁换柱、装腔作势那种论敌的俘虏。我会以无情的揭露和撕破他的嘴脸，给予狠狠的打击，不论这种隐蔽的或不隐蔽的做法。如果不与这种恶劣作风作斗争，对这种恶劣作风妥协，就是对那种败坏恶劣作风的保护和纵容，就是对音乐论坛的不负责任，而不是对诚恳、民主讨论和严肃、友善的争论、批判的保护。

要是恳切地针对争论，严格指出某些错误或者某些方面的不足，我是非常愿意听取的。我以为自己观察问题不是时刻都那么周到、正确，错了我就改正。我的确曾经把不少评论顶回去，有人对我说过："你很坚持你自己的意见，很倔强！"这点我承认。因此，对许多问题，我以为既然经过深入思考是对的，或比较对的，我总坚持。有时候我说："我怕什么呢，我什么帽子没戴过？"沈阳军区的艺术处长郭杰老友，还有几个知友常劝我。我也知道，这些朋友是真正关心我，可是我的性格不易变化，有点"本性难移"！于是赢得苏夏同志所送我的别号"文锋未钝老犹争"，我把它改为"文锋虽钝老犹争"了。我深信，我自傲的心思不多，我的确夹着尾巴做人，却还"动辄得咎"，承受奇罪，常常胆战心惊地写作，尽量争取少得罪人，少犯错。

但当我遇到我认为必须说，和我应该说的问题，只要多想的深一点，我是从不计较得失，说错了就改！我认为，我也不是什么傲气不傲气的问题，我之所以写了那些争鸣的文章，仅仅是一个做音乐评论的工作者起码的必须具备的责任感和态度而已！

关于轻音乐的文章，另外还有一部分是在"东北音乐座谈会"后写的，因为当时有人提出，对音乐艺术的社会价值问题发生争论，我就分别逐个问题作了一些申述，这些文章全都是讨论轻音乐的。

（2）一个有争议的歌唱家——也谈关于朱逢博的演唱（1979年）

五六月间，女高音歌唱家朱逢博在北京举行六场独唱会，受到广大的听众及电视广播爱好者的注意。一个独唱音乐会像这样受到欢迎，可以说是不多见的。

对于朱的演唱，"有各种各样不同的议论，一种意见是认为她唱得不坏，虽然还有某些不足，但也是百花中的一朵花……一种觉得唱得太花俏，有些歌曲处理得过于做作，作风不够正派。还有人建议召开座谈会来刹一刹这种风气"。（见《北京音乐报》）

究竟如何看待朱逢博的演唱？我认为她百折不挠地往前走，兢兢业业、刻苦用功、肯于探求，取西洋唱法之长，填民间唱法之短，并且一步步使两种唱法在民族、民间的歌唱基础上巧妙地结合起来，并努力使之融汇贯通，应用到实践上来，比较协调而又能自成一格。尽管目前还不十分高深、精湛，还需要不断发展，但毕竟是难能可贵的。

广大的（一大部分）观众对她的演唱之所以寄以热爱，大概有下列几个主要方面：

一、演唱得比较认真。对于一首歌曲，即使别的歌唱家已经唱出一个模型，并取得了相当的效果，但她并不满足于别人已有的创造。她仍肯细心研究，通过自己的理解和体会，以剖毫析厘的精神把这首歌曲处理得异常细致，而带着自己的心得和特色。像她唱的《祝酒歌》、《红杉树》、《您好》（苏丹歌曲）、《平原，我的心》（委内瑞拉歌曲），《五木摇篮曲》（日本民谣）都雕刻得比较精密、细致，而富有感情。

二、投情较深。她唱歌很会用情，总是力求做到设身处地地把自己的心境和歌曲的要求密切结合，埋得较深，并能使情感融入歌音中，每每是"未成曲调先有情"，使歌声融情而出。因此她的声音一出来就能把听众吸引住，使人在音里声间感受到她的歌音融情的魅力，亲切而动人。

许多听众听惯了一些声音很美也很嘹亮，但唱什么都是一锅温汤，不冷不热、不甜不辣、非痛非痒的歌唱，一旦听她那"歌欢则声与乐谐，唱戚则音与泣共"之音，当然会爱戴，这也是很自然的。

三、肯于琢磨。她善于利用语音的转折，行腔的紧、弛、强、弱、高、低、缓、急以及音色的各种变化来体现情趣，应用自己的声乐技巧悉力使歌唱表演有起伏。而在歌曲的语句、段落和整体结构上也有较周密的安排。

她的声音基本上是嘹亮、优美的，声量不算很大，演唱方法是"半土洋"。论技巧，高音不够充实，高而强音的转折不够柔美，稍欠光彩；渐强到渐弱，或渐弱到渐强，还缺乏功力。但因为她练得刻苦，唱得认真，她是悉力以赴的，并注意识性别格，使得每首歌曲各有自己的个性。她在演唱上又敢于独创，并达到一定的高度，创出了一条自己"独树一帜，别具一格"的新路。这可以说是我国近年来，在声乐艺术的百花园中出现的一朵新花。

我认为，她比较专注于演出一些轻巧、优美的通俗歌曲。她说："我没唱过外国歌剧里的咏叹调之类的作品，怕我的基本功不能承担。"她用接近于轻艺术的风格来丰富我国的声乐艺术实践，这点没有什么值得非议的。相反，倒是值得大力提倡。这方面我们正存在一个大缺口，说得刻薄一点是"空白"。不幸在某些人的脑海中还是一个"禁区"。

广大人民群众喜欢聆听一些通俗、轻巧、优美、亲切的抒情歌曲，包括抒革命之情的像《梅娘曲》、《渔光曲》、《日落西山》、《祝酒歌》和《花儿为什么这样红》、《草原之夜》等。现在出现了一个这样的歌唱家，而又有人喜欢听，上演六场（有五场是一千八百人）而不衰，是少有的。我觉得像朱逢博这样的歌唱家，不是太多而是太少了，出的唱片、录音磁带也少得可怜。

朱逢博通过演唱歌颂了社会主义建设，沟通了国际文化交流，介绍了不少有特点的各国民间歌曲，以其一定的艺术造诣满足了人民的文化生活的需要。这是不应忽视的贡献。

朱的演唱并不是完美无缺的。它的斑瑕在哪里？

对她的歌唱，我是有过意见的。1978年文化部举行的民间独唱会演时，我曾写了《半土洋》一文，其中提到朱的歌唱"有些地方，略嫌过于做作"。刊出时编者删去了，但我仍按原样收在新出版的《乐话》一书中。但那次只听她唱了九支歌曲（其中应观众要求，加唱了六支歌）。今年5月，我有机会听了她的整个独唱音乐会，唱了28首歌曲。这次音乐会基本上展示了她对中外民歌及新作等四个方面的歌唱艺术，由于比较集中，印象深一点。对她艺术创造中的问题，有一些新的感受。

她的缺点首先是对有些乐曲的思想、气质注意得不够，理解得不深。我很同意一位记者（见《北京音乐报》第二期）的意见。比如《向台湾亲人问候》，这首歌曲是表现大陆姐妹对台湾妇女的关切和对祖国统一的盼望。这样的主题，在作曲上运用现在这样的音调和手法本来已近于轻浮，而她在演唱上又加重了这种情调。她唱的《宝贝》有自己的设计，这是可以的。她唱得很认真但略嫌做作，脸部表情（看电视时特别显眼）过多，在适体、适度上注意不够。这里也看到她对一个歌曲的思想、内容、情感和人物的身份把握不准，对于歌唱的复杂、细致与纯朴之间的统一关系思虑不够。有人对于她的处理感到过于穿凿，恐怕与此有关。

我想，艺术是通过具体、细致的刻画来创造艺术形象，歌唱家主要是在歌音上下功夫，至于表情、动作，稍作烘托就可以了。"不是不要雕刻，不要动作，但失之过甚，就会适得其反"。

目前，音乐界特别是声乐界对朱逢博的演出有所议论，这是很好的，也是正常的。朱逢博的演唱有其优异的地方，也有其不足和缺点。"掩其所短，扬其所长"是可以的，"隐其所长，责其所短"，作细致分析，帮助她成长，也是应该的。当然，更好的

177

就是"指其所短，扬其所长"，这样对于新生事物好处会多一些。

记得鲁迅先生对当时不够理想的译作有过这样的意见："我所希望于批评家的，实在有三点：一、指出坏的；二、奖励好的；三、倘没有，则较好的也可以……不过我们另外还有一种相反的脾气：首饰要'足赤'，人物要'完人'。一有缺点，有时就全部都不要了"。(《关于翻译》)

我总觉得，要开创一条新的健康的抒情曲、轻音乐的道路是非常急需的，但是也很困难。一、过去我们虽有传统，但不够宽阔、深厚；二、在有些人的心目中，轻音乐总是低一等或者是不屑一谈；三、从它的通俗易懂、轻快、活泼、有情、有趣、优美、顺畅等等来说，一搞不好容易流于轻佻，甚至被说成是"黄色音乐"。

关于高低、贵贱问题好说。鲁迅先生对于当时有些人攻击他是"杂文家"、不能登大雅之堂，他说："如果艺术之宫里有这么麻烦的禁令，倒不如不进去。"只要唱的是对革命有利，对人民的身心健康有益，算不算"真正声乐家"那是次要的。倒是风格的问题比较艰难、费事。唱得四平八稳、一本正经不易动人，唱得过于委婉、柔美、细腻、妩媚又容易流于浅薄。而且"格调"一词有时是易于明白，有时也弄得很"玄"的。什么"越往南越嗲"，一个"嗲"字就把南国（长江以南）的戏曲音乐都一网灭尽了。

因此，对于扩大传统和提高轻音乐、抒情歌曲的品格，仍然是发展这项艺术的关键。这得有众多的作者（目前是犹豫的多，动手的少），得有大量演唱、演奏者，并且要在政治上、艺术上给予应得的地位。而特别重要的是文艺工作的领导，对群众这方面的实践需要有个正确、全面的认识，有点雅量，首先别忙于砍杀。当一种新的花朵出现时，要摧残、砍伐是很方便的，但要使之茁壮成长，就要浇水、施肥、耕耘、锄草、防虫害……冬天还要晒阳光，这是够千辛万苦的。如果一有不足，一有斑瑕就被抛弃，或大兴杀伐（指提出要开批判会来刹一刹这股风的作法），这决不是领导或批评者的正当态度。

朱逢博的演唱尽管有其不足，但确是另一品种的新花。如果引导她发展得更健康，逐渐克服不足和弱点，多研究纯朴、深沉的音乐，多探讨民间真挚、纯朴的表演，注意思想气质，不断改进提高自己的演出风格，是很有前途的。把抒情曲、轻歌曲唱好，唱得深刻，唱出水平，唱出风格，也是不容易的。只要继续实践、颠扑不灭、兢兢业业地努力下去，一定会有结果的。

有些"桃花不及李花白"，"牡丹不似米兰香"的意见，不要介意，见仁见智，在所难免。要经过自己的思考而取舍，不自满也不要自弃。要记住鲁迅先生的话："世上爱牡丹的或者是最多，但也有喜欢曼陀罗花或无名小草的。"只要不是毒草，就顽强地生长吧。它也是人世上不可缺少的一种艺术。"天道酬勤"，辛劳是不会白费的。

（3）广泛讨论轻音乐问题

最近，几个年轻的朋友一再向我提出近两年来乐坛上一些理论问题，他们收集了不少他们认为值得探索的资料，希望我能参加他们的讨论，我高兴的同意了。

其实，对于近一二年的乐坛现状，我曾断断续续发表过一些感想，登在《音乐周报》和其他刊物上。但那多是即兴之感，比较零星，如今能够比较集中的研讨几个问题，对提高自己的认识，是会有好处的。但是，我们几个人都比较忙，只能断断续续地进行着。其中有问难，有争论，也有存疑和反复，我们的讨论虽有不少是围绕某院刊的文章，但也兼及其他，因之没有指明出处。本文只是我个人在讨论中的感想，也只是一孔半孔之见，望能引起更多的朋友的关心，得到指正。

关于"亲吻政治"、"亲吻道德"是值得厌恶吗？

近几年来，相继出现"音乐离政治越远，就越有久远的生命力"的论调。其后，大量出现"淡化政治，淡化生活"的提法。今年夏初某某音乐报刊又冒出了"亲吻政治、亲吻道德"是使人厌恶的……

建国以来，我们音乐创作上、音乐理论上，对政治和艺术的关系上是存在问题的，有些音乐家较早就提出过可取的意见，都被认为有错误而遭到批判。但我认为，当时的音乐创作、表演在直面人生，主动地反映人民的政治斗争和建设生活，本身没有什么差错。其中的问题，只是如何反映，是写中心、演中心，仆从式为政治服务，还是更宽广、更艺术化，多种多样地反映建设生活，如何才能发挥更大的艺术效果。

我一直认为，我国艺术传统中所倡议的"诗言志"、"文载道"没有什么大错。用新的说法来说，"志"是建设更幸福的新社会的意向；"道"是以辩证唯物主义观察世界、指导实践。"言"这样的"志"，"载"这样的"道"，有什么值得攻击呢！

是的，我们过去的实践中有过缺点，也有失误，那么失误之处在哪里？有些什么主要毛病要克服？这要清醒，不能不分青、红、黑、白瞎反，瞎打倒。

任何文化艺术总有思想内容和艺术形式问题，由于品种的差异，有的是直接、具体一些，有的间接、抽象一些，有的明显一些，有的便于以隐喻出之，但都无法回避这两方面的要求。过去的过错（"四人帮"利用艺术搞阴谋除外）是在"言志"、"载道"时出现了一下几方面的问题：1. 是简单化地对待政治与艺术的关系，仆从式地为政治服务，比较狭隘地服务，发展到高峰就是"写中心"、"演中心"。2. 是不重视艺术的"言志"、"载道"，不注意艺术的规律、特点和艺术的多样化。3. 是只强调音乐的教育意义，忽视艺术的娱乐意义。但是，我们有些论著对既往的过错缺乏分析、研究，简单化地归纳为和政治发生关系之败，从这一极端走到另一个极端。4. 只强调艺术的本体意识，提倡远离政治，甚至厌恶政治，厌恶道德。5. 只强调娱乐，不加选择的大量介绍港台夜总会式的流行歌曲，和创作一些低劣的庸俗的东西，而排斥过去有意义而优美的歌曲和民间音乐和外国古典音乐。

这种实践实际上是倒污水而连宝贝都倒掉了。"言志"、"载道"是宽广的，"志"和"道"的目标是使物质文明和精神文明高度发展。凡能促进人们身心健康的音乐生活都会对建设新中国有所增益，这点我在《音乐艺术的社会功能问题杂谈》中已作了较详细的论述。

过去对这个问题有过比较狭窄的看法，谈爱情视为禁区，连上演贝多芬《第九交响乐》都认为罪过，这是不对的，需要改正。而其根底，主要还是政治观念太左，没有看到以真正、广泛的政治观念来对待艺术，对促进社会主义建设的意义和作用。

有些论者说我们受了儒家传统的"乐政"思想支配，我自己也不知道是不是如此。但我认为，我国传统的文艺思想，"言志"、"载道"也不是完全是狭隘的。唐、宋不狭隘，其后也不完全是狭隘，就像大家指责最多的孔子提倡"以乐辅政"，还主张过"放郑声"吧。其实他删诗歌，留在《诗经》中就有不少是情歌、生活歌曲，就是郑、卫的民歌，也很有几首。其后韩愈、柳宗元、白居易、欧阳修，他们都是提倡"唯歌生民疾"，但他们创作还是比较宽广的。

当代的鲁迅、郭沫若、茅盾等人是主张艺术为人生的，他们的实践也是比较宽广的。鲁迅在民族革命战争的大众文学中就说得很清楚（见后），他还说过"好玩"也有好处的意见。因此，如何使我们从狭窄的观念中走出来，真正探索出一些医治政策、方法，而不是又走极端，这是非常必要的。

我认为扩大音乐艺术领域，提倡多层次、多方位的走向，最大可能满足各阶层各行业的人民大众多种多样的文化需要，调动各种各样的积极因素，并充分发挥音乐艺术的多种功能，"百货中百客"，任由广大群众选择，这非常重要。

"言而无文，行之不远"，就是说言论、文章、著作如没有文彩，是不会流传久远的。任何文化艺术，缺乏艺术性即使思想内容再好也是缺乏力量的，也是站不起、经不起时间的考验的，也是不会有社会效益的。

雪莱说过，"即使真正高尚、美丽的理想，如果俨然以教训者的姿态出现在作品里，而不是艺术化的创造，结果无论什么为人之道的精僻理论，尽管它们理该结出幸福的果实，结果都会好象是被撒在交通大道的种子，会让来往的行人无意中踩成灰尘了"。

要是"言而无文"，即使在行政措施或某种机缘下一时轰烈，很快就像烟尘一样，过后就会消声灭迹，一点也没有被保留下来。这一痛苦的经验是不应再被忽略的。

只讲经济效益不管社会效益，会导致音乐艺术走向邪道。近两年来，由于党提出加强经济建设，要搞社会主义的商品经济，又由于艺术流通也会纳入商品流通轨道，有些人就不加分析地提出"音乐就是商品"。个别文化领导者大谈什么"只要抓住商品经济这一环节，提倡自由竞赛，优胜劣败，就会一了百了"。他们不去分析研究物质生产和精神生产的质的差别，把商品经济那一套套到艺术上来。不坚持四项原则，不提要在一出好作品、二出人才、三好作风、四精密的经营管理这几方面进行竞赛，唯赚钱是图。不谈政策，保护什么，提倡什么，容许什么，反对什么，也不谈什么法制，对纯娱乐性的艺术不征收高税。他们所办的报刊整天宣传什么艺术商品、自由竞赛、优胜劣败，不能维持就让其自生自灭。在我国目前广大的人民群众的文化素质、音乐水平这样低下的情况下，没有政策，不加区别地一律把它抛向艺术市场，其结果自然会导致一切优秀的音乐艺术如交响乐、合唱、独唱独奏、民族音乐必然枯萎，从而呈现了"优败劣胜"，只有流行歌曲旺市的惨局。为了抢利，导致一拥而上、粗制滥造、不管职业道德，也让一些低劣的黄色音像制品侵入市场。

有些现象是很有意思的，比如我们文学界有一位一再主张淡化政治、歌颂朦胧的文人，在报刊上互相吹捧，骂这个骂那个，其刻薄的程度是少有的。然而，在刚过去的"暴乱"中，这位"精英"却成为暴乱中不那么淡化、不那么朦胧的败类了。的确，历史常常会给人开玩笑，它会无情地把这些"精英"的真实面目暴露在光天化日之下。也就是说，他们所淡化的只是共产党的政治主张，社会主义思想、原则。骨子里所崇拜的是什么呢？其实，他是有他的"志"和"道"，不过和我们所追求的不一样而已。

总的来说，我对"反对音乐和革命政治、生活建设发生关系"是不以为然的，我虽然从前因提倡在重视思想教育的同时要加强艺术修养，使高尚的理想和高度优美的音乐形式结合得更好而遭到批判，但我并不后悔。因此，当音协在广州开会讨论，有人提出了"音乐离政治越远就越有生命力"，要我也去出出气，我拒绝附和。我总觉得，某些主张淡化政治、厌恶政治，连道德也厌恶的人，其中可能有些人一时弄不清楚，但也不免有些是"口是心非"或别有用心。政治目前还不吃香，且不谈它吧。道德呢？就总体而论，它是任何社会的政治、真理的辅助力量，是一种社会风气的保护力量，是社会舆论和制裁。试问哪一个社会没有自己的道德标准，连道德都不要还成什么世界？

关于"阴盛阳衰"、"女性化"风格的畸形发展是一种"合理病态"

我的确无法理解，我们的论者为什么要把任何艺术本身就应具有的两种美的不同风格对立起来。如果说，我们过去有过只强调刚强风格，忽视柔美风格的探索和发展，或者过去曾有人把它对立起来，如今只好把它反过去另走极端，这恐怕也是失当的。

关于艺术风格，比较有系统的论述较早见于司空图的"八体"、"二十四种"。清姚姬傅把它归纳为阳刚、阴柔两大类。此外，陈望道在《修辞学发凡》中又把它分为四组八种。音乐家徐青山在《溪山琴况》中对古琴风格提出二十四论的意见（以上见拙作《歌唱艺术漫谈》引录）。

我认为总括为两大类也无不可。这是艺术本身所带有的两方面的风格特点，可能因为时代的变化和具体需要，有时出现这一类或那一类的风格的作品多一些；有时也可能因为地区、民族的风尚和习染，而出现这类或那一类的风格多一些，如"燕赵多慷慨之歌"（这可能是由于战乱频繁造成的）、"南国多柔美之音"。但其总体，也总是两方面的风格同时存在，相映成趣的。

一个作曲家或演奏家的风格要受到他本人的阶级、个性、喜好、艺术修养、世界观、审美观所约限，同时也要受到时代、民族（有时还受到地区）以至艺术流派的影响。但不管怎样，艺术本身所要求的刚健、豪放和慰藉、柔婉这两类风格都不应排斥。

从历史发展这一角度来考察，当社会兴旺或急剧变革的时期，由于政治、经济、人心的要求，比较偏重于以思想敏锐、情感充沛、设想奇特、辞藻绚烂的文风来反映时代的要求和风貌，文风多"气势雄浑、宏伟壮丽，音调果敢劲健、清新活泼、华丽多姿"。

其次，当国家民族面临灾难的时刻，一方面存在着因政治衰败而引起一些消极、逃避现实思想，出现不少柔弱、哀婉、悲伤的文风；一方面也出现以救国救时的志士所提倡的刚健、雄豪、勇于抗争的文气，以表达与他们的意志相适应的活泼、劲健的笔风。"建安风骨"是宋末陆游等所追求的文风，以至抗日救国的文风、歌风多慷慨、雄豪，大抵如此。正如刘勰在谈到"建安风骨"时说，"观其时文，雅好慷慨，良由世积乱离，风衰俗怨，并志深而笔长，故梗概而多气也"。

尽管当时在总的发展上有所偏重，而华丽多姿应是上升时代所应有的追求。所谓"华丽多姿"，就是刚健、豪放、慰藉、委婉，同为体现其意气风发，丰富复杂的艺术美，不可偏废。刚健，豪放有刚健、豪放之美，慰藉、柔婉也有自己的美。虽然由于各个作家的个性、修养、审美观不同和时代、民族的影响，而有所偏重。但任何作家也不是只有一种笔风，只认可一种风格。世称陶潜的文风是"通脱、静穆"。当有人说，陶是"通身通脱，不沾烟火"。鲁迅就说，陶潜有过"刑天舞干戈"，并非那么周身通脱。

陆游处在南宋末代，当时宋徽宗赵佶荒淫失国，由于陆游的爱国思想要求，他写了众多的慷慨激昂、悲壮雄豪的诗词。直到老年，在逆境悲凉时，还写了他年收复祖国山河，"家祭无忘告乃翁"。但是他有过像《钗头凤》这样抒述他对从前的妻子唐婉的恋情，词调委婉哀怨、如泣如诉、如怨如慕、沁人肺腑。刘克庄在《后村诗话续集》中说到，陆词"其激昂慷慨者，稼轩不能过；飘逸高妙者，与陈简斋、朱希真相颉颃；流丽绵密者，欲出晏叔原、贺方四之上"。他对陆的华丽多姿的风格文采是比较称赞的。

和陆游同时代的爱国志士辛弃疾的文风被认为雄奇阔大、瑰丽宏伟，偏于刚健、豪雄，笔势纵横，境界恢阔，宏放不羁。但他整个创作也是绚烂多姿，他承继苏轼所开拓的宏大的词风，又兼收李清照的清新秀丽。刘克庄说，"大声镗鞳、小声铿鍧，扫空万古，自有苍生以来所无，其秾纤绵密者，亦不在小晏、秦郎之下"。许多人都认为，辛词以豪放为主但又不限一格，沉郁、明快、飘逸、妩媚兼而有之。

就是世称创辟"气慨豪迈，雄伟健劲"，突破"词为艳科"

（"词缘情而绮靡"）传统，反对浅斟低吟、脂香粉滑词风的苏轼，他的确有过许多如"大江东去"（《念奴娇》），"明月几时有"（《水调歌头》）之类的笔气纵横，不受约束（陆游认为他"豪放不喜剪裁以就声律"）。但这种独创的雄豪文风并不是苏诗词的全部，他的《江城子》（"十年生死两茫茫"）是为悼念死去十年的妻子而写的，情调凄切哀婉，"情感真挚，思致委婉，感人殊深"。我年青时特别喜欢他的《蝶恋花》："花褪残红青杏小，燕子来时，绿水人家绕枝上柳绵吹又少，天涯何处无芳草。墙里秋千墙外道，墙外行人，墙里佳人笑。笑渐不闻声渐渺，多情却被无情恼。"念得烂熟，欣赏他那委婉、俏皮的笔调。他的《卜算子》："缺月挂疏桐，断人初静，时见幽人独往来，缥缈孤鸿影；惊起却回头，有恨凭谁省，拣尽寒枝不肯栖，寂寞沙汀冷。"写得清凄委婉。王士祯评为"恐屯田（即柳永）缘情倚靡，未必能过，熟谓东坡但解作'大江东去'耶！"这也说明，任何一个有作为的词曲作家不会只要绝对化、只是片面化、只限一格而排斥其他。也就是说，"阳盛"了"阴"也不该"衰"。

回看近代作曲家，如聂耳、星海、贺绿汀、黄自……尽管各人的风格有所主副，但也决不是只用一把刀子，一种调料，一种味道。聂耳有过《义勇军进行曲》，也有《梅娘曲》；星海有过《枪口对外》，也有《风》；贺绿汀有过《胜利进行曲》，也有《秋水伊人》；黄自有过《旗正飘飘》，也有《花非花》。其他如瞿希贤有过《全世界人民心一条》和《全世界无产者联合起来》，也有《牧歌》和《把我的奶名叫》；施光南有过《饮酒歌》和《打起鼓儿唱起歌》，也有《吐鲁蕃的葡萄熟了》和《伤逝》。

对于俄罗斯的柴科夫斯基的音乐，我国有不少音乐家是比较熟悉的，也比较喜欢他的作品。或者说，熟悉他的音乐比对我国古代的音乐名家的音乐多得多。从他的《如歌的行板》重奏曲中，他那种有深度的缠绵柔美，悠长的行板是沁人心扉的，转调以后的段落一起一落，是多么撩人心弦，好像柴科夫斯基是专于体现哀怨、柔婉的艺术。但是他的第四、五、六交响乐，变化多大呢?! 特别是《第六交响乐》，它的副标题是"悲怆"。当然，悲剧的形象贯穿全曲，但是在许多段落中常常充满雄赳赳的剧烈的抗争。一方面是如泣如诉的音乐在反复，一时又动荡不安的剧烈的战斗，并转入雄劲的胜利的欢歌，你会感到激动、摇撼的轰鸣。他的《天鹅湖》舞剧，有不少人听了莫斯科音乐剧院的演出，也有人看过大歌剧院的演出。其中有苦涩的黑天鹅和妖魔的音乐，而更多的、变化万千的是王子及白天鹅的优秀、欢腾的艺术。四个小天鹅活泼的舞曲连许多中国少年都会唱了，音调非常广阔，有悲哀、优柔的东西，也有激动、欢腾的乐段，有苦涩、清新的音调，也有轻扬、欢快的旋律。又如他的歌剧《奥涅金》，全剧的音乐起伏很大，忧伤、哀愁、欢乐、激动频繁，每个人物各有特点。单从《连斯基的咏叹调》看（《遥远，遥远》），旋律就变来变去。连斯基的爱人奥尔迦初次碰到浪荡不羁的游子奥涅金，他随手挑逗了连斯基的所爱，顺手牵羊地把奥尔迦搞到手，又毫不负责把她抛掉。当连斯基知道后，不得不用决斗来解决他的愤怒和尊严，到最后，他是在决斗的激动中倒下的。

　　总之，历史上有些音乐家有些偏重某种风格特长是有的，但一个音乐家决不是只有一种声音，只有优柔，而把激昂、奋发抛掉!

　　我最初接触柴科夫斯基的作品是他的行板《温柔如歌》。这首缠绵悱恻的音乐道尽对温情的眷恋，特别是转调以后的音节一起一落、一张一挫，是多么撩人心绪。从他的爱情的不幸、他的性格来推想，应该是长于哀怨、柔婉的艺术了，而他的《热情交响曲》、《悲怆交响曲》的剧烈、刚毅的音响，远远超过同时代的其他作曲家。他的评论，笔风也是咄咄逼人的。

　　又如贝多芬，从长相、体态、对人处事的性格，都是独往独来、不易被俘虏、驾御之辈。他的"英雄"、"命运"、"第九"中许多乐段都是足以说明他的乐风是刚毅雄豪，汹涌澎湃，震撼环宇。但这些具有雄伟豪迈的乐曲都有许多委婉、深情、清秀、柔美的，或者是哀悼、悲沉的艺术相衬托。《欢乐颂》一出现，那管乐就以排山倒海之势引入主题，而中段却插入一段朦胧、缥缈、轻纱一般的天使之音。

我曾玩过他的小提琴《克罗采奏鸣曲》，第一章是野马式的，奔腾、豪迈之音。而第二章那甜美的音调，妩媚迷人。托尔斯泰曾从他的音乐中触发起兴思，写了一部小说，我国译名为《克罗采长曲》，讲述了一男一女在排练这首奏鸣曲时，因为两相迷醉在这段深情的音乐之中，两颗心都溶和在一起了。粗野、吓人的贝多芬的心竟然也能柔情到这个地步，在一些只要刚不要柔，或只要女性化而害怕男性化的论者看来，多么不近人情呢。但偏见每每是不易对上号的。

肖邦，大家都说是温婉、柔美的化身。当时有人为此而指责、贬谪他，他却回答，"但愿我能更温馨一些。"是的，他写了大量妩媚、柔情的音乐，但他的《波兰舞曲》、《革命练习曲》怎样呢？有人说，卡拉扬的强烈、刚劲是下顿的，因为先沉下去才强起来就更为深沉剧烈，有雷霆万钧之势。肖邦的刚毅之音，有时比那些浮在表面的响亮要激烈、深邃得多……不说了。

我们的论者对以往的创作不加分析，一概指为只要阳刚，并一定要"绝响"，这实在是冤枉。像这样简单化的论断，一转而主张"阴盛阳衰"，以女性化为时代特点，强人走上另一极端，放弃华丽多姿、千仪万态的要求，这样来更新观念行得通吗？融刚柔于合体，这是艺术本身的需求。任何艺术的本身都不能全面直统统的一股劲到底，软、硬、曲、直、阴、阳、强、弱、快、慢、粗、细、显、隐、起、伏……这是物质和精神。世态反映出来的两个侧影，应用多种多样的笔调风格来表现丰富复杂的世态，也是为求加强艺术对比取得更高的效果的需要。如果艺术创作没有对比、没有冲突、没有起伏、曲折……不应用多采多姿以丰富自身，它本身就带有无可弥补的缺陷。特别是一部巨著，如果只是一个调门、一种面相就很难引伸下去，也缺乏效果。

艺术上所谓"全响不响"、"全墨不黑"、"此处无声胜有声"、"若要白，多用黑"，这种辩证性的艺术效果，在美学上的妙用经验，就是从对比和辩证关系中产生的。我们的论者要更新观念，从善意角度来说，就是要挽救以往的偏激。但我认为，以偏激治偏激，恐怕很难击中要害，也治不了这些弊病。

这种单纯从一时的表面现象对整体缺乏周密的思考而得来的论断，不管我国复杂的现实斗争，不管社会生活的曲折、多变，不顾民族音乐的丰富多采，不照顾到广大人民群众多层次的多种多样的审美需求而开出的药方，我看不仅很难生效，也容易把音乐艺术引上邪路。用"阴盛阳衰"来刻划当今的社会的伟大面貌不感到差强吗？

我认为，任何个人的独创，以至地区、民族的独创风格是应该保护的。所要注意的只是"过刚则直，过柔则靡"而已。刚有刚美，但过刚就变成硬直、呆板、光秃秃、硬绷绷、了无趣味，没有效果，难惹人爱，行不远流不宽。柔有柔美，但过柔就容易陷入轻飘颓废、淫靡妖冶，对人们的身心健康没有好处。真理多走一步就成谬误。任何好的刚、柔，弄得过分、走上绝对化，都会远离原来的意趣和价值。

当然，个人风格还要受到时代现实的约限。我曾提过，我国从十三中全会后走上以经济建设为中心任务，社会实践发生巨大的变化，文化艺术在内容、形式风格上也会随着现实的变迁而有所发展和革新，急需以一种新的风姿来反映新的现实。人们从长久的、急剧的战乱生活中转向比较安定的环境，就需要多方面的情趣、风格以充实自己多方面的文化娱乐需求。

但是，近代中国刚从半封建、半殖民地的深渊中解放出来，直至社会主义建成，走进共产主义社会高级阶段，还有很长的、艰巨的历程。就是再用十年能达到小康水平，五十年赶上发达的国家，而在这前进途中还会有曲折、失误甚或有血污，仍要艰苦奋斗。这一任务是非常吃力的，恐怕要比过去还要花费更大的精力才能实现。而在这一段日子里，不管在政治上、精神风气上，主线条恐怕还应是意气风发、百折不挠，基调还应是奋发精神、砺精图治，风格是乐观、清新、活泼，而不应是"阴盛阳衰"、尽情享乐。古语说，"忧劳可以兴国，逸豫可以亡身"就是提醒我们，不是鼠目寸光，稍有余裕就得偷安且偷安享福，事实上也不会让你偷安。君不见在"暴乱"中曾经演出过的"联军"入京，又在指手划脚、联合制裁吗？当然，我们会告诉他们，再像以往那样一吓就软下来任由摆布的时代已过去了，这恐怕也是吃过"奉之弥繁，侵之愈急"的亏的教训吧。

其次，我们的家底即使异常顺利，也还要尽力奋斗、减少失误，在世纪末争取达到小康水平。这事天真不得。比享乐，比安适，恐怕还不能提为主要需求。

当然，我们所说的时代特色还应根据现实的发展而不断更新、扩大。我们一方面更新、扩大刚健、豪放、清新、活泼的风格，也应珍视柔美、委婉、纤细、含蓄的风格。须知开门见山、剑拔弩张、奔流直泻、一碧万顷和含蓄隐秀、藏锋不露、旋回荡涤、呢喃细语各有其魅力，我们应该努力来创造一些新的柔美秀丽的东西以丰富整个的艺风。

要知道，艺术上这种刚柔并用、互相烘托、互相补充是不应缺少的。特别是一部巨著，没有对比、没有矛盾冲突、没有烘托，一竿子硬到底、软到底，总是跛脚的。像"黄河"主调是慷慨激昂的，如果没有《黄水谣》、《黄河怨》相配搭，就难以显出其雄伟、宏大。如果《黄河船夫曲》后段没有"我们看见了河

190

岸"那种轻松、愉悦的音调以转换、穿插，《怒吼吧，黄河》中没有"五千年的民族"的悲哀、抒情音加以对比，那么音乐本身的艺术效果就会大大削弱了。又如以柔美称著的"梁祝"，也因有了"迫婚"才能使整首乐曲的情绪有起伏。这种相互烘托，相得益彰的妙用是归于美学的需要，也是人对现实生活丰富多姿的美感需求。

有笑就有哭，有喜就有忧，反过来有哀就有乐，有悲就有喜。这样喜悲交织、欢忧与共也常是生活的真实。为什么只让大家以一种哀丧、忧郁的面貌，对待我们还抱有坚强的信心以创造祖国美好的生活的乐观心境呢？

女性，女性，女性中可能温柔的比较多。但女性中也有梁红玉、秋瑾。世界的铁腕女首相恐怕不是容易被人左右的，秋瑾的诗词就不全是那么温顺、尔雅。有人说过，"切不可这样理解，妇女似乎缺少高尚的品德，而男子似乎缺少美。恰恰相反，倒是可以认为无论男女都是二者兼而有之"。这是值得考虑的。

"阳刚音已成了绝响吗？"我们的论者由于过分醉心于"阴盛阳衰"，过于肯定"女性化"为"合理病态"，而踌躇满志地肯定"竟使最擅长运载阳刚风格的某些体裁，差不多成为绝响"。关于"绝响"，从作者全文看，这是指绝迹，长命不了，快完蛋了。

而我认为，只要意深而又有艺术性，不管它是阳刚、阴柔都不会是短命的，美好的艺术不会一下就消失。短命的、容易绝迹的每每多是那些"时兴、滥作"，时过境迁就会换一种时髦面貌出现。当然，因为还有那种社会基础，它也总会狠命延伸。有人说，苍蝇、蚊子不会自生自灭。的确，特别下流的黄色书刊、录音录像，你不禁止它是不会自动退出历史舞台的，有时"禁也不止"。而那些对于人们有积极意义的、饱含人们欢笑和血泪的深沉而又优美的艺术，决不会那么快就会绝迹。君不见《黄河大合唱》在论者的论文面世的同时，台湾就有两个乐团在公演，只不过把"太行山上打游击"改为"黄河两岸打游击"而已。你说，正是给论者开玩笑也好，喝彩也好，这却是事实。

其次，中央乐团也正是在论者的文章发表时，献演了《飞虎山大合唱》。还有，北京出版社录制的《难忘的歌》也在同时发行。可见，有时有些预料、预判也并不那么灵验。论者也并不真是全面反"刚"，"刚"是带有坚硬的意思。论者虽一再鄙视阳刚，事实上他也并不是反对一切坚硬、响亮的东西。君不见乎，被论者所一再推捧的"覆盖了群众音乐生活的绝大部分空间"的通俗歌曲也有所谓"劲歌"吗？

我不是一概地厌恶"劲歌"，更不是一概地对阴柔的"通俗歌曲"进行抹杀。因为这项歌曲的范围比较宽广，像《读书郎》是老曲，《公婆对唱》、《摘槟榔》、《槐花几时开》是民歌，有些校园歌是很好的，有些新创作的流行歌曲也不坏，就是"劲歌"演唱，如果健康，不那么矫揉做作、张牙舞爪，有些还是可以的。

有人说，"劲歌"的特性之一就是"狂"。我认为，有时让它"狂一狂"也不要惊惶失措。不过有的"劲歌"有时也真"狂"得过分，声音逼尖、硬直，嘶哑超于极限，从事以外部动作、表情讨好观众，缺乏美感。这些我不是专为批评它。我只想说明它不是那么阴柔、温顺、恬静、隽秀。加上每唱"劲歌"，力求狂叫，扩大器又无节制，有时连耳朵的承受能力很强的人也难以应付。论性格是够劲健了，有些连被论者所责难的"阳刚风格"的已经"绝响"了的音乐体裁，也相形见拙。

论者为什么会出现这样的难以对号的意见呢？是不是也是一种观念更新和突破？论者还有一段出色的文章："在相当长的时期，我国音乐界过于热衷社会美、人工美、外在美……破坏了音乐风格的生态平衡。"

1. 社会美，过去是否过于热衷，暂且不说。如果真的热衷于社会美，一方面深刻而又艺术地介绍这种社会美，同时又针贬一切妨害社会美的丑恶世态，这种热衷是没有什么罪过的。这和同时热爱自然美，也并不相悖。但是，叫人不要追求什么社会美，连妨害建设的丑恶也厌恶别人揭露，倒是值得研究的。

2. 人工美，是和自然美相对而言的。但任何艺术都是经过选择和艺术加工而成的，天籁、自然音响不会自成为音乐结构。我倒以为，我们过去比较忽略人工美，每每急功近利、急于求成、琢雕不足、斟酌不够，因而产生大量经不起时间考验的作品。粗制滥造、急于应时。这种状况至今还未完全克服。甚至连时兴歌调、"通俗歌曲"有时也像机器印饼那样千音同声、万响同形。

3. 外在美者，是和内心美相对而言的。我觉得，不管是外在美、内心美都是需要的，灵魂不美、意志不高洁、心灵不美是可耻的。至于外在美，它是体现内在美的形式。艺术缺乏外在美，纵使有高尚的情操、深远的志趣也是缺乏力量的。这也正是我们过去所做得特别不够的。

我们的创作有不少是高尚的内容和优美的艺术形式相匹配的，但也有不少是和过去的生活面相一样，一式中山服、不修边幅、不讲打扮，把社会生活弄得过分单调、呆板。这是一点也不夸张的。

总之，社会美、人工美、外在美也好，这些正是我们今天仍然值得热衷的，只要不要过分就好。这也包括什么新兴的带有时代美的通俗歌曲。我认为论者的诊断，可能是按错了脉位了。

雅音乐，俗音乐

近来，有些论者对"三化"问题诸多指责，认为是一种枷锁。我想，这些问题是可以展开讨论的。

（一）"革命化"。有人提出，"为政治服务"已经不提，已改为"为人民服务"，"为社会主义服务"。"一首爱情歌曲硬戴上革命招牌也不相称"。

这一问题我还没有很好的思虑过，不过如果按照鲁迅对于"民族革命战争的大众文学"的解释："决不是只局限于写义勇军打仗，学生请愿示威等作品。这些当然是最好的，但不应这样狭窄，它广泛得多，广泛到包括描写现在中国各种生活和斗争意识的一切文学。因为现在中国最大的问题，人人所共知问题，是民族生存的问题。所有一切生活（包括吃饭、睡觉）都与这问题相关……懂得这一点，则作家观察生活，处理材料，就如理丝有绪，什么材料都可以，写出来都可以成为为民族革命战争的大众文学。也无须在作品后面有意地留一条民族革命战争的尾巴，竖起来当作旗杆。"如果把"革命化"这一要求放得宽广些，让一切有益于人们的身心健康的作品同为建设社会主义服务，这是非常应该的。采用"为人民服务，为社会主义服务"，决不是可以脱离政治的。

（二）"民族化"作为要求自然需要坚持。我们知道，音乐语言和语言有所不同，音乐语言中有为别民族可能了解的因素。但音乐艺术中有绝大部分是声乐艺术，基于声乐艺术和民族语言紧密结合这一特点，当中华民族（占世界四分之一人口）语言还存在，并不断发展这一因素，民族特色不但不应忽视，反而不断发展加深。论者说，"民族特色是一条落后的锁链"这一提法，我认为是错误的。我们提倡现代化、提倡学习外国一切好经验，以创作出有自己的民族特色的新音乐，但只反对全盘西化而已。

至于有些少数管弦乐作家（因为声乐作品有中国语言问题）、演奏家在自己的创作、演奏中多发展一些西方风格的音乐应该是许可的。甚至像日本个别作曲家，要在国际音乐创作耕耘，那也不必大惊小怪，因为一个国际主义者、共产主义者，最终的目标是世界大同。文化隔阂会因全世界共产主义胜利，阶级消灭，国家消亡，城乡差别消灭，体力劳动与脑力劳动差别消灭，民族隔阁消失而消失。文化的发展、交流将会更加频繁，共性要求会增加，但那是很遥远的将来的事。即使到了那时，民族、地区、个人的风格特点也还是非常珍贵的，将来也是百花齐放。而在未到达真正的世界大同时，各个民族，特别是有着悠久的音乐历史的中华民族的音乐成果还应大力发展光大，并以其特有的艺术造诣、音乐风格来丰富世界音乐宝库。因此，发扬民族音乐艺术，创作一些带有浓厚的民族特色的新音乐艺术，仍然是我国作曲家具有国内、国际重要意义的任务。这种看法，日本一部分音乐家也有同感。

（三）"大众化"一词是"五四"时代提出的。当时把传统的文言文所占的统治地位，以白话文取而代之。这是把文学艺术从少数人占有的状况下彻底改变过来，使更多的老百姓能享受文化、艺术，这是一种革命。

"大众化"也叫"通俗化"，但和目前所称的"通俗歌曲"不完全一样。尽管有人提出过"群众歌曲"的必然之路是"通俗歌曲"（即港台夜总会式流行歌曲为主要借鉴的通俗歌曲）。这种提法是值得研究的。是的，群众歌曲是比较通俗的，"流行歌曲"也是简易、便于流传的。但从其总体来说，其中有一个质的差别。即以往的群众歌曲中直面人生的、健康的居多。而"流行歌曲"在思想上着意较少，有不少是庸俗、低劣、消极、颓废、脂香粉滑的。这个"质"的差别主要不是在形式上（当然形式上也有影响），而在内容、思想气质、风格上。因此，群众歌曲是否必然走向港台夜总会的流行歌曲，就有一个是否放弃了它原来所特有的质朴、健康、向往改革的性质问题。目前有不少著名的群众歌曲作家仍然坚持他们原来的道路，没有沉醉于效仿港台夜总会的东西，这说明还有不同的看法，我认为是可贵的。有选择借鉴港台流行歌曲的某些优点是可以的，但沿着传统群众歌曲的本体革新，或参考其他健康的群众歌曲（如古曲轻音乐）中求得改革也是一条康庄大道，不会因"不学习港台流行歌曲，无法摆脱群众对你们的冷淡"。最近，《已往的歌》和《难忘的歌》受到群众欢迎，就是一个很好的说明。

是的，有不少群众在一个时期，由于鉴赏力、欣赏水平问题，加上长久地享受不到优美、温馨、柔美的音乐的抚慰，一旦接触到一些甜的东西而一时趋之若鹜，从最初《三笑》插曲到现在蔚然成风，这是有原因的。但等到他们逐渐了解，懂得优美与庸俗的区别，也就是说，当他们对美的鉴别提高，他们自己会给这些东西打分数的。英、美、法、德、意的广大受过音乐教育的群众，他们对于一些低劣的流行音乐的态度就是一个很好的说明。

我访问日本时曾想到港台夜总会式的流行歌曲是受日本影响的，也可以说日本是东方流行歌曲策源地。但是日本音乐家们比较清醒，东京艺术大学的教授在谈到这一问题时说："我们搞我们的，他搞他的。"日本歌咏同盟的指挥告诉我，他们经常和红灯区的流行音乐争群众，日本歌盟有几十万成员分布在各道（即省），每年都有大规模的联合活动，去年春节他们就举办过一次有十万零几百人参加同时又分散演出贝多芬的《欢乐颂》（我们报刊也介绍过）。

对于我国新的流行歌曲应该关心，要因势利导，这是对的。我曾经对《黄土地》插曲有过感触，觉得这种探索带有某些新的因素。但后来成为"西北风"，互相模仿并扩大其叫喊度，而不是力求独创各具特性、从美中追求，也就很快地消沉下去了。

我认为，因势利导是很必要的。要关心它，但要"利导"就首先必须清醒，不清醒就无法利导。30年代，我们对当时黎锦晖搞的舞场音乐，如《桃花江》就利用原曲改词叫《黄浦江》，我记得开头几句"黄浦江是敌人窝，敌人千万个，可比不上我们多"，由于对这首歌（特别是后段）那种轻佻、油腔滑调不清醒，

196

结果失败了。但对于歌女的关心，如聂耳的《铁蹄下的歌女》是起过作用，有几个歌女后来成为抗日战士，有的在解放后还做出较大的贡献。要看到质的差别，要有选择地参考并加以分析研究，确保自己传统优秀的部分，借鉴有用的东西，而不是仆从式地跟它走。要有选择地拿来，不是由他送来全包下。鲁迅的拿来主义很好，好的留用，不好的抛弃，不做"左"派，不做屠头，更不做败家子。投降主义地对待港台夜总会式流行歌曲毫无选择的应用，必然导致"贫穷扩大贫困，庸俗培养了庸俗"。有人感叹于目前群众音乐水平下降，中小学生多不识谱，比抗日战争、解放战争、建国初期降低了，这恐怕是事实。

对于群众的喜好，即使是一时的喜好也一定要重视，和群众对着干是行不通的。群众的喜好、意见是不是完全没有问题呢？这要分析。在正常情况下，群众的意见常常是代表真理，代表了大多数人的愿望和喜好，但在不正常的情况下就应加以分析、引导。比如《三笑》插曲出来后有不少人一时迷恋，其后某些时兴玩儿流入也饥不择食，甚至排斥一切优秀歌曲。又如最近的"暴乱"中，有些青年学生由于对我们"官僚"和不良风气有意见，这原是好的，但一旦被别有用心的"精英"所利用而成为"暴乱"，对国家造成巨大的损失了。因此，对群众的喜好和意见，在不正常的情况下就要分析，加以引导，不能作群众的尾巴。这些我在《音乐与群众》一文有详尽的论述。

群众化同时又要化群众。一方面使高级的音乐艺术逐步为广大的群众能接受，同时又不断提高群众的欣赏水平，在提高的指导下普及，在普及的基础上提高，争取逐步做到列宁所说"广大的工农，也要享受高级音乐"。鼠目寸光、只急功近利、放弃了艰苦的基础建设长远的追求，贪图表面的一时热闹，那是很难有康庄宽远的前途的。

"三化"这一口号是 60 年代初期提出的，对这一口号的解释、执行、发展和实践可以进行充分的讨论，可以各抒己见。但我认为，这只是一个总的要求，决不应把它当为选取具体作品、决定具体作品生死命运的标尺，说得明白一点，就是不能对具体作品在"三化"方面有某些不足就把它枪毙。

关于我国的"新潮音乐"，我在《朝霞闪烁》和《闲谈纪语》有过较细的论述。它是我国音乐艺术中一个新的触角，如果能不断研究、讨论、改进，它是有发展的。"新潮"的兴起，我们一方面兴奋，鼓励其大力探索，一方面又不能把它当为"已是完美无缺"。有句老话是有意思的："开疆虽不易，扩疆诚更难"，"新潮"目前也只是刚刚摸索出一条新路子，而要大成，对新中国音乐艺术做出巨大的贡献，还要越过许多崎岖峭壁、险滩，克服许多许多障碍。特别是为广大的人民所爱护，那是非常艰苦的实践，要用一代甚至几代新战士的努力才能实现。

至于"新潮"和当前"流行歌曲"有什么直接的关系，这显然是两码事。即使硬把它们扯在一起，那也是"同床异梦"的。的确好笑，的确如一些论者"对这种两难悖论的尴尬处境非但不能自察，反而极为理直气壮地挥动这两件武器向不同的对象开战，把两种截然相反的价值取向强加给当代音乐生活吗？"其次我也的确还未看出"新潮"那么愿意把"流行歌曲"那种单一风格的"突破"任务包在自己的身上，就是人家乐意承包了，而自己的单一还是单一，还得自身挣脱这种单一才有前途。

雅与俗是有区别的，即是艺术有文野，高低，粗细之分，这是客观事实。它们之间有矛盾，也是有互相补充、相互影响而发展的，像古诗经有"雅"、"颂"，也有"风"，唐诗歌中有李白、杜甫的诗，同时也有流行在民间的《子夜曲》、《杨柳青》。其次，还有像白居易那样的诗人写的比较浅近的诗歌，一般算为雅俗共赏的诗篇。

古诗经中的"雅"、"颂"和"风"，唐诗中的李杜诗作、白居易的诗与民歌之所以同时被搜集保存，或李、杜、白与《子夜歌》同时被人们所赏识，是因为经过删选，在内容上形式上符合当时的要求。至于那些所谓下流小调，如晚近的《打牙牌》、《十八摸》、《大吼三声》是被抛弃的，那些被留下来的东西就只有深、浅、雅、粗、细的差别。因此，保留下来的雅乐、俗乐的"价值取向"是有相近的因素，而且雅乐还不断从俗乐中吸取滋养，俗乐从雅乐中获得增益而向前发展的。尤其我们有些作曲家珍视民歌，格林卡、贝多芬、柴科夫斯基把民歌当为宝贵的财富，并不像论者所说那样是荒谬狂悖的。

雅、俗都有好的坏的，比如像日本侵华时期所写的交响乐《渡海圣战》和《支那之夜》。不管它是雅是俗，只要它是有毒的就要反对，这没有什么错误。我们所谓"清醒"主要是要看一看这些东西，它在内容上是不是好的，气质上对人们的身心健康有无损害，格调是否庸劣。对于好的或比较好的流行歌曲人们是欢迎的，对于无害的是容许的，对于宣扬色情的、恶劣的是禁止的，香港就禁止《金丝猫》。有些即使还带有消极因素，如《一生何求》，如有人喜欢还是可以的，只要不像××电台那样当作推荐歌曲来反复播放就好。

我们有些人，对于夜总会式的东西从内容、气质到风格不加选择，不加分析，大肆吹捧，对于过多脂香粉滑的，格调庸劣、低下的东西沉溺、迷醉，甚至把这些东西吹捧为带有"时代本质美"，并大量向少年儿童推广、灌输，我认为这做法是错误的。

近几年来，我们的音乐理论战线是比较软弱，不少报刊大多宣传报导流行歌曲和歌星比赛，的确有点覆盖绝大部分空间，同时对传统音乐诸多贬谪。但缺乏争鸣。而我们的文化、宣传部门对这种状况较少关心，也缺乏明确的方针和政策。有个别领导同志提倡"无为而治"，对属下大多严肃的艺术较少闻问，只热衷于抓文化市场，根本对物质生产和精神生产方面质的差别和不同

199

的质要用不同的方法解决不加研究，放任自流。对自己属下的交响乐、合唱、民乐合奏，独唱、独奏、歌剧、舞剧艺术的生死存亡漠不关心，甚至首先就是裁撤交响乐团、合唱团，继而导致文化市场的单一的流行歌曲旺市。加上理论工作者的推波助澜，形成不仅是音乐还包括戏剧、戏曲、曲艺的空前冷落，还说这是商品经济兴旺的必然结果而心满意足。而对于纯粹娱乐性的以营利为目的的演出，又不像其他国家那样抽收高额的娱乐税，抽低税也任由其偷税漏税。

我到过日本和意大利，这两国的商品经济按说比我们发达是必然的结果，但人家的歌剧、交响乐等就不像我们这样走头无路。连刚回国的指挥家也感到很不正常，而我们个别领导却心安理得，毫不痛心。对于这种状况，不是没有人提出意见。许多老艺术家曾忠心耿耿地陈述自己的感触，提过意见。但个别的领导不但不加研究，还说"吾爱吾师，而吾更爱真理"，打了回去。难道这些同志的意见一点都不值得听吗？

报上说，上海有一个培训未来歌星的艺术团招收少年歌手，只招几十个，而投考的达几万人，由父母陪着去报考。我不知道这些幼儿的父母所醉心的是什么，这些幼儿完全年幼无知，过早就把他们抛向这条路上，目的只为了能赚大钱，这种追慕好不好？这样几乎全社会性的拥向"阴盛阳衰"，我的确想不清，甚至怀疑单靠这样单一的"阴盛阳衰"能否担当起那应该是意气风发的四化建设的格局，是否能和那种兴旺的气概相适应。

有人劝我，"你这老头子最好少说几句"，有时我也真的耐下性子不想说了。"老"大概是不中用了，老人多顽固，老保守，但看到一连三四年中，广大的同行处于困境，连国家一流的中央乐团合唱团投闲置散，没有排练的场地……无人过问，呼救无门，求生不易。而有些有权者对这状况却视而不见，闻而不过问，说是"少干预"。看到有人承包，大肆庆祝一番之后便从此一了百了。好的艺术，高级的艺术，能这样一了百了吗？列宁是怎样对待莫斯科大歌剧院呢？难怪北京人艺就不听他这一套了，而以提高质量来谋出路。

余　论

颇见几篇关于谈自律、他律、多律论的文章，这可能和唯心、唯物，一元、多元论有关系。但此事话说起来怕颇费唇舌，而这些问题交战了千多年还在扯皮。看看国内新文、新论，也多是把人家哄为机械唯物论"左相可掬"，自己则全是真理化身。我自己过去也常常以为自己的意见多少还拥有一点点道理，然而却常常判断失误，左右摇摆，贻误工作。可见真正做到或者多少带点唯物辩证味是很不容易，这些问题只好留着。

但有一点好像应该提一提，这就是关于传统问题。有人说，传统只是消极性的东西，要开放、改革就得和一切传统彻底地决裂、告别，和传统美决裂、告别。我想，任何传统都会有些堕性和保守性，有时成就特高的艺术其保守性特强。但任何优秀的传统总有值得珍视的部分，要真的彻底决裂、告别，一是不应该，也不那么容易。而且传统美中有一部分是带有科学因素的，这就不应不分黑白把它决裂掉、告别掉。

我怀疑，我们这些彻底决裂、彻底告别论者心目中也不是要把所有传统都决裂掉、告别掉。好像他要和革命的音乐传统、古典音乐传统告别决裂是有意的，但不是把一切传统都决裂掉。不信，你看看那些被推崇的通俗歌曲，那些覆盖了几乎绝大部分空间的流行曲，有哪些地方和港台的流行歌曲传统决裂过、告别过？不但不决裂、不告别，而且还嫌"亲吻"得不够。他不过把革命歌曲的传统推开而以港台流行歌曲来填上（作接班人）而已。抛弃这个换上那个是有的，完全是没有传统、不要传统恐怕很难。

其次，死了许多年的庄子又被供奉起来了。我是爱读庄子的，他有一些论点值得研究。庄子的论说是否合乎真理那是另一回事，我这里只想说明，新和旧的传统并不是说要告别就能告别得了。

是的，相同的历史是不会重演的，倒退是没有出路的。但有几句话，好像很有意思："只要世界上还有贫困、饥饿、黑暗，只要世界上还有愚昧和困压，霸道和不平，那么，过去为了挣脱贫困，扫除愚昧，战胜黑暗，抵抗霸道，争取公平发挥过作用的诗篇、风格都不会是无用的。"而只有为人类的光明、幸福而效力而又千仪万态、华丽多姿的艺术，才能经久的开花。

3. 关于中央乐团后期指挥的建设

文革后复职，回到中央乐团以后，我真是全身心扑向工作，希望和乐团的同志们，不管作曲家、诗人、合唱队、交响乐队的演员和指挥、队长和能唱能奏小组（包括三队的乐队同志）同心协力把它办好。我争取文化部能批准我请法国专家皮里松担任指挥来指导，后来又请美国纽约交响乐团的副指挥。聘请国内外优秀指挥，为的是把中央乐团交响乐队在十年混乱中的损失补回来，使乐团快点走上轨道。为了要培养年轻一代的乐队指挥，我首先请几位留学归来的年轻指挥家到乐团来指挥，也和李德伦、严良堃、谢明等同志听过他们指挥中央乐团交响乐队演出。其中，有想要的人员，而原乐团又不肯放人。

在国外的我国著名的指挥也有他们自己的打算，于是当魏赤斯休假，我就陪他到上海找黄贻钧同志帮忙。他说有的比较年轻，而今在舞蹈学校指挥的陈燮阳看来很有发展。我和专家到舞蹈学校听陈燮阳的排练，专家也觉得还好，后来就请邓小平同志帮忙，请文化部同志送陈燮阳去法国进修。当时陈燮阳已经在上海同在美国领导"美中文化协会"的周文中先生商量好，打算由周文中同志负责的"美中文化协会"帮助陈去美国向指挥家学习，并争取一些青年管弦乐团由陈指挥实践。陈因为自己的年纪，感觉没有必要在法国从头进修学习五年，不如到美国找个指挥专家指导，跟着他临场学习，同时能和一些年轻的乐队指挥共同实践，得到提高。这样经济上少花点，又能快收效益。我也觉得这样做也很好，就同意他去美国。他在美国觉得很好，既可以跟一个教师学习又能看到许多图书，听到许多音乐会和歌剧，而且真有青年乐队可以让他去实践。但学了一年，周文中感到费用负担太重，就劝他中断了，只好回国。

回来后，我们按照原来的计划留他在中央乐团工作，作为正式专任指挥，这样中央乐团交响乐队就有年轻的接班人了。因为美国专家要排练、演出，陈来乐团后，他半年中只能指挥一次。我也着急，就向李德伦说："怎能这样对待他呢？"李德伦同志说："我抢了半天，韩中杰不也是只有一场吗？"我看也是实在情况，就只能放他回去上海，在名义上还留着他的职位做中央乐团专任指挥，以后再搬家。他同意了，等美国专家走了他再来。

当时，我非常苦恼。我们交响乐队还很年轻，有不少作品需要赶紧接触、排熟，把演奏能力加以提高需要一些年轻大胆、肯努力、敢开拓的人来扩展排练新东西，以扩大眼界。而我们老一点的指挥精力逐渐衰弱，较难在指挥台上一站两三个钟头。而且排练新的作品对指挥家来说工作量很大，对熟悉乐谱和乐队默契合作要花许多气力。排练时，即使有声部长的帮助，至少自己也要把声部的统一调协工作做好。至于进行艺术表现，要花许多时间来亲自排练。整体的表现更要指挥家费心，我们常常对排演新曲目表现拖沓，不敢动手。而长久以来，不得靠几个熟悉的曲目即所谓名作来对付演出，甚至躺在几个保留曲目上来应付。这对于一个乐队的成长是非常危险的。当时所谓的德国指挥、美国指挥来提高乐队的表现力，主要目的在此。专家一走，就停止在保留节目、名曲上，对新曲拓展不快。

因此对于培养后代指挥，老一点的指挥应做某些牺牲来进行扶助。而我们老一点的指挥不大着急，眼看自己步入老年，体弱多病，接班人不用说还找不到，连一个助手都没有，也不着急。我当时就说："我们年纪大一点的指挥如果不培养接班人，不早一点作出决策来尽一切力量找到好的指挥，这将是中央乐团一个致命的失败。"但讲归讲，大家都不着急。自身年纪逐渐大了，有时连记性都影响，加上病痛，就常常出现在排练演出时记错了段落、打错了拍子的情形。见得多了，队员就说："不管他，我们拉我们的乐谱，他听到记得上来时会转过跟上去的。"

年老，精力也受影响，排练的要求也逐渐放松，对演出的质量也不像年轻时那么注意。后来我兼了文联、中国音乐学院的工作，我就提出要把乐团的领导责任交出来。我已入七十岁了，总得要交班，而且领导上已决心尽早把一些新人推上岗位加以锻炼，而且已在行政上实施，报纸上公布了。

我退出后，就不大过问乐团的事情，其后患了脑血栓，右肢常常瘫痪，关心就更少了。

4. 关于请外国专家指挥乐团的管乐声部

我曾对一个在国外留学和工作的很有作为的青年指挥非常注意。他回国后担任某一个管弦乐团的指挥，大力扩充团结一些青年演奏家，而且肯于安下心来一点一滴提高乐团的表演水平，不断扩充排练一些新曲目，以扩大演奏曲目和自己的眼界，甚至还招聘一些外国演奏员，还特别请外国专家和指挥单独排练管乐部分。

是的，中国学专业的学生常常只专心在自己个人的练习，拉几首世界名曲以应付毕业考试。其次，对于乐队同伴的声音也较少注意如何配合协作。留外学生常常也叹息自己很少注意合奏，因而在国外考试工作常常吃亏。乐队对于弦乐，特别是小提琴比较用力。整个弦乐部门大提琴也不错，在乐队中比较易于统一、协调，而对管乐部分就注意比较差，各声部自己也不那么一致，音有时不大准确、透明，声部与声部常常不是很协调、平衡。有一些比较注意中国乐队的音色一致、音力强弱、速度的张弛转折的指挥，如韩中杰等常常比较着急。这次，许多朋友看到这位新人敢于把管乐部分单独请外国专家来训练，并指挥演出一场音乐会，用各种各样优秀的管乐节目来提高乐团的管乐水平，非常值得赞许。觉得这么细心认真对待自己乐团的事业，很值得大家尊敬，因而有些同志要我写些短文加以介绍。我写了，但又生怕自己的粗鲁，不知刊出之后合不合适，因之又把它按下去。

去年下半年，国际音乐会又两次举行，来的外国音乐家、乐团也比过去多一些，活跃一些。我因为耳朵不顶用，用儿子给我特装的助音器依然听不好，也不敢妄断。不过，既然自己有过某些感触，如今当做自己一点音乐杂感，刊在这本"回忆录"里也是可以的。它的影响范围也比较小一点，就放在这里吧！

5. 小泽征尔的过誉和贝多芬《第九交响乐》

我记得小泽征尔先生第一次来指挥中央乐团交响乐演出贝多芬《第九交响乐》后，向乐团的同志讲话，他异常激动地说："你们乐团是一个不错的乐团，你们表演贝多芬《第九交响乐》特别是最后的《欢乐颂》太成功了。那种排山倒海、横无际涯的音乐表演如此完美，太使人高兴了，你们的乐团可以算得上世界十大一流乐团之一。"他给我们的这样高的赞誉，虽然大家多知道是为了鼓励我们而说的，我怕有的演员听了当做真实而神魂颠倒，放松了自己，自满起来，而影响我们艰苦探求，立刻就向大家说："小泽先生第一次接触中央乐团，而且又选到贝多芬《第九交响乐》，他和很听话的乐团演员合作，创造出了一定的效果，这次演出的确比较稳定、完美。但我们乐团初次排练贝多芬《第九交响乐》，严良堃同志和大家花了半年的时间，一点点地抠，一段段地组合，《欢乐颂》的声乐演员的刻苦努力，特别是那几个独唱和合唱的演员反复磨练，合唱队女高音的四个声部的穿梭连接，而速度特别难以紧密的配合……吃过多少苦头。"领唱魏启贤同志说："我战战兢兢反复练习，是比较吃力。我一直非常艰苦，担心出乱子，怕表现不好，第一次公演后比较可以，我才感到快乐。"

我们乐队在这半年一直细心谨慎和指挥合作，才能在国庆14周年向观众献演，特别是后来的录音做唱片，灌录音带，前后我们耗费多少个日夜。而小泽先生很少碰到像我们乐队和合唱、独唱、四重唱的演员那么听话、那么认真。在欧美，连日本的合唱队大都从"歌诗班"里临时调来，他们的乐团、歌剧院很少有这么大的经常性的合唱队，他们养不起那么多人。更何况，他是外国专家，我们的演出、排练，有比较高的艺术技巧的指挥，也常常比较认真，因而排练容易得心应手。

我们和总政的合唱队二三十年来合作了多次，经过演出、录音的磨练是比较熟练的，因此表演比较满意。这些历史，这些过程，我们是比较了解，易于记得。这是多么艰苦、多么沉痛才得来这一点点收获。我觉得一个人时刻应该清醒、谦虚，不要动不动就神魂颠倒，心里甜甜地满足于人家的赞赏，从而走上不实际的道路。大家都说过，全世界综合计算起来才有十个一流的交响乐队，美国就有六个。我们来算算吧，美国有六个，德国的卡拉扬指挥的算一个，法国没有问题应有一个，苏联的莫斯科交响乐团、列宁格勒交响乐团算两个，已经满十个了。其他莫斯科大歌剧队的只好留后，那么英国有历史的 BBC 交响乐算不算？还有意大利、捷克、澳大利亚、加拿大、日本、奥地利怎么摆呢？著名指挥伍德说过，以色列交响乐队的队员大部分都是散在外国长大的，他们复国后，流落到世界各地的著名的乐手都回去，水平也不坏，是伍德兼做指挥的，还算不算……我说："我们排在世界一流中，首先就得把原来的十大乐团中的一个刷下来，刷谁好呢？"我临时啰哩啰嗦了一大堆话，不知怎么办，不知大家听进去了没有，心里真不好过。

过了两年，小泽指挥又来中国，指定要和我们中央乐团合作，排练另外一些东西。短短几天，排得焦头烂额都不够理想，他几乎生气地说："像你们这样子，十年都不能到外国去，要好好在家磨练。"一大盆冷水向这些"天真"的青年的头上泼下来，弄得大家惊慌失措。我又向他们说："不要一时又感到心虚，对我们自己，大家了解，如果大家都是谨慎、认真、同心协力是会有一定水平，要是有好的外国指挥来指导也会取得一定的效用。我们就是我们，如果真心认真努力奋斗是能保持相当的水准，千万不能自卑、自贱。时刻都要虚心地工作，我们还是能保证有一定的收成，这也是很能断定的。"

我这样苦心地一再反复提示，也不外希望大家真正了解自己，保持一种持之以恒的精神。不要一会儿觉得趾高气扬，一时又无所适从，而放弃了认真、艰苦的探索、前进。我当时感到，让那些忠告像大盆凉水浇在青年的头上也好，不过不要一听到了骂声就抬不起头而已！总之，一会儿沾沾自喜，一会儿垂头丧气是不对的。了解自己内心的活动，百折不饶才是正确对待事业的态度，而且也才有出路。只要埋头奋斗，总是有获得丰富收获的一天。

1980 年，我离开乐团，担任中国文联书记处的工作前后，中央乐团请了意大利老声乐教师贝基来指导合唱队的新花。合唱队的汪燕燕、胡波被选为独唱演员。这些新秀都有较好的声音和表现力，社会上反映还好，他们就沾沾自喜，有点自我膨胀了，结果贝基先生给了他们一顿教训。我曾写过杂文报导，让这些小鸟儿冷静。是的，我们大多是竹竿式的，对那几首名作下过工夫，练得叫人鼓掌就感到一切都满足了。不知天高地厚，停止不前，总是要吃亏的。这两篇文章，我已收入《音乐流花》。

一些青年歌唱家学好以后，大都到美国留学，且都留了下来。如高芝兰的学生胡波，还有邓颖、汪燕燕、温燕青、傅海静、张健、张建一、黄英，此外还有在意大利的申丹等。他们在外国的处境怎么样，我曾向在美国联合国办事处当职员的莫德昌先生（他曾在我国解放前的上海乐队拉过小提琴）打听过。我说："我有好几个青年歌唱家都来美国，他们的境况怎样？"他说："我已经不拉琴了，但还关心过他们的工作生活状况。据说有些演员的确在美曾主演过一些歌剧演出。可是我们的年轻人学习时只练教师给的名曲和歌剧咏叹调，还唱得较好，但除了这几首曲子唱好一点之外，其他就没有什么知识了。一部歌剧上下前后的发展都不清楚，适合他们唱的东西不多，请他唱熟悉的歌剧咏叹调，经过导演的指导死死学下这个戏，公演之后合同就中断了。有个别愿意当别的戏的群众演员，还能有工作，不然就只好自己另谋生路，好像报纸上也没有继续报导他们后来做什么，我也不大了解。"

我到了美国南部圣迭戈小城市，年轻的歌唱家温燕青知道我来了，特约我到她的家里。她陪我游遍圣迭戈市，还和爱人详细告诉我："我看到美国的纽约等大城市音乐家很多，有些很难找到工作，还有一些改行先到商店去做别的活，或在餐厅演奏、唱歌。我没有办法，才到这个比较偏僻的小城市住下。我看到这里正规音乐家不多，他们歌剧院很需要人，于是我就入了圣迭戈歌剧院，演出过苏俄作曲家写的《大卫》里的角色。我从困难中不断摸索出路，剧院导演也肯帮我学习其他的歌剧。的确，演出一个别的东西自己什么都生疏，这样脚踏实地一步步走，也还有出路。"我觉得她比较实际，就问她索取了演出照片和演出说明书。我还向她索取了一些材料，准备回国写文章。我觉得像温燕青那样实事求是对待自己工作愿望，肯在较小的城市脚踏实地地做事是会有前途的。

我在美国会见了许多年轻的音乐工作者，也看过华侨的一些音乐组织，这些都写在我的《留美音乐通讯》一文中，后刊在《音乐流花新集》上。

在美国五个月中，我有机会接触到在美国乐队工作的我国青年音乐家，也和他们谈起在美国大城市的一般乐团的情况。据在匹兹堡和南方一个洲的乐团的拉小提琴的同志说："中国的小提琴工作者的成长和美国青年有很大的差异。中国学者每每都是埋头在几首世界名曲，只注意自己独奏，很少想到合奏中怎样拉琴。而且大多数只希望做独奏家，很少肯做合奏员，一旦来考美国乐团就很吃力。美国的学生从小就锻炼怎么和左右的人配合演奏，他们合作起来比较融洽。我们的乐手常常不是一下就能适应，这很吃亏。"

6. 过去·未来
——纪念中央乐团成立 30 周年

中央乐团成立的三十年前，正是党提出"百花齐放，百家争鸣"的方针的时刻，因此当时得到较大规模的建设和较快的发展。但是，三十年来乐团也和祖国的命运一样，有过胜利、欢笑，也有曲折、痛苦甚至有些血污……有一些惨苦的经历，但也取得了一定的成就：

在于领导（文化部）的清醒，给予巨大的支持，和广大团员团结一致的努力。

在于乐团有明确的目标：为建设具有民族特色的社会主义交响乐、合唱、独唱、独奏艺术，同时介绍世界上优秀的音乐艺术，以丰富我国人民文化生活。

在于认真注重两个文明建设，有远见地聘请外国专家来团指导，大力派遣年轻的专家、指挥、独奏人才到国外、国内去深造。大力争取众多较有才华的演员来团工作，并不断培养大量年轻人才，敢于让专家管理艺术，敢于实行对有才能而又努力工作的演员提 2～4 级，重用他们。

在于及早提出实行定期的"星期音乐会"，使艺术实践得以按部就班地进行，并培养广大的听众。至今已举办了 371 期星期音乐会。（十年浩劫停止）

在于大力团结团内外广大的作曲家为我国的建设服务，各队组每年至少举行两场新作品介绍会。

在于有一种较好的团结作风，领导上不摆或少摆官架，不搞打击报复，不给干部穿小鞋。关心同志们的成长工作、生活和疾苦，互相爱护、互相支持，较好支持广大团员的积极性。广大的团员对领导大力支持，同甘共苦，一心扑向目标。甚至从舞台上退下来的干部，办社会音乐学院，使之晚年也有用武之地。

反之，工作就将遭到挫折、停滞、松散，蹉跎岁月，一事无成。

如今，乐团正走在改革的征途上，大力精减人员，考核成绩。这是一件有魄力，办起来很艰苦的措施，但不整顿、不上轨道不行。我认为，我们的优良传统和宝贵的经验应该大力保持和发扬，同时大胆革新，勇敢向前。

1. 愿望、目标不要动摇，就是要办成一个国家级、世界性的音乐艺术团体，敢于坚持、敢于辩论、勇于实践，让有才能的专家当家作主。

2. 大力团结团内外作曲家，恢复过去每年各队组至少有两场新作品介绍会。一个有理想的指挥、演员，身边没有众多有才华、有个性的作曲家周围，并为自己的理想而战斗，什么理想、愿望都会是空的。

3. 急需培养青年指挥，这是乐团致命的弱点。我们团现有的指挥年纪都大起来，要争取并培养大批优秀尖子，继续实行国际指挥交流，大胆接触国际上新作，以提高乐团演出水平及满足人民的日益增长的音乐需要。

4. 关心广大团员的思想、业务修养，敢于在学习及生活上关心、支持，特别应尊重广大干部，关心他们在思想、业务、生活上的痛苦。

天时、地利、人和，人和是成功的关健；有了人和，天地都可以改变的。

一个远大的目标在前头。建设一个具有强烈的民族特色的社会主义高级音乐艺术团。

走向世界，拥抱世界。未来是美好的，但要为之流汗甚至流血才能实现。

7. 行前絮语
——中央交响乐团访美演出感言

新中国成立，人们就希望在首都北京尽快建立一个能发展自己民族的同时又能介绍世界优秀的交响乐艺术的乐团。在1952年底，成立中央歌舞团时就为这一计划铺下基础，并大力搜罗人才，聘请苏联、东德的交响乐合唱的教员和指挥帮助训练。同时，派遣自己的年轻的指挥家独唱独奏演员到国外进修这一愿望，直到1954年7才得完全实现。

如今，算来也快32年了。是的，这个交响乐团陪伴着祖国一起成长，也经历过无数风风雨雨。这其中有众多的有志于交响乐、合唱艺术事业的同伴们的艰苦努力，即使在最困难的日子里他们都不肯松懈斗志。特别是近五六年，交响乐、合唱艺术受到各种干扰，有些从事管弦乐的人都为了钱而把乐队拆散，去搞流行音乐。但中央乐团的交响乐队、合唱队的朋友，像李学全、杨秉荪、盛明耀、张隶和等人，宁可生活上艰苦一些，也不肯丢下交响乐的训练、演出，一直坚持舞台实践。他们在李德伦、韩中杰、严良堃等人的领导下，深入北大、清华，机关、团体，做了许多艰苦的启蒙工作，逐步把许多爱好音乐的青年争取到这个健康的、深刻的、优秀的艺术园圃中来。他们共举办了不同曲目的"星期音乐会"，达几百期。介绍了无数优秀的中外名作，丰富了群众音乐生活，提高听众的欣赏水平。

中央交响乐团作为我国的国家级交响乐组织，在推广具有民族特色的交响乐作品方面也取得了成就。像冼星海、黄自、贺绿汀、李焕之、吴祖强、罗忠镕、陈培勋等人的作品，大都是由他们介绍给听众的。另外，一批青年作曲家举行的个人作品音乐会，他们也予以了热情帮助。

近几年来，无论是与指挥家卡拉扬、小泽征尔、皮里松、山田一雄，还是与演奏家梅纽因、艾萨克、思顿、林昭亮等人合作；无论是通过卫星向法、英等国用立体声转播演出，还是给法国音像公司灌制贝多芬交响乐全集的唱片；他们的演奏都相当出色，连一些国际著名的音乐大师也十分赞赏。在国际上已有声望的汤沐海、陈佐湟来乐团任常任指挥后，乐团更加生气勃勃，演奏水平有了长足的进步。

作为一种国际性艺术的音乐，它比语言、文字所受到的隔阂要少得多，美国的听众将从中央交响乐团的演出中看到目前我国音乐文化发展的面貌。当然，我们的事业尚处于青年阶段，而美国有许多诸如纽约、波士顿、费城、旧金山、匹兹堡、芝加哥等历史悠久的一流交响乐团。所以说，这又是一个难得的学习机会。

不管意识到或没有意识到，这一次的访美演出，原是我国大型交响乐团首次到美献演，可谓任重道远。我很了解交响乐团的同志的思想心情和习惯，如大家的精神集中，全力以赴的时候，展现出的艺术质量还说得过去，有时还出现奇迹。

十亿人民委托你们，向美国人民、向留美华侨致敬，以交响乐艺术互通心曲。希望朋友们时刻以一颗爱国心，以巨大的毅力，在征途中奋勇工作，以取得优异的成绩。

8. 心虚则能受人，山虚则以得泽

我看到报纸上有：上海交响乐团只能排第四？连第二、第三都不够格吗？这样的批评，我感到有些过分了。有一次，一个乐团的领导来我家看望我，我委婉地向他提出这个问题。我说："我们过去总把上海交响乐团当作老大哥。的确他们成立比我们早，而且较有规模，他们也很努力，很有声誉，怎能这么说呢？"他说："我们没有谈过这些话。"我不了解真情，但报纸上已白纸黑字的提了出来，总会有个来路。

对这个问题，我是这样看的：争取自己的乐团办成为中国一流乐团，进而努力奋斗，将使中国的交响乐跻身于世界之林，甚至追上一流，当作建设的目标来追求，这没有什么错误。很多人，每每是抱有一种比较高的希望、理想、设想，甚至是一种幻想来躬身力行，当作远景来追求是可以的。有的人、有的团体经历过无限艰苦，越过无数高山险坡，终于登上高峰，那是很值得庆贺的。兄弟团体在艺术创作上互相竞赛、你追我赶，也是可喜的，但那是一种愿望，那是一个向往的目标，它对我们不断努力迅速向前有一种鼓舞的力量。我们不应该把理想、追求目标当作真实，那还是很远很远的事。

过去我们中央乐团交响乐队在有经验的外国指挥指导下，全体团员精神集中演出质量就比较理想一些，那也是应该的。但是这种状况并不经常都能保持。我记得经常听到有些同志谈到："我们今天又有人放炮了。"我也在演出中听到这种状况，并曾写过"短评"公开提出："务必使这样不理想的现象不再发生"。

至于有时举行音乐比赛或者音乐汇演，用第一名、第二名、第三名来划分，汇演中有哪些乐队的节目一等奖，哪些是二等奖也是必要的。所有取得国际肖邦、柴科夫斯基、李斯特钢琴比赛的一等奖、二等奖、三等奖，帕格尼尼金奖，以及歌唱家的得奖，乐队、合唱队的得奖都是可贵的。这说明了我们的演奏、演唱家在这个时期的努力有着很高的收获，值得祝贺，值得自豪。但是艺海是无止境的，一个时期的胜利只标志着这一个时期已达到相当的高峰。而一个人的发展常常是多种多样的，有些个人或团体一旦失去毅力或精神松散是会退步的，要保持原来的高度甚至扩大深度、韵律、意境以更高的艺术境界、光辉燃烧起人的更深的灵魂，唤起听众更大灼热的情感，还是要不断地探索和提高。有时，三天不练琴成绩就变样，这是许多专家的格言。人类总是面对无涯的艺海不停地追求、探索、提高、创新，不断地把已有的政绩无休止的增添加高。

大家都记得，贝多芬写出"第五"、"第三"交响乐以后，仍然回到他的最初的老师那里补课。古典音乐大师勃拉姆斯和马勒一次在河畔散步，就提到："马勒，音乐已经走到了穷途末路了，今天自称为作曲家的年轻的傻子们，真是一群一无所有、但脸皮很厚的动物。他们只有使巴赫、莫扎特、贝多芬等前辈之名蒙羞。马勒呵，不久之后，你一定会明白，等我死之后，音乐也会跟着走上末路的。"然而，马勒却指着潺潺向前走动的流水大声地说："老师，请看那一边，从那里推过来的一道道浪，它是不会停止地把流水推向前进，而后浪也很快会追上来的。"勃拉姆斯发楞了一会儿，然后会心微笑地对马勒说："不错，也许你所说的比较正确。可是，我要告诉你，这些波浪是否每一个都能堂皇地迈向大海？问题是，它们可能半途就消失在某一个池沼之中。"

　　然而历史的推移并不全像勃拉姆斯的推测那么死板。年轻人也不都是那么懦弱的，他们不会因为前面有高山峻岭、无边的荒漠以及难以跨过的海洋就气馁、胆怯，而其他如斯特拉文斯基、德彪西、俄罗斯的五人团……很快就冲倒了他所面临的各种高墙，向前冲去。到今天更是离奇古怪，不管这些尝试是否有多少艺术上新的价值，甚至没有价值，但是它越过雷池，这是无法抹杀的。当然，他们的创造还必须照顾广大的听众能够了解、领会，不能完全脱离听众，像梵高和莫奈的画作才有广宽的前途。

　　因之，我们一些演唱、演奏家们，不能把已经达到的高峰，就作为"极顶"自满自足起来。至于那些随便就为上海交响乐团排位次的人，我认为是欠思考的。不自卑、自贱是对的，但千万不要狂妄自大。我只想问，那其他各种各样的乐团再怎么个排法呢？

　　心虚则能受人，山虚则以得泽。这句话是说，一个人谦虚谨慎，就会得到许多人的教益、鼓励；一座山谷宽阔，深邃，就能容纳涓涓细流，它的涵养就会更为丰富深广。

　　一个乐团能够老老实实，不自高自大，上下一条心，牺牲一切在所不顾，能同心同德，为一个事业而效力。不是一时觉得所有的为乐团的壮大而不惜牺牲一切的战友都老得要不得了，连张棣和这样年纪的都不要，满了、够了。而另一方面又四处大登广告招聘各种演员充实乐队，优秀演奏员哪有那么多呢？我觉得，这是值得深思的。

　　这是我在乐团成立三十周年上的几句话。最后一句："天时、地利、人和，人和是成功的关键，有了人和，天地都可以改变的。"

9. 思聪呵，人民不会忘记你
——在中央音乐院成立三十周年纪念会上发言

中央音乐学院 40 周年校庆到了，我写了篇《母校创建杂记》，其中也很自然地写到了马思聪。思聪呵，我的好友！在这里，想就我对你的了解再说几句。

1949 年初，北京解放，你应中央的邀请到北京来参加新政协会议。你对新政协的决议抱有极大的热爱，你认为中国的新生终于找到了一条康庄的道路。由于内心的喜悦，你写了一阕祝贺新政协诞生的《欢乐序曲》，表达了一个热爱自由、民主的留学生，一个华侨家庭出身遭受帝国主义侮辱的青年看到中国真正在世界上站起来时所特有的喜悦之情！

1949 年 10 月，你被认命为中央音乐学院第一任院长，你对于只管业务这一责任是高兴的。你对许多学术研究很重视，对学院的建设提出了很多宝贵的意见。如要把学制、课程定得切实一些，要团结更多的有真才实学的教授任课，要聘请一些优秀的外国专家来我国讲学，要派遣一批有才华而苦学的青年学生出国留学等等，你是一再坚持的。

1951 年治理淮河，你响应党的号召深入治淮工地，和群众一起劳动。我担心你会吃不消，你却说："那里生活得很有趣。"回来就写了一阕《淮河大合唱》，风格清新，气势劲朗，充溢激情。不久你又完成了著名的《山林之歌》这首组曲，取材于云南山林之乡，音调是西南边区民歌，表现出你对祖国山河、风土人情以及解放后新生活的欢快心情。

1957 年反右运动过后，你有些苦恼，常常提到有些很有才华的作曲者、年轻有为的演员只说过一些也许有些过火的话，但这些人的思想还是单纯的，都被划为右派，你表示痛惜。

216

　　1959 年，国庆十周年快到了，你看到建国后的建设一天天兴旺，国家的地位一天天提高，文化教育设施、人才，一切一切和解放前有天地之别。你为祝贺国庆十周年，写了《第二交响乐》作为献礼。这首交响乐采用广东民间音乐素材，表达了你对祖国的强盛、兴旺的祝贺。

　　长长的十六七年，你为中央音乐学院操过许多心。你的创作最突出的特点是对民族特色的追求。你曾说过："一个作曲家，特别是一个中国作曲家，除了个人的风格特色之外，极端重要的是拥有浓厚的民族特色。中华民族是世界上最大的民族，历史最悠久的民族之一，她有着丰厚的音乐宝藏，这是任何一个国家所无法比拟的。这份遗产是我国作曲家所特有的礼物，是所有作曲家的命根。在这块土地上，我们的祖先辛劳地耕耘，这些心血结成的珍宝最富有生命力，深沉、温馨。谁拥抱这些东西，谁就更有根底，谁对这些乳水采取轻视或虚无主义的态度，谁就吃亏、倒霉。"

　　当你一旦寻觅到新异的民间音乐素材，不管是汉族的、少数民族的，是民歌、器乐小曲、戏曲音乐，你都视同命根，狠命地吸吮，反复捉摸，孕育出一个新的生命来。

　　你从《思乡曲》、《绥远组曲》起，写了大量富有民族特色的篇章。这许多作品，贯穿你的信念，也饱含你对民族音乐的感情。

　　你是我国最早采用巨型的组曲、音诗形式写作的作曲家，也是第一位以比较完整的形式和富有我国新的特色的交响乐音乐奉献给人民，并向世界展示中国新的音乐将要向世界开花的作曲家。几十年来，你总是在探索在和声、对位、配器等手法上根据我国民族音调所需求的特色进行创造性的实践，务求在音的组合上、音色的编配上保存东方的色彩。从你最初的组曲《西藏音诗》，后来的《山林之歌》以及 70 年代创作的舞曲《晚霞》，这种努力是有成效的。

　　你不大喜欢浓墨色彩和强烈的戏剧性冲突，风格比较恬淡、素雅，有点像南国的"夜合花"，徐徐地吐出幽香，清新芳香。

思聪呵，我的好友！1986年初，你给我及金帆来信，说要在1986年秋回国，看看朋友和青少年音乐学生。你仍然那样的直率，对中央音乐学院为你平反表示高兴，但对你过去被说成叛国还是有意见。秋天你没有回来。年底，你托人把未回来的原因告诉了我，并说你不喜欢某些报刊把你的历史和所作所为说得过于夸张。你是一个洁身自爱的知识分子，不希望别人把你说得过好或者把没有的推测加在你身上。

两年前的这个时候，我突然听说你患肺炎，心脏不好。我和金帆打算去美看望你。六月太热，就定在十月。不幸，你五月就走了。

思聪呵！我不会忘记你，你的许多同事、朋友也不会忘记你，中央音乐学院不会忘记你，人民不会忘记你！你安息吧！

10. 中国音乐学院的复院①

1964年6月，周总理和安波、马可等人看到现有的中央音乐学院虽然也推动了民族音乐事业的发展，但还感到不够理想。决定新成立一个中国音乐学院，专门纯粹地进行民族音乐教育，下设有民族音乐理论系、作曲系、民族声乐系、民族歌剧系、民族

---

① 在《中国高等艺术院校简史集》一书中，关于中国音乐学院复建的时间和过程有过另外的记载：1978年，原中国音乐学院的几十名干部、教授、副教授、中青年教师和职工签名上书文化部和国务院，要求恢复中国音乐学院。1979年10月，第四届文代会在京举行。与会的张肖虎、蒋风之、老志诚、杨大钧、黎英海等教授、专家，再次发动50余位音乐界代表签名，要求恢复中国音乐学院。1980年5月22日，文化部拟就《关于恢复中国音乐学院的请示报告》上报中宣部并转报国务院。……上报的第三天，国务院即批准了这个报告。旋即在文化部艺术教育局领导下成立了中国音乐学院复建筹备组，参加筹备工作的有李凌、王元方、杜利、陈玉生、黎英海等负责同志及中央音乐学院几位负责同志。……1980年10月开课。参见中华人民共和国文化部教育科技司编《中国高等艺术院校简史集》，李雁宾、王兆乾执笔"中国音乐学院·复建"部分，浙江美术学院出版社1991年版，第34～35页。编者注

器乐系、美学系等，专门培养民族音乐人才。但不幸在"文化大革命"中被迫停办了，后来"文化大革命"过去了，一直没有复院。到了1981年，因为原院长安波、马可同志相继去世，学院一时没有人拉起来复院。当时中央音乐学院民乐系不同意中国音乐学院复院，人心也有些分散。拖到1982年底，蒋风之先生常和我参加二胡学会的会议，当时我被选为该会会长，硬迫我上马，他和陈朝儒同志都希望我来帮助复院。经过多次请我帮助，我看推不了，就答应先做三年，拉起架子来我就退出，他们也答应了，我才写信给邓小平同志。复院后，民族理论作曲系、民族声乐系、民族器乐系、民族歌剧研究系、美学系，还办有一个45人的民乐团，后来因校舍恭王府要收回，学院要搬出去另建新校舍。我去看过新要买的九十六亩修建校舍的用地，给了订款，后来也绘好了校舍设计，特别是前面的圆形二层楼的民族音乐展览厅及音乐读书厅画好了初步图型，向邓小平同志打了报告。不久，国务院办公厅打电话给我说，他们已接到邓小平同志转来的建院计划，办公厅已经讨论通过了，以后有事可以直接向办公厅交涉联络。我看基本上已解决就辞职了。现在看来，辞得早了一点点，应该等展览厅动土动工才走就好了。

如今已全修好了，的确是比较漂亮，可惜那个圆形民族音乐展览厅没有完成，而且连能修的地盘都没有了。要是稍等下，看到他们的音乐改革和新成绩就更加可喜可贺。我深信接班的新同志是会兢兢业业、日以继夜地建设中国音乐学院的。

1982年，我正被蒋风之、陈振铎、陈朝儒等同志拉去担任二胡研究会会长，推辞不了，只好常常和他们去开会了。蒋风之同志老向我诉苦，说"中国音乐学院"复院问题困难不少，首创院长安波、马可同志相继去世，其他人一时扛不起来，意思是希望我帮他们忙把复院工作搞成功。我也觉得复院很重要，如果取消了"中国音乐学院"，只在中央音乐学院成立一个民族音乐系做法就很不一样。我只好同意担任复院三年的院长工作，先把各系计划建立起来。赵沨同志经文化部同意要和我商量，取消复院计划，我没有同意。我说："中国音乐学院有民族声乐系、民族器乐系、作曲系、音乐美学系、歌剧系……还有一个四十多人的民族乐队的编制，更有一个上下二层的圆形的一万平方米的'民族音乐展览厅'，从古代的编钟、编磬等古代乐器，一直到今天的乐器，其次历代著名音乐家的创作、手稿、乐器及其他遗物均有专层陈列。还在南大街设有一个能公开卖票的音乐厅，还有一个三十多层的东南亚留学生宿舍，一个比较完整的中国音乐图书室。这样一个学院，正好作为推动中国音乐建设的有力的大本营。"

这一大计划的用地九十六亩，包括"民族音乐展览厅"，教学大楼和留学生的三十多层楼的宿舍，建设图纸及复院经费邓小平同志都已经看过，并转到国务院办公室讨论。"国务办"也来电话通知我，说他们已经讨论过同意复院，而且已经批准纳入第五个五年计划中进行。我听了比较放心。这和只有一个民族器乐系很不一样，这样复院工作就坚决进行下去了。

关于中国音乐学院的大致建制以及课程改革的草案，我是大力提倡能做多少做多少，像民族音乐视唱练耳的创设，声乐的曲艺、民间唱法的加深、民乐的大胆探索，我都是极力要求的。有些课程，如和声、对位经验不多，摸着石头过河，暂时借助人家系统逐步改进，我是同意的。至于黎英海同志讲的作曲法有自己的心得，大胆介绍，我是支持的。关于美学系的建立问题，有些教员认为教师不足，材料整理还需要时间，暂时不招生，以后再说，我也是同意的。但是，我总主张大胆摸索，一点点积累经验，不要拖拉、害怕。我认为我们不去敢于吃螃蟹，总是盼望天上掉下来成功经验是不成的。小心谨慎是应该的，但自己怕犯错误，什么都不敢干是不行的。这样的框架定下来，指挥也大胆介绍新作，排练新曲，等到买好了建院的地产，整个款项也有了着落，我就辞去了中国音乐学院院长之职。

至于美学课程，我提出可以向钟嵘的《诗品》和刘勰的《文心雕龙》中学习，别的古书上也有不少零零星星的意见，这需要一步步收集，哪怕最初非常浅陋，也不要害怕。万事起头难，坚持下去就会胜利。

但我离开的太早，目前，他们是否已有三大件不得而知，恐怕至少也有个底子吧。如果这些老师，能够把周巍峙同志领导的四部（民歌、民族民间器乐曲、戏曲音乐、曲艺音乐集成）和音乐相关的"民族民间音乐集成"加以研究，写出较有分量的中华民族音乐的四大件或五大件，那更是可喜的讯息了。

我认为把"整理研究祖国的民族民间音乐遗产"这一个大任务，从收集到出成果都集中在一个学院是可行的。不管怎么样，细思苦想，从已有的及新收集的资料去整理研究，创作理论并写出中国作曲课本出来。民族声乐系写出向戏曲、曲艺及民歌深入研究，探索出一些成果出来，写出民族声乐系教课本。民族器乐系写出各种乐器的教本，演奏课本。音乐美学系把古代一些文学上音乐上的美学，如"唱心"、"唱情"、"情来忘自生"以及"适体"、"适度"、"音乐表演中的自恃力"、"纯朴真情"、"探幽索隐"，如何谓之"急处臻幽闲"、"于平淡中见深沉"、"精于谋篇"、"刚健豪放"、"优柔隐喻""识性别格"、"把接近的唱出差别来"、"绚丽、疏放、毫无斧凿痕迹"、"柔美、纤细"、"意深来自细微的分析"、"变化与纯"、"各有性格而又各个有别"、"大潮动若寐，不复潮与声"以及唱与伴奏的歌乐之声巧合鸣，天衣无缝的合作等音乐美学上的问题，从我国的唱论、乐论上搜集出来并加以讨论、研究，写出各种各样音乐创作、表演上的专著，是非常有意义的。

对于各系及演奏队，分配了任务就希望他们能有系统、有步骤地把成果搞好，写成专集，以便实行。这种既有研究，又能实施，在一定的时间内搞出祖国的四大本本，哪怕是初步收成也总比空喊好一些。我们结合了"口传心授"的做法，然后逐个逐项搞出来，就算是非常非常地幼稚，也总比没有好一些。反正我们不怕幼稚，倒是怕仅仅停留在口头上说说，手脚却不动，完全靠那些个外来四大件维持着过日月。

如果我们对祖国的民族民间遗产有了热爱之情，然后深入其中探宝、采矿，把珍贵的矿苗抓到手上，再加上自己的创作实践，即便是自己的创作几大件差一点，还要参考西洋的几大件，那么我们争取个性的突现，大胆创造才有真实的根基。

11. 中国函授音乐学院的创建

中国函授音乐学院的创建是很苦心的。音协教育委员会设立后不久，碰上山西文联和山西音协的主席洪飞、曹国强等和企业家肯出资创办一个函授音乐学院的契机，音协决定拟由音协秘书长苏扬和洪飞及企业家三人组成董事会，邀请我当院长，我答应了。这正是社会音乐教育事业的第一桩好事，我接任后多次到山西太原，与省宣传部及省教育局接洽，正好山西省有个广东籍的李副省长帮忙，在省教育局立案，向全国进行招生。因为碰上全国开始了教育改革，国家实施开放的机遇，学生报名的一下达三千余人。筹备组曹国强等十多个人一时忙不过来，省市当局派了一个连的朋友来帮忙回信，终于把局面开展得很顺利。于是，在太原租了一层楼大约二十多个房间作学院院部，设立总务、会计、学籍、教材、编印、发行、管理等部门，大约有三十人左右。

从1983到1987年，最多时学员每年有8000人。1985年，学院由李凌、赵沨任院长。各系教授有：

作曲系：屠冶九（作曲基本技巧）、樊祖荫（和声）、牟洪

（配器）、苏克（复调）

音教系：李妲娜（奥尔夫教学法）、汪培元（柯达伊教学法）、姚思源（音乐教育概论）、张文纲（作曲概论）

共同课：徐士家（中国古代音乐史、近现代音乐史）、李应华（西方音乐史）、黄晓和（音乐欣赏）、袁静芳、耿生廉、张鸿懿（民族民间音乐）、李重光、赵方幸（乐理、视唱练耳）、李凌（音乐美学小谈）

所有以上被聘任专职的教师，每学期按月写出适合函授自学的讲义，编出讲课录音，有的还有录像，交由太原讲义印刷所及录音录像公司严格进行录制，按每期寄出。同时配合学习，还专门出版一个十六开的《学习报》，印出解答题，让学员复习。每学年，最初共收到八期学习教材，作曲收到十六盒录音带，有时虽需要录音带多一些，整个工作还算有秩序的进行。

后来因为寄发过于繁忙，改为一学期两本，通讯数次。到后来两年，因学员只拿到肄业证，不准发结业证书，经学院一再请求，由学院出资聘请教员补习一月并作监考，但教委会仍不肯批办。而各分院，每个省份学员都有二三百个（最多广东省有八百多人），但因经费不足无法继续，学员因而逐年减少。

另外还聘请过全国著名的音乐家如江定仙、夏之秋、魏启贤等赴山西、东北等地作短期训练班，如钢琴、小提琴、声乐三个实验班，由周广仁、张权、洪威廉等教师开班讲学，打算先开办一年，摸出一点经验才正式招生开课。周广仁同志办了半个学期，没有再招生。张权同志招生后，适合训练的只有一人，后因生病没有再招生。而洪威廉同志，原按照日本专家铃木先生的讲义，录音进行招生后，他突然出国，改由别的同志担任，开办了一年，也没有继续办下去了。后来就只有作曲、教育系办了十多年。

函授学校开办，山西省教育局的确是按我们学院的计划办理。在开班初时，就由北京建立起一个教务处，先办两系。学院两系的主任及教师要严格负责写出讲义，编辑录音。可能录像的如视唱、练耳由教员示范录音，作曲系讲义每月按时寄出，所有讲义习题示例，均有"名曲录音"介绍。太原学员组非常认真办理各项讲义，印刷比较讲究，录音录像专人负责，学员写的练习曲作最初还每半年选出比较优秀的，出成书本及录音带广为介绍。最初，由北京办事处向两系教授每月收集教材讲义及录音，寄到山西排印，录成胶带，按月寄发，工作量非常大。所有负责事务的同志都非常负责，按期寄到读者手上。学期检验，学员基本上按期交卷。后来因邮寄花力太大，改为一学期寄发两次。到四年期满，教育部说是统一由部里办理考试，但一直未提到实行办理方面讯息。于是我们自己和武汉华中师大商量，由他们教委会协助师大办了一期高考，因武汉区只有二百多人，学员不多，每个学生的高考收费已经达一百多元，共计好像已达三万多。但学校四五个课堂的租费一万多元，教员辅助费每月也需一万多元，其次组织人员和工人杂用开销也不小，以至负责办理的人倒拿不到多少钱，于是大家不愿意再办。他们说，我们语文、数学、外语高考每期都有一万多人，我们都感到吃力，音乐高考只二百多人，我们没有办法负责。后来，得到新疆教委的同意，在新疆进行一次高考。结果也说明，学员毕业文凭只能在新疆本自治区才有效用。虽然这样，包括院部去了4人，辅导一个多月的教员辅导费、租赁课堂费花销不少，新疆音协和教委贴进了许多钱，他们也不敢再办。

北京的中国函授音乐分院原由北京师大音乐系负责，但因考试一事申请多次，并表示教员及一切杂费均由总院负责，教育部也不明确批准，无法办理。再加上太原的教务组负责人曹国强离开，我们只好和太原商量把寄发讲义、录音及指导学员学习工作全由北京负责。这样进行了两年，终因未能解决高考问题，学院不能发毕业证明，只准发肄业证明。而肄业证明不能按有学证办理，学员就大大减少，从最多时每年七千多人变成二百多人。

终因负责教务及作曲系主任工作的屠冶九同志因癌症病重，两位老院长也年老多病，难以兼顾，就向教育部提出学院不再招生。北京教务处停办，收尾工作交由太原函授音院服务部及校友会筹备负责人朱亚荣同志负责。

函授音乐学院的停办，我心里是很难过，教育部最初的副部长彭佩云同志是大力支持，柳斌副部长也很关心，一再帮助争取部里正式批准办理。但由于部中对于正规学院、大中小学以外的、业余夜校短期培训班及函授音乐学校都没有计划，也不想推行各种教育的多轨制，因此函授音乐学院之类的学校大多办不长久。

可是，当我们停办不久，国家又提倡民办教育，大力推广"远程教育"，各种学校一时又兴盛起来。我只有叹息生不逢时！

12. 中国函授音乐学院的停办

第四届中国音协代表大会以后，李焕之当选为音协主席，我任音协副主席，仍担任音协表演艺术委员会主任工作。过了不久，焕之同志来找我说，目前许多同志提出，音协创作、表演、民族音乐等艺术委员会都设立了，唯独没有音乐教育委员会。而专业音乐教育学院，大中小学幼儿园的音乐教师是最多的，工作也非常繁重和复杂，都没有专门机构来负责，这很不应该。大家提出，这一次一定要设法补救，希望我来主持音乐教育委员会工作。我说，我的表演艺术委员会工作已经搞了许多年，我自己也一直搞音乐表演团体工作，熟悉很多搞表演的朋友，而且与这几年新出现的专才也比较接近，最好继续搞下去。后来焕之多次找我商量，我只好同意他的要求，并提出我对音乐教育虽然也搞过，但怎样抓全面的音乐教育还不大熟悉，待我研究苏联、英、美各国的音乐教育后，了解他们的设施，写个计划你看过才进行。他同意了。

我一再参考苏联、英、美、意、德、日等国的音乐教育，包括专业音乐学院、大中小幼儿园的音乐教育、社会音乐教育、函授音乐教育、夜校、个别的家庭音乐教育以及社会考级等，开列三方面的工作，希望在我国推广音乐教育的多轨制，可能会对中国音乐教育有些帮助。

教育部主要是管专业音乐学校以及大中小幼的音乐教育，其他的社会音乐教育都由社会团体管理，只在监督方面负一部分责任。世界各国的教育部门都是专管专业及大中小幼的教育工作，他们专设的艺术师范学院不多，像美国只有几所艺术师范学院，而绝大多数的大中小幼的音乐教师是由社会音乐教育培养出来的专才来担任。他们选任教师，大多是看他们的全面的本领，而不是专看文凭。

这里，我拿我自己实验的"中国函授音乐学院"作为例子来说明音乐多轨制的重要和它的艰苦、吃力，以至到最后办不下去的命运来谈一谈。

13. 继续奋斗——音乐教育的多轨制需要大力推广及社会教育组织应由音协负责办理

今年是音协音教委成立六年，全国国民音乐教育研讨会第四届年会。这届研讨会是由中宣部、国家教委、文化部、音协音教会、教育工会音教会、北京市教育局、北京市音协七个单位联合召开的，这里看出中宣部、国家教委、文化部等领导机关对音乐教育的重视。

音协音教会成立时，我们明确的提出，它是国家教委、文化部音乐教育方面的助手。但音教会只是邀请全国音乐教育家（包括学校的和社会的）协助教委、文化部研究一些方针、政策性的问题，同时为全国音乐教育工作者的疾苦、困难而呼吁，推广音乐科学、教学经验，并进行国际音乐教育文化交流。

我们曾着重提出，第一阶段着重为音乐教育的立法问题而努力。所谓音乐教育立法，就是要求政府领导机关明确美育在学校教育中的地位，确定音乐教育方向、方针、政策、制度和学校音乐教育规格、措施、规划等等，以法令的形式，把它规定下来。这几年来，由于国家教委的关心和支持，有些立法问题已经得到初步解决了。

一、音乐美育在学校教育中的地位

我国大中小学的美育问题，三十年来一直是个问题，德、智、体是明确的，但美育可有可无。

直到 1985 年何东昌同志提出："学校教育中没有美育是不完全的。"1986 年底，音协音教会在广东中山市召开第一届国民音教年会，国家教委副主任彭佩云同志参加全会，了解到广大中小学音乐教员的疾苦，才在国家教委会成立了艺术委员会。去年又成立了科艺司，并为中小学音乐教育作出了规划。前年，在广东肇庆召开的第三届音教年会上作了充分的讨论与补充。目前美育在大中小学的地位已初步肯定下来，有些省市已按规划进行实验，但从全国范围来说依然重视不够，只有少数中学设有专职音乐教员，小学专职音乐教员缺乏更为严重。据广东音协各分院分理处调查，广东省小学音乐教师受过专业训练的很少，还有 97%未配备专业教师，至于音乐设备、经费就更难说了。看来这个问题恐怕还要再喊四五年，努力十年八年才能有个眉目。

二、音乐教育多轨制问题

我国音乐教育，解放后是参考苏联较多，正规音乐院校办了8所，有68个大学或艺专有音乐系，中师艺校也有一些，但远远不够满足客观需求。世界经济发达的国家，包括苏联、英、美等都实行音乐教育多轨制，政府办的专校，业余、个人教学，只要有成绩，政府对这些教育实践一视同仁，给予相应的资格。但我国一直未重视这一实践。80年代初期，中央音乐学院进修两年的学生，不准发证书。不办夜校，对社会办的专业或业余音乐院校一律不办登记。1985年中国第一所成人音乐学校——社会音乐学院才正式批准，音乐院校的夜校、函授音乐学院也开始开禁，但不能给学历。

其实，许多国家如英、德、美、日，并没有兴办大量的大专师范和中专音乐班，他们的中小学教师大多是来自业余音乐学校或家庭个人教学培养出来的。我国中小学生上两三亿，以十班一个教师计算就需要六十万人，而一所师范学院一年不到五十人，有的一年才培养十多个毕业生，显然是难以满足的。

目前在职的中小学音乐教师95%都是自学或业余学习出来的，没有正式学历。但他们要为我国音乐教育事业做出巨大的贡献，却未被政府承认。

1985年在中山开会时，传闻"没有大专文凭，不算合格"使得大家不安。据说著名钢琴家孙以强的老师是没有在正式学校毕业的。有人就说："以前孙以强在全国取得优异的声誉，大家称赞孙老师是难得的教师，如今反而不合格了。"我当时就声明，国家教委从来就没有说过"没有文凭就不算合格"的提法，彭佩云同志也表示同意。

这一问题，现已初步承认了一个成人学院，也对专校办夜校给予承认，但还非常不够。如果这一问题不能解决好，广大的教员的需要是无法满足的。政府应从实际出发，实事求是地正视这一问题。

三、对规划的执行

国家教委拟定的中小学美育规划经过多次研究讨论，在这次大会上将作进一步的贯彻。由于我国音乐教育落后，发展很不平衡，要像辽宁兴城南一小、阜新太平区二纬小学具备钢琴，有教线谱的老师是很不容易的。像北京八中、海淀十九中、广州一中那样，有较好的教师条件；或像广东江门幼师有一百七十架钢琴，像广东肇庆第二托儿所有小提琴、钢琴、手风琴就更不容易了。老师就更困难了，有许多省市连懂线谱的中学教师都很少，乐器没有、教师缺乏、教具缺乏，要达到规划所要求的水平恐怕要奋斗许多年才能办到。

从各地从事音乐教育的同志反映来看，目前最严重的问题有教师缺乏、教员素质差，教具缺乏，没有音乐教室，经费困难，有的连个手风琴都没有，至于推行五线谱教学就更办不到了。北京、广州，有些专家编了中小学音乐教材，看来还是比较完整，但没有教师推广。

四、争取建立社会考级考试

为了解决教师缺乏问题，最好像英、法、美、日那样通过社会考试来解决，并鼓励目前在职的音乐教师进修，实行在职自学总考提级制度。英国举办社会考级是卓有成效的，法国的音乐中心也定期从社会自学的音乐工作者中进行考选。民办的香港联会音乐技术班，学级分八级考乐理，钢琴等课，不管出身都可以报考。五级是中学教员，八级就相当于副教授，可以选送英国皇家音乐院深造。他们经过考级后按级提薪，小学教员考上六级也享受高级教员待遇。这样一方面满足学校需要，也不断提高在职学院的音乐技能。我国现任中小学包括大学的音乐指导，大多没有进过专门的音乐学校，如果实行这一制度，对提高教师素质补充教师是一条通途。

目前我国只有湖北、重庆委托师院及当地中国函授音乐学院进行试验，其他省市还未办理。其次，上海音协开始试办单位考试定级，音协也将举办小提琴、钢琴考级，这是非常有意义的。世界各国通过比赛来先择专才，像著名的肖邦、柴科夫斯基、帕格尼尼、李斯特音乐比赛以至梅纽因、卡拉扬等大师也均定期举办比赛会。其水平是特高，参赛者大多是音乐院选拔出来的优秀人才，在那些高级的比赛中得奖的人，待遇就完全不同。我国对于这项考试比赛未纳入计划，许多尖子即使在国际上取得很高声誉，依然每月一二百元，有的还不足，这是很不应该的。

关于这个问题我还想说几句。我国音乐这样落后而财政上又比较吃紧，要创办大量音乐师院根本不可能，也没有必要。如果学习一些先进国家实行社会考级选拔人才是一项花钱少见效快的办法，我希望国家教委掌管艺教的领导能尽快考虑这一问题。

以上关于音乐立法问题是发展我国音乐事业上的重要问题，不着重解决是很困难的。当然，批评是需要的，不搞清思想认识、方向性的问题是不行的。但如不从根本上解决问题争完了也是空的。

第二个问题是这次会议主要是讨论中小学音乐教育问题，围绕这一问题，国家教委有关于规划实施的报告，北京市有一系列中小学音乐教育实践的展览、教学观摩、课外活动及演出让代表们观摩和研究讨论。

北京市教育局从国家教委提出要重视青少年的精神文明教育开始，就下很大的决心来抓中小幼美育工作，包括音乐教育工作，开过两次全市美育会议。从1989年，市教育局就拨出100万元成立中学校际的金帆艺术团，分设金帆交响乐团、合唱团、管乐团、民乐团、舞蹈团。副市长陆宇澄任总团名誉团长，教育局长陶西平任总团团长，邀请北京市专业指导利用暑、寒假重点培养学生。其次，从去年起每年举办一次中学生合唱节，市文化局每年也坚持举行红五月音乐大活动。课内教学在市教育局和音协音教会的推动下作各种各样的教学改革实践，有的小学如和平里二小学还办有音乐学校，同时还办了两届奥尔夫的教学学习，有的中学如八中、十九中，活动做得很有成绩。关于这方面的改革，市教育部门会有详细介绍。

关于中小学音乐教育改革，从全国范围来看，近几年有很大的发展。比较起来，幼儿教育设备最好，小学实践成果最大，不管课堂课外都走得很快，中学课外活动较活跃，大专院校差一些。

从小学音乐教育改革来说，辽宁的探索实践比较普遍。最早有兴城南一小，如今又有阜新太平区的创造，其他如铁岭、丹东、大连、鞍山、营口、辽阳、锦州都普遍进行探索，创造了许多新的经验。这里我着重介绍阜新太平区的成就（详见《音乐教育》专刊第五期）。

第二个问题是关于中小学校课堂教学的方向、方针性问题。本来在国家教委的规划中对这个问题已有明确的指示，但去年在《中国音乐报》上有人提出："通俗歌曲应引入课堂。"当时就受到赵沨同志的反对，后来就在《音乐周报》上展开讨论，变为百家争鸣了，没完没了地扯下去了。我对这个问题，没有正面参加讨论，但在《音乐论坛漫笔》（刊在广东的《民族民间音乐》上）中对这问题作了许多的论述，并对上海有人开办少年儿童歌星训练班，有几万个父母带了孩子去参考提出意见。

我认为"把通俗歌曲引进中小学课堂"这提法是值得研究的。

首先是"通俗歌曲"这一新词含义不清，好像包括面特广，连台湾校园歌、旧歌《小儿郎》、民歌《槐花几时开》以至《祝酒歌》、《八月十五的月亮》等都扯了进去。其实它是以港台夜总会的流行歌曲为主干，加上参考这类歌曲而新写的带有歌舞性的东西。这方面的内容，今年出版的第五期《人民音乐》上有潘振声同志的《治理整顿除去弊端》作过较详细的介绍。从《文汇报》的《小学生音乐生活"偏食"现象严重》（见《音乐教育》特刊）也可看出它流向。

我想，一方面对这个含混不清、包括很杂的品种要下一个简单的断语是不太容易，其间有些如《血染的风采》、《让世界充满爱》还是比较好的。但其中大量有问题的，如《一生何求》、《跟着感觉走》、《一无所有》，还有大量低劣、庸俗、不健康的，徒然的忧伤以及灯红酒绿、纸醉金迷、腐化享乐的东西，让它充斥我们的少年儿童的精神生活中，这是很不好的。

国家教委副主任滕藤同志在教委艺委会成立时就明确提出，"在学的少年儿童审美能力并不成熟，他们应得到健康的美的教养……许多歪门邪道的东西流入课堂，会不同程度地对青少年起潜移默化的作用。切不可随心所欲，不加选择，随便冠以教材之名……"。彭佩云同志也提醒，"少年儿童正在成长阶段，不能向少年儿童灌输不好的影响，必要时要采取行政手段加以禁止"。

尽管说了，但有些地方、有些人仍然无动于衷，一方面放任自流，一方面仍有不少有权有势的人在提倡在支持。大谈"音乐就是商品"，一个副部长还在会上说，"摇滚乐不是进来两年了，天也没有塌下来"。

我们有的高等音乐学校，正业不下力，却去开办"歌星培训班"。乐坛一片混乱，好坏不分，"优败劣胜"，好的东西太少，低劣的东西充满舞台，大量录音带都花在这一乐潮上。许多外国音乐家、港台音乐家都觉得奇怪，谁的责任呢？谁管剧场，谁管音像公司，谁有权搞那么惊天动地的歌赛会，一个一个没完没了的评奖会，谁让他有权招考几万儿童报名的"歌星班"？

一个美国华侨最近来信说："国内舞台好的歌曲越来越少，而一些乱喊乱叫的所谓流行歌曲却在全国流行。甚至在美国，严肃的古典音乐和流行歌曲也是界限分明，为什么国内却混在一起，甚至很多专业团体和个人也组织起流行歌曲队（叫什么轻音乐队）去到处演出（为钱忙）。这些虽然与经济及物价上涨有关，可也和一些领导推动有关吧。"（美国波斯·雷得泽）。

而我们的音乐理论家对这种治乱现象却大声叫好，认为"阴盛阳衰"是合理的病态，称"女性化"音乐是时代的呼声。

社会舆论对这种现象没有约束力，加上税收工作混乱，把纯粹享乐性的活动（歌厅、酒吧、舞厅的活动，各国和香港都抽收高额税费，香港抽63％，美国还要高）和提高人们的精神文明一视同仁。据说新一个成立的社会管理机构根本不先检查他们的曲目、作风，却先大办歌星评奖，使人听了啼笑皆非。我认为，批评需要，但更需要的还是采取措施先把一些好的艺术扶持起来，要敢于保持正确方向扬正气、扶正业。

对我们音乐教育工作来说，就是同时把少年儿童的"园地守好"，大力改革，探索实验，把学校音乐课抓好搞活，把课外音乐活动抓好搞活，使少年儿童的音乐阵地巩固扩大，他们的审美能力提高，身心健康有保障。再经过讨论，我们的国民音乐生活会逐渐正常起来的。

在这点上，我对于北京市教育局的倡导是给以很高敬意的。像辽宁兴城有一小学，阜新太平区的评学小学，广州的不少中小学和肇庆托儿所，他们的领导有一个清醒的头脑，使孩子有一个健康的美的教养，疾病会少一些，毒菌进去就难一些。

最后我想说一说音乐出版和器乐制造业问题。应该说，近几年音乐出版业有很大的发展，有些办的不好的刊物已经改正，《中国音乐教育》已办了二十期，温洲也出了个《学校音乐》，北京市也出版了一套从小学到中学的音乐欣赏教材，广州华南师大雷雨声同志新编了一套中小学音乐教本。这些新的劳动会对不少学校音乐教育起到巨大的作用。

器乐制造业也开始考虑为中小学创造出比较轻便、便宜的电子钢琴、电子琴和其他小型的音乐教具。老音乐教育家梁德灵一直在为孩子们学习操心，最近他创造了一样轻便的易于推广的小乐器。这些新努力，无疑将对中小学、幼儿园的音乐教育提供有利的帮助。

这次年会，虽然是以中小学音乐教育为中心内容，但与会朋友可以加入一些小型的专业讨论。如大专院校师范音乐教育，幼儿师范教育，出版、器乐制造等等，为下届讨论的大专师范作准备。

中学音乐教师讨论会在肇庆会议提出经两年的筹备将会在大会中成立，小教职有的地方已成立，这次也可以讨论一下。

这次会，中宣部第一次参加，他们的关心将会对大会的进行及会后的实现起巨大的影响。

希望全体同志，热情地把这次会开好。

有人提出，不要让各地音协兴办社会考级，应把考级收归教育部办理。我以为这是不对的，一切业余的音乐教育及社会考级都应归分管社会业余的音协办理，教育部把自己直属下的音乐学院、综合大学中的音乐系、艺术学校音乐班、中小学音乐课、幼儿园办好就很不简单了，业余音乐考级在世界各国都是由音协之类的机构负责的。

第四交响曲　潮涌深思

1. 一手伸向古代、一手伸向西洋
——"关于音乐创作与教学的思考"读后
（2002 年）

近年来，在艺术实践上碰到了难解决的问题，也包括"北京交响乐团"濒于被解散。《音乐周报》就邀请各类专家如歌唱家、指挥家、作曲家和其他的音乐家等召开座谈会，让他们自由、民主地畅所欲言，把心里的话和意见说出来，作为领导上的参考，开风气之先。结果，许多问题得到周详、深入的探讨，也得到较好的解决。就是有些问题一时未能得到完满的结果，大家也心服口服，愉快地奔向工作。我认为这种风气是很珍贵的，是值得发扬下去的。只因年近九十，又患眼病，只能随笔式用"×××"符号当做间隔，能写多少就写多少了。

本来，中国音协及民办报刊是党及政府组织之外的音乐家自己的群众组合的团体，周总理曾设想：党和政府通过这样的专家组织以"百花齐放，百家争鸣"方针，让专家们自由自主地畅谈对于艺术实践上的一切措施问题，协助党及政府更加周详地讨论研究各种具体的艺术方针措施。按周总理所说："这是党和政府在艺术实践上的得力助手，尊重专家，依靠专家，很好发挥专家的作用的最好的形式和方法。"

有人说："这次参加作曲家会议都是行家，没有外人"，意思是都是作曲家及专业作曲教师。我不是作曲家，终生只是一个音乐记者而已，但我对于一些有新意的问题、做法非常有兴趣，非常敏感，也希望在会外参加意见。

（1）一手伸向古代

关于发展中华民族新的艺术，毛主席曾有过两句名言："一手伸向西洋，一手伸向古代"，这也包括音乐艺术在内。这个指示是非常正确的，这里我想多啰嗦几句。

为什么要"一手伸向古代"并且提的那么重要呢？这是因音乐艺术的发展最初是和诗歌、舞蹈相结合，音乐的句法、旋法、发展规律常和诗歌语言发生密切的关系。由于民族语言不同，风俗喜爱的差异，形成各自的旋法和不同的风格要求。如果发展我国民族音乐艺术，要在这土地上生根开花，就非得和中国古代（包括近代）的音乐成果结合不可，否则就变成无根之木、无源之水了。

关于"一手伸向古代"可能包括《高山流水》、《十面埋伏》、《塞上曲》等古曲，和姜白石的创作，刘天华的创作以及"五四"时代前后产生的新创作和广东音乐、潮州音乐、华中丝弦、北方吹歌、西安鼓乐，还有兄弟民族的声乐和器乐曲。但这些都没有很好的加以搜集作有系统的研究。

关于第一个问题："一手伸向古代"，虽然提得非常明确，但是我们并没有认真贯彻的来对付这个问题。我们的作曲家们每每只埋头伸向西洋，或者埋头在个性创造，或者其他什么地方去了。如果真心埋头在"一手伸向古代"，那么应该有许多同志对我国古代的音乐实践，包括民族民间音乐创作、音乐美学、表演方法、音乐风格以至于音乐色彩、音乐意境的体现这些方面大下功夫。而我们许多作曲家着眼于西洋技法，我认为这种努力是应该的，而且是非常重要的，但应该全面来要求，特别是伸向古代。这伸向古代，应该包括中国古代、近代以至于当今的民间民族音乐创作、美学等。

从实在说，我们有些作曲家对外国的东西比较重视，这肯定是好的、应该的。但对中国老祖宗的东西，虽然是凤毛麟角，如《高山流水》、《十面埋伏》、《塞上曲》、《浔阳渔鼓》、《春江花月夜》、《阳春古调》等等，除了少数民乐专家外，有几个人下过苦功夫？我们许多作曲家对西方音乐家的作品倒背如流，但对中国古代总抱有看不起的心态，触动不深。

挖 掘

至于民间器乐作品的控握，只停在五十多年前的延安民族民歌研究会所收集的那一些，主要是陕北民歌、绥远民歌、新疆民歌那一小部分。有那么一点点，虽然是很可怜的，但它却是我们的命根。我们对自己祖国的东西不了解或不重视，那么怎么谈得上追求什么创新，个性创作啊?!

我们有好几个年轻的朋友（现在也都五六十了），他们最初的志气非常壮大、宽远，要为祖国开创一种新潮。我感到在最初之时，有一位受过广东音乐的陶冶的年轻作曲家写了一首交响乐，的确是很可爱。但是大家对祖国古代民间民谣的底子并不深厚，因而只图新鲜、别致，并且有个别青年（也已是中老年人了）特别不从音乐本身的要素去考虑，而在音乐之外谋求新奇、别异，这样就出现许多人们想不到的新奇异径的新创作，那当然也是好的。

大家都知道，文学、美术、戏剧等各种艺术，各有自己特有的艺术要素和特点，比如文学是语言、文笔文风、故事情节、人物素描、章回起伏等；美术是形象线条、色彩、布局、情景、事件的变化；戏剧则是人物形象、语言、故事情节、矛盾发展、气氛创造等。如果音乐不在音乐的音调、节奏、速度、曲情发展、冲突、和声对位、配器、色彩、音乐意境上去探索创造，而在这些要素之外另求出新、生怪异，那它就不是好音乐，而是另一件"创作"了。要是集中在音乐的要素中去勤探苦想，他所取得的成就就会使音乐生辉。

因此，"一手伸向古代"一定要向我们祖先、近代风格比较优秀的歌谣曲作中去追求。我们的"梁祝"之所以受到国内观众的喜爱，受到国际音乐家重视，其主要原因就是它向我国戏曲音乐找灵感。星海的《黄河大合唱》之所以震撼人心，主要原因是它生根在祖国的音乐，黄河人民的音响，人民的呼唤、呐喊的气质中。也许是一首平凡的牧歌，给它装上翅膀，它就会远走高飞。

抓到一些珍贵的原料，祖国的声音，人民的气息，即便是非常简单的心血，就把它抱在怀里日夜在这些短句中琢磨，又弹又拉，对这些宝贝一再细嚼、吟味，真正娴熟以后，它会派生出新异微妙的矿苗，逐渐深入发展，就会成为一段耀眼的艺术品。

现在文化部民族民间艺术发展中心由周巍峙同志牵头，曾向全国发动上万余人对"全国十大民族民间文艺集成"进行尽可能广宽的收集、整理、印出。全书约有三百多厚册，单是音乐，就有《中国民间歌曲集成》、《中国民间器乐曲集成》、《中国戏曲音乐集成》、《中国曲艺音乐集成》四册，每省市各自出三四厚册，共约一百多厚册，现都已出版了过半数，只做些收尾工作。这四部集成中除了姜白石曲集、刘天华曲集这些已印的之外，所有的古曲、民乐、民歌都进行记谱、演奏、录音、录像，对很多著名民族民间音乐家的传记、著名艺人的成就和作品都进行研究介绍。这可以说是上百部厚册抢救优秀的古代音乐的全集了，对于我们今后的研究是有好处的。

但是，这许多记录全是原始资料，一般都是见曲即记，恐怕一拖就全流失了。其中秀芜混杂在所难免，甚需音乐理论家耐心深入一曲一曲地细心研究，找出其中的确有特点、有创造性的乐曲加以说明、指点、介绍，编成教科书，使我们的后辈能一目了然，参考其中优秀有特色的传统，知所发挥。这对于今后的新音乐的发展创作、走向世界有新的意义。如果不经过音乐理论家的研究、整理，特别是当地音乐家的研究、整理，完全靠作曲家自己去玩味、去找寻，那是非常吃力的。

我记得马思聪先生非常喜好各地的民间音乐，你只要介绍几首新民歌给他，他就狠命在小提琴上拉，在钢琴上弹来弹去，希望抚摸到这些民歌的特性。但他这样做也感到困难，他曾对我说："李凌，你对广东音乐、民乐知道得比我多。你是否给我介绍一下，你怎样喜欢，有什么特点、特性、奇趣……，让我可以顺着这个提示去抚摸，这样比较易于掌握特性，比自己去摸索省力得多，你说是吗？"我也认为，理论家先行做些研究（特别是当地的理论作家），指出某些的特点、特性，对作曲家和后学者给了启发是有很多好处的。

整理、研究

"一手伸向古代"首先就是挖掘、搜集，的确要像找金石一样对待祖国古代和至今尚存的民族民间音乐宝库，千方百计把它发掘出来。

其次，一个大问题就是整理、研究。关于整理、研究，我认为最好能有一个比较有力的专门机构来进行。这样便于集中也便于要求，搞出一些成绩。如果这些老师，能够把周巍峙同志领导的四部（民歌、民族民间器乐曲、戏曲音乐、曲艺音乐集成）和音乐相关的"民族民间音乐集成"加以研究，写出较有分量的中华民族音乐的四大件或五大件，那更是可喜的讯息了。

　　我认为把"整理研究祖国的民族民间音乐遗产"这一个大任务，从收集到出成果都集中在一个学院是可行的。不管怎么样，细思苦想，从已有的及新收集的资料去整理研究，创作理论并写出中国作曲课本出来。民族声乐系写出向戏曲、曲艺及民歌深入研究，探索出一些成果出来，写出民族声乐系教课本。民族器乐系写出各种乐器的教本，演奏课本。音乐美学系把古代一些文学上音乐上的美学，如"唱心"、"唱情"、"情来忘自生"以及"适体"、"适度"、"音乐表演中的自恃力"、"纯朴真情"、"探幽索隐"，如何谓之"急处臻幽闲"、"于平淡中见深沉"、"精于谋篇"、"刚健豪放"、"优柔隐喻""识性别格"、"把接近的唱出差别来"、"绚丽、疏放、毫无斧凿痕迹"、"柔美、纤细"、"意深来自细微的分析"、"变化与纯"、"各有性格而又各个有别"、"大潮动若寐，不复潮与声"以及唱与伴奏的歌乐之声巧合鸣，天衣无缝的合作等音乐美学上的问题，从我国的唱论、乐论上搜集出来并加以讨论、研究，写出各种各样音乐创作、表演上的专著，是非常有意义的。

　　对于各系及演奏队，分配了任务就希望他们能有系统、有步骤地把成果搞好，写成专集，以便实行。这种既有研究，又能实施，在一定的时间内搞出祖国的四大本本，哪怕是初步收成也总比空喊好一些。我们结合了"口传心授"的做法，然后逐个逐项搞出来，就算是非常非常地幼稚，也总比没有好一些。反正我们不怕幼稚，倒是怕仅仅停留在口头上说说，手脚却不动，完全靠那些个外来四大件维持着过日月。

　　如果我们对祖国的民族民间遗产有了热爱之情，然后深入其中探宝、采矿，把珍贵的矿苗抓到手上，再加上自己的创作实践，即便是自己的创作几大件差一点，还要参考西洋的几大件，那么我争取个性的突现，大胆创造才有真实的根基。

240

创作、演出、研究的实践问题

我们计划建立组织，网罗人才，增添设备之后，就是专门进行实践。如果在实践的布置设施和管理监督上不明确，管理不太好，也是不容易成功的。

我们拥有一组配备完美的队伍以后，就要开始收集、挖掘、整理、出成果，再进一步就是创作表演的实践。如何不断地通过向社会、群众介绍自己的开拓，不断向社会推广自己新的实验，同时评论工作要跟上来。这样一个比较完全的队伍，面向社会和群众一步一步商量前进，作为一个起点，再争取社会上一切同好，也与我们一同合作研究、百花齐放、百家争鸣，反复改进，我看是会有前途的。

关于中国民间音乐是非常讲究的。如《山上草青青》

1 6 1 2	2 1 5	1 2 5 5	2 1 5
春 天 草 青	青，	太 阳 满 山	红。

2 2 2 1	5 6 5 4	5 2 2 1	5 -
一 道 道 流	水，	流 呀 流 向	东。

短短几句，有头有尾还有腰身，其中来一句延长转调特别妩媚。

又如《下四川》（谱子略）这首民歌，随情变动，依景牵情，沁人肺腑。再如《兰花花》，也是非常自由，随着爱情遭遇的变迁歌调也因之深化，两情相牵，扣人心弦。还有一些曲子音调特别新奇，出人意外，如《盼女婿》

6 6 7 6 5 3	5 -	6 6 7 6 5 3	5 -
今 日 地 盼 女 婿，		明 日 也 盼 女 婿，	

盼下个 小女婿 不称 奴的意，

奴坐在 炕头上 唷， 看他 怎样 的。

音韵别致、倔强，体现古代女子要求独立自主的性格。

至于宫廷作曲家或文人作曲家（一般都是集琴棋书画于一身的）的作品，较早流传下来的有《阳关三叠》。中央乐团合唱队有些同志把它配成合唱，有不少同志唱到"劝君更尽一杯酒，西出阳关无故人"便两眼充满热泪，这也是这首古曲感人所致。

中国的器乐长曲不少，像《阳春古曲》、《汉宫秋月》等等都有传曲，有些曲子传到了现在。有些乐曲像《梅花三弄》介绍出来的有好多版本，《晋书》谈到《梅花三弄》；而《桓伊传》中说得非常简单，王羲之见到桓伊说："闻君善吹笛，试为我一奏。"桓伊为作三调，弄毕，便上车去了。到后来整理出来《神奇秘谱》中有十段。广东音乐集中只有三段加尾声。不过，要整理起来，我们还是能够使它去伪存真，如是一时难以断定的东西，只要有善可取也不妨碍当做参考。

民间音乐在结构上也是比较严谨的，比如《昭君怨》、《双声恨》，同是表现哀怨的情绪的，曲调缠绵凄切，尾段都有一节快速的曲调收场，或超越苦难，或走向共同生死，而结构却很紧凑。又如《十面埋伏》、《赛龙夺锦》都是叙事型的乐曲，前者依照汉楚战争的进行，一节节迫近取胜；后者对描写龙舟竞赛的出发参赛、起步、赶超、得胜、回航的喜悦心境，其间进入急处的转调，变化多端。其后又转到另外新生的音调，但多变而统一很有特色。

民族音乐的风格也是多种多样的，像《悲秋》只用简单的几个音：2 2 2 — 1 1 2 6 — 1，就写尽老一代对秋的悲感，音调回环转折，的确心触胸怀。又如《满江红》，慷慨陈言，的确表达伟大的爱国胸怀和志壮胆大的气概。三两声沉重呻吟的叹息的《拉犁歌》，刻画出旧时劳动人民的无可奈何的支撑。而《我住长江头》则以真挚、柔情、沉雅、温馨的音调来表达依依不舍之情。张权曾说："我要以生命的声音来把这首歌调的真意唱好。"她的确在表现这首乐曲上是花了心思。总之，我国的民族音乐的经验有不少可贵的遗产值得我们深入研究。

其次，学习民族民间音乐的人，也就是说从事民族音乐的器乐、声乐之音乐工作者，包括戏剧音乐、曲艺音乐之音乐工作者，也有一个认真学习中国古代及民间音乐的问题，同时敢于参考西方研究方法进行研究改革。但在借鉴西方方法的特别是结合自己的特性来研究整理改革需要费一番工夫。

"五四"革命运动的早期，对孙中山先生所领导的团体及广大知识分子都是拥护的。当时主要的要求是民主、自由、科学。在文学上以白话（语体文）为主，音乐上也开始以白话（普通国语）写作诗歌、谱曲。直到 1917 年苏联革命成功，中国共产党诞生，"五四"运动才开始分化。文艺界产生了"左联"，由共产党领导的文艺界开始独立活动，以马列主义思想作为指导。其后有些参加抗日救国运动的人，就不愿意参加受"左联"影响较大的文艺运动。其后还有"国防文学"和"民族解放统一战线"的讨论，不过这些历史在一篇短文中是不易谈清楚的。

关于"五四运动"前后留学生对中国音乐产生了改革的设想，我考虑到这个问题的时候，并不完全同有些人那样把不是"抗日的"音乐家当做异己，认为他们对中华民族的生死存亡不大关心。其实，如黄自、赵元任、李维宁、李叔同、萧友梅都是主张抗日救国的。甚至于在理论上认为西欧音乐教育胜于中国的青主，当其执笔写中国歌曲的时候，他总是不知不觉，或有识地强调民族音乐风格的实现，不过各人的具体情况有所不同而已。

像赵元任，他是从语言学的角度深入中国音乐，他写的《教我如何不想他》是很费心思的，他每句、每段、每个乐节的变幻，影响到心绪的地方都琢磨得异常周到。像天上的微云一个样，微妙的先行音带入新境：

$$3\cdot\underline{5} \mid 5 \ - \ \underline{1\ 6} \mid \widehat{6\ 5}\ 5 \cdots\cdots$$

吹 着 些 微 风

此句真是打动人心，夏景又是另外一个样子。秋景呢，从转调带入"啊，燕子，你说些什么话，教我如何不想他，……"引入残冬，"枯树在冷风里摇，野火……啊"一再转调，就把人怔住，听者也换上了另一种心理，在痛苦中忆念他的所念了。

他的《海韵》中有许多大胆的探索，而在《上山》一曲则看到他的旋律如何结合口语，发挥语言的特性。

黄自先生的创作是大家所称赞的。他是上海国立音专的主要作曲教授，据说他对贺绿汀、江定仙、刘雪庵、陈田鹤的学习要求非常严格，也把这四位学生教授得很好。他自己的《玫瑰三愿》写得非常工整，《山在虚无飘渺间》、《渔阳鼙鼓动地来》都写得很到家。我特别喜欢他为电影《天伦》写的主题歌，这曲子不短，表现了作者对于失去天伦之乐者的痛苦和道出赤子之心，音调亲切而富有动力，我还很少听到有人把民族音乐的深沉亲切动人心脾的力量，描写得如此完美、有魄力，而且充满了血肉之情。我们试唱唱：

6 5. 3 | 3. 2 2 0 2 1 6 | 6. 5 5 0 0 |
奋 起 呵 孤 儿 惊 醒 吧

1. 1 1 0 2 1 6 | 5 - 3 0 | 5 5 5 5 1 6 5 3 | 2 - 2 0 |
收 拾 起 痛苦 的 呻 吟, 献出你赤子的心 情。

这些音调不是随便臆造出来的，的确是作者心有所感，悲从中来，经过抗进、奋发图强而从心中流露出来的，真是行云流水，奔流直泻。又像：

3 3 5 2 0 | 1 2 3 5 6 5 5 | 2 2 7 7 7 | 3 5 6 5 0 |
老吾老 以 及 人之老, 幼吾幼 以及人之幼

以及尾段的"收拾起病艾的呻吟，献出赤子心情，舍己为人……"越唱越高昂，实在不简单。

我特别回忆黄自先生这段历史，同时又敬重贺绿汀同志的整个建树，是有它的原因的。黄自先生在美国学习了古典音乐，在学习时很用功才写了《怀旧》。那篇作品是习题性质，谈不上什么创作，而其回国后所写的作品，从《玫瑰三愿》到《长恨歌》中的《山在虚无飘渺间》、《渔阳鼙鼓动地来》和后来的其他作品，变化不少，也的确把音调创造出了自己的个性、民族性，同时也把新作给以相当高的而有生命的新民族音调。他的许多作品都贯穿这种探索的功绩。

贺绿汀同志在黄自的指导下，也只是领会的西欧古典主义的创作方法，他的确没有接受西欧新潮的影响，他甚至明目张胆反对西欧近代音乐发展，但他应用自己仅有的古典主义创作方法的

经验，使之和中国的民族音乐特性相结合，就写出了《大家唱》等许多令人叹服的东西，为乐坛创设一片光彩。后来还分门别类，既有民歌体的《保家乡》，也有柔美的民谣风的《秋水伊人》和生气活泼的《游击队歌》，也有知识分子唱的《嘉陵江上》，更有外国莫扎特风的《反法西斯进行曲》和泥土味十足的《垦春泥》。

我曾想，像赵元任、贺绿汀同志，他们对于外国的东西，涉猎得并不十分多，也没有甚么超时代的特色，但是忠心耿耿热爱自己民族的乐风，同时体会到众多群众的喜好，创造好比较令人欢爱的新东西，这不也是有他自己的贡献吗？因此，我曾把"五四"前段的一些长辈的音乐实践作了一些陈述，在这里不厌其烦，啰嗦了一大段。

从抗日战争中成长起来的作曲者有他们的特点。他们学习了一些西洋作曲浅说，也接触了一些民歌，以白话诗为主写出许多抗日歌曲，如《义勇军进行曲》、《救国军歌》、《大刀进行曲》、《救亡进行曲》、《团结就是力量》、《延安颂》、《飞虎山》、《红军根据地》以及《黄河大合唱》、《九·一八》、《全世界人民一条心》、《歌唱祖国》、《没有共产党就没有新中国》、《上甘岭》、《伟大的祖国》、《志愿军战歌》、《牡丹之歌》，它们的曲调和词与当时的现实生活和人民心情紧密地结合，从而一直到今还能起到巨大的作用，带有坚强勇敢的、朝气蓬勃的声音，这许多已成经典之作都有它各自取胜的特点。

我们的理论家、作曲家们如果能把这些作品加以研究，使之系统化、条理化，写出一些比较踏实的富有中华民族新气息的东西，即使是最初步的经验，也是对学习的有用之材。不过，我们应该承认，在学习上是比较有限，有些学问还没有足够的基础，走起来比较吃力，还应该不断地提高和加深。

（2）一手伸向西洋

所谓"一手伸向西洋"主要还是伸向欧、美，关于这点我不怕重复，再详细谈一谈。

在16世纪前（大致相当于我国明代嘉靖、隆庆、万历年间），在李斯特为舒曼写的《舒曼传》的注释中还说："那时，中国还是音乐王国中的王国。"也就是说，16世纪前中国音乐还是比较发达的。但自16世纪后，西欧文艺复兴，一时文艺改革的浪潮席卷全欧洲。这时，欧洲在文学上、美术上、戏剧上、音乐上进行大革命。跟着而来，相继出现了巴赫、莫扎特、贝多芬、肖邦、舒曼、李斯特、勃拉姆斯以及印象派的德彪西等一大批作曲家的大胆探索，他们创作出许多伟大的交响乐、大合唱、歌剧、舞剧音乐、独唱、独奏、室内乐、吹奏乐。同时，广大的群众音乐水平也迅速提高。他们说："当贝多芬的《艾格蒙特》序曲响起的时候，我们才开始清醒，才知道自己落后了一大截，才知道急起直追。"

事实上，西欧经过四五百年的发展，他们的音乐学校课程已经逐渐形成有系统的、比较完整的教材，器乐、声乐、歌剧、舞剧的演奏也都有一定的章法。这些教材大多是列举一些名作曲家的名曲片段来作说明，这些例子又经过世代的教师的充实和选择而确定下来的，可以说是比较符合科学解释的。有的教课本、练习本，如作曲法、和声学、对位法、配器、曲体学还经过许多有造诣的学者研究后才选定的。有不少教科书是几个有研究的人都写，如和声学，就有里姆斯基·科萨科夫的教本，有布拉特写的一套教科书，有盖丘斯的一系列教材。此外还有许许多多的入门书籍。

20世纪30年代以后，我们国家经过谭小麟、郑志声等人介绍了一些比较新异的理论见解，有些人引进亨德米特和汤豪森等作曲新论，并向这理论作过新的探求。有些理论家如王震亚、苏夏等人想以新的方法来振兴祖国的音乐艺术，这是"新潮派"在我国的萌芽，这许多经历还历历在目。

我认为，对西方的古典音乐、浪漫主义音乐流派，也包括德彪西的印象主义流派，因为经过西方作曲家较多的和人民结合，它的社会可取性较为普遍一些。凡是经历过比较多的考验就有比较多的参考价值，也经得起较多的分析和挑剔。因之，我们参考学习的因素就比较多一些。

毛主席说过："有这个参考、借鉴和没有这个参考、借鉴很不一样，有参考、借鉴我们的发展就快些，没有这个参考、借鉴，一切都得从头来，就要走得慢一些。"而最终，大致的原则每每是相近的。

这里最重要的问题还是在于如何和中国的音乐实际相结合。这一结合，不要教条主义式的生搬硬套，不要奴隶式的追随，而是站得高、望得远，知所选择，灵活地结合创造。

学习外国，第一个要求就是希望我国的作曲家的确对于外国的东西研究得比较彻底，灵活地利用这些经验、方法，使之和中国的古代、近代音乐相结合。对于我国的古代、近代音乐也要分析，哪样的观点是正确，哪些是有问题的要批判地接受。不是凡是民族的、古代的就要一切遵从。对于外国的一切理论经验，更要弄懂、弄通、越精通越好，这样才会知所选择，应用自如。

有了这样的学问、能力，同时又能根据我国的音乐特点、规律、风格、意境以及我国的国情、群众的艺术习惯的需要加以发挥，创新出富有中华民族特色的新音乐来，为我国增添新的有生命的音乐艺术，同时也丰富了世界音乐宝库。

学习西方音乐理论，再一个结合问题就是与中国现在进行的建设，特别是文化前进的方向，如向进行改革开放，开发大西部，走向世界这个伟大的目标相结合。

一个国家的建设总有主次、轻重、缓急，主旋律应该是每个作曲者心目中最重要的任务。现在的写作题材是十分广泛的，形势在飞快发展，新中国在以更快的速度强盛起来，这是我们每个老百姓的愿望，这就是音乐的时代性，音乐家要跟上时代前进的步伐。

学习西方音乐一方面要和中华民族的音乐结合，另一方面就是要突出自己的创作个性。周总理说过："一个作家应该有自己的特色，要有自己的创作风格，这标志着这个作家的创作的成熟。"

清代诗人袁枚说过："都似古人，何处着我。"他对创作中拥有自己的鲜明特色非常重视。一个有成就的音乐家绝不是人云亦云地抛弃自己的东西，而是结合着人民的喜好和优秀的民族风格去进行创造。而芸芸众生地随大流跑，了无个性，那是不受欢迎的。

学习外国经验，学得越透彻就越好，不要只学一个皮毛，甚至走入别人的误区，生吞活剥，被所谓"新心得"所吞噬，还大摇大摆地说什么"领先"、"超前"创造，那是非常危险的。当然我们也不要怕失败，有少数人敢于或肯于在悬崖峭壁上攀登也应该容许。

但是，艺术的发展每每是迂回曲折。我国文学的发展就有过因"宫诗"上风，而提倡恢复汉魏文风的运动。明清以后还提出过要重视唐宋文学八大家的研究，也是希望使文学艺术的发展沿着一条比较健康的路途来发展。

音乐、美术、文学并不完全像科学那样，一有电灯豆油灯就淘汰了，新汽车战胜了旧汽车……艺术并不排斥古代的诗谣、壁画，新诗接受古诗的影响较少，有人还回头向古诗的韵律、意境、风格去学习。许多古代的美术品还是一样珍贵，被爱护。如果我们中有些作曲家，能像贺绿汀同志那样用西方古典主义音乐经验（他是反对新派的）和中国音乐风格相结合，创作出有新意奇趣的新作，也同样会受到广大的人民欢迎的。

还有一个值得认真的"注意点"，就是自己所写的东西要"曲曲自别"，要使所写的作品每一个都各有各自的独特性格。像莫扎特、贝多芬、舒伯特、李斯特、柴科夫斯基、勃拉姆斯等各人都有各自的风格，而各人每个成功的作品又各自有独特的个性。

有人说："肖邦的作品有许多相近。"但认真的分析家则认为"即使同一棵树生长出来的树叶乍看起来一样，如果认真地细细分析，它们每一片叶子的脉络、姿态都是各不相同的。"也的确是这样，他的《革命练习曲》、《玛祖卡》不同，他的每首波兰舞曲、夜曲也各不相同。至于贝多芬的"英雄"、"命运"、"田园"、"第八"、带《欢乐颂》的"第九"就更各具面貌了。

西方的艺术发展有过极高的成就。单就美术来说，他们有达芬奇、米开朗基罗、拉斐尔、提香、丢勒、瓦伦丹、戈雅、鲁米斯、安格尔、米勒、塞尚、马蒂斯、列宾、毕加索等名家。但自印象派以后，争先建立各种各样的派别，美术上有"立体派"、"达达派"，音乐上有"无调派"、"后现代派"，三人一组，五人一群，名目繁多，但大多都是在探索阶段，成功而有效，深受广大人民欢迎的不多。

关于交响乐的发展有两种意见：一种是主张不要脱离广大听众太远，采取渐进的方法进行革新；另一种是创造一切条件，使新异的东西推广开来。他们认为交响乐和歌剧、舞剧音乐不同，总谱写好了，写清楚一点，一上复印机，就会复印很多份声部谱。如果作品演出还有人需求就多演几场，如观众太少就停止演出，所费无几。至于歌剧、舞剧情况就不同。演唱家多明戈对于新歌剧的意见非常具体，在1941年，多明戈曾经主演过金纳斯特拉的新歌剧《罗迪高质外》，他演了十多场后就不再演了，他说："我很抱歉，有些人也许适宜于唱新派的作品，但我不是。"

我认为新歌剧要求演唱者有很丰富的音乐感，但却不需要他们有美好的声音。如果自己培养成有一副美好的嗓子，这些新派歌剧可以很快损坏它。如果我们的作曲家们要求一些有美好声乐家来演唱他的作品，那么就请他们写些美妙嗓子适宜歌唱的作品吧！

多明戈还引用他的同行著名歌唱家施沙·西比的话说："我不是反对他们，是他们反对我。"他还举出著名女高音歌者卡拉斯和男中音戈比作为例子，他说："为什么他们从来就没有唱过近现代派的歌剧？问题不是他们不唱，而是一百年来，都没有新派作曲家能够替这些艺术家们写出适合他们的作品。"

我在意大利威尼斯市访问过 U. 阿曼达里音乐院院长，我和他谈得非常直率，后来还和威尼斯市歌剧院院长也谈了不少。他们都说，"交响乐演出比较简单些，观众少就少演，但还经常推广。而歌剧的工序太多，从剧本创作，写音乐，配乐队、试唱、试奏、试舞、试合唱，衣服、灯光、布景……花费太大，如果试演不理想，观众不多，谁赔得起？还有，许多著名的歌唱家对于新派歌剧不那么热心支持，光靠几个角色来推广也很吃力。"

总之，其中的苦、甜、酸、辣我们也应知所选择，而尽可能选择一些能够适用的，易于结合现实、结合群众的做起来，才会易于锦上添花。

至于有些演奏者节外生枝，有琴不拉而去共同吹那小提琴上的气孔作响，或反过来靠打琴背的下板作响，甚至只用屁股坐在钢琴上演奏……，那么一些想入非非的玩儿不能算是音乐的正途，大可以不必过分担忧，那是没有广大前途的奇想。

最后，我想把贝多芬说过的几句话记在后面："勇敢和优秀的人趋向高尚与辉煌的事业，胆怯和恶劣的人走向无谓的勾当。"这是由于罪恶所走的道路是充满眼前的享乐，借此引诱众人追随其后。道德所走的却是一条陡峭的狭路，因而也不能那么轻易和迅速地将人们吸引前来，尤其是当另外一个地方还有这样的人在召唤他们走一条向下倾斜与舒适的道路的时候。在这个情况复杂，动乱纷繁的时刻，他的话对人们是有意义的。

2. 古今中外都是
"百花齐放、百家争鸣"好

对于贝多芬的《第九交响乐》中的《欢乐颂》应怎样看待？我认为西欧文艺复兴期间，出现了一些伟大的作家，他们是资产阶级，或者不是什么有钱阶级出身，而只是当时有些先进思想的民主人士，提倡自由、博爱，向往"全世界人民，团结起来，相亲相爱，以争取团结、快乐、走向民主"。这的确是当时文艺复兴的不少作家的愿望与梦想。

是的，每每在社会的变动中，是有一些人站得较高，看得较远，想得奇伟，甚至超过了自己出身的局限，提出一些进步的口号和要求，这也是历史上常有的。说贝多芬、希勒当时所追求的理想，希望全世界亿万大众，团结起来，去争取快乐。自由的愿望和意志、梦想，是会被理解的。

我们常有人把历史上所有做过官的，或者帝王将相，也包括文人志士，不管好坏，只要不是无产阶级，都没有一个是好人，都看得是一团乌黑，这是不是事实呢？

其次，当乱世世危时，也总有一些名将、义士挺身而出，如岳飞、文天祥等，为援救家园的存亡而献身走险。遇到比较世事安宁，政通人和，有些奉公守法的人物，如范仲淹、海瑞等辈，他们的廉洁，知所自爱的人，是不是也值得称颂。

252

1956 年，毛泽东同志也一再强调的"百花齐放，百家争鸣"是党发展文艺方针政策的重要措施，当时文艺上也有遇过比较活跃的趋势，我国第一次音乐周就在这期间举办，许多较有生气的音乐相继出现，马思聪的《山林之歌》管弦乐组曲得以正式献演。但是反右以后，稍微有些收缩，到十周年国庆，又有些开展。

不幸来了十年动乱，就变成瘫痪了。直到拨乱反正，"从实际出发，实事求是"，大力推动开放改革，情况才较彻底的转过来。不过，直至 1999 年仍有一些人念念不忘于简单粗暴，先收集材料，定性秘密，开批判会，不认真执行"二百"方针。后来开会，因被批判的人到会场要求参加，反对这些粗暴做法，才不了了之。

我们回头看我国文化历史，凡是在比较活跃、宽松的年代，如春秋战国、百花齐放百家争鸣得以开展，文化艺术就比较丰厚、茂盛，凡是比较狭窄、压制、文化艺术就比较萎缩、凋零。

"五四"运动以后，也是发动全国青年起来对西方的政治、文化、科学加以学习，介绍西方文明，以改革我国的文化，兴办学校、提倡白话文……取得重大的发展。

抗日战争时期，解放战争以至新中国成立，也是在解放思想、活跃思想、敢想敢干、反复斗争中出来的。

"百花齐放，百家争鸣"是丰富繁荣我国的艺术的重要政策，是提倡多种多样、色彩芬芳、保护艺术欣欣向荣的最有利的措施，它使我们的艺术专才，得到受益，保养，免遭创伤、粗鲁的干扰。也是促使我们的创作、演出、理论研究的有力支持，许多问题，常常是越讨论越深入，越研究越正确，老话说"孟子好辩，孔道以明"，就是说：孟子喜欢辩论，常常把孔子的道理加以阐述发挥，使得孔子的理论得以更深更好的理解，从而帮助孔子学说的发展。

的确，有许多真理，都是经过多次的深入探讨、争论，变得越来越清晰,越争越明确。在争论中,谁的看法是否符合客观真理,是否正确或者是否错误的,也会在讨论中变得越来越清楚。

3. 作品要有自己的特征

在创作上,要有自己的独创性,每个曲作要有自己的风姿,这是非常重要的。卢梭说过:"我可能不比别人好,但我和别人异。"诗词的立意、形象描情、写意以至修辞、语调的色彩、韵味,愈不一般化就愈有个性,愈能体现作者所要表现的情感的准确性。

有个诗人说过:"都似古人,何处着我。"他们是千方百计摆脱人云亦云,力求有自己的色彩,有自己的位置的。

陆游对于作家个人的创造性有过这样的诗:"我昔学诗未有得,残余未免从人乞。力屏气馁心自知,妄取虚名有惭色。"后来他逐渐推开前人的束缚,独出心裁,乃能别具一格。他写道:"诗家三昧忽见前,屈贾在眼无历历。天机云锦用在我,剪裁妙处非刀尺。"

一般地说,贝多芬对于前人的创作经验是比较尊重的,特别是早年。但他总是不那么"安分守己"地跟着别人走。

在追述早年创作时,贝多芬曾常常喊叫:"我要犯法。"他这种自傲的"叛逆精神",不仅触犯到另一阶层,而且也触犯到他自己本身所属的阶层,触犯到别的音乐家,触犯到自己的艺术主宰和规则。他说:"作曲法不容许这些和弦连续么?好的,我容许!"

他拒绝盲目接受书本上的学问,他相信自己的经验与研究中得来的东西,只相信生命的直接教训。

成功的作家,都有各自独特的风貌,独特的表现手法。"李不效杜,杜不袭李",力求"文中有我"。他们从立意、选材、描人、写景、用笔、着墨都努力在探索和突出自己的独创性。我记得1964年初,和画家李可染一起在广州从化疗养,看到他经常出去博览名山奇景，回来就天天练笔，黑山、牛头……练了又练。他藏有齐白石送他的印章："务去陈言。"他很看重齐老对他的要求和关心，他到处去写生、画物。他希望自己在和自然界的深交中，发现它的生态和微妙，产生由衷的爱，从自己所亲临的接触中悟出自己的意境，然后反复琢磨，构成与众不同的意趣和风格。这对作曲写词者也是同样重要的，不管是歌曲的选题、立意、表现手法都要求不断有新的创造，抱着这种精神去写作，多所思考、探索，酝酿既久，就能孕育新胎。

据说古诗人薛能，帮人阅诗，读完后写道："千首如一首，卷初如卷终。"这恐怕是过于刻薄了，但以今量昔，我想事实上也不是没有可能，因为我们"似曾相识"的东西也确实太多了。

一个作家说过："一切艺术大师之所以不朽，是在于他有和众人不同的立意、手法和独创的风格，他们的创作也都是前无古人，后无来者，不模仿前人，不蹈袭前人的脚印，并使后来者无法蹈袭。"我认为这些意见是很值得我们深思的。

所有的千仪百态，妙趣横生的新颖、别致的艺术，都是血和汗的结晶，也只有题材、风格的多样化，体裁、手法的多样化，新颖、别致，才能淋漓尽致地表现多方面的生活。是音乐艺术，歌曲创作在革命思想的指引下，给人们以多姿多彩的感受，更好地发挥潜移默化的功能。

4. 关于风格（2002 年）

一个作曲家或演唱演奏家，当其艺术创造趋于成熟的时候，他的曲调、歌唱、演奏、自然而然地盖上自己的烙印——风格，这些带有那个作曲家，或演奏者自己的所特有的思想、艺术、修养、个性、喜好、习染等因素，所表现出来的独特风格，虽然无形，却是可感的，有时是非常突出的。

255

有时，有些作家或演奏家，可能在音色上，或配器上，或某些手法上和别人有某些相似，但其整体艺术创造，总是有他自己的风格。这种情况，甚至在着意仿效的师徒，或某些流派中的同好，也是难免大同小异。细心的欣赏者，能从中体会出来。

听说和亨德尔同时代的意大利音乐家斯卡拉蒂，有一次在意大利威尼斯听了亨德尔的演奏。他和亨德尔并未相识，但他听过他的演奏。亨德尔这次到威尼斯来，没有事先宣传，他是应一个私人朋友的邀请出席假面舞会，亨德尔不擅跳舞，就坐下来弹起钢琴来了。斯卡拉蒂一听这美妙音乐，惊喜若狂，他指着那个戴着假面具的弹琴人大声喊叫："啊！魔鬼！魔鬼！那个弹琴的如果不是魔鬼，就一定是亨德尔。"斯卡拉蒂说完就冲过去把那弹琴的假面具拉下来，果然，那人真是亨德尔。后来他们成为挚友。这故事说明，一个成熟的音乐家的演奏风格，是能够辨认出来的。

一个作曲家、演员，具有自己的独创风格是非常可贵的，这是标志着一个作家或演员艺术的成熟。但是，模仿别人的风格，即使是学得十足，而没有自己的个性，那是不足取的。

当代大画师齐白石对于前辈是非常尊敬的，甚至把作为弟子替老师磨墨当作幸福。但他对于跟他学的青年，经常提醒他跟我学是可以的，我有许多经验可以法师，但他告诫弟子"学我者生，似我者死"、"艺术中不能无我"。

我们有些论者，常常指责一些青年，学梅、学程、学线腔，风格上稍微有一点走样，不管是好是坏就认为要不得，这是值得研究的。

努力把老师的学下来，这是需要的，但不能不让学生创造。一切画地为牢，不能越雷池半步的指责，都是颠倒是非的。其实一切真正有才华的艺术家，包括那些树立流派的大师们，如梅、程、尚、荀，广东的薛、白、马、红，也正是由于他们学了大师，又敢于冲破大师的局限，大胆的开辟，才建立起自己的流派。

5. 关于歌剧导演的风格问题

大家都知道，所有成功的作曲家都有自己的风格，演员也根据自己对作家作品的细致的研究，并通过自己的认识、才能、艺术素养、个性和对作品所要求的艺术效果进行创造，其间总是融合着演员的艺术气质和个性，而带有自己不同于其他演员的风格。这种不同有时是非常细致的，却是客观存在的。许多人都说，一千个演员同扮演哈姆雷特，却有一千个大同小异的哈姆雷特。这是真实的。

一个歌剧导演，也是一样，经过他的手创造的艺术，总会有不同于别人的风格。英国歌剧导演雷纳逊说："导演虽然是根据别人的东西进行工作，但却正是他赋予剧本思想以血肉和生命，正是他在解释和阐明这个思想并增添自己所特有的感情和见解，他使用了自己的情感、经历、感受和想象的素材，通过作为他的表现工具的人和机器表现出来，根据个人的经历所形成的这种特有的表现方式和气质，这便是导演风格。""风格是容易识别的（虽然难以划分明确），因为它是体现在工作中的个性。""假如他对他所看见的东西，采取没有任何个性的特点和生气的照相方法，那便无风格可言了。反之，假使他能用心把所看到。"

6. 大力支持音乐工业的发展

我很早就一直关心我国的音乐工业的发展。我从小就喜欢广东音乐，爱拉广东高胡、小提琴、洋琴、唢呐、秦琴。吹、拉、弹、唱都尝试过。是因为买一个广东高胡八角钱，买一个小提琴二元五角，一个扬琴才四元，乐器工业，在广东非常发达，乐器

257

很容易就到手。

1943 年在中华交响乐队编辑《音乐导报》,听排练外国管弦乐,被好友瞿安华强要我按规矩拉小提琴,拉从"浩曼"到"小朔拿他",又强要我学南胡,他送了个二胡给我,我老老实实拉完刘天华十曲。瞿在中华交响乐队拉第二提琴,他真细心地听我回课。我在这时期工作不多,正好多听、多学,又交了许多新朋友,如梅振全、黎岷、吴豪业、陈宗元都是马思聪的学生,这儿高手多,的确增长了许多知识。吹双簧管的曹国磬,住在我侧旁,有空我就要他的乐器来吹吹《威廉退尔》的《田园春色》里那段美丽的小曲。

建国以后,我们筹建中央音乐学院音工团,少不了到天津城里买些乐器。到上海向夏衍同志借了几千元,要张文纲为学院买些教学用的乐器。后在音工团及中央歌舞团,为了要把新建的管弦乐队招来琴手,自己 1951 年到罗马尼亚参加国际群众合唱比赛,我又购买了小号、小提琴。

中央歌舞团希望建成代表国家级水准和规模的大乐队,在乐器的需求上比较多,要购这个,要买那个。队员若购了得意的好乐器,都会拿来让我看看。

1958 年,中央乐团交响乐队下放到北京市,我和谢明带了合唱队交响乐队队员到星海乐器厂劳动生活,要参加他们各种乐器制造业的劳动。像杨秉荪、韦贤章、杨牧云、张英发、李学全、刘奇、方国庆等尖子,主要靠手指谋生。他们如何参加制造劳动,我也帮助和厂领导做个安排,亲自过问是否合适,对他们厂的生产出售状况各种乐器的功能都作了了解。其后,我还参加过广州钢琴厂主办的全国钢琴比赛。1981 年参加上海民乐展览会议。十年动乱后还出席了在无锡举办的全国民族器乐会议。

因此,这次在北京举办的"国际器乐展览会",自然盼望能去一睹规模为快了。

我国的民族管弦乐事业，自从彭修文同志他们成立了"中国民族管弦乐学会"，在组织部正式登记后，才逐渐走上轨道；该会的成立与我国各省市的民族音乐团体的发展和进步很有关系，同时对各省市的民族音乐工业的产品质量的提高，产品经营、交流经验等很有帮助。据说全国专业以及业余但技术比较好的从业人员已发展到 400 万，连同一些县市手工业作坊，应有上千多家。这是非常可喜的。

我曾在写给中国民族管弦乐学会的文章中提到，希望他们能把我国从事专业的戏曲团体，包括各省市的曲艺团体，以及像广东新发展起来的"城镇私伙会"（等于从前的广东音乐组、"清唱组"等）等组织人员也要参加进来。这样，这一组织就更加庞大，连同他们的工业、商业联合起来，力量就更大了，开展工作也比较方便。

过去的广东音乐，大多数都是自专的，其中一些专才，也有些是从戏班出身的，但有不少只有玩玩广东小曲，借着华侨经济兴起及"五四"运动的帮助，广东音乐从戏曲中独立起来，涌现出许多新的作曲家和演奏家，如吕文成、尹自重、何大傻等。

广东音乐在独立为器乐之初，广东器乐工业帮忙不少，如二胡改革、弹拨乐器的改进、扬琴改革还包括外国乐器的引进，同时靠百代、胜利等唱片公司的商业支持，遂使整个活动遍及全国，所有的电影几乎都采用广东小曲来配音。因而生出了不少靠广东小曲而生活的乐队。

其后，月儿、碧云、谭伯叶等名家加入了，广东小曲的发展的确非常可观。解放后，由于种种原因，包括一些过"左"的看法，认为"广东音乐，都是一些花鸟鱼虫，没有什么意义"，还有一些人说："过去的广东音乐，脱离生活，脱离工农兵，不应提倡。"就把广东音乐好手，如朱海、方汉、梁秋等名家，分入戏曲乐队。

直到1953年，李元庆带领一个"中国民族乐队"要去苏联和东欧巡演，周总理提出："为什么没有广东音乐，我在延安就常听他们广东音乐为干部过星期六的晚会，许多人都很有水平。"我就专程回广州选拔。那时一些名家都分散参加粤剧团工作，我是一个个特请他们，如朱海、方汉、梁秋，加上一个国乐专家黄锦培，成立一个小组，跟着去巡回访问，结果受到波兰的音乐家称赞。回来后，都成立专业小乐团，绑死在广州民乐团，和几个演唱人共同组成一个等观众买票的固定演出团体，等人上剧场看表演了。

直到"文化大革命"过后，广州市民才重新建立起自己新型的"私伙会"，在石湾等市区街道上成立许多新的文娱活动团。

国内县市、城镇，如河北的定县、保定、石家庄的民间乐队，在1983年，文化部领导的民族民间器乐集成，在那里开成立大会，当时保定附近的县市，派遣参加汇报的就有好几个小乐队，成绩非常突出。

如上海一带的丝弦乐队，广州的潮州音乐，福建的南音及福建器乐曲，四川绿鼓、清音，都很有名，成绩也不坏，我们民族管弦乐学会，能把他们联络起来，力量是无穷的。

我国音乐工业，除了北京、上海、广州一些大的钢琴厂、乐器工厂，这些著名的工厂、琴行以外，还有无数的较小的厂、会或几个人组成的制造厂、乐社。

如北京的这次展览会参展社就很多，如朝阳区王法林组织的"法林琴艺制室"、朝阳区东坝的"弦根喜提琴制作室"、通州的周晓创办的"俊伟提琴制作室"及北京通州的"马驹桥镇音缘手工提琴制室"，河北香河县王桂有办的"香河贵友乐器厂"都是办得比较有成绩的；天津也有刘长立创办的"天津长立提琴厂"等等。

至于一些比较有基础而且有着较长的发展的中型琴行等音乐制造工业，他们都有民乐，如琵琶、筝、扬琴、秦琴、月琴、大阮、二胡、京胡、高胡、中胡、椰胡、低音胡琴等，管乐也有短笛、长笛、洞箫、小唢呐、管子、大管、笙、大笙等。

管弦的发展，更是齐全，如短笛、长笛、黑管、英国管、巴松、小号、中号、大号、小提琴、中提琴、大提琴、低音提琴、打击乐器等，都比较优美、精良。

少数如星海琴行、上海琴行、广州琴行，还有比较高的成就。星海琴行，单就钢琴系列就展出了小型立琴、立琴、小三角、大三角等型号，布于一室，而小提琴、管乐则开在小室。上海则因不久前自己搞过一次大展览，这次只简单介绍了一下。

本来广东的广州、深圳和其他县市，如佛山和其他一些地方都有较发达的音乐工业，只有一小部分参加展览。

谈完了音乐工业展览，我曾想到，我国的音乐业一向都很少和音乐刊物发生关系，各自独立活动，很少联系，只有《音乐周报》才开始有音乐工业广告，这对音乐事业的开展是很大的不利。

我看到世界发达的国家，他们的音乐报刊都得到音乐工业、音乐商业的帮助和支持，他们出的较有威望的音乐刊物，经常宣传报道音乐工业的讯息。作为音乐工业与音乐教育、表演、创作的桥梁，并经常在经费上给以很大的帮助，音乐报刊的经营，绝大部分都是音乐工商业的赞助，而我们的音乐报刊，像《人民音乐》等，全是政府、协会支付，出版发行量不大。这是一个极大的问题。我曾在别的地方几次提出都不见效。我希望我们能早日讨论解决它！

7. 音乐"现代化"随谈

我国的建设路线，争取在 20 世纪末实现四个现代化。作为经济基础的上层建筑之一的音乐艺术，不管用什么理由，要回避这一问题是不可能的，也是不应该的。

音乐艺术和其他艺术一样是伴随着社会基础的变化发展而变化的。向音乐艺术提出"现代化"的要求，没有什么不可以。但是，现代化的世界音乐艺术，也和政治、经济一样是非常复杂的。怎么化法，向哪里化，是一个重要的问题，也是一个复杂的问题。

就拿通常所谓现代音乐来说，就有许多种，许多流派在发展着。这些流派之所以出现、存在，和世界的政治、经济、文艺思潮的发展史息息相关的，其中有好有坏，有正确的也有根本上是错误的，有大致是对的，也有大致不对的。这就要进行研究、分析，一口咬定国际上一切新的流派都是畸形、颓废、没落、腐化，这样是不好的。但笼统地认为它是科学的、进步的，是 20 世纪 80 年代"先进"的，是将来的方向也是极端错误。举出某些不健康的或钻牛角尖的流派，甚至以一概全来否定向现代音乐学习，而盲目地膜拜某些所谓"先锋派"的实践，作为典范也很有问题。

国际音乐艺术，不断向现代化发展，这是客观事实。有的健康一些，有的就走斜了，这也是事实。粗粗看来，有创作、理论、演唱、音乐教育、音乐工业（乐器制造、录音、广播……）音乐经营、社会音乐文化的推广等方面的问题，错综复杂，其中有的问题不小，有的问题不那么大，也有的是很值得我们追赶的。

中国的音乐艺术有几千年的优秀传统，有着优异的音乐创作、演唱、演奏成果、有自己的独特规律性和风格，积累了许多宝贵的经验，要集中一切力量来发展我们自己的民族音乐艺术，这是确定不疑的。国际音乐艺术缺少中华民族音乐艺术的加盟、汇合是"缺腿"的。

但中华民族音乐艺术，近几百年来，由于封建社会的停滞及近百年来处在半封建半殖民主义状态，比较起来是落后不少，这点看不清楚也不好。

首先是音乐工业方面。世界音乐工业的发展是比较高的，乐器制造业、音响学、录音设备、唱片、胶带、扩大、噪音消除等科学研究。装备常常使误差减低到只差百分之几或千分之几。

还有教学上的方法、设备、电视教学（音乐表演、歌剧录像等）对于扩大眼界有很大的便利。其次，抄谱、印刷工业值得我们学习的就不用说了。我们知道，我国有着丰富的民族民间艺术，但由于记录手段落后，有相当一部分已经失传，就拿已经记录整理的来说，有些也很不准确……如果要想享受更完美的录音，不很快地发展最现代的录音事业，不仅在国际上失去魅力，就是自己欣赏也会感到单薄的。

我们转到歌唱艺术吧。我们有自己的传统歌唱艺术，但许多有深厚歌唱传统的戏曲歌唱艺术，一直排在所谓"音乐"之外，这好像是笑话，但却是真实。

我们重视民间艺术的歌唱艺术，重视抗战时期长期发展起来的民歌唱法，是很有意义的。但学习继承我国民族歌唱艺术遗产，不从昆曲、京剧以及各个地方曲种较有造诣的歌唱艺术学习，很好总结这些经验，融入新的民族唱法之中，使其迅速提高和发展。最近我们听到一些有经验的戏曲演员的演唱，都有着比较深的功夫，有方法，有很高的成就。比起我们那些靠白手起家（即什么都不依靠，瞎摸索）的演员来，是有很大不同的。而所有的戏曲演唱艺术，都未很好使之系统化，使之提升为更高的理论，使之指导实践，这是非常可惜的。

我们发现，几个比较出色的，经久不衰的青年、中年歌唱演员，如：郭兰英、李元华、李谷一、刘玉玲……其中有些是兼学中西，她们的歌唱艺术是有很大发展的，可惜我们对她们的歌唱艺术都没有很好地整理研究。她们的艺术实践是有科学根据的，不很好地整理、研究、提高就不够现代化了。

其次，我们的民族器乐艺术，有自己的特点，我们的先辈刘天华、吕文成、尹自重、严老烈等人敢于向当时的现代化进军，使南胡、广东二胡的演奏技术尽快发展。如刘德海、赵玉斋等人对琵琶、筝、笙、大唢呐、扬琴、板胡……的改革，为这些乐器开拓广阔的发展前途。这也是向现代化进军的第一步。当然，民族乐器和演奏方法的改革还有许多工作要做，共鸣、转调、音色的改进、演奏方法的革新……它是无止境的，而我们现在只走了很短的路程。

我们学习西洋歌唱艺术，以丰富自己的艺术手段是应该的。这五六十年的实践，特别是解放后的实践，取得了宝贵的经验。其中最突出的是民族化中的咬字和风格的掌握问题，向前迈了很大的一步。

但是，我们新的歌唱艺术，从方法到技巧，比其他先进国家落后。不久前小泽征尔指挥贝多芬《第九交响乐》的演出，挑选重唱演员之难，充分暴露这一问题的严重性。事实上，西洋的歌唱艺术，经过近些年的探讨，又有很大的变化，有些打破了过去的声部类属，向全能发展，同时在表演技巧、声音的美好、个性的刻画和艺术形象的创造上，又有许多新的研究和发展。

再如我们的钢琴表演艺术，在学习西洋中是比较突出的，如果准确的丈量一下我们的距离，就不能过于天真了。

此外如小提琴、大提琴、铜管、木管……中，也有一些优秀人才，但比起许多发达的国家，还有一段不小的距离。我们的乐队，对于浪漫主义后期的作品，不是每个演员都能得心应手的，也不是都能充分表现作品的真谛的。

我们的音乐教育发展是不小的，交响乐、合唱、歌剧、舞剧艺术有了新的开始，但要更好的介绍世界艺术，特别是真正建立带有自己特色的交响乐、合唱、歌剧、舞剧事业，使之成为不仅是我们自己满意而又使世界人民佩服，不急行能办得到吗？

这些项目的现代化国际水平怎样？发达国家演员的方法、技巧、特点如何准确评价？由于前十年的盲目排外，我们都是模糊不清，甚至也只是这两三年才有点接触，了解是不多的。

国际上的音乐演奏是比较复杂的，但不是一片漆黑。所谓创作上新派别，那些远离人民的探索，并不是都把舞台占领了。因为演奏毕竟是需要观众，它不同作曲家可以关起门来搞自己的，因此有不少演奏者都在探索怎样把古典主义、浪漫主义以及印象派前期的东西表演的更为丰富、深刻，大量在重新灌制立体声唱片和胶带，这点是不能不看的。

是的，演奏界的一些人是在弄奇作怪，但这类活动由于欣赏困难，市场并不大。

我看，比较困难的是创作和理论研究。这里有政治思想、艺术思想和音乐美学等许多复杂问题。而在创作上，出现了许多流派。我们要接触后期的浪漫主义如德彪西、马勒、拉威尔、理查·施特劳斯、斯特拉文斯基、巴托克、兴德米特、格什温。还有勋伯格等十二音乐体系，或比半音小的音程（微分音）体系（即 1/4 音的、1/3 音的、1/6 音的和 1/2 音的体系）和许多最近出现的各种先锋派。如"有组织的无调性"、"彻底的无调性"、"构成主义"、"点描音乐"、"偶然音乐"、"音色音乐"、"极端音乐"以及"电子音乐"等派别的见解。

我手头有一套七张唱片组成的现代音乐——斯托豪森的作品。"它是几个人在一起，按照（斯托豪森的）特定指示，不加思索地进行即兴合奏（即每个演员完全凭所谓的'直感'演奏，演奏时要求每个演员必须排除一切杂想，一有杂念就停止。'音'的时值可以自由发挥。他们都按照自己的脉搏和呼吸的节奏进行，闭上眼睛，来想象自己见到的某种色彩，来追求那样的效果等）。所用的乐器（或发音器）除了钢琴、一部分管乐及各种各样的打击乐器外，还有报警口哨、海螺、水罐、长柄锅、滤波器、短波接受器等。有时还加上人声。"唱片共七张，是一个组曲，标题为《来自七天》。根据预先排练的七天中的演奏录音而成的。音乐的实际效果，听起来很像某种电子音乐，因此也就没有通常意义上的所谓旋律，有规则的节奏及和声等。忽而这敲一下，忽而那儿响几声，各种各样的虚音、滑音、颤音，有时重叠在一起，闹得不可开交。当然，它有它的布局、有起有伏、演员之间有一定的默契。可能还有一些比《来自七天》更为奇特的东西，这是可以想象到的。

近二三十年发展起来的一些流派的最大特点是音乐与广大的人民生活远离，和他们的欣赏习惯远离。其次是"和严格的自然体系和调性脱离"（茨·柯赫乌铁克）他们的创作比较着重探索新的音乐结构、体系，这和资本主义社会的畸形发展是有关系的。

对于其中一些和广大的人民群众距离较远的，甚至连比较窄小的圈子都不能推广的流派，由于他们还只是在探索实验的阶段，对广大观众影响不大。但是他吸引了不少很有才艺的作曲家从事这项工作。队伍比较复杂，思想见地各有不同，方式也五花八门，他们的结果当然也会有差异的。

列宁说过"凡是合理的事情，才能维持长久"。这个"合理"，是包括在理论上说得通，而在结合实际上又行得通。如我国明代就有人把音律推算至三百多个，还有30年代，西方有些器乐制造家发明了许多看起来很精密、科学的乐器，但由于演奏过于繁难，后来未被采用。我国40年代初期也有人发明了十一孔笛未能推广。

但是，在广大的作曲流派中，也还有一部分作家的实践，如新古典主义、新国民乐派等。我认为是可以研究的。

历史上所谓复古派，每每是对当时艺术思潮走了斜路时的一种反抗，像唐、宋的提倡学汉魏文学，它本身就包括一些合理的革新的东西。

此外，柯达伊、巴托克、赫尼连科夫、肖斯塔科维奇等人的新作在表现手法上也不是一无是处。批判其思想内容，以及某些不合适的形式，是不是这样多派别之中的某些创作，也有些在创作手法、乐队的编配等也还有可以参考几点呢？

实在说来，我们学习西洋音乐，还多是他们的古典主义和浪漫主义前期的音乐，就是对这些音乐也是彻底精通者少，而能真正掌握其理论技巧，创造性地应用的尤不多见。至于浪漫主义后期，印象主义音乐手法，能随心所欲的批判地应用就更少了。

所谓"现代化"，在我们来说，还是个"近代化"的问题。

我们有许多行，如各种弦乐、管乐的独奏曲目，有些不够理想，有些根本是空白，我们的演员学到一定技巧，但没有作品可演是常见的。就是已有的作品，也远未能发挥这些乐器的艺术特色。

至于交响乐、歌剧、舞剧、合唱形式，体裁非常简单，就拿最普通的合唱艺术来说，我们对巴赫（他写了300多首大合唱）、海顿、柏辽兹（他也写了上百首大合唱）的合唱艺术，究竟排练过多少，恐怕连泛泛地看过了也不多。至于最近的合唱交响乐艺术（如肖斯塔科维奇的《第十三交响曲》）、奥尔夫的《布兰诗歌》、勋伯格的《一个华沙的幸存者》，也只是新近才有人开始讲学，离周总理所要求的"要学就学精"还差得很远。

有人说，中国作曲家的现代化，恐怕目前也化不到多远。是的，从我们的作曲家，曾以苦心学习并写出了像《森吉德玛》、

《晚会》、《嘎达梅林》、《抗日交响乐》、《长征交响乐》、《浣溪沙》、《梁祝》、《战台风》，以及《鱼美人》、《红色娘子军》、《海霞》、《阿伊古丽》和陈培勋的一些作品，这是可喜的。但这些作品，手法上有的是非常古典的，有的虽然有一些新的探索，但现代音乐的影响（即在技巧的掌握上）是非常微小的。

其次，所谓"电子音乐"，从目前情况还只是电子琴、电吉他等乐器，它影响我们的音乐生活也是必然的。但音乐艺术是否像某些人所说，"电子音乐是从器乐结束的地方开始"呢？（爱默特1954）好像还不是这样。

其实，电吉他、电子琴也没有什么可怕，像帕格尼尼、柏辽兹、布里顿等人对吉他就很研究（杨波尔斯基）。而电子琴已进入我们的音乐生活了，只要用得适当有什么不好。

我们会发现资本主义社会的建筑艺术，千奇百怪，有些的确不实用。但在众多的新建筑中也还有些是好的，或比较好的。真正看过人家建筑上的先进的合理的结构、空调、光学、科学音响、隔音设备，便利牢固、多样化，就会感到我们的设计值得考虑了。我们修建了不少，但有不少是呆板的。我们好的音乐厅没有，就是新修的剧场音响方面也不很讲究。我们生活在20世纪80年代的音乐工作者，还不着急吗？

至于资本主义社会的"流行音乐"，其中的"黄色音乐"是能够通过研究、分析、批判、引导群众及音乐工作者加以识别，是能解释清楚。群众会在提高鉴别力之下加以抵制的。其中，有些因素是可以通过选择批判地参考，也是有意义的。

我想，民族音乐事业要现代化，从西洋移植过来的作曲、演唱、演奏、音乐教育、社会音乐实践（这点，英国、法国、香港地区有许多经验值得我们参考的）音乐工业、建筑……也要打开眼界，向各国的当代最新的音乐事业看一看，作个比较，批判地学习人家的长处。从而赶上国际水平，这也是四个现代化中的上层建筑的一个重要任务。否则，经济上工农业、科学、国防都现代化，而我们音乐艺术却掉在后头是不相符的。

最近，在上海听到一些作曲家在新创作的舞剧、交响乐中尝试采用一些比较新的和声结构和配器手法来创作，如钢琴协奏曲《山林》在探索表现了民族生活和风采上取得新的效果。他为我们提供了一些新的经验，这就是西方音乐艺术的某些新的创造，不是一无可取的，而有些手法对于创造我们民族的新的交响乐艺术，对于丰富民间音乐色彩是有参考意义的。

当然，盲目的崇洋、全盘肯定、全搬是不对的，但连亲口尝一尝都没有，只站在远远得望一望就说葡萄是酸的也不好。

我们在解放以前，接受西洋音乐是不够的，解放后接受苏联、东欧的对我们发展和提高是有帮助的。但对欧美的则接触太少，只要我们真的打开眼界，不是盲目而上，有选择的，不是乱搬，而是有胆识、有勇气的，"就是敌人的东西，也应该学习。"在音乐方面我们实在太贫穷了。

这就首先得有大量的人才从事这方面的工作，作曲家、演奏家、演唱青年、音乐工业家、音乐教育家，还包括理论工作者，深入虎穴，在学习、在研究、在批判、在创造上一口咬定没有什么可学，这不是科学的态度。

8. 是不是"搬起石头砸自己的脚"
——在"民族之声"征歌新闻发布会上的讲话

我能参加这次征歌筹备工作，非常高兴，并引以为荣。据说，全国少数民族征歌这还是第一次。这次评奖，规格很高，文化部、广播电影电视部的领导都非常关心，广西也给予了大力支持。

对于民族音乐，包括少数民族音乐，我们有些音乐家是采取虚无主义态度的。去年上海有位教授指出："现在还提倡民族音

269

乐，是一种反动、倒退思想作怪。"最近我又看到，有人在一家音乐刊物上发表了这样的意见："在音乐界，我们常常可以听到这么些表面堂皇但实质上显得很不理想的口号，即'振兴民族音乐，振奋民族精神'；或者是'振奋民族精神，繁荣民族音乐'等等。这些口号所包涵的意思是，指望通过对中国民族音乐的高扬而从中振奋起我们当代中国人的所谓民族感和民族精神，但遗憾的是这本质上几乎近似于一种痴人说梦。试问：中国当代社会及国人需要一种什么样的民族精神？而中国传统民族音乐又能向我们提供些什么？如若这些问题不在一种清醒理智状态中进行反思，那么，那些虽怀美好心愿但事实上却'搬起石头砸自己的脚'的人将成为当代人'白吃'的典型。"我认为这种"试问"，是值得研究的。

弘扬民族精神，振兴民族音乐又什么罪过呢？怎么说是"搬起石头砸自己的脚"呢？我们这些七老八十的人，因为经历过许多苦难，因而对这些问题，特别敏感。

中华民族，正因为近百多年来，民族精神衰退，国弱民贫。自鸦片战争后，沦为半殖民地半封建的国家，谁都可以欺侮它。正好 99 年前，八国联军入京，烧杀抢掠，烧光了圆明园；"九·一八"事变，日本帝国主义入侵中原，沦陷区的人民饱尝了民族精神颓丧的味道；但在血口未干，去年春末夏初少数"精英"掀起"暴乱"，那些霸权主义者们又发起了什么"十二国联合制裁"。

但是他们看错了，中华民族在中国共产党的领导下站起来了。不再任人指手划脚、随意让人宰割了。怎么办呢？我看只能如有些外国政论家所评论的那样"一、失策；二、无可奈何；三、逐渐解除"。他们这次看的倒是挺准确，的确是搬起石头砸了自己的脚，对英、美、法国人民和中华民族都没有好处，也只能这样收场吧！

其次，我们的音乐，包括少数民族的音乐的确比较落后，我们要大力开放改革，吸收别国的优秀经验，加速我们的音乐建设。但这只有在我们的音乐文化传统的基础上才能生根开花，全盘西化是行不通的。你想，占世界四分之一人口的 11 亿同胞，抛弃自己的音乐文化，全拿西方音乐来发展中华民族音乐文化，振奋中华民族精神行不行呢？

中华民族的音乐艺术有几千年传统，有自己的特点和规律。少数民族的音乐更是丰富多彩，充满活力。近几十年来，就是靠我国各个民族的音乐丰富着我们的乐坛，并向世界开花。我们的抗战、解放战争、建国，就是依靠发扬中华民族的音乐来鼓舞前进。《黄河大合唱》在南洋、日本以及华侨中是作为鼓舞奋斗的精神食粮。

我记得 1955 年，带了中央歌舞团的民族乐队到东欧各国访问，在波兰公演了《广陵散》，波兰音乐家非常惊奇，说："一千多年前中国就有如此深刻的作品，有它特殊的美感和艺术魅力，而那时我们波兰还未立国。"他们对《春江花月夜》、《双声恨》的旋律是非常赞颂，认为中国发展旋律的能力很优异，西方作曲家，旋律性较弱，16 小节小曲就延伸不下去非转调或变奏，或者在配器上来玩花样不可。

1984 年我参加在朝鲜召开的"亚洲民族音乐研讨会"，苏、日、澳……音乐家对我带去的《绿水》、《阳关三叠》（用笙箫吹奏）及《鸭子拌嘴》（打击乐）非常倾倒，被评为大会最优秀奖。

英国小提琴家梅纽因对我国古今民乐特感兴趣，一定要欣赏两次，还把乐谱及录音带去，说是他曾和印度乐人同台演过印度音乐，他要把中国音乐拉好，再来时，和我们同台演出。日本指挥家小泽征尔对刘德海的琵琶无限沉醉，一定要请刘到美国去到波士顿交响乐团由他指挥演出。

匈牙利音乐家巴托克就主张"振奋民族精神，靠弘扬民族音乐。"

挪威音乐家诺尔德拉说过"我是挪威人，我不能玷污挪威人的荣誉，我们必须要忠实于挪威民族的音乐。而有些挪威音乐家却沉湎于德奥音乐之中，他们忘记了挪威的美，他们嗅不到挪威民族的芬芳。"

意大利某些作曲家对自己的东西失去信心，以模仿法、德作曲家的风格来创作为荣时，柴科夫斯基认为："意大利的作曲家们在做一件毁灭自己民族、毁灭自己的天性的蠢事……"

不多谈了，我想，我国音乐艺术不是全无是处，一钱不值。我们反对封闭，用高墙把自己隔开、封死，但不能对自己的民族艺术抱虚无主义的态度。的确，可能有个别人恨不生为"×国人"，但我认为只要有信心，能自重、自尊，才能由弱变强，由低到高；如果首先自轻、自贱，很容易陷入鲁迅先生所批评过的"卖办"、"西崽"心态，就会上了德、日法西斯的所谓日尔曼民族、大和民族支配世界的当。

日本帝国主义侵华，直卷南洋，不是打过"亚洲共荣"的旗号吗？能共荣吗？他荣你不荣，只配当亡国奴。我们老人对这段历史是深刻的。

所以我说，弘扬民族精神，振兴民族音乐，大力提倡少数民族音乐，其意义是重大的。

9. 音乐和群众

这个题目，要谈清楚，是很费周折的。

一般地说，群众是一切艺术的裁判者，是真理的维护者，是历史的创造者。任何艺术，观众通不过，就很难流行。

在正常的情况下，真理总是以观众的要求为标准。和观众对着干常常是没有好结果的。尽管中华人民遭受几百年的封建主义、殖民主义的统治和蹂躏，人民一时变得贫穷、愚昧无知，甚至滋长了奴性。但当他觉醒过来会把三座大山推到，把枷锁粉碎，把一切反动的东西打垮，把曾经愚弄过他们的阴谋家一个个送进监狱。

但是，在不正常或者受蒙蔽、被欺骗，或者由于鉴别力不足，对某事物认识不够的情况下，群众的要求、愿望、喜好、习染、趣味……就要分析。

从长远看，群众总是代表多数人的意志，代表真理，在事物急剧的变革中常常表现出几种情况。

1）首先认识真理，掌握真理，并坚决地为之牺牲到底，每每总是少数的。特别是在动乱中，先进思想往往不是一下被多数人接受的。辛亥革命如此，新民主主义革命、社会主义革命也是如此。我国共产主义小组，也是从少数人开始的。就拿对林彪、江青一伙的阴谋来说，最早的比较敏锐地看清他们的本质，并为之奋战到底的烈士（如张志新等），究竟是少数。音乐界如严良堃、杨秉荪……等人，他们当时的看法并不是立刻为很多的人所同意的。逐渐由于历史在前进，认清本质，看清真理，知道人民被愚弄，自己被愚弄。他们就坚决站起来，逐渐成为一股不可抗拒的力量，爆发出"四·五"革命活动。

2）广大的群众，对真象、本质的认识有一个过程，企图长久地欺骗群众也是不可能的，因为实践总是时刻告诉他们，真理在那里。事实的教训带有一种无法压制的力量，即使他们当时不一定采取行动，他们心里也很明白，应该站在哪方面，1976 年 5 月以后的情况就很能说明这一问题。

3）当然，也还有一些群众，认识比较慢一些，不过他们和那些阴谋家及随从是不一样的。

因此，不分场合、不看情况、不研究事物的本质，单凭数量来衡量真理并不是唯物辩证论者研究问题的方法，那样对待问题即使声势再大，一时也有一部分人维护，却不一定真理就在那一边，搞得不好会成群众的尾巴。表面上好像为群众，实际上是害了群众，将来群众觉醒了要责备他的。何况群众有眼前的利益和长远的利益，最低的利益和最高的利益，局部的利益和全局的利益……

回顾粉碎"四人帮"以后几年的音乐生活情况，也可以看出一些问题。打倒"四人帮"后，一个时期，群众听到了久被禁锢的革命歌曲，如《白毛女》选曲、《黄河大合唱》、歌颂周总理的歌、《祝酒歌》等是百般喜欢。对于《花儿为什么这样红》等抒情歌曲也加以高度热爱。

后来，听到了一些香港影片插曲，特别对《三笑》中的插曲，有一部分听众趋之若狂，据说北京有一个青年为了学会这几首歌，曾看了17次电影。

其后，港台的录音带进来，有一部分人对港台的流行歌曲迷恋，对《三笑》选曲却逐渐冷漠了。

接着，我们的"15首"出现，群众觉得新的抒情歌也有特点，尽管其中有些歌还有某些弱点，但比港澳的流行歌曲要好得多。有群众来信说："那些歌曲（港台）几乎是一个风味。"

从这段历史看来，短短的四年，群众的胃口、喜好是在变化的。为什么，这就要分析。

是的，这段期间，也出现了一种情况，认为我们许多比较优秀的革命歌曲（也包括外国的《依凡·苏萨宁》的咏叹调，舒曼的《二勇士》……）不够理想，对这些作品不感兴趣。就是抒情歌曲如《廊檐下红灯》、《纪念碑》、《牧歌》、《洪湖赤卫队》选曲、《红霞》选曲，包括中国古典歌曲和外国久经考验的著名歌剧选曲，在"流行歌曲"的对比下相形见拙了（说"逊色"吧）。而只对于一些有噱头的，或者有限的几首艺术性并不特别高（当然其中有些还是比较好的）的时兴"新歌"表示狂热的喜爱。有些作曲家把这种现象当作群众的真正要求，这样容易吃香，就大力加深歌曲的"柔弱性"，甚至另求脂香粉滑来讨好一部分观众。有个别演唱者狠命地模仿港台的歌风，有的人还以唱"新"的时代曲作为"革新"行动，大唱《蔷薇处处开》、《夜来香》，还录成胶带贩卖。一部分观众狂叫、起哄，大叫什么"小妮子，转过来唱吧"……甚至不文明、没礼貌，个别演员以此为荣，歌唱中突然打伞，到处乱转……助长这种恶风，使得有些严肃认真的作曲家、歌唱家感到为难。

当然，这是一部分观众（说得准确一点是一部分小青年）的客观实际，但这种客观实际是怎样造成的，里面有没有值得注意的地方。这种现象，会继续多久，怎样才能使这部分青年有一个正确的认识……。也需要分析研究的。有些记者和理论家不去研究这些现象，不加分析就大肆渲染，以整版的篇幅广为宣扬，而对于交响乐艺术（外国专家指挥）连40多个字的演出报导都被那些他们要宣扬的文字挤掉了，说"这是群众需要。"

对群众问题的两点论。

鲁迅先生是关心群众的疾苦，最关心人民大众的前途和命运的，最相信人民群众的，当有人对中国人民的信心发生疑问时，他说："说中国人民失掉了信心，用以说一部分人则可，倘若加于全体，那简直是诬蔑。"（《且介亭杂文》）他对大众的知识、学问，多方设法来满足他们的要求，提倡白话文、连环画、版画……在《门外文谈》中对人民大众的兴趣、创造力给以极高的评价。但他也总是实事求是来对待这个问题。他看到群众的伟大，群众是真理的试金石。但他也看到群众在特殊的情况下的另一面。

他原先到日本学医的，后来在一个记录电影中看到日本军国主义者在东北屠杀中国人，还看到有人做俄奸，有些群众还去看热闹。他感到，当人民群众还没觉醒（《自题小像》中的"寄意寒星荃不察"就是"同胞未醒，不胜寂寞"的意思），多医好一个人有什么用呢？他不再学医而搞写作了。

他说："凡是愚弱的国民，即使体格如何健全，如何茁壮，也只能做毫无意义的示众材料和看客，病死多少也不必以为不幸的。所以我们的第一要着，是在改变他们的精神，而善于改变他们精神的是，我那时以为当然要推文艺，于是想提倡文艺运动。"（《呐喊》自序）

最初，主要的第一要着是改造国民的精神、思想，即"立人"。后来他明白过来："改革最快的还是火与剑。"即武装革命。

他所创造的阿Q不只是一个雇农，而是刻画中华民族在19世纪末20世纪初的"国民性"。

那时，中国的"国民性"的堕落，最大"病根"是眼光不远，加上"卑怯"与"贪婪"是历史养成的一时不容易去掉，主要攻打"这体质与精神都已硬化了的人民。"

"哀其不幸，怒其不争"。

卑怯，自我安慰，而对比自己弱的小尼姑却横施暴虐。他说："卑怯的人，即使有万丈的愤火，除弱者以外，又能烧掉什么呢？"

鲁迅在《热风》和《华盖集》中一再提到"卑怯的国民"的特点，论他们的举动，看似猛烈，其实是卑怯。他们见到比他强的人不敢反抗，而对比他弱的却狂暴的欺负，专对孩子们瞪眼。也就是"对虎狼是绵羊，对绵羊却显出凶相"。鲁迅在《药》中也点出一些群众的无知和可怕，拿青年革命党人夏瑜的血来医自己的孩子的病。

鲁迅剖析国民性最厉害的是《铲共大观》，"我临末还要揭示一点黑暗，是我们中国在现在（现在，不是超时代的）的民众，其实还不管什么党，只要看'头'和'女尸'只要有，无论谁的都有人看，'拳匪'之乱，清末党狱，民二，去年和今年，在这短短的二十年中，我已经目睹和耳闻了好几次了。"

　　我曾看过一个外国剧本，描写一个人民英雄为老百姓立了功，群众把他推崇为伟大的人民领袖，后来被阴谋家挑拨、欺骗，也是这些曾经维护过他的群众把这个英雄送上断头台了。有点把群众看成流氓，我读的很反感，不同意这作者对人民的看法。

　　但十年动乱，由于一伙阴谋家欺骗群众，"运动"了群众，把陈毅同志批斗，什么叛徒谭震林……，这些不都是几个大阴谋家亲自出手干的。斗批时，这些阴谋家未出台，倒是一些被欺骗、被蛊惑起来的可怜的而无罪的"群众"。

　　鲁迅竟然有过这样的句子："民众的罚恶之心，并不下于学者和军阀"（《答有桓先生》）。

　　之后，我的群众问题上看法就稍微有些不同。音乐家们鄙弃观众是极端错误的，在大多数的情况下观众还是最正确的，或者比较正确的。对群众是要分析的，不然就会走到尾巴主义上去了。历来，观众每每表现出各种各样的情况。威尔第在谈到观众的问题时说："你对观众的不良行为感到吃惊！而我只是毫不诧异的，观众总是喜欢起哄的！"

　　25 岁的时候，我也有过幻想，相信观众的礼貌。一年以后，我的眼睛明亮了，看清了是在和谁打交道。

　　引我发笑的是有些人仿佛略带责备的口吻说，我很该感谢某些观众！的确，当年在拉·斯卡拉，《纳布科》和《伦巴底人》受过欢迎，但是那时候或是由于音乐，或是由于歌手，或是归功于乐队和导演，或是归功于所有这一切——演出的戏配得上那些鼓掌者的体面行动。

　　但在以前一年多，同一批观众却厉害地对待一个不幸的年轻人所写的歌剧（即威尔第第一部喜歌剧《一日为王》遭到失败的辛酸的回忆）。那时，他患着病，又丧失两个孩子及爱妻，歌剧又遭到喝倒彩。他处在极度悲哀中，又受到了观众的夹攻。这些情况都为观众所知，但丝毫未能阻止他们的粗野的表现。

威尔第的《茶花女》是世界著名的歌剧之一，但当它最初演出时同样遭到观众的奚落和反对，他在写给桑克季斯的信中提到这件事："这种观众，当人们向其提供某种新事物的时候，始终持轻视态度。"

威尔第在致给科尔第的另一封信中提到："您和我一样知道，有些人视力颇强，他们喜欢鲜明、清晰、毫无掩饰的色彩，可是另有些'患白内障'的人他们偏偏不爱这种鲜明的色彩，却爱上了那些灰溜溜的浑浊的色彩。"而现在这种浑浊色彩大为风行。

当然，我决不是反对大家随大流，但是我希望在随大流的同时任何时候也别忘掉批评，别忘掉表现一些健全的思想。总之，我并不一味提倡过去，或是将来。我的确说过"回到过去"这句话。但我的意思是别由于过分强调现在而把过去抛在一边。因为迟早我们是势必要回溯一下过去的。目前，暂且让河水泛滥一下，以后再筑起堤坝。

如果说，威尔第只是一个资产阶级的音乐家，可能对观众还有些片面看法的话，我想普罗科菲耶夫的意见是很值得我们思考的。他说："音乐写给少数审美者看的时代已经过去，今天广大的人民群众正面向着严肃深刻的音乐，并如饥似渴地在等待着优秀的新作。"作曲家应当要注意这种情况。如果你不去关心群众，他们就要从这边转向流行音乐甚至更低级的音乐。如果你能够争取到他们，你将赢得世界上从未遇到过的听众。拉拢、迎合，总是不诚恳的东西存在，并且总不会有什么好处。

群众需要伟大的音乐，反映伟大事件的音乐，伟大的爱，生动活泼的舞曲，他们所懂得的远比一些作曲家所想象的更多，并且不断要求加深他们对音乐的理解。

经过十年动乱，一部分青年的思想情况是比较混乱的，全国劳动模范杜宝荣看过电影《沙鸥》后提到："现在不少青年对祖国的前途，人类的思想，国家的荣誉漠不关心，悲观厌世，认为活着没什么意思，积极半天，个人什么都捞不到，反而贻误青春。"经过江青一伙的摧残、践踏，青年们的思想是乱了，有些是彷徨、空虚、苦恼……从而找寻一些东西来麻醉自己，或借此以减轻苦恼。这种情况，在几次最大的历史关头都曾出现过，如抗战前，40年代"皖南事变"之后，黄色音乐得以泛滥或卷土重来，都是在青年们处在彷徨、苦闷的日子发生的，他们无力正视现实，要求抚慰、麻醉、享受……。他们找不到正当的出路，发泄苦闷的情绪，因而在音乐会上嚎叫、吹哨、踏板、喝倒彩、甚至侮辱某些他认为我不想听的歌者。

我认为这不是青年本质的东西，伴着青年一起战斗、一起成长，他们为祖国、为革命、为建设做过许多轰轰烈烈的事业，这里有许多雷锋、张志新式的人物，而今天表现出的只是在十年动乱中被毒害的、受歪曲的形象。我们得想出一些办法来恢复我国青年本来应有的优秀本质的东西。

而对这种情况，可能有两种治方，一种是积极的挽救；一种是消极的满足、抚慰，甚至迎合、媚俗，大量制造一些柔弱、消沉、轻靡、艳冶的东西来喂他们，甚至借此贩卖他们的次货。

有人提醒过，"浅愁薄恨，轻唱低吟"。这不是渴求解放、急剧向前的人们所需要的理想的声音。"灯红酒绿，纸醉金迷，酗酒狂嫖，疯狂享乐"是自灭的毒剂。

一个民族，如果到处只是充满了呻吟、哀歌、唧唧唧唧、徒然的忧伤、沉吟……是非常可怕的。鲁迅先生在《中国语文的新生》中提出"中国人要在这世界上生存，那些识得《十三经》的名家、学者并无用处，却要靠大家的切实的智力是明明白白的"。

当俄罗斯的青年自己苦闷地无路可走时，高尔基在俄国1905年革命失败后曾对当时充满了低沉情调的小说时说过："俄国社会人士经过了太多的震动人心的悲剧，变得厌倦了、绝望了、冷淡了。我们对待现实，对待生活问题方面，表现的热情大大降低了。"我们的文艺必须宣传勇敢，必须有健康的精神，轰轰烈烈的事业心，才能医好人们心灵创伤，才能有所作为……那些病态的呻吟，无望的悲哀，只能帮助昏昏欲睡的社会良心酣睡地更熟。"能不能说，我们前一二年，所面临的情况和高尔基当时的情形有些相似呢？有人提出过："冷月哀音，有伤国魂"，我想，我们的作曲家、歌唱家，特别是某些记者和理论家，不能不想想这些问题。

面对音乐上的感性与理性，高与低问题时，有人说过："没有音乐的耳朵是无法识别音乐的高、低、好、坏的。"精神生活中的艺术和人类的学问、知识一样，有高低之分。享受音乐的陶冶需要一定的音乐欣赏能力。对音乐缺乏鉴别力的人是不会有较高的欣赏音乐的需要，也不会有判断的能力。

音乐教育需要普及，需要不断地提高，正是为了使人民群众能享受更高的音乐艺术，正是要达到列宁所说的"工人农民不会满足于马戏，他们要享受更高的交响乐艺术"。当一般的音乐水平比较低的时候，健康的通俗音乐是必需的。但不能因此把高级音乐艺术，"典雅"、"庄严"、"深刻"的音乐说是群众不需要。

音乐是有高低、典雅、通俗、严肃、谐谑、繁简……之分，有的偏于感性、表面性、五光十色、容易一下吸引人也容易理解的；有的偏于理性的含蓄、深刻的、质朴的听后要想一想才能领会它的意义和美妙。

有的歌曲，内容含意、曲调色彩、风格都比较外露，一听就能领会，像《盼女婿》、《蔷薇处处开》、《流浪者之歌》等容易取得表面效果；有一类是比较含蓄、蕴藉，如《吐鲁番的葡萄熟了》、《请允许》、德戈里的《小夜曲》、《丽达之歌》、《水仙女》等，吟味越多，情意越深；还有一类，是偏于理性的，如《牧歌》、《纪念碑》、舒伯特的《小夜曲》、柴科夫斯基的《悲歌》，有如尝橄榄果，音已尽情未尽。

有些歌曲音调非常复杂，对一般初学者来说听都听不清，唱就更难了，要欣赏这些东西就需要有相当的音乐知识与技能，才能领会其真意。当然，通俗音乐和复杂的音乐，都有好坏、格调高低之分，并不是复杂就一定是好的。通俗的音乐和高深的音乐有分别，也有联系的，不能截然分开的。但不能满足于感官的东西并当作一切，更不能把自己限于只能理解感性东西为满足。

相反，还要不断地学习，使音乐的耳朵不断地提高，来享受音乐中最有价值的东西。

近年，混乱中产生了一些自命为音乐艺术的"革新家"，打着"群众"的旗号信口开河，说什么早在 30 年代已由×××把我国民族声乐学派奠定了，说不能给"流行歌曲"抹黑，要把 30 年代的"时代曲"复活，说"群众对于歌功颂德的东西反感"。吱吱喳喳，挑拨是非……。

对这些是非曲直，自己要保持清醒的头脑，不要轻易随从这些表面上好像是好意的关心，更不能盲目的追随。群众一旦被盲目性所支配他们应有的看法、兴趣、喜好、愿望就会歪曲，受到腐蚀，和真理有距离，甚至向相反的方向发展。

简单地对待问题，从感情出发只求感官的满足，不加思索对待事物，随便听从一些诱惑者鼓动的影响是危险的，甚至是可怕的。它的可怕不单是把那些肤浅庸俗只求感官刺激的东西当做至高无上，它的可怕是引诱青年去敌对一切美好的东西，把一切人类优秀的音乐传统、遗产（包括中外古今的音乐遗产）在青年的心目中全部摧毁，而让青年甘心满足于一切低劣、浅薄的东西而不自觉。我认为周小燕同志在《人民日报》上的意见基本上是正确的，文章中有些意见不够恰当，不能因为有缺点，不够恰当就抹杀其正确性。

"良药苦口"，苦药对于病人来说也许一时不好受，或者遭到抗拒，最好能够更完美一些。效果会好一些，但只要我们正视这问题并不断地探索，它会使我们新的音乐创作及表演艺术免于庸俗低级，它会使音乐艺术的发展，回到真正完美健康的路上来。

百家争鸣的好处在于能够谈清真理。历史上文艺的颓风，如五代、晚唐宫词、20年代后期"鸳鸯蝴蝶派"之争是不能避免，是有意义的。解放思想，要从"左"的束缚中解放出来，也要从"右"的束缚中解放出来才行。

旧的矛盾解决，新的矛盾就会接踵而来的。音乐艺术上这种争论也将是不断的。

10. 关于中国乐律的争论

唐代是外来音乐文化最活跃的时代，加上宗教音乐的流入，在《燕乐》之外又多了《法曲》。由于龟兹音乐和"法曲"的引进，在音律的应用上也发生变化。最早见于郑译和万宝常的争论，其后有李照、朱熹、姜白石、朱载堉等解释，一直未被确定下来。

解放后，又有查阜西和杨荫浏先生的争论。戏曲音乐家庄永平在《戏曲音乐概述》中提出"均孔"、"均品"七音律问题，这和查阜西先生的意见大致相同。

杨先生在《谈笛律》中就提出，"笛音是不是合于七平均"已有疑问。后在《再谈笛律答查阜西》中又提出这个问题。1982年杨先生在《管律辨讹》（编者注：杨先生《管律辨讹》发表于中国艺术研究院1979年第四期《艺术研究》上）中详细地谈到："首先，我应该对自己过去所犯的错误进行检讨。我在1958年写的《谈琵琶音律》从偏信西洋音乐的观点出发，曾经对$^\#$fa、$^\flat$si两音取否定态度，后来逐渐觉察出来，这是十分错误的。错误之所以产生是由于我没有考虑我国人民自己长期的音乐实践，忽略了本国音乐的特殊性，只要从大量存在的我国乐调中踏踏实实地进行一番细致地观察就能发现这种 3/4 音出现之时，有它的特殊性能，有时在情调深沉强烈之处，不是一般的 fa、#fa，♭si、si 等音所能替代的。"

杨先生这种发现是可贵的。我国音阶中从定孔、定品的乐器看来 do～re、re～mi、sol～la 之间是符合国际公用的算法。各是个全音（即两个半音）。而 mi～sol、la～Do 之间也是三个半音。但 la～si、fa～sol 不是一个全音。所以它不是"均孔"、"均品"七音，但均未有结论。

60 年代初，南美一个音乐家访问我国，我和杨荫浏先生出面接待。当他向我们提出："中国音乐的总体结构是怎样？中国民族音乐的源流如何？有几大派系？"我们俩人纳闷半天才回答。其实这回答是非常勉强的，因为我们根本没有详细研究过这些问题。许多精力都是花在土洋之争上去了。而这种争论又常常争不到实处，抓不住本质问题。

我们两人当时说到，古乐当然是比较显著的传统流派。其次秦音因为有古都在长安达几百年，从秦腔、碗碗腔、西安鼓乐可算个乐系。江南丝竹、闽南及潮州的南音、潮州锣鼓可能是南宋以后一个大派系。寺院音乐也有其独特风格和形式。河北的吹歌、天津的法曲也有点眉目。至于广东小曲，虽然一个时期势力很大，但研究只有六七十年的渊源……许多少数民族的音乐，特别是新疆的少数民族的音乐成就不小。不过这些意见只是我们两人一时迫于无奈凑出来的。

杨荫浏先生非常谦虚，他说："我只对古乐及江南家乡音乐有过研究，广东音乐、秦音……我还比较陌生，说不出个所以然来。"

后来，客人又提出中国音律问题。我说了一些感想。我说我们许多专家对乐律作过不少分析，但多半却是沿着古代关于乐律的文献进行推算。事实上，过去多次争论乐律较少根据当时流行的乐器制造结合。因而推论出许多许多新的结论。

我把方汉、黄锦培等人的意见告诉他。方汉是弹扬琴的，他能演奏琵琶、二胡、笛箫，也在中华交响乐团拉过中提琴。我也约略演奏过二胡、扬琴、唢呐、笛子、月琴、秦琴。对于定孔、定码（品）的乐器中的 fa、si 的音高有深切的感受。特别是自从广东小曲把钢琴、风琴引进后演奏《双声恨》、《昭君怨》、《烛影摇红》时这问题特别突出。我说过，理论研究常和演员实践脱节。因而就书论书怕难中要害。杨老也有这样的感觉。但当时只作为我们两人的看法向客人介绍而已。

后来我在《明史》卷六十一的《乐志》第三十七中看到"世宗制作自任，张鹗、李文察以审音受知。终以无成。益因士大夫著述，只能论其理。而施诸五音六律辄多未协，乐官能记其铿锵鼓舞而不晓其义。是以卒世莫能明也。"即"世家朱厚聪把制作雅乐作为自己的责任。当时张鹗、李文察因为懂得音律受到重视。而结果没有什么成就。这是因为学者官僚们的著作论述只能讲它的道理，而用到乐器去，五音六律多不调协。而乐人们能够演奏得很好，却不了解理论。所以世世代代都没有弄清楚这个问题的所在。"

可见从古就对这个问题发生过争执，也多少了解到问题的症结。冯文慈同志在"重道轻器"中说得很有意思，"器之不存，道将安附"。

关于这个问题，在这次《中国民族民间器乐曲集成》的采集整理中又有不少省份的同志提了出来。有的是"七音平均律"，有的是"九音"、"十一音"。总编中也有不同意见。但鉴于这个问题还未有比较准确的结论最好暂时放一放，以后经过充分地分析研究得出大家公允的结论再说。

11. 孩子的音乐心灵要保护

人们在议论流行歌曲应不应该引进到中小学校去，我认为对待这个问题要慎重。

当然，目前所谓流行歌曲（或称通俗歌曲）范围那么宽，已大大超出了原来所谓"舞场音乐"、"时代曲"、"流行歌曲"、"夜总会式流行歌曲"的范畴，连台湾的校园歌曲、中国民歌（包括《桂花几时开》、《玛依拉》），外国民歌（如印尼的《棱罗河》……）以及国内新近写的《亚洲雄风》、《血染的风采》，要简单地说引进或禁止都不一定合适。我很同意彭佩云同志的意见："孩子正是长知识、努力学习的时代，他们的审美能力不高，判断能力很薄弱。应该将一些纯朴的、健康的、优美的东西来培养他们的情操，使他们健康向上，让他们在优秀的艺术天地里逐渐成长。许多不够理想的东西不要过早让他们接触，必要时可以采取行政手段，加以限制。"

从流行歌曲的主流来看，特别是一些模仿港台夜总会式的通俗歌曲，大部分都是阴暗消沉的，让孩子泡在这种音乐生活中不但好处不多，而且是有害的。至于流行歌曲中比较好的，可以有选择地介绍，而对其原来的气质、唱法仍要细心选择，把那些过多的脂香粉滑的部分去掉。孩子们的音乐天地必须要保护，不能任由一切不健康、有争议的东西在那里流行。这点，连日本、香港地区的中小学生都非常严格的。

有一次，一个记者访问世界小提琴家斯特恩，问他："流行音乐可以作为儿童音乐教育的一部分吗？"他说："你不必教孩子去学习流行，因为他无处不在。打开电视，尽是配着流行音乐广告。现在的流行音乐震耳欲聋，我很担心它对儿童心理产生的影响。"我认为他的意见是对的。

12. 采取多种方法培养儿童及成人音乐事业 的发展（2002 年）

凌紫同志带了改版后的儿童音乐刊物《小演奏家》来看姐娜和我，她说："这个刊物今年已经出了四期，局面还未完全打开，我们几个编委大胆地和发行者定了三年合同，打算努力把这个刊物变为全国推进少年儿童学习中西器乐的学习场所，这个工作是有机遇也有挑战的，我们决心努力一番看看。"看来她们信心十足的。我粗粗翻看一下目录和几篇重点文章，感到几位负责人的确在悉心要把这个刊物办好。

从内容、编排，到纸张、印刷都比较讲究，图片不少，彩印特别显眼，我说："你们编印得那么好是费了不少心机了。"的确，许多老专家如周广仁、鲍蕙荞、王范地、林石城、隋克强、赵薇等同志担任顾问和编委的工作，如司徒志文、赵薇、林石城、杨宝智等同志还为这个刊物写了文章，大力支持这新刊。

《小演奏家》的视野非常宽广，他们关心北京、上海、广州、重庆等地的音乐院校的培养少年儿童的音乐活动，也报道像北京、河北等地的民办儿童音乐教育。对于中西各种器乐，从小提琴、钢琴到二胡、琵琶，以至小号等，无所不包。公办民办，上门教学，定点招生到各省市的社会考级，近距离教学实验，应有尽有。他们广泛实践各种教学之外，还在北京的保利大厦、国际艺园、中山公园等表演场所设有专门为小提琴、大提琴表演的沙龙活动厅及大演出厅搞假日小演奏家的系列音乐会。

《小演奏家》还着重介绍我国著名的小提琴教授林耀基先生深入孩子中，采用各种方法对孩子施行深切的帮助。这位杰出的小提琴教育家几十年来一直为我国的儿童、少年、青年音乐家的成长殚精竭虑，培养出了如小提琴家胡坤、薛伟、李传韵、杨天娲等较出色的小提琴家，丰富了国内外乐坛音乐生活。

《小演奏家》为了各地儿童学习音乐的方便每期还专设一栏"教师档案"，专门介绍全国各省市优秀的中西音乐各种乐器的教师，并写明他们特长、居住地点，以便各省市、乡村的爱好器乐的儿童少年能就近找到优秀的专家，帮助他们成长。此外，还经常介绍一些老音乐家如傅聪、刘诗昆等人对少年儿童学习的关怀和勉励，全面要求少年儿童的认真学习音乐的真理。

是的，近年来北京和全国各地，社会上的儿童、青年、少年的器乐教育，有飞快的发展，像北京，除了个别音乐家自费创办儿童音乐学校外，北京劝善协会还组织中央乐团退休的著名音乐家李学全、刘奇、方国庆、章隶和等专家为北京一百所中学培养百多个中学管乐团，曾公开表演比赛。北京市教育局还专门成立了一个中学校外音乐活动的金帆管弦乐团、管乐团、合唱团，有些中小学校也成立了比较结实的民族乐团。

特别是全国各省的音协相继举办了多期的中西乐器的"社会考级"，大大促进了社会儿童的器乐教学活动，迅速提高广大的少年儿童的器乐水平。这样巨大的发展决不是专业音乐学校三两年能办得到的，主要是我们注意严格要求认真监督，注意质量就会有较大的成果。

专业音乐院校有它自己的按部就班专注学习的特点，但由于校舍和其他限制，很难像社会教育、家庭、民办教育那么宽广。这种方法在欧、美、加早已蓬勃地发展起来，像英国小提琴家梅纽因就自己办一间"梅纽因小提琴学校"，日本的小提琴教授铃木也用乐谱、录音、录像进行远距离的教授小提琴，学生达二三十万人，许多国家的家庭教育普遍开展，说明这种方法的优点。

中国人口有 12 亿多，很需要广泛地开展各种音乐教育活动才能满足需要。如何设法大力开展像《小演奏家》所提倡的办法进行广泛而迅速的发展，这个问题是很值得大家关心的。

13. 对某些人反对由音协举办
社会考级的意见

我国的音乐家中间，的确有人反对这种发动广泛的音乐朋友，采用各种各样，特别是动员全社会的群众音乐力量来推广全国的音乐教育。他们每每缩手缩脚，只允许官办，甚至提出要取消中国音协以及社会上的音乐家举办各地的音乐考级实践，主张只应由教育部统一施行。而他们自己又不热心推动，实际上等于压制音乐社会考级，至少是阻止采取这种多轨制的音乐教育实践。

我们认为，政府的教育部门、文化部门，首先是办好自己管辖下的学校专业教育如中央及各地音乐院校，包括附属中、小音乐学校；其次是现行的大、中、小学正规音乐课程，文化部则主要把下属音乐演奏团体办好，办出个较好的有建树的乐团。

至于社会的音乐生活、音乐教育、群众性的业余乐团、合唱团、歌舞团以及个人的音乐演奏会，则由社会音乐力量去办理，领导者时刻给以关心、鼓励，必要时提出要求，进行监督。至于群众性、业余性社会活动应由音协以及一切社会业余团体去料理，也就是说应实行多轨制度由各种社会力量去完成。

西欧所有的音乐成就较好的国家归教育部办的院校以及音乐师范学院办的不多，不像我国，十几个音乐院校每省还各自由政府的音乐师范系，他们的中小学校的音乐教师基本是起用社会力量培养出来的音乐人才来担任。

社会力量，包括个人教学、家庭教学的音乐人才常常和院校培养出来的专家竞赛，像我国马思聪家的马思琚、马思荪、马思宏、马思芸，盛雪家的盛中国、盛中华、盛中新，董先生家的董麟、董光光以及中央乐团交响乐队的几位副首席如韦贤章、杨牧云、司徒华城等都是家庭教育中培养出来的。日本的作曲团依玖磨先生他自己办了一个歌剧团也是依靠社会力量创建的，乐队伴奏多是临时在演出的城市约请。

我想，如果我们不把音乐教育实行多规制，演出活动实行多种多样制，那么音乐事业的发展速度、力度都会受到影响。要是实行多规制，发动社会上多种多样的力量，扩大业余这条腿，政府只要大力赞助，只在管理上提出意见，那么社会音乐生活就会迅速发展。

因此，我对像《小演奏家》、对北京市"献善协会"办百所中学管乐团、广州日报办的"合唱会演"、管乐家田荣久同志组织的中央乐团退休的老演奏家办的管乐培训班等的出现，特别高兴。我希望大家热心介绍和帮助这方面新成长起来的社会音乐活动能够一天天兴旺起来，使我们的音乐活动与时俱进，掀起一个音乐发展的新高潮。

14. 凡是不从发展中看问题总是容易武断、偏激的

一个作曲家问我，"近日什么救亡派、黄自派的争吵又热闹起来了，好像越扯越没有个完，你对这个问题怎么看呢?"

我没有直接回答，我觉得这些问题早已变化了。也许往昔曾有过这样的痕迹，那显然是有毛病的。这点，早在黄自刚去世，在武汉举行追悼会上田汉同志就表示过意见，认为我们左翼在上海时期对黄自的团结工作做的有毛病。我在延安读到这样的消息，也认为他的论说是对的。1940 年 1 月《新音乐》创刊，到五月号我写了纪念黄自的文章。

学院派和救亡派怎样划分呢? 星海、吕骥、张曙等人曾在上

海音专上过学，黄自、贺绿汀也写过不少救亡歌曲。在革命的队伍中，也的确有不少写曲的青年是赤手空拳地上阵，主要在自学中成长，如孙慎、马可等。但也有不少日后在正规音乐教育中上过学或在工作中不断补充，在学识和才能上有不少长进，建国后更是变化巨大。

如果说"在音乐为人生"，或者"音乐离政治越远越好"这个问题上有分歧，那会是长期的。有一大批最初是搞救亡工作的，如张文纲、瞿希贤、严良堃、李德伦、廖一鸣、宋军、苏克、谢功成、叶素等，其中有不少日后成为专家教授。马思聪这样的专业人才也没有自夸为学院派而沾沾自喜，反而和青年同辈亲若兄弟，并毅然写了《民主大合唱》、《祖国》、《春天》。这种壁垒，哪里有这么显眼，这么碍事呢。

我自己的血好像是和救亡派密切一些，血缘关系深一些，但我对他们好的东西都敢于支持，而对于自己认为不对的东西，敢于表示自己的看法，也许会因之惹祸。我不愿意为这些早已不大重要的问题表白。中国音乐就没有祖师爷。有人怀疑，那种不死心老是要竖起祖宗牌位的人是不是主要为他们自己。圣哲说过，凡是静止地、不从发展中来论断问题，每每会偏激，打不中要害的。

15. 和一切传统告别是否行得通？

前几年，有些音乐理论家借着什么"反思"，把祖国骂得一钱不值，把祖国的音乐也骂得一钱不值；认为一说要珍视民族音乐就是倒退、反动。大声叫嚷要与民族音乐传统彻底地决裂，要"和一切美告别"等。这样大叫大嚷的人中，有些是以什么"真正掌握马列主义者"自命。这里摘写一段卢那察尔斯基在《音乐世界》一文中的讲话，我认为是有意义的。

"……不要认为，在批判地掌握过去的音乐遗产时，我们主要的任务是尽可能地责备，否定越多越好，这种'责备'多半是以后会自食其果的。责备的人想要显示出自己是用马列主义方法武器的。但实际上常常只是个儿童，是一种幼稚病。而被他们埋葬的艺术家的艺术，在真正的无产阶级的掌声中复活，成为接近我们的，或者至少是对我们有意义的创造者。我们特别需要保护过去文化中创造的确实完美的东西。正像列宁所强调指出过那样，虽然他们是资本家、地主、官僚社会所创造的。要确切的分清，某个音乐家身上的积极的和消极的东西，但是我们主要的注意力，应当尽可能不要砸掉真正有价值的东西。"卢那察尔斯基这些话是批评苏联那些"左"的音乐理论家而发的。

有人说过"'左'的影子就是右"。反过来说，也就是"右的影子就是'左'"。

我们这些论者是在反"左"的旗帜下叫嚷出来的，也正好证明"右的影子就是'左'"的真理性。

16. 不应牺牲一个，而把另一个捧上天
（1961 年）

近来，北京、上海、南京对土洋音乐事业的安排展开了剧烈的争论。其实，土洋音乐问题，本质上是个办法、形式、风格、学派问题。

对于这些问题，党早已有过明确的政策。凡是风格、形式、学派问题不应采取行政方法去禁止、压制，或者利用行政方式去支持这一派或那一派。而是应该通过自由讨论的方法来解决，提倡百花齐放，帮助他们同荣共茂，展开互相竞赛。但我们这些人对于党的政策视而不见，不经过音乐工作者充分的讨论、争鸣，就采取行政手段，这是不对的。

　　昨天参加了沈阳音乐周的开幕式，听了沈阳音乐学院的演出，感到非常高兴。他们有很整齐的民乐合奏，笛子、二胡、琵琶独奏，有别具一格的群筝联奏，还有极富东北地方色彩的民族声乐专业的女声小合唱。西洋音乐专业，有男、女声独唱、合唱、钢琴独奏，更有附小7岁的幼童小提琴协奏曲及附中的小提琴协奏曲。

　　我记得，东北三省在解放初期曾输送不少民族音乐、西洋音乐干部到首都、天津等地，充实那里的音乐力量，他们不仅支援了不少音乐行政领导干部，同时在业务骨干上也为全国输送许多称职的人才。有几个中央级乐队、民乐队的副首席都是东北培养出来的。民族乐器，如三弦、古筝是在东北得到了最先的改革，赵玉斋是受到全国尊敬的，月琴是由黑龙江的演员最先提到新的高度的。据说转调筝的发明也是从沈阳开始的。今年在首都举行的部分省市民族民歌独唱重唱汇演上，东北三省表演特别突出。今年"上海之春"的琵琶、钢琴比赛，辽宁、黑龙江、吉林都表现出比较优异的成绩。中央音乐学院前年招考，沈阳的贾红光表现突出。上海音乐学院考选出国研究生，沈阳都有较出色的成就。这充表现出东北三省贯彻党的百花齐放方针是比较有准则的，是坚定不移的。

　　实践宽广，提倡"百花齐放，百家争鸣"，不采取行政方式来解决音乐艺术上的形式、风格、学派问题，这有利于使这些事业更好为人民服务，为社会主义服务。提倡土洋同荣共茂，互相竞赛是发展这两项事业的最有利的政策。如果发现这两项事业中在哪一方面发展较慢，那就多给予支持和关心就行了，不应该给那另一方面加以压制。党的百花齐放政策是根据亿万人民的多种多样的喜好和需要提出的。"不应当牺牲一个而把另一个捧上天，应当把每一个都用到该用的地方。"

第五交响曲　山水知音

1. 质朴、纯真
——浅谈黎国荃的指挥（1956 年）

人们常说："只有蹩脚的指挥，没有坏的乐队。"这句话虽然有些过火。但是，一个精明能干，耳目敏锐，富有经验的指挥，的确能把一个比较平凡的乐队做出一次较有水平的演出。

同一个乐队，在不同的指挥下能演出带有各个指挥的不同优点和特彩的艺术。同一个曲子，指挥不同也会创造出不同的艺术效果。

因之，从一个乐队的成长和发展的角度来说，固定一个专职的指挥来担任训练和演出，会从纵的方面把乐队的进度，大致的风格确定下来。但为了乐队横的方面的发展和从各个角度来提高并丰富它的曲目，开拓它多方面的风采，充实它多种多样的性能，经常邀请一些外边的指挥家来客串指挥，也是非常需要的。同时，一个歌剧、舞剧的指挥有时从事交响乐的演出或反过来。从中获得启示，也是必要的。

乐队指挥和戏剧中的导演有些相近，所差别的是戏剧导演在排练好一个戏之后，就交由演员自己在舞台上执行，而乐队指挥则从选曲、排练到表演都要亲自出马，他的工作贯串整个表演的全程。特别在公演时，音乐的起伏、强弱、快慢、转折到乐曲的情趣、风格、意境的创造……等，都由指挥来掌握整个命脉，因而指挥对乐队的艺术创造关系特别重大。

每一个比较成熟的指挥都有自己的所长和性格，因而反映到艺术创造上也会显出他不同的特色。像前些日子，中央歌剧舞剧院的指挥黎国荃指挥中央乐团的交响乐队的演出，他的《天鹅湖》舞剧选曲有许多地方和李德伦有些不同。

黎的指挥特点是认真、稳实、质朴、蕴藉，对声音的要求细致、协调、清晰、准确，即使在强烈快速的乐段进行中他对各个声部（特别是中音部，有的指挥每每容易忽略的）的调协、清晰，特别对弦乐的音准、纯清，句法自然、优美，还是非常注意的。

他在处理音乐的力度的对比上不像某些指挥那样悉力夸张，增强对比，有时甚至使人感到他放过了某些有效果的对比，非常可惜。但是如果细心注意他的表演艺术的深处你会体会到他的音乐又有另一番情趣和韵味。

我不想把他的艺术说成是已经达到古诗人所谓"清水出芙蓉，天然去雕饰"那种平淡的境界，事实上他也没有醉心追求那种什么"从绚丽中来，落其纷华，然后可造平淡之极境"。只有按照他自己的性格的自然要求。他不喜欢过于夸张、做作，他有点像白居易的文风，"不务文字奇"。或者如刘祁所主张："不喜奇出，下字止如家人语言。"

他为人敦厚谦虚、平易近人，因而带到艺术创造上来，他的艺术作风也是蕴有比较含蓄、纯朴的特点。

他不喜欢矫揉造作，强求某些特殊效果，不大喜欢添油加醋，只要求质实而工整地把作曲家的音乐原汁原味地体现出来，让听众透过这些纯真的艺术来体会它的真谛。像他指挥舞剧《天鹅湖》选曲中的《四小天鹅》就是求其自然、天真；《群鹅及王子的场景》也只要其质实、真切；对于《威廉·退尔》序曲的牧歌一段是很优美，这和那个双簧管独奏家的技艺也有关系，序曲的后段只求其刚劲、勇猛，没有特别骄饰。

有人对他的《天鹅湖》中王子和白天鹅的双人舞及柴科夫斯基的《圆舞曲》和另一首《悲歌》感到有些不足，前两首不够激情，后一首缺乏浓情；我想这里有两方面的原因，《双人舞》、《圆舞曲》的激烈的情趣，有些责任，他自己也常常认为他也感到指挥这类的作品不够红火，激烈；他常自叹，有些充满炽热的情感的快速的东西，自己拉琴还能勉强拉得好一些，而指挥别人，就好像隔一层，他常常自叹"我不是一个威势显赫，勇于冲锋陷阵的指挥官"，"我在这方面，恐怕不是个好将军。"

但《悲歌》不够深沉，很大的部分应由乐队负责。他自己是一个比较优秀的小提琴家，他当过七八年中华交响乐团的首席，他经常举行个人独奏会。他在歌舞剧院排练演出《天鹅湖》舞剧，这些曲目他较熟悉，也结合舞剧上演，受到舞剧的感染，取得对这些曲作的实感和影响，特别对于柴科夫斯基的《悲歌》之类的曲子，可以说是他表演中的拿手好作业。

40年代初期，我和他同在重庆观音桥中华交响乐团，他除了任乐团首席，还常常举行个人的小提琴独奏会，多次表演柴科夫斯基及曼德尔米的协奏曲，后者他拉得顺手优美，但他自己并不特别喜爱。对柴科夫斯基却寄以无限的深情，他常常早晚自己拉柴的东西，浓情的乐段，特别凄惋，深夜拉来，每每令人暗然神伤，他自己也说，"有时我拉这些段落，禁不住落下泪来了。"

他认为，"中央乐团的弦乐不错，特别是第一小提琴声部潜力很大，急剧艰难的乐段克服起来并不困难，而在一些娴静、优美，或者深沉、忧伤的音乐中反而使人感到有些欠缺。"这也说明，由于某些方面的素养不够，有些快速的曲子容易遮掩，显得胜任愉快，而在慢的深情的，需要更深的艺术解释力才能完成使命的曲子时就显得吃力了。这恐怕也是常人所说："没有哭过长夜的人，不足以语人生"的缘故。

黎的指挥艺术，是有某些弱点，略欠激情。但我觉得，对于一个指挥家，过于求全，每每是比较难能的，一个指挥工作者，他尽可能胜任多方面的要求，能创造多方面的特彩，自然是理想的。但各个艺术家，也总有某方面的限度，这也是实际情况。曹丕说："气之清浊有体，不可力强而致。"我想，黎国荃能够在长于体现质朴、纯真、蕴藉、含蓄、哀怨、浓情的艺术中，因作家具体作品的风格情趣的不同，多加要求也能有既独树一格，又能兼有众长之妙。而作为听众，能够从不同的指挥者的创作特点中来领略他的表演意趣，风格特色，也会获得多方面的享受。

2. 愿他的灵魂获得抚慰——怀念小提琴家、指挥家黎国荃（1978年）

按理说，一个唯物论者是不相信人死后有灵魂的。但是，有时也像一个无知孩童或者古老的村妇一样，愿望人惨死后有灵魂，即使是假的，也比没有好。

林彪、江青一伙对音乐界造成的灾难是空前浩劫、惨绝人寰。单是被迫害死的著名音乐家就有沈知白、费克、杨嘉仁、陈又新、范继森、顾圣婴、李翠贞、陆修棠、程卓如……。跟随党工作近四十年的著名小提琴家、指挥家黎国荃同志被迫害惨死后，不准家属和他的遗体告别，连尸首也不准收殓，他的所谓"骨灰盒"只装了他的衣帽的灰烬。

为党、为人民辛劳多年的黎国荃却带着什么"日本特务"等许多被捏造的可怕罪名含冤死去了，悲惨地死去了。

我是1939年底在重庆由缪天瑞介绍和黎认识的。缪说："他是一个思想上有要求的朋友，据说在学生时代就做过一些进步工作，你可以和他随便谈。"

黎国荃那时在重庆山东剧院的管弦乐队任首席。这个乐队的队员大多是临时特约的。黎国荃是一个真挚热情但又和蔼可亲的青年。听说他对自己的事业非常刻苦用功，在学校时他没有学得很多。他之所以成为当时全国三四个最优秀的小提琴家之一，主要是靠他自己坚强的学习意志和艰苦努力达到的。

我去看他，我们虽然是第一次见面却像两个久别的战友一样，很快就谈得很深。我把我们的一切设想告诉他，他非常赞同，表示："我能做的都一定去做。这里有一个指挥郑志声，一个大提琴手丁孚祥、小提琴手魏乐文都可以作我们的朋友。"后来他陪我去看郑志声，郑在巴黎音乐院学过作曲和指挥，从当时的指挥人才来说可以说是最有才艺和远见的。郑是广东人，在巴黎认识了星海，对星海所走的道路异常敬佩。郑希望我不要把他当作"外人"，表示决心要向星海学习。郑认为重庆的音乐天地太不公道了，只有把一切翻个个儿音乐艺术才有希望。但非常可惜，这位卓越的青年指挥家还没有来得及施展他的才能，不久就病死了。

我和黎国荃认识以后，经常见面。他对旧社会深恶痛绝，感到当时国统区拥有音乐权力的都是一些很不称职的人物，他们欺压一切有才能的音乐家，所有有抱负的人才，都看不到前途和出路。他的性格比较优柔，他认为我的性格可以补救他的某些不足。就这样，我们两人就像兄弟手足一样，同甘共苦地在一起生活了十多年。

1940年，他兼任重庆广播电台管弦乐队的首席。当时，周恩来同志约见我，向我提出要加强音乐界的统一战线工作，争取一些爱国音乐界的上层朋友来支持我们的事业。我介绍了黎国荃、范继森等四位朋友和中共驻重庆办事处取得联系。听说后来恩来同志亲自接见过他们并给他们以极大的鼓励。

1941年春节，由于皖南事变，国民党反动派在重庆也动手镇压人民，秘密逮捕了我地下党办的《战时青年》的两个编辑。当时，我是该刊的特约音乐编辑，被迫逃亡到缅甸仰光，我和老黎只保持了通信联系。

1943年春末，我回到重庆，黎国荃已转到当时中苏友协创办的中华交响乐团任专职首席（后改由教育部管辖）。4月间，我也到该乐团作编写乐曲解释的工作，我们又在一起了。

过去，新音乐运动工作侧重在救亡歌咏活动上，对于管弦乐方面的活动及团结问题做得比较少。我到了乐团就和黎国荃商谈在这方面的统战活动。

黎国荃为人诚恳、谦逊，他和乐团的朋友相处得很好。我们两人研究后打算和大提琴家朱崇志、小号专家方连生、小提琴家黎珉等朋友作进一步的联系，还和吴豪业、杨振铎、刘展、孟秋、方扬生、史广汉、白崇俊、梅振权等朋友建立了比较友好的关系。对于指挥林声翕，我们作了分析，林和国民党反动派的乐官没有直接联系，可以作为争取对象。其次，中华交响乐团以外的管弦乐专家如王人艺、章彦等朋友也通过他的介绍建立了关系。这样，我们的团结工作就大大加强了。

他对自己的事业（小提琴艺术）非常刻苦，每天除了校对乐队的乐谱，参加乐队的排练外，大部分时间都用在练习独奏音乐会的节目上。他对深情的乐段，如柴科夫斯基的抒情曲、贝多芬的《克莱采奏鸣曲》第二乐章、门德尔松的小提琴协奏曲的慢板，特别醉心。他常常沉埋很深，好像自己在倾诉衷情一样，有时连他自己也沉醉在这音乐中而感到茫然了。他碰到烦恼、痛苦的时候就拿这些乐段来驱散自己的忧悒。

在谈到我国当时的小提琴艺术时，他说，"××虽然比较完整，但已停滞了。官迷把×××毁了。"他常常感到自己成熟得晚了。他认为他的一位同学（女提琴家，那时在法国进修）是很有希望的，说她的接受能力比他快，也富于音乐感。他谈到，一个提琴家的成熟和发展除了聪慧，手指准确灵巧外，还要有更大的耐心才能到达顶峰。而这一段路程比之最初的飞跑要艰难不知多少倍。每每一个稍为缺乏决心和毅力的提琴家都在这一节里程中爬不过去。

他还说，环顾我们这一代，在这动荡的时代要想创造什么奇迹是太困难了。他也说到要向后一代探索，我们要培育自己的管弦乐专门人才。

于是，我们说到当时他所任教的育才学校音乐组。他说，我走后，他在那里已经上了一段课程，有些幼苗是很有希望的。但是育才学校在乡下，去一次要花三天时间，乐团的工作因此受到影响。孩子们的练习一天天加深了，更需要不停地教导和严格的检查。这样断断续续地教，他们的进度是会受影响的。他提出，最好能把音乐组搬到城里中华交响乐团附近。这样小提琴、大提琴、钢琴的教员问题都可以得到解决。我和陶行知先生商量，陶先生答应了。当音乐组搬来后，黎国荃一家都和音乐组住在一起。在那里，他细心、认真地督促孩子们学习，像杨秉荪、杜鸣心等人的功课才得到较好的保证。不久，孩子们的四重奏组也建立起来了。这群孩子能够这样快地进步黎国荃起了主要的作用。

黎国荃对于乐团团员的福利比较关心。当时，团员的生活已经到了只能勉强喂饱肚子的境地。但主持乐团工作的人还千方百计地克扣他们的薪金，对团员作变相的剥削，每当团员发动合理的活动，包括以罢演来回答当权者的掠夺时，他总是挺身而出参加群众的活动支持他们的正义要求。

1943年秋天，我建议他和范继森利用假期到外地独奏演出，一方面满足广大青年音乐生活的需要，一方面扩大影响。他和范继森到北碚去举行独奏会，演出了门德尔松的小提琴协奏曲和贝多芬的《克莱采奏鸣曲》等作品。1944年春节，他随交响乐团到成都演出，也在那里举行了独奏会。我为他写印了独奏会的海报。

当然，在旧社会要举行一场独奏会是很不容易的，即使有很好的才能如果没有租演出场地和刊登演出广告的经费，那就别生这个幻想。由于我们在各地都有一些新音乐运动的朋友，大家协助办理，他的演出才得以顺利进行。对此，他是非常感动的。

1944年底至1945年春天，民主运动一天天高涨，育才音乐组的新生力量已经能够组成小型乐队和小合唱队演唱《垦春泥》、《山林歌》、《插秧谣》等来参加当时的社会活动。黎国荃在当时还兼任育才音乐组的主任，他对工作是非常热心支持的。他细致地帮助孩子们排练节目，非常严格地指点，对民主运动产生了很好的影响。

1945年秋，抗日战争结束，我将要协助陶行知先生到上海去筹办"上海夜大学"。黎国荃对这个工作很喜欢，他问我："我是不是也和你们一起走？"我和地下党的同志研究，认为他随中华交响乐团到南京为好，因为在那里团结一些音乐工作者是很有意义的。他对将要和我们特别是和孩子们分手是很舍不得的，因为育才音乐组在旧社会像荒凉沙漠中的一片绿洲，充满了真正的友谊，那里的工作、生活使人留恋。当我把党的意见告诉他，他坚定地答应了。是的，我们俩人在一起是能做一些事的，他需要我，正像我需要他一样。两人一分开，大家都感到缺少了许多力量。而因工作的需要，我们只好依依不舍地分别了。

1946年7月，陶先生在上海突然患脑溢血病逝，我送灵柩到南京安葬，和黎国荃又会面了。我们对陶先生的去世无限哀痛。陶先生的逝世对革命事业、对中国的艺术教育、对朋友们都是一个无可补偿的损失，从而也加重了我们的责任。我们互相把分别后的工作情况谈过以后，他谈了他的许多苦恼，他甚至不想在中国呆下去了。我们研究后，觉得他那个据点还是要坚持，希望他和王琦同志联系，并和南京音乐院"山歌社"的朋友取得合作。他终于安心地坚持下去了。

300

1948 年夏天，我在香港接到他在南京的来信。他问我，对当时的局面怎样安排？很快他又来信说，国民党反动当局已开始动摇了，打算把中华交响乐团先搬到广州。我请他先随团到广州再行商量。后来他说，那里要搞什么"战乱签名"活动，强迫他签名，他已拒绝了，看来不得不离开了。我告诉他："要所有的乐队朋友保管好乐器，也不要散去，特别不要让反动派把乐器带走。"他都办了。

后来，他毅然辞去工作到香港来。他一家有五六口人，而我们的香港中华音乐院又很穷，生活是比较困难的。但他毫无怨言，直到他参加章彦负责的永华电影制片厂乐队的工作才安定下来。

1948 年底，东北解放，那里接收了许多日伪的管弦乐器，还有大量的乐谱，但是没有专人去接管，散失了非常可惜；同时，电影厂管弦乐队的全部乐器、资料也无人接收，要华南局赶紧派一些专家去配合接管。

文委的领导同志告诉我，最好能组织一些专家提前进入解放区，以配合做接收工作。当时北京、天津刚解放，海运未通，要去只能先在烟台登陆，再从陆路北上。我把党的决定告诉黎国荃，他和别的几个专家都同意先走。黎不像我们，他一直生活在比较优裕的生活和安定的环境中，他能毅然地准备迎接新的艰苦生活，这是非常可贵的。

1949 年 2 月，我们上船后接到电报，说可以直泊天津，大家非常高兴。我们都是秘密上船的，一个个坐着小木船先后从四方八面找到海中心的轮船上。因为大家都有即将回到家里去的心思，心情万分高兴。这些四方八面来的朋友，由冯乃超同志率领在船上还搞了一个文艺联欢会，黎国荃也出了一个小提琴独奏节目。

3 月中，我们到了北京，住在前门的远东旅社。同住的有于伶等文艺界的朋友。后来冯乃超向我说，北京刚解放，许多工作还得安排，需要人手；同时，南方也急需去配合接收，他希望我们来的朋友中一部分随军南下，一部分留京，配合建设。并提出："最好不要在旅社里呆得太久，特别对工作不要挑三拣四。"当时在北京只有一个华北文工团，这是一个综合性的艺术团体，有话剧，有歌舞，也有一个小型的管弦乐队。这个乐队的成员，有少数曾经学习过专业，程度不深，大部分都是在工作中成长起来的，而且声部不全，比起中华交响乐团来差得很多。

我把情形告诉他，他毅然答应参加工作，我也在文工团的编辑室工作。

首先对他考验的是供给制的生活，但他似乎没有多大焦虑。其次是指挥工作，他虽然搞了十多年的交响乐队，也担任过指挥，但对这个残缺不全、程度不一的中西混合小乐队却很热爱。他说，"条件差不要紧，大家的思想、精神和对革命工作那股热情是最可贵的。"他为几个青年上小提琴课，提出排练一定要严格。他很快就投身到这个事业中，一面训练乐队，一面指挥歌剧《赤叶河》的演出。

一个国内有数的小提琴家，一个指挥过十多年交响乐的专家，对这样的小乐队能够无条件地和大家同甘共苦，并怀着极高的热情和信心，认认真真，埋头苦干。有时为了一个音准，一个音调的优美流畅，常常花去几小时而毫无怨尤，这是很不简单的。

不久，他申请入党，并获得批准。其后，他一直参加了建设我国的新歌剧、舞剧事业，从最简单的文工团歌剧队，一点一滴地用自己心血来灌溉，先后演出了歌剧《白毛女》、《草原之歌》、《刘胡兰》、《阿依古丽》及《茶花女》、《蝴蝶夫人》、《奥涅金》，舞剧《红色娘子军》和《天鹅湖》、《海侠》、《泪泉》，为新中国的歌剧、舞剧事业做了许多砌砖石的工作，并带领中国歌剧舞剧团到国外演出了《白毛女》、《宝莲灯》、《草原之歌》等节目，为国际文化交流做出了贡献。

他还自己编写了一些管弦乐小曲，丰富了人民的音乐文化生活；还指挥了中央乐团的交响乐音乐会，以他那种特有的，专于表现含蓄深情的音乐作风，弥补了其他乐团在这方面的不足。

我知道，作为歌剧舞剧院的副院长来说，他担任这项工作是比较艰苦的。他缺少大刀阔斧处理工作的能力。此外，杂务的烦扰、人事的纷争在他来说比什么都要痛苦和吃力。作为指挥，他是深沉的，有他的音乐气质和要求。他比较质朴，要求严谨。但他作为在舞台上的前线总司令，他欠缺那种身为将军的果敢、严厉的个性和敢于冲锋陷阵的勇气。他的音乐偏于蕴藉、含蓄、深情、柔美，即使是热情奔放的乐段也带有他自己的性格。但是艺术表演上的深情、质朴，让音乐纯真地体现作家的精神、风格这一点，他时刻都念念不忘，也常常以没有达到他自己的要求而感到遗憾。

他对年轻一代特别关心，对剧院以外的小提琴学生和有希望的管乐专才爱护备至，经常对我和其他负责同志提出要善于发现人才，要敢于为他们呼吁，要珍惜这些青年的才艺，要在许多方面给以切实的关怀。他对我敢于让年轻的演唱、演奏人员在舞台上锻炼，肯于大量地送年轻的指挥学生出国深造给予了肯定的评价。他常常提到自己学得太晚，学得不够严谨。从他的经历中总结了一些经验，他要我时刻注意，不要忘记对青年的奖励和思想上艺术上的严格要求。他说有不少有技巧的音乐家，由于政治上的反动或糊涂都跟敌人走了或被利用了。

黎对新歌剧的乐队音乐是比较着急的。他认为我国的管弦乐演奏水平虽然不算好，有些乐器演奏技巧参差不齐，不过补救起来并不特别困难。因为青年学生大都比较勤奋，如果指导得法要越过一些障碍是可以的。但是作曲家的才力，比较起来还有一些距离。新歌剧艺术脱胎于西洋歌剧，而这个工作，解放以前，资产阶级的作家并没有给我们留下什么东西。要使之洋为中用只能从头摸索。歌剧《白毛女》在表现革命斗争生活上走出了一条新路，在利用民族民间音乐方面也作了大胆的尝试并取得相当的成就，但乐队音乐的表现仍然比较贫乏。许多歌剧（像《洪湖赤卫队》等）在人物的音乐性格上虽有所突破，但在利用乐队、合唱的抒述剧情、意境等方面，都没有发挥较大的作用。他认为《草原之歌》有些发展，但也是比较粗浅的。直到《阿依古丽》的出现，他才比较高兴。他说，"歌剧乐队音乐在这个歌剧中开始显示力量了。"

他曾说过，"许多歌剧伴奏每每写得过于浓重，对配器法不够精通，有些近于齐奏，而且和旋律一模一样。演员常常透不过气，吹拉的人也搞得满头大汗而没有效果。好像一个近代化的海、陆、空部队，交给只懂得使用大刀长矛的指挥员使用一样，兵马堆在一起，你挤我，我挤你，互相碰撞，互相抵销，谁也没有显一显身手的机会。有时连进攻一股小敌人，都是万炮齐鸣，海空俱发。"

他说，"我有时拿到这样的总谱真不知说什么好。你知道，我是比较优柔的，常常不敢得罪人。我就是这样常常把生命浪费在这些工作中，有时还受到朋友的指责。我不怕简单，我倒是很讨厌堆积。有时，我竟然自己大胆地动手写些小曲。"

他对于我经常在报刊上介绍一些青年演员的作法是大力支持的。他知道我所以常常从各个角度来向读者解释他们的演出意图，一方面是让青年演员保持自己的成就和特点；另一方面也想把演出风气引到好的方向。的确，有时社会力量，包括批评和观众的意见对于演唱家和演奏家的培养、支持和发展是非常必要的。

当然，有时我也受到一些非议，但他支持我说："如果言之有物，不是无风起浪，凭空吹捧，评论对象不会因此而自满，放弃努力，多说一点也没有关系。"因为旧社会里艺人相轻，学术派别上的贬谪相当严重，有些人是骂着要"损"人，有时甚至只用鼻孔"哼"一声就把一个有希望而未十分成熟的青年"哼"死了。还是鲁迅说的好："幼稚是会生长，会成熟的，只要不衰老，腐败，就好。倘说待到纯熟了才可以动手，那是虽是村妇也不至于这样蠢。她的孩子学走路，即使跌倒了，她决不至于叫孩子从此躺在床上，待到学会了走法再下地面来的。"（《无声的中国》）

他常常向我谈到歌剧院乐队里一位吹唢呐的队员，农民子弟，文化程度不高，恐怕连小学也没有念完，后来改学双簧管。他认为这青年很有前途。他对某些人总是不让有才艺的青年出头露面很不以为然。他认为老一代是很可贵的，但培养青年一代把自己的心血倾注在他们身上，让他们飞快成长更是可贵。

我们两人都认为，对于一些要求从事器乐演奏工作的青年必须要求严格一些，如小提琴和钢琴这两门演奏艺术在世界上已经相当发展了。过早过多的奖励常常会使青年对所要跳越的障碍放松警惕，结果却害了他们。

对一个有前途的少年琴手不能操之过急，拔苗助长。当我们发现有希望的幼苗时要耐心地爱护、灌溉、除草、松土、施肥、剪枝。现在和过去不同了，育才音乐组时代为了孩子们不致饿坏，他费了许多精力，如今国家培养他们，功夫就要打得更结实一些。这不是说不要他们登舞台，让青少年从小就在战场上滚这是世界乐坛上很好的经验，无数卓越的小提琴家、钢琴家都是很小就在舞台上磨炼的。这对于他们克服舞台恐惧感有很大好处。如果完全成熟才上舞台每每会毁灭他们。我所指的是不要让他开花结实得过早，就是说，如果没有跳过他那还未克服的困难可以放慢一点，一定要等他的确征服障碍才能向前走。在舞台上，更不要随便拉奏一些力所不及的乐曲，而用"海派"作风来讨好人。

只要树干苗壮、坚实，根深叶茂，不愁结不出丰硕的果实来。特别是弦乐器，我们和世界乐坛的距离不小，而这方面的文献不像我们的二胡艺术把刘天华的十多个曲子拉完就算到了头。小提琴的文献太丰富太难了，要准确完美地演奏好，马虎一点都不行。

他谈到自己的指挥工作总是带着近于泄气的心情。他说，"我只是个拉琴的材料，可惜成长晚了一些。而对于指挥，尽管我搞了十多年，而我每每是怀疑的。我缺乏像你那种果敢的性格（其实我也常常是抹稀泥的），而这点却是一个指挥者所必不可少的。许多人称道我演奏的慢乐章比较深情，有时连我自己也陶醉在其中。而当我指挥这样的慢乐章的音乐时，我就没有办法使队员深进去。碰到这种场合，我总是不满意。而有些指挥，他们用不着像我那样费力。也许我从事小提琴教学会好一些。但是工作需要不由我安排，只能把一段路程填满起来，却总是填不好。"

他常常提醒我，不要把乐队人员随便塞满，双管就双管，不要急于搞三管、四管，宁缺勿滥。滥竽充数到后来会吃苦头的。他说："我很羡慕'红领巾乐队'，不怕浅，只要一步步、踏踏实实地向前走，过上几年会走得更快。"

他提到，一个乐队的风格很重要，这是很不容易建立的。特别是为歌剧、舞蹈伴奏的乐队，试奏、试演新作太多。但是，既要建设一个交响乐队就要有正派、认真，经验丰富的指挥来培养它，使它眼界宽广一些。卓越的指挥对于一个乐队的作用是很大的，他会把一个普通的乐队带着飞快向前。但是每个中等的指挥都有他独到之处，都会给一个乐队增添有益的东西。

关于我国的指挥，他认为在业务上还比较年轻，许多指挥没有受过严格的训练，接触的东西不多，爱好比较窄狭。文学、艺术和各方面的知识比较全面的指挥不多，这样，对于一个乐队的提高是不利的。

他还认为，我国的指挥定位太死。搞歌剧、舞剧的只能指挥本团的乐队；搞交响乐、合唱的不能指挥其他形式的音乐，而且永远固定在一个乐队里，很少互换指挥，更少接触外国乐队，实际上很闭塞，这样，他无从发现别的指挥和乐队的特点和优点；有些指挥在乐队或合唱队中威信不高，也无法换一换工作，这种制度是应该改进的。

有一次，我们谈起过去和现在的作曲家。解放前，有些年轻人学得并不坏，可是一旦在国民党的学校、机关、团体里当了点官，就狠命保官或悉心往上爬，被毁灭了。革命音乐工作者中，不乏有前途的作曲家，但大多为了战斗生活而东奔西走，基础没有打得很结实，有一定的局限。解放后，年轻的音乐工作者有机会扎扎实实地学习基本功，接触民族音乐的面也广一些，比过去的作曲家幸福多了。可是对民族民间音乐依然涉猎较少。而有些民族民间音乐的研究者又没有把民族民间音乐的基本要素、特点总结出来供大家参考，因而人们仍不得不依然在茫茫大海中去摸索。希望一下出现一些融贯中西、以创新声的奇迹是困难的，恐怕到第三代才能在作曲上出现这方面的新人。

演奏家的情况有些不同，他们接触的面较广，特别是民乐演奏员，如果能同时补习一些作曲知识也有可能产生像刘德海等那样的作曲家。

他说："坐等第三代作曲新人的出现是不行的。我们总得为他们尽点力，要作各种探索，为他们准备一些踏脚石。你知道我不是什么作曲家，但我也编写一些小东西来开开风气。"

黎国荃对于有才艺的青年演唱、演奏家过早地留在学校教学很有意见。他说，我们学校的教学人才，特别是卓越的教授太少，请一些有修养、有经验的音乐表演艺术家到学校中去是很必要的。但年轻演唱、演奏员，最好多参加舞台表演，加强艺术实践。年轻时，技巧和艺术表现发展比较快，最好是大胆鼓励他们多开一些独唱独奏会，也可以和乐队合作，这对巩固他们已经学到的东西，提高他们的艺术技巧和表现能力、扩大曲目，增进技能都大有好处。如果过早（即一毕业）地教学，有许多东西用不上，很快连原来学到的一点技巧也会荒疏。年龄一大，要向前走就困难多了。许多在学生时期表现出惊人才华的青年后来默默无闻，和过早担任教学是有关系的。

过早地担任教学工作很容易埋没人才，损毁人才，而一个演员特别是歌唱演员的黄金时代是有限的。

没有接触过许多演唱、演奏文献，积累丰富的表演经验就去教学，也常常会抓瞎。许多国家音乐学院的教授大多是有表演经验的中年人或老年人。演唱、演奏家在自己还以音乐表演艺术事业为主时也可以带少量的（如一两个）学生。

黎国荃对于江青一伙排斥一切外国优秀音乐艺术，以及那种狂妄自大的行为很早就有反感。他认为要使我们的艺术水平赶上世界的先进行列还要认真地、扎扎实实地做许多工作。我们的青年是有才艺的、有希望的，也比较刻苦努力，完全有条件赶上来。像钢琴艺术，某些管乐艺术，水平本来就不低，但仍要脚踏实地弥补自己的不足才能全面提高。

他的日文程度不坏。我在1943年把他送给我的原田彦三郎写的《和声学自修读本》翻译出来，经他细致校对后，1955年出版了。我译的《指挥法》和卡鲁索的《我的声乐经验》都是经他过目的。

他是我的战友，而在许多方面又是我的老师。我们在长期的共同战斗中，在我国的音乐事业上，尽过微薄的力量。

解放前，他协助党培养了许多革命音乐青年，团结了一大批音乐界的朋友，在周总理的关心下做了许多有益于人民的事业；他在国民党反动派的高压下，敢于支持正义和真理，他放弃了高薪的生活，抢先进入解放区。解放后，他又一直无条件地参加党所分配的工作，任劳任怨，为新中国的交响乐、歌剧、舞剧音乐，刻苦奋斗，埋头工作。这样一位难得的党员、战士，却被林彪、江青一伙捏造罪名，迫害致死。有念于此，不能无憾！

"四人帮"打倒了，一切被他们陷害、诬蔑过的灵魂得到了昭雪和平反。

是的，死者是死去了，死后灵魂是没有的，我们从哪里能够唤得黎国荃同志的回答呢？

然而，人们每每还是那样固执。正如《天安门诗抄》所写的那样："血海波涛传哀音，八亿神州悼英灵。热泪从来不空洒，誓斩妖孽慰忠魂。"

我们侥幸地活着的朋友和学生，怀念你，敬爱你，决心学习你那可贵的品质，理当为党的事业奋斗的精神，使之在日后的工作中发扬光大。

黎国荃，我们的朋友，老师！愿你的灵魂能听到我们的敬慰！

3. 关于"这些人"——忆范继森、沈知白、杨嘉仁同志（1978 年）

去年，丁善德同志在上海音乐学院的群众大会上提出"学校应该为二十几位被'四人帮'迫害致死的教授昭雪"的问题，受到群众的热烈支持。但有人却说"这些人也不是没有错误"，甚至还说什么"这个时候提出这样的问题是什么用心"。因此至今这些含冤不白地死去的二十几位教授、职员还没有得到平反昭雪……。

我不想对这件事提出什么论断，也不想研究那个说丁善德同志"这个时候提出这样的问题是什么用心"的人，他自己是什么用心！

我只想就"这些人"中几个比较熟悉的朋友（其中范继森同志认识较早，相处的时间也较长）谈谈我所接触到的一些情况。

　　我是 1939 年冬天和范继森同志认识的。那时他正在国民党中央训练团音乐干训班当音乐教官。我离开延安鲁艺时，杜矢甲同志写了一封信介绍我去找他。老杜说："老范是我很知心的朋友，思想上要求进步。你不要担心，有什么困难需要他帮忙，都可以直接向他提出，他会帮助你的。"因此我找他时，没有因为他是音干班的教官而有所顾忌。他见了我非常高兴，问了一些老杜和鲁艺的音乐教学情况。他非常羡慕鲁艺的教学工作，他说在那里可以自由地把自己的一切贡献给抗战事业，而这里（音干班）则是另一个天地。他说他不会在这里呆得很长的。

　　我详尽地把我们的设想，怎样通过《新音乐月刊》作为桥梁联系各地新音乐工作干部展开抗日救国运动……告诉他，并希望他能为刊物写文章。他说："行的，什么我都可以答应，但我从来未写过文章。"他希望以后给他一些力所能及的教学或演出工作做做。这样，我们就作了朋友。

　　后来，陶行知先生创办了育才学校，其中有音乐组。这个学校是在周总理的关心下设立的。那里的文学组、戏剧组……的负责朋友，都是地下党员或进步的同志。贺绿汀同志也辞去了音干班的教官到那里担任音乐组的主任，范继森同志被请去任钢琴教师。育才音乐组的孩子们是从保育院招来的，大都是无父无母或者失散父母的孤儿。他非常耐心地把这些孩子拉扯大了，像小提琴家杨秉荪、作曲家杜鸣心、指挥家陈贻鑫等人都是他作的启蒙和打基础的工作。

　　我和范继森同志经常通讯。当周总理向我提出"你们要分出一些力量来做音乐界的上层统战工作，许多音乐专家也是主张团结抗日的，你们要关心他们，人手越多越好，在这方面不能关门。要有一些知名的专家来关心支持你们的事业，工作开展就会快一些，影响就会大一些。"我们研究后，把黎国荃、范继森等四个朋友向总理的秘书张颖同志汇报，并请她也关心这些朋友。

1941 年，我因皖南事变的影响流亡到南洋去了。后来听说周总理亲自约见他们四个人并给他们以很大的鼓励。

1943 年春，我回重庆，并担任育才音乐组的主任。范继森同志一直为这批穷孩子教学，孜孜不倦。他们有的已能登台表演了，为抗日及争取民主而服务了。他看到自己的心血开始开花非常高兴。

他那时已在青木关的国立音乐院当教授。这个学校的"中国音乐社"和音乐院的"山歌社"都是左派学生推动学运的组织。他对当时的进步的学生运动给予很大的关心。我曾专门到音院去看过他，和他谈到党对当前抗日民主运动的路线、政策，也希望他处处关心同学的工作。

1946 年初，他随上海音专复员到上海，那时我们正和陶行知先生筹办上海夜大学，准备以此为基地展开社会青年的革命运动，他是被约请为夜大学的教员，后来陶先生突然病逝，我们就把音乐系组织起来成立中华星期音乐学校，他和马思琚等愉快地答应当这学校的教员。育才学校迁到上海时，他一直为他们教书。

这时候，全国已经掀起了"反饥饿、反内战、反迫害"的民主运动，他在这运动中做了许多支持的工作，还写过反内战的歌曲。

伪上海音专校长戴粹伦曾强迫他在"反共勘乱宣言"上签名，他断然拒绝了。戴粹伦这些特务知道他在校外参加一些进步朋友组织的"民族音乐问题"座谈会（是借研究民族音乐题目宣传我们党的主张和思想），参加一些进步学生组织的学习会，就在全校教师会上警告说，"有些音专的教师，也参加这种'反动'的活动。"但范继森同志无所畏惧依旧和这些朋友、学生在一起进行奋斗。

上海解放不久，我到上海协助筹建上海音协，他是热心地团结一些教授来支持筹备工作的。

范继森同志一直立场坚定，敢于斗争。他对于国民党反动派的一些反动的音乐活动拒绝参加，以罢课来公开对抗。在解放前，他就敢于采用苏联革命时期的作品作为教材，还把日丹诺夫的"关于音乐问题"的讲话及其他观点向同学宣传。

许多朋友和音专的同学谈起范继森同志每每引起极深的怀念，许多人对于他关心穷苦的同学这一点，印象特深。男低音歌唱家李志曙同志谈到范继森老师的时候感慨万分地说，他在最困难的日子，范老师给以很大的帮助，使他能念完音专的课程。有些同学，毕业后一时找不到工作（解放前是常有的现象），就在范老师家里吃饭……。

在教学工作上，范继森同志是兢兢业业，勤奋终生的。他的一些学生，如王羽、廖国雄和钢琴家洪腾等8个同学写的关于他在教学上的情况，我觉得中肯扼要。范老师担任钢琴系主任工作认真负责，他为了要把钢琴系办好，为社会主义祖国培养出更多更好的人才，千方百计的邀请在钢琴教学和演奏上有成就的教师来搞教育，像李翠贞、吴乐懿等较有才艺的教授都是他亲自从国外邀请回来的。他虚怀若谷，胸怀坦白，一心为社会主义祖国的钢琴教育事业着想，从不考虑自己的个人名誉、地位，从不嫉妒别人的名誉地位超过他，与大家和睦相处，真诚团结。在学术上他一方面虚心向别的教师请教，一方面也毫不客气地向他们提出自己的意见，至今绝大多数教师对范老师的为人、作风深为感动和怀念。

范老师早年学习钢琴的条件非常艰苦，他刻苦学习，认真钻研，在钢琴演奏和教学方面取得了一定的成就。范老师在钢琴基本功训练方面摸索了一套宝贵的经验。他曾做过专门的学术报告，谁向他请教，他都不拒绝，无保留地把一切经验介绍给人家。他在教学上敢于打破迷信，勇于创造，取得了显著的成绩，解放后十七年中，范老师为党培养了大量的钢琴人才，学生普及全国。如国际比赛（1961 年罗马尼亚举行的）获奖者洪腾，就是范老师从小一手培养出来的，许多外国专家对中国教师能培养出这样水平的学生给以很高的评价。

范老师善于团结教师一起为贯彻大学、中学、小学音乐的"一条龙"教学而努力，还经常关心中小学的教学质量并在中、小学任课，工作是比较忙的，他又有高血压病，但他从不怕劳累，白天黑夜都在工作。

范继森同志，历史清白，光明磊落，意志坚强，对工作兢兢业业，勤奋终生。在解放前做了许多有利革命的工作，解放后又为党和人民做了较大的贡献，是对得起周总理对他的希望的。但是"四人帮"颠倒黑白，把他打成革命分子、反党反社会主义的反动学术权威，他多次遭到毒打。在一次大会上，头部被打破，鲜血直流，许多同志不忍目睹，当他病危时，还把他从医院拉回来斗争。这些丧心病狂的家伙还打电话到医院说："不许给牛鬼蛇神输血"，一定要把他置于死地。现在"四人帮"被粉碎已近两年了，仍然沉冤莫白，说起来是使人痛心的。

沈知白先生，是一位音乐理论家。他在旧社会正直处世关心国家大事，拥护党在抗日时期的路线和政策，敢于和一切丑恶的现象进行斗争。他在敌伪时期就和地下党领导学生运动的同志取得联系，并热情地支持他们的工作。由于他的支持，我们当时采取读书会的形式进行团结进步师生的活动，有了很大的开展。

1946 年初，我得到当时地下党在上海领导新音乐运动的同志介绍，和他见了面。他在那极困难的环境下，敢于热情地支持我们的各种工作，并提出对于上海音乐界上层的统战工作和意见，这是很难得的。

1946 年秋，我重回上海，又和他取得联系，有些民主人士的活动都约请他参加。他对反对内战、反对迫害活动给予热情的支持。他在上海美国新闻处工作是和地下党取得联系的，并曾两次受到地下党的委托担任英语的口译工作。1946 年底，李丽莲同志从延安来到上海了解和关心上海音乐界上层统一战线工作，曾和他研究过扩大上海音乐教授专家的团结问题，他都提出了宝贵的意见。当时党在上海新音乐运动工作者的孙慎同志对他的工作是很了解的。

1949 年 6 月，他被邀请来北京出席第一届文艺界代表大会，并参加筹建全国音协的工作，被选为全国音协常务理事。解放后，一直忠心耿耿，为党的音乐教育事业而努力。

建国后，沈老曾主持上海音乐学院研究所工作，翻译了不少音乐技术理论著作。其后担任音乐学院民族音乐系主任，为培养民乐作曲理论研究人才做出贡献。他还翻译威廉斯的《民族音乐论》、辟斯顿的《配器法》。晚年从事《辞海》音乐译文部分的编审工作，任劳任怨。他还打算编写一本《中国音乐史》及在《辞海》音乐部分的基础上，编写一本《音乐辞典》，但却未来得及起草就被迫害死了。

沈老先生是一个学者，音乐知识渊博，治学态度严肃认真、实事求是。他从实际出发和那些主观片面、哗众取宠的实在不同。他工作勤恳、踏实肯干，为人和蔼谦虚。他肯提携青年，也乐于接受别人的意见。对于不正确的意见能够据理力争，而且常常用耐心说明的方式来阐述自己的见解，受到教师和同学们的尊敬。他在音乐史的研究上是有独到见解的，曾把他的抱负和同志们谈起，希望能逐步把自己的心得写出来。像这样有着精深学问的勤勤恳恳的长者却被"四人帮"打成"特务"。他有严重的神经官能症，但"四人帮"根本不管他的死活，死命地逼他交代，就这样被迫害而死。想起这位三十多年来忠心耿耿为党为人民的音乐事业作出巨大贡献的长者竟含冤死去，每个人对江青这伙败类，这种无恶不作的罪行没有不愤慨的。

杨嘉仁同志是一位很有学问的教授和卓越的指挥家。解放后，他很快接受党的思想教育，对党领导下的音乐事业是充满信心的，并为发展我国新的指挥艺术作出很好的成绩。

我过去和杨嘉仁同志不大熟悉。1953年，为了参加世界青年联欢节，贺绿汀同志推荐他参加中国青年艺术团的工作。我们经过八九个月的合作，对他的思想、艺术、品德的了解是比较具体的。

他为人坦率、真诚，思想上的问题毫不掩饰。因为他是团一级的艺术领导干部，我们经常交换思想和艺术上的意见。有些问题是谈得比较深的。

由于周巍峙等同志的细心帮助，他对毛主席的文艺路线和繁荣我国音乐事业的方针政策有了进一步的了解，他很快就以主人翁的态度投入出国的准备工作中去。他对工作认真负责，也有较高的要求。合唱队员有一部分是从各个团调来的，大家都没有合作过，因此在声音的统一和艺术的表现上要花很大力量才能高度一致。他日以继夜的劳作，天气又热，他又胖，每次排练都是汗流浃背。他为了使合唱很快赶上来，加班加点，常常是穿短裤就上阵战斗。他想尽一切办法引领队伍勤学苦练。由于他有较高的指挥才艺，这个合唱队的演出水平很快就达到相当的高度，在国际合唱比赛中获得二等奖。

他担任出国指挥期间，正当国际共产主义杰出领导者，世界人民的朋友斯大林同志逝世不久，当时世界各国共产党和革命人民为失去这样伟大的革命家无限哀痛。他认真地排练了《斯大林颂》、《东方红》等歌颂斯大林和毛主席的歌曲，向来参加联欢节的各国青年表演。还到好几个国家的一些省份，向广大的人民群众宣传这两位人民领袖的思想和伟绩，使千千万万世界革命青年和广大群众得到极大的鼓舞。我记得每场演出，观众听到歌唱

《斯大林颂》，感动得流下泪来。

合唱队在青年联欢节以后，减到只剩下 38 人，但由于他有较好的排练方法和独到的才艺，很快就把这个小合唱队的潜力充分发挥出来，艺术水平提高不少，使这个小合唱队在艺术上拥有较强的表现力，因而得到各国艺术家的较高评价，使中国合唱艺术在国际上留下了较好的印象。许多和他合作过的同志，都认为他是我国音乐指挥家中不可多得的人才，他为国家立了功劳。但也正因为他参加了这次党交给他的出国任务，却被扣上了"里通外国"的反革命帽子。

他对于我国的音乐教育事业是无限衷心的。他的爱人程卓如是上海音乐学院附中的校长，她也一心一意为党的青少年音乐教育事业做出巨大的贡献的。他们两人都在"文化大革命"中被"四人帮"迫害致死，直到现在还未得到昭雪。他们的孩子来信说："我们子女受株连的影响，至今还未消除。"朋友们读到他的孩子的信是十分难过的。

上海音乐学院被迫害致死的除了上述三位同志外，还有李翠贞等同志，在解放前就对党的事业，作过贡献。其他的同志，在解放后十七年中也做了不少工作。他们的功劳是不能忽视的。他们的死，也不应是沉冤莫白的。

上海音乐学院的同学，有过光辉的革命传统。我记得在解放前 1946 年底至 1947 年初，全国学生发动反蒋介石发动内战的斗争，举行"反饥饿、反内战、反迫害"的游行时，上海音专的同学，有 93% 参加这伟大的行列。

解放以后，上海音乐学院的同学为建设祖国的社会主义事业作了许多贡献。我想他们对于这二十几位含冤而去的教师是会做出他们应该做的事情。实际上在 1979 年整顿党组织后，上海音乐学院为二十多位被"四人帮"迫害致死的同志相继举行了追悼会。

4. 感触——迎接星海同志骨灰归国①
（1983 年）

星海同志的骨灰运回祖国安葬，这件事，它触起了我无限感慨。

没有出乎我的意料，很早，很早，就从四面八方，涌进许多许多星海旧日的朋友和仰慕他的后辈，在机场等候他的骨灰送达。他那魁伟而持重的身影，忘我地工作，任劳任怨，照顾这个，关心那个……，倔强地战斗的，抿着嘴唇承受一切苦难的脸容，……一切的一切，顿时又活现在眼前。

记得在 1940 年底，我看到我们中间有的同志对于学习并不十分着急，我知道星海在巴黎学习时是非常艰苦的，这也是我们当时所有从事新音乐运动的朋友的共同境遇。我就写信给他，希望他写点刻苦学习的经历刊在《新音乐月刊》上，让我和青年朋友得到一点启示和鞭策。

1941 年初，皖南事变，我们流亡到缅甸仰光，中断了通信联系，1942 年 5 月转到桂林才接到他托人转来他的信，并附来用写信给我的方式写的《我学音乐的经过》。信上还说，如果再接不到他的信，他就是离开西安到别的地方去了。其实那时，他已在苏联一年多了。万万想不到，他的这封信和文章，竟成了永别的遗言了。

人民音乐家冼星海是一个有抱负的穷音乐家，他的一生是战斗的一生。他所创作的乐篇，众多的革命歌曲、大合唱、交响

---

① 这是在文联主办的"欢迎星海同志骨灰归国安葬"的大会上作的报告。报告以后，阳翰笙同志对我说："你的报告很好，对星海同志为人、革命性格和创作，谈得很好，准确而有分寸。"

乐、歌剧、舞曲……记刻着我们中华民族从危难走向胜利的希望和信心，一直给中国人民、全世界人民以无限的鼓舞和力量。他和聂耳同志是我国无产阶级音乐运动的开路者和先锋。他的《黄河大合唱》高度表现了中华民族的伟大精神和气魄。直到现在，我们的音乐创作虽然在编组规模上，在音响的修辑上也许有不少发展，但像《黄河》那样，充分地、深刻地、突出地表达出我们民族的坚强的信心和雄伟气概，产生如此巨大的威力的作品还是少有的。

他的许多优秀的歌曲为我国人民和世界人民所热爱。直到今天和将来，在建设现代化的新中国还会起着伟大的作用的。

星海出生在广东番禺的一个海上渔民家庭。这种家庭，广东叫"蛋家"，没有定居，一生住在小船上，随着生活而漂流。因此，今年他的女儿冼妮娜回到家乡，考查他的祖居和亲属，已无法可查。父亲曾在轮船上当过水手，很年轻就去世了，靠母亲为人家洗衣裳拉扯大的。

他自己从小就受尽人世的轻蔑和欺凌，因此很年轻就有着一颗为自己一样的穷人求生存的心。也因为从小就喜欢音乐也就产生了想用音乐来为劳动人民、被压迫人民而效命的志向。他说过，"我学音乐是为大众的。"

广东是一个音乐的家乡，在 20 年代初期，正是广东音乐新兴的时代，爱好音乐的青少年是不少的。但一个穷苦的"蛋民"的儿子没有官朋富亲竟敢跑到北平、上海学习音乐已经不多了，甚至竟敢去巴黎求学，要用出卖劳力在巴黎那样的社会生活下去，并且学到本领来为天下穷人而歌唱，这是一般人所不敢想或不愿想的。

他在巴黎那段惨苦的生活，大家都知道了。他在那里目睹和身受，使他深深认识到帝国主义、国内的官僚买办是中国人民的主要的凶恶的吸血鬼。那些官僚子弟留学生所给他的侮辱是深刻的。这也促使他更快走上彻底革命的道路。

好容易在学业上有点进步，而且好容易得到马思聪的帮助找到了不收他学费的老师为他上作曲课……但是，日本帝国主义一天天入侵，许多消息频频告诉他，民族到了最危急的时候……

他顾不了学习就毅然提前回国参加抗日战争。这在他是经过苦斗争的——一个渴望学习盼望有一个肯于援助自己的老师指点，而今，这机会到了，自己却要立刻回国，这矛盾的克服是下了多么大的决心啊。

他回国后，立刻就参加田汉、吕骥等人所领导的革命的新音乐群众运动中去，写出了《救国军歌》、《青年进行曲》、《热血》等等号召亿万人民奋起抗战的歌篇。

1937年"八·一三"后，他参加上海救亡演剧队，在前线工作，后来到了武汉就参加郭沫若领导的三厅音乐科，在武汉组织了空前宏伟的在长江江面举行的十万人抗日救亡歌咏大会演。

当时，星海已看清谁是真抗战，谁是假抗日，希望在什么地方，于是他写了《到敌人后方去》、《太行山上》、《游击军》、《反攻》等作品，他意识到只有在共产党的领导下抗战到底，广泛开辟敌后抗日根据地真正反攻，胜利才能实现。国民党顽固派假抗日、真分裂、搞妥协，投降只能使中国走向灭亡。什么"民族至上"呀，"一个党，一个领袖"呀，"新生活运动"呀，不是很有一些音乐家对这些题目发生兴趣吗？如果是好心的话，至少他们也是没有认清国民党反动派的本质，受了愚弄了。

这是当时音乐工作的分水岭也是判断一个音乐工作者进步与否的试金石。历史上的债帐总是这样算的，历史总是认真的，是铁面无情的，甚至是严酷的。它把一切似是而非的东西洗刷得非常清楚，显出本来的面目。历史也总是这样刻薄的，捉弄人的。

当然，历史也总是向前发展的，当现实斗争逐渐深入，有些过去由于对当时的事物认识不清的音乐家由于事实的教训，逐渐觉醒而走上革命的道路。有不少同志，后来为社会主义音乐建设做了许多有益的工作。我过去对于这些同志是过于苛求了，在这里，我应该向受过我批评的同志表示抱歉，并接受这一教训。

1938年冬天，星海到延安，在思想认识上有更进一步的发展，他要决心成为一个共产党员，为共产主义目标献身。他在这一时期的创作是带有鲜明的工人阶级的思想和特质的。他深信，在共产党的领导下抗战才能胜利，中华民族才能彻底解放，我们一定能够建立一个没有压迫的、自由的新中国。

1938年底，延安是非常艰苦的。国民党反动派中已有一部分在沦陷区的南京成立了敌伪政权，另一部分准备反共投降，正封锁边区，要想把我们饿死。星海立刻响应党的号召写出了开荒自救的《生产大合唱》。为了反对分裂，坚持抗战到底，他写了《打到鸭绿江》，创作新中国规模最大的一首大合唱。他对战斗永远充满信心，对建设共产主义事业充满信心，即使在当时那样困难、艰苦的境况下，他仍是毫不动摇地向这个政治目标前进，不怕任何艰难险阻，敢于勇往直前，用他的话来讲："怕什么，冲倒它！"他的这种坚定的意志和信念，敢于对付任何困难的精神永远是我们前进的鼓舞力量。

这里，我想起了前几年在广州召开的音乐理论座谈会上有人提出"离政治越远，就越有长久的生命力"认为这是一条真理，例子是《阳关三叠》。前年，在北京的座谈会上有人提出："群众讨厌一些歌功颂德的歌篇……"等等。

我不怀疑有些抒写友情的歌曲，如果健康的话会被人们长久地传诵。其实《阳关三叠》也是反映唐代频繁戍边的生活。这点，我在《赞美你，骆驼》一文中谈得不少了。

但星海的深刻、紧密的典型地反映抗日战争，建设新中国的歌篇，喊出了人们迫切的愿望，表达了人民意志的歌篇，并没有因为它未远离政治而夭折。

没有，这些歌声，他的《黄河》，正像前面所说过的那样，过去、今天、将来都依然震撼人心，依然在将来的建设征途上起着巨大的鼓舞作用。这和历史上许多巨大的政治革新、伟大的发明永远是鼓舞人们向前的动力一样长久地放射光彩。

事实上，几千年来的优秀文艺，像屈原、李白、杜甫、陆游，以至近代许多优秀作品，包括《红楼梦》和当代鲁迅、郭沫若、茅盾等人的较好的文章，也并没有因不远离政治而短命。为什么呢？这是值得我们的论者思考的。这其中有些什么道理呢？是"和政治离得越远越好"，还是"正确的政治内容和完美的艺术形式相结合"才能取得长久的生命，这是需要我们思考的。

其次，关于歌功颂德问题，星海是非常清楚的。当时有些人为"一个民族，一个领袖，一个党"，还有什么"新生活"，……等题目而卖命，星海对于这些是深恶痛绝的。他却用许多笔墨去歌唱《搬夫曲》、《亲爱的老百姓》、《硬顶上》、《拉犁歌》、《纪念高尔基》，后来写了赞美共产党领导的《打到鸭绿江》。

是的，我们反对歌颂"四人帮"的假功假德，也反对不实事求是的吹捧、抬轿子、造谣惑众、哗众取宠。但不应反对赞扬党和人民所取得的真功真德。我们试翻翻历史，哪一个朝代，哪一个阶级的文艺战士，不对自己阶级的功德歌颂呢？当这些阶级还处在上升时他们一面歌颂，同时也针砭时弊，因为任何时弊都是损害这些阶级的兴旺和前进的。只有当这些阶级走向没落，他们的文人、帮闲者才宣扬一些颓废、消沉、享乐腐化的东西。

作为共产主义者，作为无产阶级的战士、音乐家对自己党的真功、真德，能够熟视无睹，无动于衷吗？人民群众果真对歌颂党的三中全会以后所出现的新政策、新景象那么厌恶吗？

321

我们那位好心的党员理论家可能受到十年动乱的影响，又没有把本质弄清楚就把一时的现象当真理，我想这是危险的。

我们日后，还可能有许多曲折、革命、建设，总不会是一帆风顺，还会有挫折，甚至有血污、有牺牲，但也一定有欢笑、有胜利，而归根结底是一定胜利的。但这胜利不是天赐的，是经过艰苦的、颠扑不灭的战斗才能取得的。几百年来的民族命运给我们留下沉重的包袱，我们每个人，毫无例外地要背着这包袱走路。天真不得，也幻想不得。能不能因为有一点挫折、一点艰苦、一点小小的苦恼就猜疑、傍徨，就垂头丧气，甚至后悔、怨艾呢？能不能因为有十年动乱（这是付出了巨大的代价的）就动摇甚至幻灭呢？

温习一下星海的战斗历史，他的思想境界、志向、愿望，他那百折不挠的精神对敌人那种顽强劲是有好处的。他也是背着历史社会的旧债、恶习往前走的。我们也应该像他那样，"跌倒，算什么，爬起来，往前走。"

我想，他的志向、精神决不是只够照耀半个世纪的。

星海同志学习的艰苦性以及顽强的学习精神和毅力大家也早知道了。他学习音乐、文学、政治、民族民间音乐，学习生活。他总是往火热的斗争生活中奔驰，总是不停地把自己塞满。

到了延安，他狠命地学习马列主义，学得非常认真。在这时期，他以新的观点作过讲课和报告，写过短论，他曾说过："过去有些问题弄不清楚，学了马列主义之后，这些问题解决了。"从他写的《我学习音乐的经过》看来，他的思想水平是在飞快地发展。他对当时新音乐运动中的重大问题看得非常清楚，深信党的主张和各项政策。

他对音乐知识、技能的追求也很重视。那时，他虽然已写出了像《黄河大合唱》那样前无古人的东西，但他仍不满足。

他到苏联去是接受电影音乐的创作任务，但他一直对加深自己的学习，提高自己的创作能力无时不记在心里。我印象最深的是，有一次他伸出臂膀，握紧拳头对我们说，"你看，我是多么结实，多么有劲，心里有许多东西要写，也能写，但爪牙不利，不可能一下把我心里要表现的东西表现得更好。我的命运是够苦的，而它难不倒我，我一定争取到苏联去深造。"他痛惜地谈到，他在巴黎学习时为了不饿饭，曾失去许多宝贵的时光，失去了抢着学习的机会。他总想把失去的夺回来，尽可能在创作中去探索。

他一再告诫我们，一定要把刀子磨炼好，一定要下苦功夫学习，不要蹉跎岁月。否则，回到广东，工作起来会很吃力，也不能满足人民的需要。

星海对于广东音乐有一定知识，而对北国民间音乐涉猎不算多。但他非常重视民族民间音乐的学习，一有机会，他总是抢记。当他知道我们记录和整理了一批绥远、山西、陕北民歌（那时，中国民歌研究会刚成立，开始整理这三、四省的民歌），他要我抄记一些有特色的曲调给他。

他认为，一个创作没有民族特色等于没有根，是生长不好的。根深才能叶茂，才会长出丰硕的果实。他写《生产大合唱》边学边写，写《黄河》也是从剧宣三队和光未然同志那里听取音响。

到延安以后，他写的作品在民族风格上是有大的发展的。从他最早的《风》，回国以后的《青年进行曲》，到《生产大合唱》、《梁红玉》、《打倒汪精卫》、《打到鸭绿江》……其间的变化是很大的。可以说，他是飞跃地在这征途上奔跑。尽管当时的学习条件多么困难，他总是狠命地吸饮，想办法使自己更充实。

他教导我们不买就没有东西可卖，就是现买现卖，也总比不买而空叫卖好。他的这种从不知足的苦学精神我在《星海在延安》一文中谈得比较详尽。

我们今天的日子比起星海同志当日是富裕多了。我记得，我当时是中国民歌研究会的负责人，手上也只有二百多首东抄西记来的民歌。而今天，每个省都记录了上万的民歌，全国就会有一二十万，而且是经过整理油印出来的。学习的工具、环境、条件不知比那时好多少倍。但是，我们自己和广大的从事音乐工作的青年，是否都能像星海那样不知足地进取呢？是否时时刻刻、兢兢业业地在苦学呢？有的同志是这样努力的，但有不少青年由于有了"铁饭碗"每每白白地把光阴丢掉了。

中央乐团办了个学员班，入学时成绩不错，一考入乐团，有的学员就不肯上课，老师到处找他都找不到，把父母从东北喊来也毫无办法，反正他已被录取是国家干部了。

有些青年还不到三十岁，就埋怨"已经晚了"，"'文化大革命'给耽误了"。是的，那段日子是毁灭了许多美好的东西，也耽误了不少艺术青春，但也有人即使在那些日子，即使在那样坏的环境下也没有放松进取，顽强地、曲折地在成长。

而比起星海同志来一点不晚。他当时已快四十岁了，仍那么不知足地努力，为学习而奔波。其实，他的命运的确是很苦的，他好不容易到了苏联却碰上希特勒进攻莫斯科，又生病，没有机会上课。我想，他是抱着学习的深恨，是含恨而死的。想起这些，我自己常常觉得很惭愧的。

星海同志的工作作风是异常刻苦的，像牛一样，一声不吭地工作。在法国时，为了两顿饭，就够他挣扎了。回国后在上海也是动荡不安，到了延安条件也很艰苦。组织上为了照顾他，分给他一个炭盆，一张桌子，他就日夜不停地赶了6天，把《黄河大合唱》连伴奏都赶出来了。从1938年底到第二年的9月，他写了四幕歌剧《军民进行曲》、《生产大合唱》、《黄河大合唱》、《牺盟大合唱》、《打到鸭绿江大合唱》，一个大型的舞曲《三八节》和几十首齐唱、独唱、合唱曲。有人说过，"不要说作曲者要对这六七部大型的作品的诗词、舞蹈、歌剧本、舞台设计进行阅读、吟诵、研究、分析、以至构思、写作，把它变为配好伴奏的乐曲，单单叫你把这六七部总谱抄一遍，那就要花费多少时间。许多作品，都需要他亲自排练和演出。我记得为了女子大学的舞曲，他从练曲、合舞到演出，每天早上从桥儿沟跑几十里，晚上半夜才回来。我们一同去参加伴奏的人都替他着急，怕把他累坏了。但他从不叫苦，不讲价钱，任劳任怨，悉力以付。的确很少人能像星海同志那样，像一头牛一样永不知倦地向前走。他的生命的确是一秒钟一秒钟地计算，一秒钟一秒钟地使用的。

一想起他那种热爱生活、热爱工作的情景和他那种珍惜时光的精神，对照我们（包括我自己）今天那种浪费生命，拖拖拉拉，无所事事未老先衰的作风，心里就非常难过。

我们有了"铁饭碗"，日子每每不是按天算，不是按月算，甚至不是按年算的。我们有个别作曲家、词作者、演员，几月，甚至几年不产生一个新作，不上舞台，躺在这所谓"优越性"上面而心安理得，这是使人痛心的。

星海同志的个性很倔强，但为人的品格、德性是很可贵的。对人对事是严肃而诚恳、真挚的。对待工作中的困难，对待敌人是顽强的，永不屈服的。但他很尊重同志，愿意和人家合作。即便碰到有不够实事求是的意见，他总是听得进去的。

当他的《生产大合唱》演出后，受到延安人民热烈的欢迎，但在座谈会上，有的同志提出《生产大合唱》中的《拉犁歌》的采用不符合当时延安人民的开荒自救的思想和风貌，即使这首歌曲在艺术上是成功的，放在电影《壮志凌云》中非常有效果，但用以表达边区人民的心情是失败的。他很快就接受这个意见。

但当时也有个别同志说了一些不够实际的话，甚至抹杀这部作品的意义（见甄伯蔚《生产大合唱座谈》），他还是耐心地听下去了。他总是这样，经过他自己的思考认为人家的意见对，他就接受；认为不切实际、不正确，他就坚持自己的看法。就连他的学生的意见，他也是这样。他究竟是个血肉之身，也有喜、怒、哀、乐，有时为了一件事想不通而着急，阿梁（寒光）、李鹰航和我常常给他解说，他总是破怒为笑说："你们说得对，依你们的。"

是的，他对个别品德不好的人是不能容忍的，但对广大的同志是尊敬的。他一再提醒我们，"人是越多越好，力量也越大。"为了一个共同的大目标，对同志总是很少斤斤计较，显得心胸爽朗开阔。

我曾遇到一个和他共过事并对星海的工作说过不实事求是的话的同志，和他谈起往事，这同志一方面赞服星海的胸怀宽阔，同时也为当时自己那种带有个人情绪的过火言论感到内疚。

我想，人只要活着，在工作，总是有这样那样的矛盾、得失和不称心的事情，过去有、目前有、将来也会有，如果我们也能像星海那样为了一个共同的事业，不斤斤计较于一些细微的得失，不断从中升华，我们的音乐战线就会团结得像一个巨人了。

现在，星海同志的骨灰运回国安葬，它引起我很多感想。

星海同志没有看到新中国的建立，也看不到自十一届三中全会以来的新局面。但他的理想，要建立一个新中国，要建立一个富裕幸福的新社会的愿望一直鼓舞着我们战斗着，激励我们不懈地前进。他那刻苦学习、艰苦奋斗的精神，他对待朋友的诚恳、坦率，对后辈的关心，对广大群众的热爱，平易近人的作风，一直是我们学习的榜样。我们一定继承他的遗志，学习他那孜孜不倦的好学精神，学习他那宽于待人的风度、品德，和广大的音乐朋友在一起，来开创音乐艺术的新局面。

星海同志，你终于回到祖国，和人民，和我们靠得更近了。你放心吧，你安息吧。

5. 一个准备同时刊印的信
——致王酩同志的信（1983 年）

王酩同志：

由于工作的转换，恐怕今后相见的机会要少得多，临别时我曾给你写过一封信。你没有对我所说的话表示什么，只回信说："请你放心"。我当时的心情你可能会了解，也许不了解。我是放心，又不放心的。我和你相处了十多年，你的思想、品德、个性，我多少有些感受。一方面，你有自己的理想、品德、个性，我多少有些感受。一方面，你有自己的想头和追求，而任由你自己去碰，常常会摇摆，有时走偏了，每每是不易自拔，如爱喝过度的酒，你总是改不了。

你最近的《沙鸥》录音我听了，我觉得这个配音有新的探索，音调有文采、有朝气的。有些配器，受近来外国连续电影的影响，这种参考是有意义的。

是的，我曾多次对你的创作发展写过意见，甚至生过气。我知道，你有时虽然听不进去，但你仍然希望我关心。我是会经常追寻你的新作，我怎能不想念你，不关心呢。有人说过："也许爱得浅薄，爱得过于粗鲁，但真诚本身就有继续关心的权利。"

我想，从 60 年代初期，你从上海音乐学院调来北京，我们就认识、了解你的希望和财力。还有过一段共同参加"四清"的生活，并且合作过一个小型的器乐曲《农村俱乐部》，我设计搭骨架，你配器，你还深入山东农村写出了这地区的人民的痛苦的历史《闯关东》，写得既有深意，也有深度。尽管这个小型表现唱比较简朴，但那里有你的风格，音简情深，使不少听众为之落泪。艺术的美是多种多样的，不一定是花团锦簇、大红重绿，狠命地添油加醋，也不一定要掺杂什么小噱头，葡萄干；或者以瑰丽、奇崛的乐汇，丰繁、奇险的手法来体物写貌；或者浓重的笔触和艳丽的色彩设景描情，才能使人迷醉。有许多作品，在艺术上纯朴、质实，来自人民的口声，不事斧凿、雕琢，只稍作升华却充满诗意，也很有感染力。《闯关东》是深挚、沉痛的，一声歌音一声情，它饱含着无限血泪，让苦情从音里行间流露出来，创造出耐人寻味的意境。许多朋友听后都认为它有深厚的魅力。

你写的内蒙民歌《牧歌》，这可能是一个小小的转换。看出来，你好像是被围困在栏栅里的小羊，有许多幻想要试探，久久未能尝试，看到栏外一片青草却无法享受，弄得一肚子闷气。而今大胆地冲破了一个缺口，一面狠吃娇嫩的青草，一面摇着小尾巴，非常惬意，跳笑自在。我倒不像有些人所指责："节奏太怪了"……尽管它使我感到，你好像把一个清朴的村姑硬给她戴上一副华贵的时兴的耳环，那也没有什么了不起。我们不能见到人家擦点口红，就心惊胆跳，好像什么大祸临头似的。我认为值得考虑的是你对这首歌曲所赞赏的"风吹草低见牛羊"的塞外景色，它的那种心胸开宽，撩人心思的诗意，在你心里比较淡薄。你的小诗，浮泛出来的只是别致和小巧。

你的《泪痕》（一个华侨女青年的遭遇）电影可能是下了苦心的，尽管别人有许多不同的意见，但还深入写情。你当时问我，"我想把歌情拉深，唱心里的东西，那里有眼泪，有血水"，"怕不怕人家抓尾巴？"

我考虑的不是怕不怕抓尾巴，怕不怕过于柔弱。我提醒你："你对这人物的思想感情是否了解透彻。那样的人物并不单纯的哀怨。她热爱祖国，向往祖国的时兴，她爱孩子，爱一切。但她没有想到风暴来得那么凶猛、狂暴……孤手无援，表面上她什么都不信任了，但她的心灵的深处还有纯洁的、倔强的，灰烬没有完全熄灭。当她看到党和同志们真的对她的关心，她恢复了神志，含泪奔向新的生活。"你的音乐只描绘了悲哀，是不是单薄了些。我们有些作曲家在表现悲惨命运时，每每拥有较深的触动力，而一到新的处所往往暗哑，即使乐队声音响亮到吓人却每每是空洞的，这和作者对这个人物的认识是有关联的。你的另一个电影《小花》的音乐也有这个弱点。

你是经历过十年动乱的，有许多事物是够惨苦的。许多和你一道工作过的老朋友，无缘无故被驱去过着劳改的生活，失去自由，失去为人民操劳的机会，还遭到前所未有的损毁和侮辱。但他们心灵的深处还是留着火种，决不是单纯的哀怨。恐怕有些同志对这几个电影人物有意见，也多是在这些方面吧。

后来，你比较沉醉在几个认为惬意的"小品"，因为它的确有些别致而又"有群众拥护"，特别是后者，你是比较欣赏的。我曾在信上提出，要写几个有人喜欢的甜歌，加上一些戏剧性效果。这虽然不容易，但比起要写出一些内容上有深意而在艺术上又有创造和有分量的作品来，还是较为容易一些。

但你泡在温甜的海水里，浸在那到处是喝彩的温柔的池子里，就不肯上岸了。甚至对你曾经下乡用大半年的时间去走访、去体验生活、学习民间音乐所酝酿出来的清唱剧《尹林芝》也放弃了。应该说，《尹林芝》的底稿是可喜的，情感真挚，手法有些地方也很突出，只差某些段落的修改就成了。还有你下了苦功写了一个长笛协奏曲，据独奏者说不坏，但有些地方需要补充，你也拿不起劲来了。

当时我是着急、担心的，看到你已经失去过去那种战胜困难的毅力。我写信叫你不要对那温情有过多的留恋。不能让省力、惰性（我也许刻薄了些）牵着自己走。

比较起来，写一个有真意、有深意而有高度艺术价值的、而又经得起严格的考验的交响乐或合唱艺术是要费劲多了，一个有作为的作家对前面充满了荆棘、崎岖、甚至有险阻的，但它是通向光明所不可避免的高山，不能畏惧，不能没有勇气和毅力。

我曾向你提过和巴哈、莫扎特、贝多芬、肖邦、柴科夫斯基，以至巴托克、威尔第他们同时代有不少沉醉于写"小摆式"的或更差一些的流行曲的作家。虽然那些人有时写过一些显赫一时、有水井处就有它们的威力的作品。然而只有那些真正的艺术，很费心血的艺术才能经理了历史长河的荡涤、洗刷而流传下来。一时流行（尽管"歌曲也应该流行"）并不能说明全部真理，《桃花江》在一个时期是很流行的。《不要星期天》尽管是外文，听不懂也有人鼓掌。鲁迅的书不见得比什么《火烧红莲寺》卖的更凶更"流行"。如果你说"有人喜欢"，并不都是真理。这点我在《音乐与群众》一文中谈得够详细了。而那些需要毅力、需要勇气去创造的音乐，也许在初期不那么流行。只要它是好的，艺术是完美的，它总会逐渐为群众所理解、所喜爱。而那些真正的深刻完美的艺术，经历了几千年仍然闪光的艺术，它的读者是远比那些流行一时的要多得多。

我最近到海淀影院去听一个交响乐音乐会，它是由仍在联邦德国学习指挥的汤沐海指挥的两场音乐，观众满满，那些青年也许在前几年是某些流行式的东西的常客，如今在许多指挥家、演员的辛劳的耕耘，深入到大学、中学解释、演奏，这些青年的艺术趣味转变了、提高了，这也很好证明列宁所说过的话："工人不是永远满足于马戏，他们要享受更好更高级的交响乐。"

我有时的确很着急，看到我们有不少很有才华的作曲家、演员，他们过去都在创造深刻的艺术上有过贡献，但近几年来被一些时兴的思潮新风气所吸引、彷徨、摇摆，甚至沉醉在那气氛之中不易自拔。那些风气也培养了观众的某些不好的习惯，像最近在首都体育馆一个发奖会所表现出对演员的侮辱。这当然不能用一句什么"咎由自取"所能说清楚。但有句老话，"花粉招来蜜蜂"，这话是不大好听，但不能不注意。你看看 4 月 28 晚海淀影院那场音乐会，那些青年们是怎样虔敬地、有秩序地欣赏他们喜爱的艺术。

我记得在广州时你曾提出三个难题：一、群众喜欢；二、经济收入对我还是急需的；三、这是真正"心的声音"，这也是一种"美"。我听了，觉得如果简单的着急，一时是谈不清楚的。但也使我深深认识到，这恐怕不是你一个人的问题，这是一个比较复杂、牵扯方面很大的问题，也可能是一种思潮。它促使我撰写了几篇长文。

一、关于群众需要，我写了《音乐与群众》。那是专为你，也是一些以"群众"作令箭的人而发的。

二、经济问题，这里不想多说。

三、心的声音"心灵美"，你是很重视的，也作了发言。所谓"心声"，就是人的真正的声音。但人有许多种，有工人、农民、干部、科学家，有幼、少、青、壮、老年人，有的正在为四化而忘我辛劳，有的在前进途中虽遭遇挫折而不灰心，也有空虚、彷徨，单求抚慰、麻醉刺激甚或堕落犯罪。

你写的《闯关东》不是心声？《海霞》不是心声？《尹林芝》不是心声吗？青年人的心声，也有多种多样的。《自学成才》中的男女主角，《赤橙黄绿青蓝紫》中的青年人的心声也各有不同。

中年、老年、包括我们这老一代的，也有苦恼、隐忧，甚至是落泪，但也有耿耿于怀的事业要完成，我们也有欢乐、有梦想、有愿望；农民的心，工人的心，壮、老年人的心，他们那种兢兢业业为祖国的繁荣，创造幸福美好的新中国的心是灼热的，他们战胜困难、险阻的志向是可贵的，这些"心声"是能够也应该引起作曲家的共鸣的。

我曾一再引用高尔基在《小市民》中人物作为警惕，也一再引用他在 1905 年以后的话："俄国社会人士经过太多的震动人心的悲剧，变得厌倦了、绝望了、冷淡了。我们对待现实、对待生活问题方面，表现的热情大大降低了。"

"我们的文艺，必须宣传勇敢，必须有健康的精神，轰轰烈烈的事业心和真的事业，才能医好人们的心灵和创伤，才能有所作为。"

"那些病态的呻吟，无望的悲哀，只能帮助昏昏欲睡的社会良心酣睡得更熟。"在两年前也把它抄写过送给你，以便我们共同勉励。我认为，我们要表现"心声"是应该有所选择的。

其次，关于"美"，那是很可贵的，是触动人心的珍宝。谁掌有它，谁的作品就更容易打动对象的心灵。而"美"也是多种多样，有时也会因人而异的。对这种审美观的差异，有些是非常显出的，有些又比较隐晦。有人对夜总会的乐风是倾倒的，有人就不那么醉心。就是好看好听对人民有益的"美"中间也还有多种多样的不同。

别林斯基说过："在艺术中有两种精美，恰恰像人们的面孔有两种美一样：一种是立刻打动人心、以外的，也可以说是强迫的；另一种美是逐渐地、不显著地深入心灵中并且掌握住心灵。"

第一种美的感染力是迅速的，但不持久；第二种美的感染力是缓慢的，但是持久的。第一种美依靠新颖、出乎意料之外、外部效果的炫耀及花样翻新，第二种美以自然和质朴引人入胜。

此外，美除外形美之外，还有心灵美。这点你好像很重视。最近一个画家写了个条子给我，"xxx 漫画家说，前几天的体育馆的庆祝会，有一个演员开价唱两个歌一定要 150 元，重来一个多加 50 元，少一个钱不干。"我看了，感慨系之。演唱要些酬劳是可以的，但这种近于勒索的思想和作风，我真担心他怎样去用艺术来教育人民。那种灵魂所吐露出来的歌音的"美"是会令人疑虑的。

灵魂的美，它是高尚、宽远、深沉，还是狭小、小趣味，甚至唯钱是命和作家演员的思想、志趣、气质是密切相关的。我们谁都会有弱点，但总是应该不断的使之升华，这是很重要的。

你还说过，"我只想写写小品，不想什么大成"，那是气话，也不应这样泄气。

再次，就是"小品"也是多种多样的，有战斗的，有描绘祖国山河秀丽的，也有小摆式或不那么健康的。鲁迅说过，如果不把小品文当"小摆式"，小品文也有光辉的前途。

最后，我还想提一提我一直担心的所谓创作上的勇气和毅力问题。你不缺少勇气，也肯写作，但真正的写作结实的有深度的艺术创作的勇气看来还是不够的。不能企避创作真正的好的作品的艰苦性，我建议你读一读柴科夫斯基和梅克夫人论创作上的艰苦的通讯，看看他怎样战胜困难。还有巴尔扎克在《贝姨》一书中对雕刻家史丹卜克的那段意见，也很有意义。我想它对我和你是有益的。

要有攻坚的意志、勇气，更要有百折不回的毅力。

回想我们在广州那次谈话和后来写了那封信也快两年了。我们虽未见面，但你的作品电影音乐我是常听的，有些是比较好的，有许多改进。但有些也是应付之作，我和所有关心你的朋友都希望你回顾一下，重新设计一下你的创作行程，最好到生活中打个滚，然后下点功夫，扎扎实实写出较好的东西，不知认为如何？

专此祝好。

李凌

1983 年 4 月 30 日

6. 永不泯灭的思念
——作曲家舒模逝世一周年祭（1992 年）

1991 年底，我在美国南部奥兰特接到云枫的长途电话："舒模兄不幸逝世了。"骤听之下，心情久久未能平静下来。

人总是要死的。但一个长久地互相关心，互相慰励，同甘共苦，毫无顾虑地互通心曲，即使再极度困难的情况下还敢、还肯互相抚慰，相濡以沫；一个这样长达五十多年共患难、共欢乐的老朋友去了，心是难过的，我不禁潸然泪下。

对于舒模的不久人世，我是早有预感。1990 年底，舒模寄了一个贺年卡给我，附了几句话："我不能像往常那样，春节前到你那里喝酒了"，"身体几乎都散了，许多零件已不中用，走不到了。"话虽不多，情况已清楚了。

我因为赶写《乡音》中《侨乡杂忆》及访美访加资料，未在离别之前去看看他。

十年动乱后，我们两人每年年底总要找一个机会在一起喝酒，在一起聊聊、笑笑，说是畅叙别情也好，互相诉苦也好，一对能共患难而又能共快乐的朋友，能有一刻互通心曲是非常愉悦的。

我们两人近十几年来常常谈到能共快乐不能共患难是不足取的。但经过十年动乱，却发现能共患难而又共快乐也很不容易。有时也是非常可怕的，有时人与人的关系出现一些极不正常又令人费解的情况。

原来一群纯朴的年轻人，由于民族的危亡求生不易之际，大家奋起而参加到革命队伍来，参加了党，同心同德为民族兴亡而努力。

但在解放后，初期还能互相关心，其后稍有余裕就不断出现许多不理想的东西，偏激狭隘，互相排斥，动辄得咎。

经历了十年动乱，以为会吸取教训，会有一个欢畅的局面。

然而人们在这新形势下不少人各管各，真像杜甫在《秋兴》中所说："同学少年多不贱，五陵裘马自轻肥。"意思是说，当年的朋辈大多都高升有了官职，穿裘衣，骑骏马，在京都道上在大显威风，但大多都是自顾自，很少有人关心，还有什么友人，还有疾苦。因此，能有"一两个"像舒模那样的朋友，推心置腹谈思虑，关心当年的旧朋友的工作、生活，互相支持，相互怀念，即使未能真的帮助旧友，实在感到异常可贵。

他的逝去，在我心里真好像被猛击一拳，几天不易平静。

如今，舒模已走了一年多。这位在解放以前，雄立在蒋管区的歌手、作曲家的陨落，于世无伤。每念及此，作为与舒模共同作战过来的老朋友，我是深感内疚的。

我和舒模通讯，远在1938年冬季的延安。那时，我和李焕之、郗天风、李鹰航、梁寒光分在鲁艺高级研究班。天风为了使我安心从事理论工作，狠命地把他有的国内音乐理论书刊、音乐情况和音乐理论战线上的问题拿来指点我学习。

当时在桂林的林路同志来信要我们为他主编的《每月新歌选》找稿，也附来了舒模新作的《军民合作》二部合唱。大家对这首新曲很感兴趣，立刻就排练演唱，效果很好。聂耳早逝，张曙被日寇炸死，吕骥、冼星海等人北去延安后，大家都为大后方出现这样有才华有特色的新的作曲家而高兴。于是我就给他和孙慎、联抗等朋友写信，希望取得联系。

1939年10月，我到重庆主编《新音乐》月刊，很快就得到在西南的孙慎、林路、舒模、联抗、高重实、力丁、林韵、赵启海、明敏等朋友的支持，创办了新音乐社。后来还有赵沨、盛家伦、沙梅参加。大家合力把蒋管区的新音乐运动重新建立起来，成为蒋管区的一个强有力的战线。《新音乐》月刊也蓬勃发展，在抗日战争和解放战争中起了一定的作用。

舒模 1913 年出生于江苏省南京市。1935 年 7 月毕业于南京中央大学艺术科音乐专业，向马思聪学习中提琴，向喻宣萱学声乐，同学中有当今的音乐教育家王问奇等。你说过，教师非常严格，少有差错就要挨骂，每每是心惊胆颤地去回课。1937 年 11 月，他在南京参加我党组建和领导的抗敌剧团任演唱员。他是一位声音结实，很有激情的男中音。1938 年，舒模参加武汉郭沫若领导下的三厅组建的抗敌演剧一队（后改为四队），后来担任领导工作。

他虽然是学音乐出身，但他和他弟弟舒强一样很有演剧才能，而演剧队队员多是多面手。我看过他在话剧《法西斯细菌》中饰演一个老头，演得惟妙惟肖，是一位不可多得的戏剧人才。由于工作需要，他很快又写起曲子来了。

1942 年 6 月，我从缅甸撤退，调到桂林，继续主编《新音乐》。7 月间，演剧四、五、九队在田汉的领导下在桂林举行西南剧展，几个队的音乐工作者如舒模、力丁、綦湘棠、高重实、徐伟、徐洗尘、林韵、张云先、金辛才、胡振表及留在桂林的马思聪、王慕理、林路、薛良、吴克星、宋军、苏克、甄伯蔚、姚牧、狄闰娟、陆华柏、陆云、廖一鸣，柳州的孙慎、黄凛等，于 7 月 17 日举行聂耳纪念节，我就在这时同舒模、孙慎、力丁等通讯了两三年的朋友第一次见了面。当时，我对孙慎、舒模谈了周恩来同志的指示："在国民党反动派到处对抗日救亡歌咏运动施加迫害、禁止活动时，我们要利用这时机，将干部调去音乐学校学习，同时自己创办一些干部来进行提高，也是一法。"他们听了都很同意，于是在《新音乐》月刊上创办了"音乐通讯学校"，各地学员踊跃参加达三千多人，教员则由在柳州的舒模、孙慎、力丁、联抗，重庆的青木关音乐院"山歌社"的严良堃、谢功成、王震亚、郭乃安，音专的汤雪耕等人担任。舒模教唱歌、作曲、演戏，还修改学员作品，是够吃力的。

1943 年春节，新音乐工作者在柳州召开年会，到会有孙慎、舒模、力丁、联抗、徐洗尘、林韵、黄凛、张云先等人。我们讨论了当时形势，重整队伍，布置工作。会上决定，我离桂后《新音乐》月刊由孙慎、舒模负责。会后，由四、五、七队音乐干部组织音乐演出团，赴宜山作春节旅行公演，舒模主演、主排《新年大合唱》（表演歌舞小剧），他扮演老头演得非常出色，引得大家欢笑。

1943 年 5 月，《新音乐》月刊遭到了国民党查封停刊，我写了一首小诗纪念：

> 跌倒算什么，
> 我们硬骨头，
> 爬起来，向前走！
> 生要站着生，
> 死要站着死，
> 爬起来，向前走！

我把这首小诗寄给舒模，他心有所感，就把它谱成一首歌曲，乐曲的音调铿锵有力，很能表现硬骨头精神。

不久，日寇打到湘桂，几个演剧队撤退到广西边境及贵州，在金城江时舒模和剧队朋友写了一些表现坚持抗战，要求民主进步的歌曲，如《金城江大合唱》、《逃亡之歌》。

当时统治者非常腐败，囤积居奇，走私，欺压老百姓，他写了有名的《你这个坏东西》、《走私的人》等。

为了鼓舞当时青年的抗日意志，他写了充满朝气的《大家唱》和费克的《五块钱》，《茶馆小调》给广泛的青年以莫大的鼓舞。他的确是当时蒋管区作曲家中的主将，发挥了巨大的威力。

抗日战争结束后，五队、七队留在广州，组成"中国剧艺社"到香港、南洋一带演出，九队留无锡一带，四队则大部分留武汉。

其时，国民党撕毁"政治协定"大举逮捕革命学生并开始向解放区进攻，全国各地青年学生起来举行"反内战、反饥饿"游行。舒模把《坐牢算什么》（原"跌倒算什么"改词）带到学生队伍中教唱，一时上海、广州、北平、天津、武汉、重庆……，全国各大城市的学生高唱《坐牢算什么》这首刚劲有力的歌曲，冲向前来镇压的军警，队伍排山倒海的高歌猛进的确是一幅伟大的场景。

1948 年解放战争迅速转变，武汉新文艺界派舒模来香港找我询问武汉朋友如何工作。我和他去见冯乃超同志（冯当时是西南局文委会负责人之一）。冯的意见是仍留在武汉准备迎接解放，不得已时到大别山。

我们留港同志，如胡均夫妇、谭林夫妇均回广东解放区工作，许文辛、舒琛珍回福建解放区。1949 年 2 月，我和黎国荃、严良堃到了北京。1949 年 7 月，南京、上海、武汉解放后，召开第一届新中国文艺工作者代表大会，舒模被蒋管区代表当作有功之臣，选为第一届文联常务理事。

新中国成立，我们按周总理意见，先在天津筹建中央音乐学院。舒模到京后只好留在欧阳予倩领导下的中央戏剧学院任歌剧系副主任，以后又回到戏曲研究院和马可一起搞戏曲音乐研究。

他是很希望继续为青年写歌，这对他比较熟悉而且自己长期在青年歌咏运动中打滚，也深有感情。但他是一位非常尊敬组织的同志，戏曲音乐对他虽然比较陌生，但他依然要求自己从零开始，认真研究戏曲声乐。他是那么潜下心来研究戏曲音乐，研究戏曲中各派、各类声乐艺术，放弃了音符，练上了文字。结合自己的声乐经验，1957 年刊出了第一篇音乐论文《继承和发展民族声乐艺术》，1958 年又刊出《京剧小生唱法的意见》，提出了京剧小生声乐发展问题。

他在新工作上的苦恼常常向我提及，但我深信他的为人，他会耐着性子异常负责地在那块天地里从头做起。

十年动乱后，他满心抱着想发挥所长回到歌曲创作工作岗位上来的愿望多次奔走却"不得其门而入"。他向我诉苦，我当时在中央歌剧院，但他很谦虚，他认为自己对写新歌剧不合适，"我没有那种能耐"，也不肯接受中国戏剧家协会党委书记的职务，担任党委、行政工作。

在决定的时刻，他有点气愤地对我说："真没有想到，人与人之间的关系那么复杂、曲折，那么难以预料，音乐天地那么广阔，连找一个小角落（一个创作员的位置）以安身立命都那么艰难。"

他说："我不像你，你毛病不少，粗枝大叶，但到一个新的工作岗位，三两下就把方位定下，把坐标竖好，大手大脚地往前冲，而我呃，临事总是瞻前顾后、忧心忡忡，很不容易定板，而且行事总是比人慢半拍。在那样的岗位上，我会弄得焦头烂额，会使人怨声载道的"。

我说："那就是只管大政方针，多听听大家的意见就行。"他说："你在文联书记处，有多大大政方针呢?"

的确，日后我们两人喝酒，话题也大多谈这些烦事，早把他那歌曲创作的冲动赶得一干二净了。

我深知舒模为人，即使在任何不愿做的岗位上，他也总是耐下心来，决不和人争吵，严格要求自己鞠躬尽瘁，一点一滴的捱下去，把工作做好。

晚近几年，他就是这样，担当起自己应该担当繁琐的重任，压得有气无力，有时连牢骚也不发了。他忙，我忙，偶尔相见，只是会心一笑，好容易捱到年底，就煮酒谈笑，也算是一种慰藉。

作为作曲家的舒模，作为解放前蒋管区的音乐创作主要支柱的舒模，在一生近八十年岁中（他比我大几个月）只从事创作13年，他的《坐牢算什么》被大型歌舞《东方红》选为插曲。

舒模的曲作，音调热情、亲切、简洁、流畅，富有朝气，极受青年热爱，每个曲子都有各自的个性。

他的音乐语言，来自现实生活。《大家唱》是轻快、活泼，《走私的人》带有浓厚的说唱音乐性质……

舒模为人，忠厚、朴实、勤恳、稳重，做什么事都是稳扎稳打、善始善终，很少与人争执，大家早就叫他"模哥"。但他不是一个看风使舵，八面玲珑的汉子，不以私利而苟合。

他对朋友非常热诚，对组织特别尊敬，像他在十年动乱后，他急于回到音乐战线上来而不可得。组织上安排他到剧协担任党委领导工作，以他的性情、喜好、特长、能力，他感到组织上过分相信他。他几经推辞，最后还是服从组织决定，任劳任怨地对待许多许多繁琐的事物以终天年。

他最大的忧悒是世态的变化。他早年，一直坚信仰慕革命队伍的竭诚、团结、相互关切的作风，干部的忠心耿耿于革命事业为群众利益着想的品德是最珍贵的。他万万没有想到，有些旧社会的残余思想会随着时日的变化而死灰复燃。

我们有几次鉴于干部作风的变化以及"能共患难而不能共快乐"的现象，我们谈到了介之推事迹；谈到吴越春秋时代的范蠡，他在越国被吴王夫差灭亡之后，协助勾践卧薪尝胆；还谈到，汉朝的韩信，随从刘邦南征北战，建立大汉王朝，终于死于吕氏之手；也谈到，周总理临死前，病魔缠身，还受"四人帮""批林批孔"的迫害，他在那自顾不暇之际还说："我一生最大的遗憾，就是没有能够把有功的将军保住"，"没有把马思聪留住。"

我们说过，年轻参加革命，想得很朴素，就是如何联合起来把三座大山推倒，兴建一个雄利于世为子孙造福的新中国。如今，国家真的站立起来，海内外的同胞同心称颂，几千万华侨在海外也稍微直起一点腰杆。

建设中的失误，征途里的曲折，有些人是由于认识、经验造成的，有时也是难以避免。问题在于真正听取一切上下的意见，特别在党风、作风上，不应因地位变迁而把过去的优秀传统抛掉，不应滋长一些要不得的坏风、歪风。

然而人世的变化，每每不是跟随人们的良好愿望而发展。这样一来，也常使一些保有当年的革命传统气节的朋友，不免忧心忡忡。舒模晚年曾祝愿党风党纪能早日恢复，他也相信，我们党经历过这么多的磨难一定会像改革开放那样找到出路，美好的的人际关系重现祖国。但是，在他离世之日没有解开他的忧虑，他是悒郁地走了。我在他逝世的一年多之际，信笔直书，也只不过是希望我们在物质文明发展的同时精神文明能与日俱增，一天天地好起来，那种大家所不希望的旧社会的残余风气日渐减少。

舒哥！模哥！你的人品，你对党的忠诚，对任何分给你的工作认真负责的精神、品德，特别你在教救亡歌曲、解放歌曲的劳绩，永远会铭记在朋友心中，它是不会泯灭的。

我且把你的创作曲目，你的心血，当做祭品，敬置于你的面前。

7. 从听韩中杰同志指挥的 《时代的颤音》谈起

韩中杰同志从事管弦乐事业是很早的，解放前他就在上海音专学习长笛，并参加过当时的管乐队配音、表演；我记得抗日战争时期，重庆青木关音乐院成立，他就较早从上海来到大后方参加音乐院作长笛教员。

1948 年，章彦同志担任香港电影厂配音的管弦乐队指挥，当时为《清宫外史》电影录音，章彦同志让我也参加配音乐队拉二胡，主要是演奏宫廷宴会一节。黄贻钧、韩中杰、秦鹏章、陈传熙等同志都从上海来到香港来担任配音乐队，我也被章彦同志邀请担任二胡独奏。排练场除了指挥灯，乐谱架上有照明外，一切黑暗，临时"合奏"一次就录音了。我知道上海许多演奏家来了，但根本没有交流的机会，录音完就收场了。

解放后，1951年，国家组织了一个中国青年代表团参加在德国举行的青年联欢节，专门组织一个小管乐队，队员主要是由中央音乐学院少年班的学员组成小管弦乐队，队长是由韩中杰同志担任的，队员中还有从上海交响乐队选派来的杨秉荪、司徒志文、陈传熙、秦鹏章等同志参加。这次巡回演出是深受东欧民主国家欢迎的。

1952年年底，周总理要把少年班的队员和舞蹈队队员留下来要和音工团的合唱队、乐队合并，作为新成立担任国际文化交流任务的"中央歌舞团"的基础，另外向全国招聘一些专才组成新的歌舞团，韩中杰和秦鹏章同志都留下来了。韩中杰主管管弦乐队的队长兼指挥，秦鹏章同志是黑管演奏家又是琵琶专家，他则担任中央歌舞团民族管弦乐队的指挥。

当时中央歌舞团管弦乐队的负责人主要由韩中杰任队长，陈子信任副队长。韩中杰兼任指挥，还有张隶和同志任指挥。

可以说韩中杰同志是比较了解管弦乐艺术的，他对管弦乐队的音准、音色的统一调节，节奏的快慢、音响的强弱划一，音调的整齐统协比较注意，要求比较严格。马思聪同志当时对韩中杰的管弦乐队的培养训练是比较赞同的，他说："训练严格一致很有好处，宁缺毋滥，一步一个脚印的向前走最好。"的确，像韩中杰同志那样肯于推开一切杂念埋头苦干，力求认真严肃的探求、栽培是有成效的。我当时也认为像他这样严格要求，细心认真很有好处。而且，西方音乐创作也是多种多样的，像巴赫、莫扎特、海顿、亨德尔、贝多芬，以至于勃拉姆斯的音乐风格都是比较细致、稳重、偏于古典的。这些作曲家的作品就需要稳重、协调、不做过分的夸张。而最重要是细致准确深刻地把音乐本身表现出来就够了。

我感到每个艺术家常常是有所偏重，各种各样的人才也各有所用。韩中杰接手筹办中央歌舞团管弦乐队时，他很重视管弦乐队的框架，如长笛演奏手李学全，钢琴手及打击乐手方国庆，巴松演奏员刘奇，黑管演奏家张仁富，加上任虹同志慷慨地把木偶剧团的小乐队特别出色的双簧管演奏员张隶和同志调给歌舞团管弦乐队。小提琴手有少舞班的张应友、高经华、岑元鼎、盛明亮，大提琴有盛明耀、马青萍及刚毕业的赵学镰，小提琴有赵昉和后来的小号专家陈嘉敏。

此外小提琴还有杨秉荪、司徒华城、韦贤章、杨牧云、范圣宽等较深造诣的专家。大提琴有司徒志文，倍大提琴赵良民，此外还有世界获奖的傅聪、刘诗昆、殷承宗等名家和其他难得的好手。

对于管弦乐队这样的骨架，韩中杰和陈子信队长是比较满意的。马思聪先生看到这样的乐队底子也很高兴。他向我提出，他要从天津搬来北京管弦乐队附近居住，让他能常常关心它的发展。于是我向电台徐迈进同志商量决定在王府井食街内购置一个小四合院给他住，他非常高兴，除了卧室、客厅、饭厅之外，后院还种了许多花草树木。

马思聪对于管弦乐队的发展是主张"不要急于求成，要稳扎稳打"，在训练上他很同意韩中杰的细致、严格，这样一步一个脚印，到后来反而会走得快一些。

当1955年，管弦乐队要在华沙举行一场专门的交响音乐会，马思聪听后是比较放心的。

至于歌舞团的合唱队及独唱独奏组，另外搬到城北的和平里，合唱队除了个别的毕业生外，绝大部分演员则从广东、四川的中学招考。由于招考比较严格、认真，一个一个中学去访问、选考，六七十个学员都比较满意，其中如吴其辉、肖铭炎、罗天婵、蔡焕真、陈焉、谢静琴、姚昌明，还有 1951 年访欧归来的合唱队员，如罗兰如、吴美和、郁庆伍、魏启贤等。

加上每个学员必须上共同课，如视唱练耳、乐理、和声知识、音乐简史等两年，同时每个学生都有专门教声乐的老师指导，每周上主科一次至二次，主科学习四年才算毕业。因此合唱队的演出水平比较踏实，声部比较平衡，而且能站在舞台上，两三个钟头都能克服。不像有些音乐院的毕业生，声音虽好，唱得也不坏，但在舞台上连唱两三个钟头就容易晕倒。这的确是一支专门演合唱的队伍。

管弦乐队的同志都是非常爱护自己的艺术成长，大家都很听指挥的要求，一点一滴的提高。乐队成立不久就在韩中杰同志训练下排练了一套交响乐节目，并在星期音乐会上公开演出，众多的同志听了都说："很好！先把基础打稳固、打结实，将来发展会很有前途。"1953 年 7 月，中央歌舞团随同中国青年团出国参加在罗马尼亚布加勒斯特举行的第四届世界青年联欢会。那时中央歌舞团的管弦队主要是配合合唱队的伴奏以及舞蹈队伴舞，像《荷花舞》、《扇舞》和表演得较有效果的中外民歌。在波兰，还由管弦乐队公开演出波兰作曲家写的《哈尔卡序曲》，这是我国管弦乐队首次在国外的第一次演出，由韩中杰执棒指挥，受到听众的称赞。

1955 年第五届世界青年联欢节要在波兰华沙举行，中央歌舞团推出管弦乐队、合唱队及李元庆带队去东欧巡回演出也赶来参加音乐公演。可以说，这是中央歌舞团乐队、合唱队、民族歌舞在国外第一次的正式以音乐会形式公开表演的尝试。

合唱队由于严良堃指挥已赴苏联学习，改由上海音乐院的杨嘉仁教授指挥。他是一个专门研究合唱指挥的专家，手艺特好。他在华沙带去了一次专场合唱音乐会，节目有中国民间歌曲《牧歌》（瞿希贤改编）、《半个月亮爬上来》（蔡余文改编）、《阿拉木罕》（谢功成改编）以及瞿希贤创作的《全世界人民心一条》，同时表演苏联歌曲《斯大林颂》、《伏尔加河船夫曲》等作品。这场演出参加比赛得二等奖，得到波兰专家特别的注意，特地邀请杨嘉仁先生到波兰合唱音乐专科学校作专门讲课，要他授告"怎样能把四十多人的合唱团表现得如此活灵活现，因为他们从未听到过这样好的合唱表演，要他解释怎样培养出这台出色的表演队。"

1956 年是我国音乐舞蹈界的幸福之年，也是我国音乐舞蹈歌剧艺术大发展之年，又加上要在北京举办全国第一次的音乐节，这正是各个音乐团体，包括全国的少数民族、民间和接受西洋形式的交响乐、合唱、独奏独唱、室内乐的大发展之年。

周总理、陈毅、夏衍、周巍峙等同志大力关心这项事业的发展，可以说是中国音乐包括民族民间、西洋、歌剧、舞剧艺术的大发展之年。

首先是把中央歌舞团的原来的管弦乐队以及合唱队独立分出来成立了一个"中央乐团"，专门发展世界交响乐艺术、合唱艺术、独唱、独奏艺术家培训及作家（包括词作家及音乐作家）中心。在总理的关怀下，特别由赵鼎新同志为中央乐团的团部、宿舍、排练场地及音乐演出厅，到托儿所、大饭厅，帮助我们全部解决，并使所有队员、专家、创作人员每个人都有一个合适的练习地方。这样的设施可以说是我国所有艺术团体中是得天独厚的。

总理要我制定出一个发展计划，提出"要办一个国家级交响乐团、合唱团，要办得像个样子，要努力赶上世界艺术发展。一个人，一项事业，只要诚心，有毅力，专心致志，死而后已，总会一天天接近这个希望的。不怕年轻、不怕幼小，勤学苦赶，咬着希望不放，一定会一天天接近目标，要有信心，我看你总是有信心是吗？"我默默地点点头。

同时，中央民族乐团、东方歌舞团、中国芭蕾舞剧团、中国歌剧舞剧院也正式成立了。

中国歌剧院、舞剧院合并在一起，还专门把中央音乐院优秀的少年班毕业生配备给他们。这是一个了不起的安排，不是周总理这么大力的支持中国的歌舞音乐事业是不会发展得这么快的。

同年 6 月，全国音乐周是第一次正式检阅全国的音乐力量的一个盛会。由于周总理、陈毅、夏衍、周巍峙等领导同志的掌握，基本上凡是比较优秀的新作都能和我国广大观众见面。

如当时乐团由韩中杰指挥的马思聪的《山林之歌》是描写云南人民在解放后生活的幸福和快乐，王义平的《貔貅舞曲》是描写广东乡间的小型狮子舞的一种有趣的艺术形式，很有情趣。由于这些写作都用一些新手法怕有争议，后来夏衍、周巍峙等同志说"新作让观众听听再说吧"，就正式演出了。

我团的合唱有瞿希贤、金帆的《红军根据地》，有郑律成的《幸福的农庄》等，一共开了五场正式的音乐会。

有不少青年演员，如罗天婵、蔡焕贞等刚从学员班出来，也上独唱节目。总理还说不错，的确很不简单。

1957 年的反右，1958 年的大跃进，有点乱。但是 1959 年的国庆献礼的确得到认真的准备和挑选。那时，在苏联学习的交响乐及合唱指挥严良堃已毕业回国，他的确是在苏联比较认真的进修，也学得比较扎实。回来后，他亲自排练贝多芬的第九交响乐。李德伦同志原来是歌剧院派去苏联学习的，也是在苏毕业回国，我知道他对搞交响乐比较有激情，就和他商量是不是在歌剧院新剧本难找的时刻来我们中央乐团交响乐队任指挥，因韩中杰同志还在学习，交响乐没有人来管理，他考虑了一下，同意先来乐团搞指挥了。

严良堃排练了贝多芬的《第九交响乐》，从乐队到合唱到联排，整个混合到拿出和观众见面，整整花了半年，的确可以说是细致、严格、周详、严整了，的确是花了许多心血。

总之，大家回忆起中央乐团的国庆献礼和其后的录音、录像、出唱片、出盒带及电视片，大家都认为这是中央乐团的上升时期的硕果，这一个时期队员的心血没有白费。

1956年，全国第一次"音乐周"在北京举行，当时公开提出的"百花齐放，百家争鸣"的方针。那时马思聪正为音乐周写新作《山林之歌》。马思聪在建国后，一直是热情地为祖国的建设而努力，他写了庆祝新政协召开的贺曲《欢喜组曲》、《淮河大合唱》和抗美援朝《鸭绿江大合唱》。虽然《欢喜组曲》的遭遇受到不应有的指责，认为是形式主义的作品，不让正式演出。但他对于音乐创作的探索，从未间断过。他利用不同的音乐素材新写了《山林之歌》表现云南人民对祖国山林生活的热爱。这首组曲是以祖国的传统音调为基础的新作。但他仍然担心有如《欢喜组曲》的遭遇，能不能演。但当时在文化部负责曲目审批的周巍峙同志认为"让它在群众中演出，听听广大群众的意见也好。"就正式演出了。这首作品由韩中杰细心排练、认真指挥，马思聪听了认为指挥者是把这首作品的真意表达了，群众听了也认为指挥的确细心地把这首乐曲的意趣活跃体现出来，受到热情的欢迎。

不久，中央歌舞团管弦乐队及合唱队组成中央乐团，民族管弦乐队及民间合唱队组成中央民族乐团，舞蹈队及部分民族乐队组成中央歌舞团，另成立了一个东方歌舞团。

中央乐团成立后，专门邀请德国指挥家、圆号、双簧管、小号专家来提高交响乐队，邀请苏联合唱专家杜玛舍夫来指挥两年，并同时在乐团设立合唱指挥训练班，管弦乐的小号、圆号、双簧管也开设全国性的训练班，广招全国优秀演员加以提高。

　　而乐团的合唱指挥严良堃，器乐演奏员如小提琴杨秉荪、盛明亮，大提琴司徒志文、盛明耀，黑管张仁富，声乐张丽娟，都去苏联、德国、保加利亚学习、深造。

　　后来，我们考虑到乐队指挥韩中杰同志虽然在指挥艺术上略嫌偏于冷静，临场指挥激情略嫌较少，但我们认为训练乐队、培养严整的演出作风特别是指挥一些情感内涵一些、音乐严肃、踏实一些的乐曲，这也是中央乐团所追求的重要的目标之一。像韩中杰同志这样的人才在这方面有其特长，亦应出国深造。也许在学习提高中会使他指挥的激情得到提高。1957年我们推荐他到苏联音乐院去学习，因此1959年国庆献礼他未能参加。

　　韩中杰回国后主要是加强中央乐团交响乐队的训练、培养。从1960年起，中央乐团交响乐队、合唱队、独唱独奏组演员民族化的实践问题，交响乐队队员杨牧云、邓中安、谭炯鸣和作曲家罗忠镕等人发起自己动手来进行交响乐民族化的改革实践。他们通过对京剧音乐的学习，写出了《保卫延安》的试验，继而对《沙家浜》的探索。这些实践都得到交响乐队队长、副队长，特别是指挥同志的关心和支持。韩中杰同志很热情的赞助李德伦同志对《沙家浜》的试验，亲自指挥；作曲家张文纲还为《沙家浜》郭建光的唱段编写《风凄凄》的合唱曲。

　　我记得当时为了争取工人群众的关心，交响乐队全体同志把这首交响乐曲带到首钢工厂，住在那里一个月听取工人意见，并在那里修改。大家众志一心，认真实践，后来江青一伙把《沙家浜》窃为己有，"称为样板戏之一"，那是另外一回事。

　　总之，在这次探索中，韩中杰同志是一心一意地支持和积极领导的。合唱队和独唱组也向评剧、曲艺学习，特别是把魏喜奎同志所演唱的《阎家滩》编成合唱，结合独唱组向曲艺学习，开了一个声乐音乐会。后来经北京市文化部一个部长反对，副部长赵鼎新同志说，"部长不同意演就停吧"，而没有继续公演。不过，我个人对于这次实践是没有后悔的。

其后，很快就转入十年动乱，我是更早在 1964 年底被打成修正主义分子，其后转入 1966 年的十年动乱了。

打倒"四人帮"之后，我终于从中央歌剧院调回乐团。经夏衍同志批准，迅速从德国请来指挥皮里松，后又聘请纽约交响乐团副指挥威尔伯来乐团交响乐队指挥两年，目的是想迅速把交响乐队在十年动乱中所受到的影响从速恢复过来，好担任起国家文化交流任务。后来，他们两位指挥也排练了许多新的曲目，对于扩大交响乐队眼界是很有帮助的。

但我很快就调到全国文联书记处工作，同时兼了恢复中国音乐学院建制工作，较少过问乐团的事情。1992 年，又得了脑血栓恶病，耳朵也聋了，对乐团的工作过问就更少了。

对于韩中杰同志关心交响事业我是敬佩的。他除了专心于中央乐团的交响乐队的经营、培训外，还对各省市的管弦乐队的训练非常关心，如中央歌剧院的交响乐团、中国电影交响乐团、北京交响乐团、上海交响乐团、上海电影乐团、广州乐团、武汉歌剧院乐团、山西歌剧院乐团以及广西、福建歌舞剧院乐团等。他对武汉音乐学院管弦系的教学比较满意，曾从武汉音乐学院管弦系调长笛乐手陈凝芳、小号乐手李寿鹏来中央乐团当演奏员，对他们的工作比较满意。

后来，中央乐团改组，他担任顾问。他仍然经常关心北京市的中学生的"百校管乐团"的培训工作，指导多位专家们大力把北京的大中学校的业余管乐事业活跃起来。

最近，我得到孩子李辛的帮助，为我扩制一台录音机。接上了电视电线，耳聋已多年的我突然在电视上听到韩中杰同志指挥发出的《时代的颤音》。这首新作，真是让我又惊又喜，思想触动很大。

作曲家李安东自身是一个勇敢、有为的青年人。他当时感到周总理功盖寰宇而不自傲，造福亿万人民却不自夸，任劳任怨，分配他什么工作、地位，从不挑肥拣瘦，计较个人得失，国家有困难时，他总是挺身而出担当起最大的困难。

当这位深受亿万人民尊敬的总理不幸辞世时，多少人痛苦、流泪。

许多热爱总理的青年男女，亲自制造小白花带到天安门把小花挂在树上以表达自己对总理的尊敬和痛苦。有不少青年临时写了诗歌表达自己的意志，决心为总理事业而献身。有些不顾生死的青年男女还撕下白布，用自己的鲜血写下血诗，表达自己的决心"誓为人民的胜利而献身。"

那些随着曲子进行的表现人民的激情的场面，处处都深藏着亿万人民对总理的敬意和怀念。当灵柩从长安街上慢慢的走向八宝山时，马路上两边站满了人群。人人痛苦、流泪，招手和总理的遗体告别。

指挥者从曲作中及从影视的配合中感受到乐曲所体现的最深的激情，正像自己也是其中的一员那样，从而把作曲家所写的音乐，把其中激动人心的乐段深化，使听众能具象地理解它的涵义，使千万听众也沉浸在这深深的痛苦和怀念中。

的确，有些指挥家善于把一些不甚激情的乐段溢于言外地给予加强力度想取得一定的效果，而常常忽略一些深沉、低迴的音乐的本身具有激动人心的内涵。倒是有些严格地按照乐曲严肃、真挚、比较含蓄的刻画，让音乐自己说话，常常受到更多的尊敬。

我很同意卞祖善指挥家对韩中杰同志论断，韩中杰同志能从事指挥事业是"他的幸运的选择"，"他的指挥严谨、细致、理智、含蓄，富有时代特点，忠于原作，一丝不苟。"从电视上看到，韩中杰同志在指挥上表现出他的指挥很有激情。

当然，如果作曲家能以浓郁的民族音乐语言来表现人民对总理逝世的哀思，就会更亲切的感受到对他的敬爱之情，特别是配合电视会更加深邃的触动自己的胸怀。

我认为指挥家在表现这部作品中是花了心血的，他的确把乐曲的真意作出了较好的表达。只有指挥者通过自己对这部作品的真意和对电影摄影者当时的真切的感受，才能表现得如此的深切。

我国的音乐艺术原来就是多元的，几十个兄弟民族就有几十种不同的乐种。大的来说，汉族中比较有成就、影响较大的就有北方吹歌、华中的丝弦、陕西的鼓乐、广东音乐、潮汕的锣鼓，包括潮州锣鼓中戏曲连奏如《抛网捕鱼》、《薛刚围颤》等，此外还有传统的古典，如《高山流水》、《十面埋伏》、《春江花月夜》，此外还有刘天华的十首乐作和其他古调。

同时，我们还普遍引进了管弦乐及新创作的各种各样的新曲，如《西藏音诗》、《陕北组曲》、《瑶族舞曲》、《梁祝协奏曲》和新近许多交响乐新作。

这许多新作，有的是民族风格较强的，也有的是按自己的性格手法新写的，民族风格不那么突出。

一个表演家，一个交响乐的指挥，他应该是深厚热爱由民族音乐素材发展的乐曲，同时也能关心一些新手的别开生面而情感深厚的新作。我总认为，音乐风格问题是比较广泛、多元的，而且是需要经过许多碰撞、发掘、探索、试验、增修和发展和出新的，需要经过很长的过程才能成功、成熟的。急功近利地来对待新作，特别是对待有新意的和赋有时代特色的新的交响乐，每每是更为艰苦。这就需要表演家在更广阔的道路上去创造、探求，路宽一些，风格多样一些，这是我国音乐本来就是多元化的音乐特色。

56 个兄弟民族的音乐特色各有不同，新疆更是花样百出。而同时全国又有一样新引进来的管弦乐艺术在推行、在发展。这种

351

比较统一的包拥世界流行的比较宽广的，也包拥浓郁民族特色的交响乐，是国际文化交流所要走的自然之路。我们要使中国新音乐跻于世界之林，同时也要拥抱国际新音乐成就的熏陶和教养，这是非常应该的。

新中国音乐艺术的发展，将会由于开放改革日益扩大，新中国日益强盛，国际地位也日益提高。我们一方面大力创造自己带有浓厚的民族色彩的新交响乐。而中国的交响乐艺坛也必然不断在举办一些世界交响乐音乐节，把世界人民的共同的艺术遗产介绍到中国来，使我国人民也能经常欣赏到世界的共同的艺术财富，这点不应该有半点的含糊和怠慢。

刊在 2002 年武汉音乐院《黄钟》第二期

8. 从歌唱家魏启贤的艺术谈起
（2002 年）

当我听说，男中音歌唱家魏启贤同志已入 84 岁，早已退出歌唱舞台。但是这位歌韵敦厚，歌音结实、优美、声音浓郁、遥远、感人。他的表演艺术细致、深刻，对所表演的作品肯于探幽索隐，把乐曲的情意、人物的性格、意趣周密而完整体现出来，使人听后深深回味。在我的感受中，可以说是我国歌坛上的"一代艺人"。但是由于各种原因，一直未能得到我国较好的唱片公司把他那难得的艺术成就，他所达到的演唱造诣录成录音带或光盘发行，让后学者知所继承，让我国声乐艺术留下值得珍视的史料。的确使广大的朋友、读者感到这巨大的损失是无法补偿的损失！我自己也感到特别抱歉。

魏启贤同志是解放前重庆青术关音乐学院声乐系黄友葵先生的高才生，他当时有学员张权、魏启贤、臧玉璞、黄福增……等较优秀的歌唱演员，可以说都是当时的拔尖人才。张权聪明、伶俐，臧玉璞声音秀丽、清美，而魏启贤则深沉、挚实、嘹亮、达远。黄教授特别热爱这几个苗子，也花了不少心力。她曾向我提到，老魏是我很爱护的，唱歌从来不急于求成。他拿到一首新曲，即使是一首短歌，他总是细心反复捉摸，经过细细的玩味才肯拿到音乐会去。许多人都称赞他对作品这种认真、严谨的实践态度。她的爱人马文芹也说："老魏是个慢条斯理的人，也好，'慢工出细活'，我也从不催他，让他自己去注意。"

魏启贤从学生到后来参加中央歌舞团到中央乐团独唱、独奏第一小组，都是作为音乐会的较重要的演员出现的。他一生除了动乱这十年间，每年都出演近二百场的表演。除了团内的演出，还常代表中央乐团和特别访问团到欧、美、阿非拉等国作专访公演，多次参加世青代表团的节目。他演唱许多类型的歌曲和中外歌剧选曲。

从他的曲目中可以看到，从内容到形式、意义和曲趣异常广阔，有欢快、生猛的《真是乐死人》，有快人快语的《我是理发师》，有讽刺、嬉皮笑脸的《茶馆小调》，有优美抒情的《教我如何不想她》，也有流浪的知识青年对沦陷的乡土怀念的《嘉陵江上》；外国歌曲中有英雄式的《斗牛士之歌》，也有嬉笑、怒骂的《跳蚤之歌》，有深沉控诉的《囚徒之歌》、《老人河》，也有散荡半醉的《沿着彼得大街》……这许多不同类型的艺术品，经过他的细心修饰，有不少是像雕刻出来的钻石一样，光辉灿烂、使人久久难以忘怀。

他生于旧社会，那时正当国民党反动统治决心降日反共，抗战结束又撕破旧政治协商会议决心发动内战。魏启贤从学生时代就碰到政治上的动荡，他在黄友葵先生的教育下就开始演唱抗日歌曲，直到1949年10月，解放战争取得胜利，后来正式建立中央歌舞团独唱独奏组，他才到我们的队伍里来。最初几年，他和刘淑芳、魏鸣泉等人在独唱独奏小组或陪同合唱队经常踏遍祖国大江南北，东部和西部。魏启贤、刘淑芳他们俩人的名字在许多青年中是有不小的影响的。

新中国的表演艺术体系，从戏剧、歌剧到音乐是受苏联斯坦尼斯拉夫斯基的理论影响。我们的歌唱表演从合唱、齐唱到独唱、对唱，大都按照这套体系进行，也多少从中学到一些经验，像合唱、歌剧、独唱、甚至连交响乐、小合奏，都在排练中演成一种通常的习惯，特别是排练一首歌剧选曲如《杨白劳》，每每是从戏剧的中心思想到这首歌曲的内容，人物社会地位、性格……作出较详尽的分析。有时连一首短歌也总是反复捉摸它的来龙去脉，研究曲子所表现的中心内容，它描写什么，有什么特点，风格和意境如何。如果是一首歌剧选曲，还要了解全剧的中心内容，剧中人物在演唱这首乐曲时的前后、左右以及即景即情。经过多方的思虑，达到真正深入的掌握这人物的思想，情景，以致人物身份、地位、个性、他当时遭逢和他对事物的态度……等等。中央乐团独唱独奏组和合唱大致上是采用这种现实主义和浪漫主义的艺术表现方法的。

一般说来，我是凡中央乐团的《星期音乐会》常常从头到尾聆听的，独唱独奏一组和第三小组、合唱队到各地公演，我也常常陪同他们去工作。一方面当舞台监督，也好了解他们的演出效果，他们有许多节目在排练中我也常参加意见，我也从中得到锻炼。因之，魏启贤的许多节目我基本上都背过来了。

我最早排练《杨白劳》（这首曲又叫《廊檐下红灯》）很费苦心，这只是他第一次上场，也是最后一次下场的一曲。杨白劳是一个老实忠厚，一生辛劳而养不饱的老佃农，一辈子为地主卖命还欠下地主的地租，在地主的无情刻薄下利滚利，欠租已经不少。他想到，早晚了，地主一定来逼租。他天天一早就出去躲租，年三十晚半夜了他以为财主不来了，才偷偷回家来。他心爱他唯一的女儿，身上那么困难了还买下两尺红头绳来为女儿装扮一下过个"欢乐的新年"，回到家看到女儿高兴的不得了。但是，财主的狗腿子依然找上门来要他去见财主黄世仁。他被逼到了财主家心知凶多吉少，结果真是这样不幸。

当他唱着"廊檐下红灯照花了眼"，他心上不知如何是好，又牵挂着女儿等他……

他分析的杨白劳这位心地踏实善良的老佃农的身份、地位、个性和遭逢……很准确；他被迫把自己心爱的命根子喜儿当顶租子卖给财主在文契上按了指印后，痛苦、愤恨地唱出了"老天爷杀人不眨眼，黄家就是鬼门关"，他悔恨自己为什么在出卖女儿的文契上按了指印，把亲生的女儿卖给了人，"爹还能有脸把你见？"他慈祥、伤心抚摸着睡了的女儿喜儿的脸而痛哭，"你做梦也想不到爹有罪，不能饶！"他想到县长、财主都是毒狼虎豹，我哪里有路可走呢？……他只有死路一条……

当他觉得走头无路的时候，他瞒着女儿恨恨把那坛卤水一饮而尽自杀了。

江青曾说，"《白毛女》也有修正主义思想，杨白劳应用扁担把黄世仁打死。"

是的，大多数贫佃农会像大椿那样，当走投无路的时候会走到解放军那里去闹革命，但那样他就不是杨白劳了。在老雇农中不少人像大椿一样参加八路军，打鬼子斗地主，而魏启贤抓住杨白劳这个找不到出路的老佃农的思想局限性，通过他的演唱的艺术处理，把杨白劳的思想的局限性和懦弱性格表现得淋漓尽致。当走头无路、深仇大恨达到极度的时候，悲痛万分的喝完那坛卤而自尽了，我认为他是对杨白老的性格做得适体适度，获得同情，使观众深深感到而又不想把他当做穷苦人最好的榜样。

魏启贤演唱赵元任的《叫我如何不想她》这给我留下很深的印象。这首歌曲的词作者是"五四"时代的代表人物之一的刘半

355

农先生。他是崇尚科学、提倡民主，主张学习西欧的民主文化的。词作者是借着四季变化的景况来表达他在四时情景的不同感受的思情。曲作者也是一位"五四"时代的民主人士，这是他在美国留学的时候写的，据说他在 80 年代对这首歌曲有过这样的阐述："《教我如何不想她》可以理解是支爱情歌曲，但也可以理解的更宽一点。"他还说："歌曲的'他'可以是男性的'他'，女性的'她'，代表一切心爱的'他''她''它'。对于一首歌曲，人们会有不同的理解。这首歌曲也有思念祖国，念旧的强烈情感，因为刘半农教授是在旅居伦敦时创作的歌词"。

赵元任先生主要是一位语言学的专家，他也喜欢音乐，从他所写过的曲作者来，面是很广的，有《也是微云》、《听雨》、《卖布谣》、《上山》，有深情的《教我如何不想她》，也有别树一格的《西洋镜》，更有刻画深宽的《海韵》。一个业余作曲家能写出如许令人爱慕的歌曲，把他说是我们难得的作曲家是不过分的。

他的《教我如何不想她》是音乐演出中的保留曲目，为歌唱者所珍视。

我曾听过两个较喜欢的歌者演唱这首曲子，一个是男高音蔡少序，一个是魏启贤。蔡是一位声音秀丽、嘹亮，善于体察作曲家的个性的歌手，是第一代难得的人才；魏则声音挚实、深厚，肯于细心地思考每一个作家，每一首不同词作品的内容、风格和个性，并且能遵循作品所描写的事件、人物的变化随情而歌，随遇而转折，很注意利用轻、重、快、慢、抑、扬、顿、挫的对比来取得艺术效果。

他很喜欢《教我如何不想她》，他认为作曲者在语言与声调的结合是非常独到。曲子写得异常深情、委婉，春、夏、秋、冬歌韵分明，而音调的转弯转角修饰得切贴。他语音口语化，歌者用中等的声音开唱，唱到"地上吹着微风"是使人像真的感受歌者情趣，第二段"夏夜的月光，恋爱着海洋，海洋恋爱着月光"，

356

他以轻声渐强来描写是很有效果的。

秋景，古代的诗人们是各有不同的感受，悲秋的较多，因为秋气萧飒，秋瑾烈士就有过"秋风秋雨愁煞人"的字句，但也有人认为"秋高气爽"，刘禹锡在秋词中就说："自古逢秋悲寂寥，我言秋日胜春朝。晴空一鹤排云上，便引诗情到碧霄。"据说当时他因提倡革新，失败后被贬到朗州，但他并不因此消极，诗情也随着凌空的白鹤高飞了。

我看赵先生到了秋日："水面落花慢慢流，水底鱼儿慢慢游"，还加上转调了，好像也没有刻出秋的凄切、悲哀。"燕子，你说些什么话"呢？谁也说不清。

进入到冬季，好像有些冷落、寒风刻骨，思念之情加深了。曲作者曾想到祖国长久地受到内外的煎迫，思念爱国之情也会油然而生的。我看到他收尾转回原来的C调，5̲ 6̲ | 1.3̲ | 5̲ 3̲ 5 –和开始一样，不免就有"五九的寒天到了，九九艳阳天还会远吗"的心情。魏启贤没有痛哭流涕歌唱，是可以的。他的确把这首歌曲唱得切贴而有变化，得到许多人的赞赏。有人说，他的几首外国歌曲演唱最出色，我也认为他对《跳蚤之歌》、《魔王》、《斗牛士之歌》等用过不少心思。

穆索尔斯基的《跳蚤之歌》我较早听过夏利亚宾的唱片，他演唱时说过好些关于演唱这首歌曲的思想、情趣与表现形式和谐地相结合的意见，他认为"一个优秀的演员仅凭动听的嗓音、表情和手势是不够的，他必须兼有明朗的智慧、深刻的鉴别力和适当的表现力，以至于舞台的自恃力。比如《跳蚤之歌》其中有不少可能会让人发笑之处，也有值得大家的戏笑怒骂、大大地笑，挪揄的处所，……但他认为演唱这首歌曲不可笑得太多了，免得给人留下一个印象，认为所讲述的故事仅仅引人发笑而已。"而不是这些怪现象的可鄙、可恶的恶作剧，是封建社会不正之风所抚养起来的恶病。因为皇帝即使很坏，很不理想，他个人是做不了那么多坏事，一旦有了这批依仗皇势的小丑在身边，皇帝一切不正之风、恶果立刻就会被这些小丑传播开去，何况皇帝还封它为宰相，命令为它做一套新大官袍呢。因此，所有的大官贵没有人敢不服它了。连那些被巴结的宫廷官僚都受到欺侮，以致所有的官员、宫女都被咬得痛又痒，都没有人敢说一句话了。而有了这批丑恶的走狗，依势横行、霸道，使得整个朝廷有一些还想做廉政的官吏，包括少数想做父母官的官吏都变质，老百姓就永远也得不到安宁了。

我记得文学家高尔基曾经写过一段对这首作品初演时的情况，"音乐会上客座一切辉煌，也有不少皇宫贵族除了显示自己是有文化教养的高官、贵宾占满厢房，当这首歌曲将要演唱时，一片寂静。夏利亚宾站在台上，庄严开声，'从前有一个国王，养了一个跳蚤……'继续描写它的丑态，那些皇宫、大臣面色突然变了……"。这首歌曲以庄严、严谨的适度得体的表演是取得很好的效果的。

我们有些演唱家每每过度夸张，特别对于那些戏笑怒骂的处所悉意做作，引得听众哈哈大笑，有些听众感到过分是有道理的。

魏启贤演唱这首歌曲，经过细致的分析。跳蚤这种丑态之所以得逞是由于帝皇的宠幸，是封建社会的产物。但是这渣滓一直沉入资本主义社会甚至遗留到今，丑恶的东西总是偷偷地延长下来，只要气候适宜，社会支撑起来。因此他严肃地歌唱，该鄙笑的地方鄙笑，对于小丑弄权的由来，坦率地指出毫不留情，他不是徒然地引人发笑。他最后"如果它敢碰我，我就一下子把它捏死"大声的哈哈大笑！的确做到万人所骂、千手所指，务使这种狗仗皇势的丑行消绝为止。我觉得他这庄严的斥责是可取的。

魏启贤较难能的一曲是演唱舒伯特的《魔王》。这首歌曲需要歌者具备几个不同的特点：第一，需要歌者拥有魔王、父亲和几子的三种音色；第二，需要能体现这三种不同的个性的歌唱和表现能力，又能随着乐曲的进行随情变换。

歌曲叙述一个父亲骑马抱着一个小孩在走路，突然发现孩子非常惊慌：原来这个孩子看见一个魔王戴着皇冠，皇袍，不断引诱他，孩子非常害怕，父亲说他所见的不可靠，孩子却越来越慌张了。

魔王细声欺骗孩子，到后来魔王下毒手把孩子捏死了。当父亲回到家，孩子已在怀里死了。歌曲的歌词和音调结合把这事情和各人的个性、遭逢描写出来，而钢琴伴奏则把风声、马蹄声、整个空气的流动声可怕的气势协助绘出。魏启贤很适度的变化而又能自恃，把这画面刻划出来，大家非常赞叹，这是很不容易的。

此外，他还把美国克思写的罗伯逊歌唱过的《老人河》演唱非常到家。

大家对于魏启贤的歌唱才艺的宽广，对各种类型、各种人物的歌都能体察入微，演得惟妙惟肖是很敬服的。

他不仅善于表现深沉、刚毅的人物，也专于体现讽刺的狗仗人势的丑类，更能对刻苦难沉重走投无路的杨白劳。对于《问我为啥乐哈哈》、《炊事员》等快言快语、满心喜乐的劳动人民也能表现得活灵活现，像反映知识青年的《嘉陵江上》得心应手，而演唱醉汉的《沿着彼得大街》也装扮得合于分寸。特别对于像《斗牛士之歌》这类壮健、生猛、意气风发、不惧生死的好胜斗士，他也唱得有声有色。

魏启贤的保留曲目除了以上谈到的，还有《拉犁歌》、《饲养员》、《李进喜》（张文纲作曲的小歌剧选曲）、《沁园春》（王元方曲）、《黄河颂》等，外国歌曲有《伊戈尔王子》等。

而特别使我赞叹的是年已五六十岁时参加一次"亚非拉歌曲介绍会"，那一次大家都选唱一样的新曲。那次音乐会，魏启贤演唱的异常成功，我曾在一篇短文中以《探出索引》为题专门就他所唱的四首新歌写了一篇评论：

"魏启贤同志所选唱五首短歌，对他来说是另一种考验。像《星儿你不要哭》（智利民歌）、《可爱的巴西》（巴西民歌）、《小板凳》和《你就是幸福》（墨西哥民歌）、《玫瑰与柳树》（阿根廷民歌），一般来说，都有一定的特点和意趣。要是安排在其他的节目中，互相衬托，它会使人得到极深的印象。如果把它当做独唱家的骨干节目就不能不承认它给歌者带来极大的困难。困难之一，都是南美洲的民歌、互相之间风格有些近似；困难之二，都是短歌，非常简单、朴素（远比《西波涅》、《阿那依》内容和曲风要简单多了）。

魏启贤所唱的五首短歌，可琢磨的东西比许多内容丰富、曲调曲折的作品少得多了。如果不是由于他能精细地体察了这些短歌中所隐藏的各个不同的因素，从而通过用情、语法、力度、速度……以及风貌等方面作出不同的描绘，把《星儿你不要哭》唱得天真、烂漫；把《玫瑰与柳树》唱得含蓄、深情；把《小板凳》唱得直率、俏皮；而把《你就是幸福》唱得真挚、淳朴，就很难取得这样的效果。

一个有一定才艺的歌者感到是吃力的劳作，每每不是那些情节曲折、内容丰富、技巧艰深。如《跳蚤之歌》之类的作品，这些歌曲要表现好，需要功夫、需要毅力。但常常使他们束手无策，苦恼万分的是一异常简单的东西。斯坦尼斯拉夫斯基在《我的艺术生活》中谈到："在艺术中，越是简单就越困难。"他认为简单的东西，如果要把它表现得突出，"就要求演员有真正的才能，完美的技术，丰富的幻想。"他在《演员的自我修养》中还谈到"在这种情况下，需要有高度的观察力和及其集中的注意力，来帮助我们发觉几乎不可捉摸的特征和暗示"。许多艺术大师，每每都是本着这样的一种"探幽索隐"剖析毫厘的精神和毅力与方法来对待简朴的东西，从相同中找出差异，从简单中发现曲折和丰繁。我觉得魏启贤能够把《玫瑰与柳树》、《星儿你不要哭》那么单纯、朴素的东西唱得如此深意、有特色，也正是由于他肯花心思和毅力，深思、妙想而得来的。

　　近几年来，我们乐坛上出现了许多声音秀美，肯于钻研的歌者和演奏好手。他们的艺术表演都表现出有许多特长。许多民族乐团、管弦乐团、合唱团、室内乐都在蓬勃发展，在国内外都受到欢迎，大家都在尽最大的努力使自己的演出实践更加完美，早日跻身世界，这正需要我们许多音乐前辈的大力关心。其次，业余的音乐教育、音乐活动也异常活跃，像北京中学校外金帆管弦乐团、合唱团、管乐团，北京教善会倡办的百所中学管乐团（一百个中学一百个管乐团），广州业余合唱学会，上海及其他各省的业余音乐组织纷纷兴办，特别值得欣喜的就是全国性的"小演奏家"乐社的创设，已出版了四期比较讲究的刊物，并向全国各地想学习音乐的儿童介绍老师，专门指导，他们的工作是异常艰苦的。

　　这正需要有许多许多研究音乐理论、音乐评论的工作者和音乐论者的关心，不断地在各地的刊物上介绍他们的创作、演出和其他教育实践，有一说一，有二说二，广为宣传，使得整个音乐实践得以更快地开展，这是我所祈望的。

9. 祝二胡事业飞跃发展
——致周耀锟同志的信（2003 年）

周耀锟同志：

　　接到您寄来的《中国二胡》通讯创刊号，我和姐娜及其他朋友非常高兴。

　　的确，快 21 周年了，知道学会的重新活动并举行了两场"精英荟萃音乐会"，同时召开会长、理事长、秘书长联席会。二胡事业飞跃发展，这是我国音乐界的幸事。

本来中国民族管弦乐事业是非常宽广而且一直得到政府的关心。我就曾和彭修文同志在最困难的时刻共商过许多想法，他也大胆地和广播民族乐团作了实践，但是指责的不少，说是关心民族音乐事业，实际正如彭修文同志说的那样："锁住大家的手脚，不让动弹。"

十年动乱后，陈朝儒同志非常着急，想搞点工作。而几位老的二胡长者各人有各自的想法，有些成见太重，不能坐在一条板凳上，照顾到这个又不能团结另一个。他经过反复琢磨感到我和他们各方面都谈得来，人缘还不错，是否由我暂时把二胡协会拉起来。大家只要肯坐在一起，这也许还是二胡事业的"开锣处"。他把意见告诉我，我听了这突如其来的意见，心想我虽然从小就喜欢二胡，也拉小提琴、唱粤曲，但还是一种爱好，于事无成。我虽然在抗战时期和李鹰航、甄伯蔚、伍颜立、黄业堂、陈秉豪等广东乐友在一起拉弹、演出过。那不是我的琴艺如何如何，我在二胡艺术上就在广东也不过是二流乐手，天真不得。

我一生最高的记录也只是个"香港电影音乐的录音参加者"，那是香港电影厂拍摄《清宫秘史》，其中有一段清宫的宴乐。管弦乐队音乐指挥章彦同志知道我在上海时为耿震主演的《清宫秘史》话剧的演出配过音，就特别给我一个机会，让我赚点稿费（92 元），参加录音，他很诚心地邀请上海的老录音乐手黄贻钧、秦鹏章、韩中杰、秦希、陆洪恩……等人参加，录音时非常简练，只走一次，就录音，完成了。当时大的灯光都灭了，各人谱架上只有小灯，那时韩中杰等专家都坐好了，他们已排录了序曲、过场曲，只等我来，录了这十分钟"宴会曲"就完毕了。

我平时自己享受，一回家就忘记一切，扑向二胡、小提琴，自我享乐陶醉，有时真拉出了瘾头。但到公开场面就胆怯、害羞、面红耳热而拉不下去。这次这十分多钟，完全是抛出去了，战战兢兢拉下来了，也几乎是满头大汗了。章彦同志听了，觉得没有大毛病。他说："录吧"，就这样录下来了，拉完后我顾不得和这些专家们告别打招呼就退了出来。回到家，我对严良堃和谭林说：我真辛苦，我几乎全垮了。我这段光荣史太羞愧了。

以这样的人来担任众多有专长的老师、老专家们的名誉会长，我感到太不应该。因此，我在二胡研究会的成立大会上说："像蒋凤之、陈振铎、刘北茂等专家老同志都是我一向敬仰的长辈。我的南胡是他们的后学瞿安华同志教我学的。我是二胡艺术的小辈，虽然喜欢它，不管是广东高胡、北国高胡都会从中得到乐趣，但如在长者、老师、优异的同辈荟萃中，连个二流学徒都保不定，却叫我当名誉会长。在具体情况下我是同意了，我向老前辈，可敬的同辈致敬，也情愿做这个不恰当的名誉会长，当块踏脚砖。只希望我们的二胡艺术日渐恢复活力，很快发展起来，将来选出一些可敬的朋友来负责，认真使它腾飞，这我非常乐意！"

二胡艺术是我国民族管弦乐中的天之骄子，它的确像管弦乐、交响乐艺术中的小提琴，而且已有不少可敬的自己的财富、名誉、资料，希望朋友们珍惜它，放弃一切不必要的顾虑，团结合作，使它飞快发展。我愿意为它奔走一生。

这一切，一切，我是记得非常清楚，但是我除了两手空空以外，什么忙也帮不上，加上十年动乱，一切来回的折腾，久久未找到出路，加上得了恶病，只留下着急了！

彭修文同志临去世前还写信给我："如今交响乐、京剧已有人关心，但民族管弦乐还像穷巷一样，阳光偶尔照照就过去了，还得自己来挣扎。"

最近几年，我是病重了，还加上脑溢血……但在家有时看到电视，民族音乐一天天发展起来，彭修文同志领头创立的民族管弦乐学会工作大有发展。还看到许多老前辈二胡专家及后起之秀一天天出现非常活跃，有的艺术技巧发展到可惊的地步，许多同志特别是新青年，有许多创新出色的经验，心里真是高兴。

特别是今天，接到您寄来的《中国二胡》和看到其中报导的"精英荟萃音乐会"的情形，心情特别激动。希望他们在蒋巽风和您及王志伟同志的领导下，一天天发展起来。这是二胡同行的愿望，也是一切爱护民族音乐艺术的同志们的最大的愿望。

张韶、闵慧芬、鲁日融等同志都是我的熟友，许久没有写信给他们了望转问对他们致敬！

李凌

2003 年 5 月 12 日

10. 一个安心于家乡工作的新女战士

我刚搬到团结湖住宅，一个远在浙江桐乡市工作的同志带了一个 7 岁的女儿范沁怡来找我。我们第一次见面，范茅或同志说："我第一次见您，我和爱人李文进多年来看您的文章，常和您通讯，知道您是很热心提携青少年学音乐的。我的女儿快满 7 岁了，我和她妈妈李文进都很希望把她教成一个专才。她是我和桐乡市喜欢琵琶的朋友一道指导她成长的，她领会很快，而且非常努力，指导多少她很快就学会，但到了现在这程度，我们都无法再指导她了，她已比我们指导得都好了，我们没有货色卖了，现在请你听听，如果能送她去报考专门音乐学校，我们是愿意培养的。"

她叫沁怡弹了三、四首古曲，我和姐娜听了觉得她学得很细致，几首古曲都弹得有一定深度，我就同意介绍琵琶专家刘德海同志听一听，如认为不错的话，请他指点她一个月，并参加中国音乐学院的招考。

刘德海同志听了也感到满意，指导她一个月的练习，参加考试了。恰好那次投考琵琶的新生人数不少，经过复试，第一、二名录取了原参加他们旁听的两位很有前途的学生，范沁怡排在第三名，无法录取。他父亲也参加旁听，都认为那几次考试是比较公平的。

我当时感到非常可惜，如果让她回到浙江桐乡市属甸，就等于耽误她的前途，甚至因此而妨碍她的发展了。

我当时的几个孩子，都已三十多岁了，而且三个都远在外地。姐娜也在广播局乐团，家里比较空，有房屋住。当时就对她父亲说，你如果肯愿意孩子留在北京，我这里可以住，留在北京找刘德海同志设法指导她也可以。

范茅彧同志认为不好意思，就一定把她带回去再设法，我当时就介绍他去找杭州艺专的著名专家笛子教授赵松庭同志，叫他也听听，看能否在杭州找到老师。听说赵松庭教授听了，叫她考杭州艺专，很快就录取了。经过四年的学习，快毕业了。

这个孩子和她的父母在这四五年中经常和我通讯，大家都关心她的成长。希望她真的学成专才，她也知道自己要求自己，把学问学好。

最近，她快毕业了，来信说，她是很刻苦地向老师们及同辈学习，她希望毕业后回去参加桐乡一个范仲淹大师的后代创办的一个新型专科学校当教师，她很高兴担任这个工作，还参加了他们专科学校举办的文艺晚会的几个曲目，寄了个节目单给我。

我想，由于我国的建设飞快的发展，国力渐强，国际声誉日益提高，我们的民族音乐艺术，自从彭修文同志提倡到国际上去演出，宣传祖国的民族音乐艺术，近年来也有不少中国民族乐团在德、意、英、美相继举行了许多次的民族音乐介绍音乐会，受到了各国观众的欢迎。我国的各省市与音乐院校、师范音乐系先后也培养出许多民族音乐新手，在职音乐家也不断的努力探索创造，我们的琵琶、二胡、筝、笛子、月琴、唢呐及其他打击乐器、弹拨乐器都有很大的发展，加上社会考级，在社会上学习得到进步的新人才不少，有的参加考级的青年，其主科音乐学得和经过学院训练的新人不相上下，这是非常可喜的。

我感到，一个人，安放在什么岗位上都是能够有发展、有贡献的。现在大力号召新的专家到大西部发展，不少青年踊跃报名到大西部去开拓，这是非常激动人心的。范沁怡能够看到偏远的桐乡，甘心作一个偏远地方的民族音乐的开辟者，我认为是很值得我们赞誉的，我感到称呼范沁怡为新女战士是合适的，希望她在这个民族音乐土地上播出丰实的果实来！

11. 落红不是无情物，化作春泥更护花
（1984 年）

这篇文章是在 1984 年应一个内部刊物的编辑的邀请而写的，写好寄去后，他们也没有刊出，我就放下来了。

1987 年 12 月号的《人民音乐》上，又提出过去我们音乐文化战线上是否有过失误的问题的争论。我想有许多问题，看法不一致，这是难免的，而有些问题，不谈清楚也难以得到改进。因此我还是把它收入《拾零》中。

我今天要说的是要从各种思想束缚中解放出来。主要是从"右"的思想束缚中解放出来。一个同志打电话问我："中国作家协会会议充分讨论了文学界的'左'倾思想问题，大快人心。但音乐界好像风平浪静，如同一点'左'也没有。"问我对这个问题有没有感想。这一问，的确使我有些为难。我想，我自己有"左"的思想，这是没有问题的。其次我参加过好些会议，接触

许多事情，这许多事物，有些还好，有些的确有偏差，这是客观事实。

如今，借胡启立同志在作协开幕会上致词中提出的意见，细细考察一下，我自己和我们音乐界这三十五六年所出现的问题，加以改进，我想对我今后的工作会有好处。

胡启立同志谈到社会主义文学做出巨大的贡献，"成绩是巨大的。"这是党领导文艺所取得的。但是，党对文艺领导工作确实也存在一些缺点。主要的是：

第一，党对文艺工作的领导，存在着"左"的倾向，在一个相当长的时期，干涉太严，帽子太多，行政命令太多。

第二，我们党派里的一些干部到文艺部门和单位去，他们是好同志，但有的不太懂文艺，这也影响了党同作家和文艺工作者的关系。

第三，文艺工作者之间，作家之间，包括党员之间，党员与非党员之间，地区之间，相互关系不够正常，过分敏感，相互议论和指责太多，伤感情的东西太多。

我们认为，从事改善和加强党对文学艺术事业的领导，使党的领导能够适应发展变化着的新的形势。我认为胡启立同志的论断和要求也是符合音乐界的情况。

我们很多音乐工作者"他们是好同志"，这是不应怀疑的。但由于对事物的看法，观察的立脚点不同，所着重的角度和要求不同，看得全面不全面是从发展去看？还是静止地去看？是准确还是不准确？也就是辩证地看问题，还是教条地看问题，这里就存在不少问题。

我们任何一个人对每一事物都能那么准确，看得那么透彻，做得那么周到，这是办不到的。自古以来，也没有出现过这样的人物。一贯正确的人从来就没有过。

其次，我们长期的在带有"左"的毛病的总的文艺工作中生活，也总是受到"左"的影响。要想那么干净，"左"尘不染，实在难能，也确是怪事。

我扪心自问，决不是悬空的，只不过有时多一点，有时少一点，有显、隐、久、暂之分罢了。

我先不谈别人的情况。从我自己来说，在党的领导下工作了50年，其间有的工作好一点，但更多的是在提心吊胆、谨小慎微地摸索。"右"的有，"左"的思想也不少。

就从解放后说吧。

1. 1952年《人民日报》要我写一篇谈"继承民族音乐传统"的文章，其中对古乐就望"名"生义，说了一些过激的话。杨荫浏同志读后告诉我，我才改正了一些看法，把那文章撕了。

2. 1951年，张文纲、管桦合作写了《飞虎山》合唱，我带去罗马尼亚参加群众歌曲比赛，得了三等奖。但在1952年，有人认为这是一首修正主义的作品，其理由是"丢了个孩子，就惊慌失措"，音协召开批判会，我也检讨批评了。

3. 1954年，贺绿汀同志提出了要加强学习，音协认为要批判，我参加了，还写了文章批评贺绿汀同志，说他应同时提出"红"的要求。其实，在1949年，我自己就提出要为在革命中成长的青年干部（35岁以下）办音乐院，认真修习四年，但在这时，这个矛盾并没有得到解决，我却指责贺绿汀同志。现在看来，当时这种做法是"左"的，是错误的。

4. 1955年，《九九艳阳天》一曲流行，我去教工人唱歌，他们一定要我唱这首歌，报刊要我写文章，我说，"这是首好歌曲，但格调也不是很高。"格调这个问题比较"玄"，无论如何，正当大家都喜欢这首歌的时候，我说那样的话就是泼冷水了。

5. 1956年，音协组织批判我们的会，会议的后期要求自我检讨，检讨中有的意见是有偏见的，是违心之论。尽管当时压力不小，不说那些话会吃亏，但如果是做一个真正的战士，不想吃一点亏是不行的。

6. 1983 年，提出了要清除精神污染，我在会上发言，有些意见是有偏激的，其次这 30 多年，也的确时时碰到许多"干涉"，帽子太多，行政命令太多。这是社会形势使然。

这里，我想先说明，我只就事论事，不是指责哪一位同志。

我认为，我们能发现问题，认识那些事物本身就是一种进步，这也是解放思想，推开旧束缚的开始。所谓"落红不是无情物，化作春泥更护花"就有这样的意思。

过去的很多东西，确有可总结的：

1. 1950 年，有人提出中央音乐学院的声乐教学应以民族民间为主，当时引起不小的反响。我写了《两种努力，一路向前》，认为应该让学西洋声乐方法的同志努力去改进，不应禁止、阻碍。

2. 1950 年初，马思聪写了一首祝贺新政协的《欢乐序曲》，被认为是"形式主义"的作品未能公演，其实这首序曲并不很怪。

3. 1952 年，贺绿汀用管弦乐队为电影《宋景诗》配乐，音乐是写得不错，我个人听后认为是贺的创作中最富激情、有特色，民族风格也较浓厚的一首。但因为是用管弦乐写的，就通不过了。

4. 1956 年，因贺渌汀、我及程云同志对音乐民族风格问题，（我写了《民族风格杂谈》）由文化部及音协组织了批判会，周扬、欧阳予倩同志参加了，想要简单地做出结论是修正主义民族虚无主义性质。会上我们详细申诉理由，周扬同志说，"看这问题这么复杂还不好急于定案，移到报刊上去讨论吧"，才不了了之。

5. 1957 年，对音协看法，对领导艺术提了意见，不知多少人错划为右派，乐团的白哲敏就是一例，张权也差不多。

后来音协讨论汪立三问题，会上有人提出他不是全部否定星海同志，只是对他的管弦乐作品有些意见而已，但依然划为右派并在报上展开批判。

6. 1959 年，第三届音协据说因为部队对我的文章有意见，就从常务理事中除名。

7. 1963 年，音协组织会议讨论"三化"问题中提出，全国只保存两三个管弦乐团，其余全都改为民族乐队。当时决定成立中国歌剧院、中国音乐院、中央民族乐团是对的，但对把所有的歌舞团的管弦乐队取消改为民乐团，会上我和任虹、金紫光都不同意，还说这些工作者在解放战争、新中国建设中起了作用，结果还是被人说为：李凌同志偏激。

8. 1960 年初，音协组织响应姚文元对贺渌汀关于德彪西的问题的批判，上海音协也发动人写批判文章。

9. 1964 年底，我写了几篇轻音乐的文章，有人在报上用头号铅字作标题大兴讨伐。

10. 1964 年底，音协组织对我进行批判，会后李元庆同志对我说，"含泪上马"。

11. 打倒"四人帮"后可能好些，但行政命令干涉还是不少。最突出的 1979 年，文化部教育局发命令：以后除中央、上海两个音乐院外，一律不招管弦乐学生。搞得大部分管弦乐教授非常恐慌，后来贺渌汀上告才免于难。

12. 最突出的是对电台主办的群众评选的十五首歌曲的看法，说这些评选不要党的领导，人家论："我们广播局的党委不是党，就是你们音协的党才是党。"不同意承认错误。音协就自己另搞十二首，推广不开还说是十五首的补充。我曾多次提出不要羞羞答答了，十二首不是补充。因为十二首中有一首是十五首中有的。我认为音协是个地地道道的群众团体，对群众意见应该尊重。

13．关于发展抒情歌曲，提出要在抒情歌曲前面加上"革命"二字。革命抒情歌曲是需要的，像《再会吧南洋》、《梅娘曲》、《日落西山》、《九九艳阳天》、《小二黑》等就是。但抒情歌曲范围很广，一定要戴个革命的帽子就把许多健康的题材拒之门外，而那些东西常常在抒情歌曲中占的分量很大。

14．舒小模写了一首歌曲有些舞曲味，群众选上了，音协硬是拉下来。他找我，我只说可以再请求，有人就对我说，"你不要插手"。我只好乖乖不说了。

15．1982年在沈阳开轻音乐座谈会，有人提出要搞就只能搞轻骑兵式的轻音乐，总希望轻音乐是一尘不染的。

16．我国小提琴音乐艺术在国际上多次获奖，但有人说："这些胜利，不能说是为祖国争光。"

17．认为不应该提倡轻音乐，因为这是小市民的东西。

18．余如认为《金梭和银梭》牛头不对马嘴；《母亲之歌》是不好的，是颓废的东西。对王酩、谷建芬的作品的批判也有许多过火的地方。

而另一方面，有些问题也是比较明显的。

1．对《男子汉宣言》大肆吹捧。

2．把《不要星期天》提为十大报刊宣传"五讲四美大会"的推荐曲目。

3．说"为什么许多青年那样喜欢港台夜总会式的流行曲，是因为我们作曲家的技巧不如人家。"

4．一切向钱看，音乐也是商品，要商品化，搞得从这一个一般化丢到另一个一般化中去了。

5．广东曲艺团放弃自己的传统去搞流行音乐，连一个广东小曲都没有。这个团原为1954年广东音乐小组，到东欧巡回演出受到重视，得到周总理的关心，由李嘉仁同志支持成立起来以宣扬广东音乐为己任的。有人在1982年广东出版的《民族民间音乐研究》中写文章，要继承民族音乐传统，但 1984 年就转向了。

6. 1985 年，电视剧《新闻探访录》中说："'流行歌曲'是劳动人民的东西。"对贝多芬的交响乐曲另有看法，这是值得研究的。他把古典音乐、民间音乐、革命音乐，除了流行歌曲之外的一切东西当作异己，是很可怕的。

这些问题是"左"是"右"呢？我不想在此多费嘴舌。列宁说过，"左"是"右"的影子，反过来，"右"就是"左"的影子了。向东方走，走久了一定就是西方了，也就是列宁所说，真理走过一步就是错误的过程。

"左"相可鞠，令人讨厌，但"右"相也不是很好看。我们重点是克服"左"的倾向，因为它是根深蒂固，这里反过那里又冒头，要顽强地克服，不断地克服。

但同时也要注意不要走入岐途。陈云同志说过"出好作品，出人才，走正路"。不走斜门歪道，不哗众取宠，搞庸俗低级的东西。

第二个问题是"党员与党员之间，关系不正常"的问题，这个问题存在了很久，说来话也长了。我记得远在 1949 年，贺绿汀同志就对我和黎国荃同志提出过"党内不协调问题。"

这个问题可能是在"左联"时期就存在了。我记得 1938 年田汉同志在武汉举行黄自先生纪念会上说应作自我检讨，没有把黄自先生团结好。当时鲁艺音乐系同学看到这报纸，大家都认为以后应加强团结，吕骥同志也表示态度了。

我到蒋管区后，写了纪念黄自先生的文章，大体上是本着田汉同志的精神说了话。

这个问题，解放后，应该很好解决。但长期对这个问题不重视，经过几次"左"的批判就更加有隔阂了。

后来出现了词典中删去星海是"人民音乐家"等字样，这样以来，问题又严重了。

我想，历史上各个有功于人民，有功于中国音乐艺术发展的前辈，都应当有相应的地位。

不能狭隘，不能不承认这是不公平的。许多青年、中青年甚至老年（60 岁）都不主张狭隘，政治思想要符合党的路线原则嘛。团结面越大越好。

我曾担心过萧友梅先生的纪念活动，听说要搞铜像，就写信给丁善德同志说："我在意大利不能参加纪念会，但望如立'铜像'，最好在校内，也不要提'道路问题'。我和你无话不谈，望你考虑，"但他回信说："历史人物，各人贡献不一样，为什么只要有一种要求，"我觉得也有道理。

我还听说："有人捐钱设立文学奖金，回答是聂耳、星海还未设，不能设。"我也认为不一定要那么提问题。

总之，如周扬同志所说："历史上凡是对人民有贡献的人都要立牌位，一个个摆上。"心胸多宽呢。

鲁迅先生说过："我们立不成阵，不团结，主要是思想看法不一致，大问题上不一致。"这问题应该平心静气来讨论，求得合理解决。

其次，党内不团结，可能还有对艺术的看法不一致的问题。

其实艺术问题，方针是百花齐放，百家争鸣。

1. 作为领导，作为一个党的评论工作者，对各种艺术形式、体裁、风格、手法要"无私于轻重，不偏于爱憎"。主论要公允，从实际出发。注意不要从个人爱好去定取舍，应一视同仁。事业安排上有先后、缓急、多少之分，政治地位待遇则应是一样的。

容许评论者、作家、演员有个人的喜好，对某些形式、风格、体裁、手法、曲体有所偏爱，也容许这一派评论家"卖花者赞花香"，最好不要贬低别的品德、风格、体裁、手法。评论是平等的，领导品评东西最好以听众的资格说话，让大家能够反批评。如果他是一个地道的内行，那则另当别论。

2. 关于"一面派"、"两面派"、"全面派"问题。一个批评者因为他欣赏某一个歌者，后来这个歌者的演唱有问题，他又批评了他，有人就说那个人是"两面派"。如同他又搞交响乐，又提倡轻音乐，也说成是"两面派"。这是政治用词，虽然脚踏两只船是不好的，但艺术可以有两面、三面、八面的爱好。爱的面越多，观察就越周到、就越好，全面派就更有意思。凡有益于人民身心健康的音乐形式、风格、体裁、手法，都要受到重视。

3. 革命音乐传统要保护，现实主义和革命的浪漫主义更可以提倡，但应该允许其他艺术形式传统存在，对新的手法容许探索。

4. 派性应该克服、消除，党员领导者更应不要沾染派性。任何派性，即使一时非常飞黄腾达，如"四人帮"，最后总是成为孤寡。因为这是对党对人民不利的，派性是生于私心。要承认，在历史上有某些同志互相之间比较接近，某些师长对自己帮助多一些，但应立刻推开这种束缚，提到为"公"方面来一视同仁。可以有同好，但不能"派同伐异"。

党的领导者心胸应宽一些，不要死记着过去的不快。我们把三十五六年来的"左"或其它缺点指出来，是为了和这些观点、作法告别，而不是死缠于这些问题而继续仇视。

争来争去，后人不跟你走的。两个领导者，势不两立不好。首先应各自回顾、改进。作为主席，多负点责任，尽其在我，担当起来。

是不是我们没有对贺绿汀同志有对不住的地方呢，我看有的。别的不说，单谈 1954 年的批评是音协组织的，我是参加这次会的。会上要我写文章，我写了，我曾对贺绿汀同志检讨过。

德彪西问题，我没有参加。还有，这次在郑州开会要商定下届人选，为什么不直接去和老贺商量呢。

我向一个同志提出，今后工作按这次大会要求，两个主席不要先碰头。他说，由中宣部办。我认为中宣部可以办，但我们自己为什么不能直接交换意见呢？

郑州会，周小燕、贺绿汀都不出席，有人在成都问她，她说，"我不知道什么会。"这是不正常的。

我们自己有问题应先检查自己的问题，别人的不足，由别人去考虑。

老贺1982年初向中央的同志写信，中央批准由音协在京主席团讨论提出解放思想，团结合作。

今年在丰台的常务理事会上大家提出，希望两位老领导能好好谈一下，我们尊敬的老领导在百岁之前相互团结，对大家都有好处。

言语恳切，代表大家的心声。有什么解决不了的问题呢，都不是仇敌，有的无非是零碎具体事不满而已。

如果二老解决困难，下面如广州、黑龙江、上海、武汉、四川、云南……都会学样。不然，不敢要求下面，就会形成涣散局面。

第三个问题，是与党外的朋友共处的问题也不正常，未达到推心置腹、荣辱与共。北京尤甚，不想具体说了。

艺术院团没有艺委会，虚有招牌。我身为副主席，很有责任。

江定仙同志从抗日战争时起就来关心"山歌社"，解放战争中保护进步同学，中央音乐院建校初期，我们合作得很好，但我们对这些同志的信任、重视如何呢？这很值得考虑。总之，这方面的问题太多了。

事实上，你关心人，人家就更加关心党。哈尔滨的牛乃文、沙青，对张权、卓明理的关心使人念念不忘，而这两个人也确实把心也交给了人家。建立起了这样的信任，就不怕人不拥护你。

第四个问题，团结关心中青年专家问题。说来这些人也不算年轻了，如严良堃已六十一二了，桑桐、罗忠镕已满60，再说下去，郭淑珍、刘诗昆、金湘、田丰、汪立三、郑小瑛、盛中国、刘德海、闵惠芬、余其伟、谭盾、陈怡，和我们的关系并不密切。

特别近来出现，如王酩、谷建芬、王立平等，这事与我有很大关系。我一方面支"持十五"首并在《红旗》上发表了文章，但当我听说他们有人主张，"我们是创新派，老的已过时了"，我很不以为然，不喜欢他们搞小圈子。我还向人提出过这个问题，但我为什么不亲自了解一下呢？那些同志，不是不能和我说的。只责怪他们就疏远了，直至我在无锡听了谷的《那就是我》，问是谁写的，说是谷，我方觉悟到自己是错了。读了批判她的文章，也有比较符合实际的看法。又看了她其他作品，才决心写点介绍。

因此，在年初丰台会议上提出，我们错了。

我们想想，打倒四人帮后，施光南、王酩、吕远、谷建芬、王立平、唐诃……等中年作曲家，他们认为以前所缺少轻快、活泼、流利、顺畅的东西，他们以有新的气息的音调，从各个角度来表现新的青年在四化中的生活情趣，增添了我们曲作中所缺少的一些新东西。这些新的心声是带有创新意义的，如《祝酒歌》、《再见吧妈妈》、《年轻的朋友来相会》、《太阳岛上》、《军港之夜》、《妹妹找哥泪花流》、《那就是我》……等，以多种多样的形式和歌风丰富我们青年的歌唱生活，受到他们的欢迎。据说"十五首"发行达几百万份。

我们对这些变化重视得不够，研究、发扬得不够。

"十五首"及其他新歌，借着录音带的推广其范围之宽是前所未有的。

　　我们对交响乐、民乐获奖作品的推广，发奖是应该的，但如果抽掉"十五首"及其新歌，那就很寂寞了。

　　这些同志，不是不要我们关心，可能有争议，但为什么不能听一听他们的苦衷和要求呢，我没有做，应该检讨的。

　　最近，他们曾找我互相谈心知道很多，也了解到他们的收获、心得和苦衷。

　　而前两年，隔阂越来越深，他们得不到关心，得不到老领导的鼓励，有苦无处诉，才出现那上级领导的谈话。我过去还能和他们谈一谈，共同商量修改曲调，如今隔阂了，我是有很大责任的。作为年纪大一点的人，心胸是不是可以宽一点呢，主动去关心呢？当然这是两方面的，但我们做得够了吗？

　　如果说得宽一点，这些年出现多少新星新秀呢，能否从其中选出好一点点的加以支持呢？不管怎样，他们是接近群众的。他们中间可能有不够理想的一面，但是不能把他们视为一无是处。

　　何况对他们的关心也不会妨碍我们去发展、关心更高级的东西。大发展、大团结、大繁荣，人越多越好，对群众新的变化不能对立起来。总之，我近些年来，停过笔，又写了，有过火的地方，不能心安理得。袁鹰同志在看了我的《乐海晚霞》后，写了《晚霞满天》：

　　　　他一生从事音乐事业，从30年代致力于普及新音乐运动、救亡歌咏活动，作曲、教书；到50年代当乐团团长，以后辛辛苦苦、风风雨雨几十年，进入老年，才定下心来写书。当今之世，出书不易，出音乐论著更是难上加难。而他幸得广东台山乡亲和海外朋友相助，实现了毕生夙愿。到这本《乐海晚霞》，真可说是灿烂满天了。

……但他几十年来对建设中国新音乐的热心、痴心、忠心、责任心，我是衷心感佩的，在音乐界大约也是有口皆碑的。犹忆五六十年代他在《人民日报》副刊上开辟《听乐札记》专栏，辛勤莳化扶苗，普及阳春白雪，深入浅出，中年读者至今尚有印象。

翻阅这本新著，对他的音乐理论和主张，我没有发言资格，却感到字里行间的真情似火，一如作者的人品和性格：热情、率真、坦诚，有的地方坦诚得过于直露。比如有一篇80年代的一次讲话，涉及建国三十年来音乐界的一些是非恩怨，坦坦荡荡、直抒胸臆，其中提到一个重要问题：过去音乐战线是否有过失误？做这类文章，可以写得面面俱到，四平八稳；谈到失误，也可以闪烁其词，点到为止。但是李凌一开始就直接了当地提出："我今天要说的是，要从各种思想束缚中解放出来，主要是从'左'的思想中解放出来。"接着就列数自己"左"的思想表现和30多年中亲身经历过的事，从1950年谈起，举了30多件事，心平气和、娓娓道来。还对音乐界长期未能解决却是人人心中有数的领导人之间的问题指名道姓，谈了自己的看法。这种开诚布公的坦率态度使人吃惊，也使人感动，可以看到作者金子一样水晶一样的心灵。作者将龚自珍名句作为这篇文章的题目：《落红不是无情物，化作春泥更护花》，盖有深意存焉。

我知道，审美观点、角度不同，所处的地位和生活、兴趣不同，对格调、气质所强调不同，就会有差距、有矛盾、有偏差，这是谁也急不了的。

只要平等待人，让人能反驳、批评，就会逐步得到改进。一贯正确，绝对百分之百正确，还未有过，将来也不会有。

　　我愿这次大会，大家能畅所欲言，推心置腹地谈一谈，只要有了共同理想，应是没有什么舍不得放弃的。

　　我相信，我们每个在党培养下成长的老人、中青年音乐家，也会从这目标出发来共同找出新的方案、办法，创造新的友好空气。

　　几十年在这征途上走过来，有欢笑、也有困难，但充满希望。这点，我是乐观的。作家协会有新的转机，我们也会有的。

尾　声

我的"音乐回忆录"快写编好了的时候，妲娜告诉人民音乐出版社负责同志敬谱同志已经电告她答应出版[①]，我听了非常感激，我也希望趁此机会把许多念念不忘的音乐上的问题提出来和大家一起研究。此外：

我记得，在国庆五十周年时，曾向一位领导同志写过一封信，说到由于种种原因，我国音乐界有许多新培养出来的尖子，不少外流到美、德、意等国去了。据上海有人估计，大约超过了二百多个尖子在国外工作，我希望是我们领导能在国庆五十周年邀请一些专才回到祖国来献演。这篇文章刊载在我的《音乐流花新集》上，我们也看到作曲家叶小纲回到祖国开展新的教学及实践，但是人数比较少。广大的留学及工作在外的专才还是很多。许多著名而有心得的作曲家、声乐家、钢琴家、小提琴演奏家还较少回国服务。还有不少教育家、民乐尖子流落在外国在艰苦的开展工作。我在美国五个多月，见到不少作曲家、钢琴家、小提琴家、声乐家，也会见了不少民乐拔尖人才，如吴蛮、汤良兴、何树凤等，同时也看到他们在国外推展我国音乐界的境遇，我心里是很焦虑的。

我深切地盼望我国外流的音乐家（当时大家年纪都在二三

[①] 李凌先生完成本书初稿时，原定由人民音乐出版社出版，现改由中央音乐学院出版社出版，但此处依然保留先生原文——编者注。

十岁，而今多已到五十多岁了）能够早日回到祖国怀抱，来共同把中国的音乐艺术事业复兴发展。今天的祖国，一切都在前进、变化、创作、演出，座谈研究等都在发生新的变化，比较宽松自由，演出也非常活跃。如果留在外国的朋友能够大批回来，把学到的经验在国内实践，中国的新音乐事业就会有更大的发展。

今年，正是我满九十岁，却突然左眼恢复明亮，能看小字也能写小字了，我很高兴，虽然体力锐减，但仍心不死，能爬起来断断续续地写些杂记，终于凑成这个集子。

最后，深深感谢人民音乐出版社的关注。

李凌

2003 年 6 月 30 日